JOHN KENNETH

Chairman, Department of Sp...

Northwestern University

ADVISORY EDITOR TO DODD, MEAD & COMPANY

Literatura de la América hispánica

ANTOLOGÍA E HISTORIA

Tomo II

EL SIGLO DIECINUEVE (1825–1910)

Literatura de la América hispánica

ANTOLOGÍA E HISTORIA

TOMO II

El siglo diecinueve (1825-1910)

EDITED BY

FREDERICK S. STIMSON
NORTHWESTERN UNIVERSITY

RICARDO NAVAS-RUIZ
UNIVERSITY OF MASSACHUSETTS, BOSTON

Dodd, Mead & Company
NEW YORK   1971   TORONTO

ISBN 0-396-06283-0

LIBRARY OF CONGRESS CATALOG CARD NUMBER: 72-134323

PREFACIO

Esta antología e historia tiene por fin familiarizar al estudiante con la literatura hispánica del Nuevo Mundo. El segundo volumen cubre desde el tercer decenio del siglo XIX hasta el segundo del siglo XX, esto es, desde la independencia de la mayoría de las colonias españolas hasta el triunfo de la Revolución Mexicana. Se abarcan, pues, tres grandes períodos literarios: el romanticismo, de 1830 a 1880; el realismo y naturalismo, que surgen hacia 1860 y se continúan hasta hoy; y el modernismo, de 1888 aproximadamente hasta 1910 o 1916.

El libro, en general, está concebido para ser utilizado por diversos tipos de estudiante de acuerdo con su dominio del español. Aunque destinado fundamentalmente a cursos panorámicos de literatura hispanoamericana de nivel universitario subgraduado, puede también emplearse, dado lo extenso de su material histórico, como obra de base en clases graduadas especializadas. Cabe incluso adoptarlo en los cursos superiores de Enseñanza Media.

En las escuelas secundarias el profesor puede hacer hincapié en los textos más que en las introducciones, es decir, en la antología, no en la historia. Unas selecciones, por supuesto, son más difíciles que otras; la poesía gauchesca, probablemente, plantea gran número de problemas en este volumen, pero las abundantes notas ayudan a resolverlos y permiten avanzar en la lectura y comprensión.

En los cursos panorámicos normales este libro consigue varios objetivos. Por sus detalladas biografías e historia y análisis de los movimientos literarios, suple ventajosamente a los manuales de la literatura hispanoamericana. Por sus numerosas notas y el vocabulario, el estudiante no se verá obligado a recurrir a diversos diccionarios en busca del significado preciso.

Se sugiere que, en tales cursos, las escuelas con sistema trimestral usen un volumen de esta antología e historia en cada trimestre. Las escuelas con sistema semestral pueden emplear el primer volumen y parte del segundo, hasta el romanticismo, en el primer semestre;

comenzar el segundo con el realismo y continuar con el tercer volumen dedicado al siglo XX.

Se agradece la cooperación de todos los que amablemente han dado permiso para imprimir material sujeto a derechos de autor, entre ellos, las Sras. Carmen Conde y Cecilia Salgado, Dr. Camilo de Brigard Silva, y Sres. Héctor González Rojo y Leopoldo Lugones (hijo). Y asimismo, la del Dr. Alberto Miramón, Director de la Biblioteca Nacional de Colombia en Bogotá y la de Editorial Aguilar de Madrid por la información proporcionada en cuanto a derechos de autor.

Se expresa gratitud especial desde aquí al professor J. Kenneth Leslie, jefe del Departamento de español y portugués de Northwestern University, por las muchas horas que ha dedicado a la lectura del manuscrito y por sus preciosas sugerencias. Se dan las gracias también al Sr. William Oman y la Sra. Genia Graves, de Dodd, Mead, por sus valiosos consejos y directrices.

LOS EDITORES

Tabla de Materias

INTRODUCCIÓN

El siglo diecinueve

El segundo volumen de esta *Antología e historia* está dedicado al siglo XIX con excepción de los primeros años, que pertenecen a la época colonial.[1] En 1825 todos los países de Hispanoamérica, salvo Cuba y Puerto Rico, habían conseguido ya la independencia: España, la Madre Patria, quedaba definitivamente vencida y su dominio eliminado. Una tarea sumamente difícil aguardaba a las nuevas naciones: fijar las fronteras, establecer un gobierno democrático y republicano en sustitución de la monarquía absoluta representada por los virreyes, crear una sociedad justa sin privilegiados ni esclavos, transformar el sistema educativo, en una palabra, enfrentarse a tremendos problemas estructurales de cuya solución dependía el futuro: o modernizarse o permanecer en el atraso e impotencia de la Colonia.

La falta de visión de muchos dirigentes, el egoísmo cerrado de las clases aristocráticas, la ignorancia absoluta del pueblo y las ambiciones de todos frustraron en gran parte el ideal de reforma y progreso que había inspirado a hombres como Simón Bolívar. Hubo guerras entre varios países, una por ejemplo entre el Perú y Chile (1879–83) y otra entre el Paraguay y los tres países vecinos, Argentina, Uruguay y Brasil (1864–70). En muchos lugares se encendieron funestas contiendas civiles que terminaron dando el poder a dictadores crueles como Juan Manuel Rosas. Y socialmente el pueblo siguió tan pobre, hambriento e ignorante como siempre.

Para complicar la situación, algunas potencias extranjeras quisieron aprovecharse de la debilidad interna de Hispanoamérica para ocupar territorios o dictar una determinada política: tal es el caso de Inglaterra, que atacó a la República Argentina en 1833, apoderándose de las Islas Malvinas; de Francia, que invadió México en 1862, imponiendo como emperador al austriaco Fernando

---

[1] Sobre los criterios de división adoptados en esta obra, consúltese la introducción del Tomo I.

Maximiliano, y de los Estados Unidos que en 1845 se apropiaron Texas y luego otras zonas mexicanas. El profundo sentimiento nacionalista de los hispanoamericanos rechazó violentamente todos estos intentos de abuso de poder, aunque no siempre con éxito. Posteriormente, a fines de siglo, la creciente intervención de los Estados Unidos en los asuntos del Sur suscitó la misma oposición y recelo de todos.

A lo largo de este siglo turbulento y nacionalista, como a lo largo de la época colonial, la literatura hispanoamericana vivió atenta a las circunstancias. Muchos escritores fueron incluso políticos importantes, como Domingo Faustino Sarmiento que llegó a presidente de su país. Se hizo obra de denuncia política, se reflejó la mísera situación social, se clamó contra la injusticia y la opresión. Esta literatura es, por lo tanto, no sólo una creación artística, sino también un documento, un testimonio a través del cual el alma y los problemas de los nuevos países se expresan sincera y ampliamente.

Tres corrientes literarias prevalecieron en Hispanoamérica desde 1825 hasta comienzos del siglo XX: el romanticismo, el realismo-naturalismo y el modernismo. Pero entre las tres es difícil trazar límites cronológicos y aun definidores. El romanticismo, cuyas fechas de iniciación varían de país a país, se prolongó hasta fines de siglo y aun penetró en el modernismo que, según se admite, no es sino un romanticismo depurado y perfeccionado. El realismo, nacido del romanticismo por énfasis de sus elementos costumbristas y locales, apareció hacia 1860 en plena convivencia con él y junto con su variante naturalista se prolongó en convivencia con el modernismo casi hasta hoy día.

Muchas influencias extranjeras se dieron la mano en la creación literaria de Hispanoamérica a lo largo del siglo XIX. España, que había perdido su hegemonía, ya no era la única nación que ejercía influencia en las letras, como había ocurrido en los días de la Colonia. Aun existió, por el contrario, un violento antiespañolismo, muy comprensible, que fue decreciendo poco a poco hasta desaparecer en 1898. Este antiespañolismo no impidió que escritores españoles como Mariano José de Larra, José Espronceda, José Zorrilla, Gustavo Adolfo Bécquer y Benito Pérez Galdós fueran muy conocidos e imitados. Papel importante jugó también Francia, de donde provienen corrientes como el indianismo, el parnasianismo y el simbolismo. Alemania, Inglaterra, Italia y los Estados Unidos dejaron asimismo su huella. En este sentido, el siglo XIX representó una incorporación de Hispanoamérica a la cultura universal.

Pero al lado de esta abertura hacia el mundo, el auge del nacionalismo que caracterizó toda la centuria tuvo una consecuencia transcendental para la literatura hispanoamericana: el descubrimiento de las realidades específicas continentales y nacionales. El magnífico e imponente paisaje del Nuevo Mundo fue descrito con una visión inmediata, directa, no deformada por modas o tópicos literarios. Tipos característicos como el indio, el gaucho y el llanero suministraron temas para muchas y espléndidas obras. Problemas concretos como el panamericanismo, la industrialización de las ciudades, la dictadura fueron objeto de numerosos análisis. De esta manera, la literatura hispanoamericana cobró conciencia de sí misma y se hizo cada vez más original en los asuntos y la expresión al mismo tiempo que se incorporaba definitivamente a las corrientes universales de la cultura.

PRIMERA PARTE 1830–80

El romanticismo

El romanticismo se desarrolló en Hispanoamérica de 1830 a 1880 aproximadamente. Entre ambas fechas se extiende un turbulento período de agitaciones sociales y revueltas políticas contra cuyo fondo es imprescindible proyectar la producción literaria, hondamente enraizada en la realidad. Argentina y México ofrecen, en escala ejemplar, una suma de los problemas de los países hispanos en esa larga época del siglo XIX.

Al conseguir su independencia en 1816, la República Argentina era un inmenso país apenas poblado y casi desconocido. Ni el Gran Chaco, región pantanosa y casi tropical al norte, ni el frío desierto de la Patagonia al sur, ni casi las fértiles pampas del este y del oeste eran otra cosa que nombres cuyo significado se ignoraba y por eso mismo se temía. Pero, por otro lado, existían unas cuantas ciudades aisladas, igualmente poderosas y florecientes: Buenos Aires con su puerto cada vez más próspero; Santiago del Estero, Tucumán, Córdoba y Salta, puestos avanzados en el interior, con una cultura y un comercio intensos.

Todas estas ciudades llevaron una vida muy independiente durante la Colonia: se entendían directamente con la Corona, se enviaban representantes unas a otras y no toleraban ingerencia alguna de fuera. Vieron, pues, muy mal que fuera escogido Buenos Aires para cabeza del Virreinato de la Plata en 1776. En tales circunstancias, no puede extrañar a nadie que, pasado el peligro común de la guerra de independencia contra España, aquel país enorme, desconocido y con pocos vínculos entre sus partes, tendiera a la desunión y la anarquía.

Reflejando esta situación, emergieron entre 1820 y 1829 dos partidos políticos, los Unitarios y los Federales. Los primeros, entre los que figuró Domingo Faustino Sarmiento, favorecían un gobierno central con sede en Buenos Aires; los segundos abogaban por la autonomía de las provincias. Dentro de unos y otros había a su vez actitudes encontradas; algunos Unitarios, por ejemplo, propugnaban un Buenos Aires aislado e independiente con objeto de utilizar la gran riqueza proveniente del tráfico comercial en beneficio exclusivo de la capital sin compartirla con la provincia pobre y atrasada.

Nombrado primer presidente de Argentina el Unitario Bernardino Rivadavia (1780-1845) en 1824, trató de llevar a cabo un gobierno liberal, separando la Iglesia del Estado, creando un buen sistema de educación pública y realizando las reformas sociales de la Revolución de Mayo. Pero varios obstáculos se lo impidieron: Unitarios y Federales andaban a las manos; el caudillismo se propagaba rápidamente por las provincias; el Brasil había iniciado un peligroso expanionismo atacando al Paraguay, y Argentina tuvo que ir a la guerra para proteger a la pequeña nación. Todo hacía ansiar la llegada de un hombre fuerte, de un dictador que pusiera paz, orden y disciplina. Ese hombre fue Juan Manuel Rosas (1793-1877).

Nacido de familia poderosa y aristocrática, se alejó de los suyos para enriquecerse por su propio esfuerzo. Dirigió su propia estancia y siendo como era hombre de gran fortaleza física, avezado al trabajo duro y ágil jinete, se ganó el corazón de los gauchos y sus caudillos entre los que vivía. Controló negocios de sal y todos los de ganado y fue dueño de los mataderos argentinos, acumulando tremenda riqueza. A ello le ayudó no poco el matrimonio con una mujer de mucho dinero e inteligencia. Llamado al poder en 1829 como gobernador de Buenos Aires, pronto mostró su ambición personal proclamándose dictador y haciéndose designar como el Restaurador. Su gobierno en un principio fue benéfico: puso orden, unió el país y logró pacificar a los indios que molestaban constantemente a los habitantes de la pampa.

Destituido en 1832, volvió con más energía y una actitud más radical en 1835: cerró las escuelas, dio poder a la Iglesia y a las clases bajas, utilizando a sus elementos como espías y soplones; desterró a todos los liberales peligrosos como Esteban Echeverría, Sarmiento y José Mármol; asesinó por motivos políticos a muchos enemigos; persiguió a los proscritos hasta Montevideo, ciudad que tuvo cercada entre 1843 y 1852, y creó un clima de terror, sirviéndose de una especie de policía política secreta, "la mazorca," que los bonaerenses con un juego de palabras interpretaban como "más horca." Al fin, en 1852, fue derrotado por los liberales en la batalla de Monte Caseros y, refugiado en Inglaterra, llevó allí hasta su muerte una vida de *country gentleman*. Rosas ha quedado en la historia como el paradigma del dictador hispanoamericano y, según su acérrimo enemigo Sarmiento, como el representante de la barbarie campesina frente a la civilización ciudadana. El fascismo peronista, por el contrario, reivindicó comprensiblemente su memoria.

Eliminado Rosas del poder, se recrudeció la lucha entre Unitarios y Federales hasta que por último en 1862 Buenos Aires fue reconocido por las provincias como capital de una nación unida. En ese mismo año ocupó la presidencia Bartolomé Mitre (1821–1906) al que siguió en 1868 Sarmiento: ambos continuaron la interrumpida labor de Rivadavia, contribuyendo al espectacular progreso de Argentina. En 1869, como reflejo del desarrollo cultural emprendido, se fundaron dos periódicos que todavía existen, *La Prensa* y *La Nación;* en sus suplementos literarios han colaborado las figuras más importantes del Mundo Hispánico.

Si Argentina ilustra la evolución interna de un país hispano-americano en busca de su unidad nacional y de su identidad política, México es un magnífico ejemplo de voluntad de sobrevivencia frente al extranjero y de ascenso del pueblo al poder. Desde un principio se sintió como una nación compacta, pues tenía conciencia de ser heredero del imperio azteca y de la corte virreinal más antigua y brillante: al revés que en Argentina, una fuerte y rica tradición respaldaba la independencia. Por esa misma razón, la aristocracia criolla, la Iglesia y el ejército favorecieron un régimen que fuera en cierto modo continuación del absolutismo hispano-azteca: el imperio con Agustín de Iturbide (1783–1824) y Fernando Maximiliano (1832–67); la dictadura con Antonio López de Santa Anna (1797–1876) y Porfirio Díaz (1830–1915).

Dos países extranjeros dirigieron sus ambiciones contra México: los Estados Unidos y Francia. Los Estados Unidos se anexionaron Texas en 1845, lo cual sumado a otras disputas fronterizas provocó una guerra entre las dos naciones (1846–48). A pesar de la victoria de El Alamo, México fue derrotado y vio su capital invadida por las fuerzas del general Winfield Scott. De resultas del tratado Guadalupe-Hidalgo, cedió a los Estados Unidos Nuevo México, la alta California y parte de los actuales estados de Utah, Nevada, Arizona y Colorado a cambio de quince millones de dólares, quedando su territorio sensiblemente mermado.

Algo más tarde, el emperador francés Napoleón III, deseoso de crear un satélite europeo en el Nuevo Mundo frente al creciente poder estadounidense, concibió y puso en práctica la loca idea de invadir México y colocar en el gobierno como emperador de los mexicanos al archiduque Maximiliano. Tres años, de 1864 a 1867, se sostuvo en el poder este infeliz cuanto digno personaje. Abandonado cruel e irresponsablemente por los mismos que lo trajeron, fue vencido por Benito Juárez (1806–72) y fusilado.

Frente a dictadores y emperadores, el indio zapoteca Benito Juárez representó los deseos populares que encauzó a través de su movimiento La Reforma, de inspiración liberal y anticlerical. Juárez, partidario de cambios políticos, económicos y sociales, ocupó la presidencia desde 1857 y fue el héroe de la resistencia antifrancesa. Hoy se le considera como el padre de la nación y su generoso inspirador ideológico, otorgándosele un papel parecido al de Abraham Lincoln en los Estados Unidos. La revolución mexicana de 1910, tras el fracaso de la dictadura de Porfirio Díaz, enlaza directamente con el ilustre indio.

Situaciones parecidas a éstas hubieron de atravesar los demás países: abundaron por doquier agitaciones y dictaduras como las del doctor José Gaspar Rodríguez Francia en el Paraguay de 1814 a 1840 y Gabriel García Moreno en el Ecuador de 1861 a 1875. Se declararon diversas guerras entre potencias europeas y americanas como la de Chile y España (1865–66) o entre estas últimas como las dos de Chile contra el Perú y Bolivia (1836 y 1879–83). Circunstancias especiales se dieron en Cuba, dominada por España: todo su siglo XIX fue un doloroso calvario de levantamientos patrióticos y represiones coloniales que costaron muchas vidas ilustres. Un régimen de terror dominó por largo tiempo y la esclavitud de los negros sólo fue abolida en 1886 cuando en los demás lugares lo había sido al comenzar la independencia.

Con este revuelto fondo de formación de nacionalidades coincidió el romanticismo en Hispanoamérica. El romanticismo, como movimiento literario, había nacido a fines del siglo XVIII en Alemania e Inglaterra en reacción contra el neoclasicismo y en busca de una expresión más original y adecuada al espíritu nacional de cada pueblo. De allí se propagó a los demás países europeos, en los que floreció alrededor de 1830. A Hispanoamérica llegó por diversos caminos y en distintas fechas. Esteban Echeverría lo introdujo en Argentina en 1830 a su regreso de un viaje por Europa, y la creación de círculos contra Rosas como el Salón Literario (1837) y la Asociación de Mayo (1837) lo afianzó definitivamente. Con la huida de los liberales argentinos al Uruguay y a Chile, pasó allí el movimiento. En el Uruguay se publicó en 1838 un periódico, *El Iniciador*, con el fin de divulgar los nuevos ideales. En Chile, la polémica entre Andrés Bello y Sarmiento sobre el valor de la tradición y la novedad así como la fundación de *El Semanario* por José Victorino Lastarria (1817–88) abrieron cauce a la moda en 1842. De allí se extendió al Perú con la generación del 48, a Bolivia, Ecuador y Colombia. También en la década del 30, pero con independencia de esta línea, apareció el romanticismo en Venezuela, México y Cuba, donde ya tempranamente José María Heredia en sus críticas había dado a conocer a Walter Scott.

En la naciones iberoamericanas apenas existió el tipo de romanticismo conservador tan brillantemente representado en Francia por François René de Chateaubriand (1768–1848). Al igual que en España, romanticismo y liberalismo se identificaron de modo que nadie se hubiera negado a subscribir aquellas definidoras palabras de Mariano José de Larra (1809–37) en su famoso artículo "Literatura": "Libertad en literatura, como en las artes, como en la industria, como en el comercio, como en la conciencia. He aquí la divisa de la época, he aquí la nuestra, he aquí la medida con que mediremos." Abundó en consecuencia y preferentemente una literatura ideológicamente comprometida, de combate y denuncia, como la de los proscritos argentinos, contra la dictadura y la opresión, la incultura y el salvajismo, la injusticia social y el abuso político.

Pero lógicamente se tuvieron en cuenta también otros principios como la exaltación del "yo," el predominio de las emociones, la actitud melancólica, el amor apasionado y trágico y la fuerza del destino. Dos fueron, sin embargo, particularmente fecundos: el afán de originalidad y el culto del nacionalismo, en cierto modo muy relacionados entre sí. Ya tenían sus precedentes americanos en obras como la *Alocución a la poesía* (1823) de Bello y llevaron a muchos escritores a plantearse el problema de su diferenciación cultural con respecto a Europa y especialmente España. En su manifestación más exagerada provocaron incluso el intento de crear una lengua distinta de la heredada de la Madre Patria, lo que tras un momento de virulencia fue abandonado por ridículo. De ello quedó, no obstante, la conciencia de la necesidad de perfeccionar el instrumento expresivo recibido, conciencia que el Modernismo desarrollaría en grado sumo.

De consecuencias más positivas fue el anhelo de ahondar en las realidades del continente ya desde un punto de vista histórico, ya desde un punto de vista actual. Mirando hacia el pasado, se analizó el sentido de la conquista, la situación del indio vencido, el conflicto entre las dos razas, o se evocó con cierta melancolía un tiempo de esplendor y fiestas ya ido para siempre. Mirando al presente, se descubrió el magnífico paisaje americano y la existencia de tipos específicos como el gaucho de la pampa y el indio embrutecido y explotado.

Dos épocas suelen distinguirse en el desarrollo histórico del romanticismo hispanoamericano: la primera de 1830 a 1860 se caracteriza por su actitud combativa y exaltada, por el predominio del mensaje político social, por su extroversión. Tiene su punto culminante en torno a Rosas, en el grupo de los proscritos argentinos, Echeverría, Mármol y Sarmiento. La segunda va desde 1860 a 1880 y coincide con la aparición del positivismo y el realismo. La exaltación inicial se remansa, la lírica se hace más íntima, el sentimiento delicado y tierno encuentra expresión hasta en la novela y se mira con más atención a la tierra donde cada uno vive. Toda América aporta valiosas contribuciones: Colombia da *María* de Jorge Isaacs; el Ecuador, *Cumandá* de Juan León Mera; el Perú, las *Tradiciones peruanas* de Ricardo Palma. Pero, en conjunto, se destaca de nuevo el Plata con la generación argentina del 80 y la literatura gauchesca y con la generación uruguaya del Ateneo y *Tabaré* de Juan Zorrilla de San Martín.

Todos los grandes románticos europeos fueron conocidos e imitados de cuando en cuando. Pero los principales influjos provinieron de los escritores siguientes: Walter Scott, que originó innumerables novelas históricas; Chateaubriand, de cuyo *Atala* (1801) deriva la novela indianista; Larra, José de Espronceda (1808-42), José Zorrilla (1817-93) y Gustavo Adolfo Bécquer (1836-70) que dejaron huella decisiva en el ensayo, la poesía y el teatro. Con sus viajes por el continente americano, José Joaquín de Mora (1784-1863), Fernando

Velarde (1849-92) y Zorrilla contribuyeron a la expansión del romanticismo. No faltó tampoco el conocimiento de los Estados Unidos: James Fenimore Cooper en novela, Henry Wadsworth Longfellow y Edgar Allan Poe en poesía y cuento fueron inmensamente populares.

LA PROSA NARRATIVA

Después de la escasez de prosa narrativa que había caracterizado a todo el período colonial, el romanticismo representó una brusca y fecunda aparición de novelas, cuentos y cuadros de costumbres. Se alcanzó a veces tal calidad que algunas obras deben considerarse ya como jalones definitivos y clásicos del género en Hispanoamérica. Las tendencias principales fueron la narrativa histórica, la político-social, la sentimental, la costumbrista y la indianista. Pero no es raro ver mezclarse todas, sin que sea posible tomar la clasificación muy rígidamente. Generalmente el sentimiento entra como componente de todas.

La narrativa histórica derivó, al igual que en el resto del mundo, de Sir Walter Scott. En Hispanoamérica no pudieron los escritores remontarse hasta la Edad Media como en Europa, pues la historia europea les era ajena, extraña. Tampoco pudieron internarse en la época procolombina, porque en el fondo se sentían totalmente desvinculados de incas y aztecas. Tuvieron, por lo tanto, que limitarse a lo que creían pertenecerles: la Colonia, España. Dentro de una interpretación socio-cultural, la narrativa histórica se presenta como un índice magnífico de cuán unidos a lo hispánico se consideraban estos escritores por más que aparentemente lo odiasen o lo negasen.

La figura cumbre de la tendencia es Ricardo Palma que con sus *Tradiciones peruanas* inventó un subgénero lleno de humor y fantasía. En Santo Domingo, Manuel de Jesús Galván realizó en el *Enriquillo* un excelente análisis de la colonización y la conquista. La Inquisición es el tema de *La novia del hereje* del historiador y novelista argentino Vicente Fidel López (1815-1903), tema que se repitió hasta la saciedad. El mexicano Vicente Riva Palacio (1832-96) buscó inspiración en un pasado más próximo como las guerras civiles y de la independencia; su novela más famosa es *Calvario y Tabor*. En Guatemala la época colonial fue revivida brillantemente por José Milla (1822-82) en *La hija del Adelantado* y *El visitador*.

En torno al dictador Rosas y como denuncia de su brutal comportamiento con los liberales apareció en Argentina la narración de carácter político-social, de la que sobresalen tres obras inolvidables por su calidad literaria y por su fuerza evocadora: un cuento largo, considerado plenamente naturalista mucho antes de que el naturalismo existiera, *El matadero* de Echeverría; una novela de contenido a la vez sentimental y político, testimonio terrible de su época, *Amalia* de Mármol; y una biografía que es al mismo tiempo una genial interpretación de Argentina, *Facundo* de Sarmiento.

Aunque tenía muchos precedentes en España e Italia, la novela sentimental adquirió su forma definitiva en Inglaterra con Samuel Richardson (1689–1761). De allí pasó a Francia donde se escribieron algunas muy populares como *La Nouvelle Héloïse* de Jean-Jacques Rousseau (1712–78), *Paul et Virginie* de Bernardin de Saint-Pierre (1737–1814) y *Graziella* de Alphonse de Lamartine (1790–1869). Se caracteriza en general por su tono emotivo, el análisis interior de los sentimientos y la presentación de un amor grande y puro, generalmente imposible. Mucho más tarde, en 1867, se publicó en Colombia *María* de Isaacs, la novela más famosa de todo el siglo XIX en Hispanoamérica. De sentimental puede clasificarse también *Clemencia* del mexicano Ignacio Manuel Altamirano (1834–93), si bien su fondo es realista e histórico.

El costumbrismo se manifestó no sólo en cuadros y narraciones breves, sino también en novelas extensas. Su valor no reside tanto en reflejar costumbres más o menos curiosas, sino en descubrir los aspectos sociales de las mismas. Por lo demás, el afán por observar y describir escenas de la vida diaria supuso un paso hacia el realismo por cuanto enseñaba a ver la realidad con más cuidado y en un plano simple. El escollo que apenas pudo ser salvado fue el localismo, que ha hecho perder interés a la mayor parte de estos escritos. No sería justo, sin embargo, olvidar *Los bandidos de Río Frío* y *El fistol del diablo*, novelas del mexicano Manuel Payno (1810–94), que contienen excelentes escenas costumbristas, ni *Cecilia Valdés* de Cirilo Villaverde (1812–94), interesante cuadro de tipos y costumbres de La Habana del siglo XIX dentro de un apasionado argumento de amor y muerte.

Con el nombre de indianismo se conoce una corriente literaria de exaltación e idealización del aborigen americano, cuyas raíces se encuentran ya en las *Cartas* de Colón y en las obras de Las Casas.

Estos crearon el mito del buen salvaje, esto es, la idea de que el primitivo habitante de América era espontánea y naturalmente bueno. El mito tuvo amplio eco en la España del Siglo de Oro, de donde saltó a otros países, alcanzando su expresión definitiva con Rousseau desde el punto de vista social y con Chateaubriand desde el literario. *Atala* está a la base del indianismo hispanoamericano. La novela *Cumandá* del ecuatoriano Mera representó el mejor logro del género en estas regiones.

LA POESÍA

Nunca quizá se haya escrito tanta poesía en Hispanoamérica como durante el romanticismo. Asombra ver el crecido número de poetas que florecieron por entonces. Pero infelizmente la calidad no acompañó a la abundancia y muy pocos nombres, muy pocas obras han logrado sobrevivir a su tiempo. Como reflejo de las tensiones espirituales de los nuevos países, alcanzó gran auge la poesía político-social: diatribas contra la dictadura, exaltaciones patrióticas, reflexiones sobre tipos marginales como el mendigo o el criminal y problemas de justicia son tema de miles de poemas.

Los grandes nombres de esta tendencia son Echeverría y Mármol, si bien tocaron además otros motivos. No dejan, sin embargo, de merecer un recuerdo algunos otros: Juan María Gutiérrez (1809-78), del grupo de los proscritos argentinos, celebró las glorias de su patria en versos grandilocuentes, aunque hoy se le recuerda por su labor erudita y crítica; fue uno de los teóricos del americanismo. En Colombia, Julio Arboleda (1817-62), autor de un poema épico incompleto, *Gonzalo de Oyón,* escribió muchas poesías políticas que reflejan las crisis constitucionales atravesadas por su nación. En Cuba, el introductor del romanticismo, José Jacinto Milanés (1814-63), cultivó extensamente la lira social, tomando por asunto tipos como "El expósito," "El bandolero" o "El hijo del rico," y Gabriel de la Concepción Valdés, "Plácido," cultivó poesía de temas cubanos o "siboney." Más tarde, en la generación argentina del 80, se destacan respectivamente como poeta cívico y como poeta social Olegario Víctor Andrade y Pedro Bonifacio Palacios, "Almafuerte" (1854-1917).

Tras los precedentes neoclásicos de Bello y Heredia, el romanticismo acogió ampliamente la poesía descriptiva centrada en el paisaje y las costumbres. Del argentino Luis L. Domínguez (1819-98) procede "El ombú," divulgadísima composición sobre el árbol de la pampa. De gran delicadeza emotiva son los *Ecos del Choroní* del venezolano José Antonio Maitín (1814-74) sobre la paz y felices costumbres del valle de ese nombre. Pero sin duda ninguna la obra maestra del género es la *Memoria sobre el cultivo del maíz en Antioquia* del colombiano Gregorio Gutiérrez González (1826-72), espléndida descripción de las faenas agrícolas relacionadas con ese cereal. Uno de sus mayores méritos filológicos, pero a la vez de sus limitaciones artísticas es el empleo excesivo de palabras regionales.

La modalidad narrativa fue la que rayó a mayor altura y calidad, como había ocurrido también en otras partes del mundo. Buena prueba son toda la poesía gauchesca y el extenso poema *Tabaré*. Más que la historia, se poetizó la leyenda, buscándola en las tradiciones locales, en hechos de la Colonia y en episodios de la Conquista que enfrentaban a indios y conquistadores o mostraban la crueldad de éstos.

No faltó tampoco la lírica propiamente dicha con sus vertientes amorosas, sus temas populares o las preocupaciones filosóficas. Alcanzaron loable puesto entre los líricos el colombiano José Eusebio Caro (1817-53), que quiso introducir nuevos metros en la poesía española; el mexicano Manuel Acuña (1849-73), que se suicidó tras haber expresado la amargura y desconsuelo de la vida en poemas de sentida emoción, y Carlos Guido Spano (1827-1918), argentino, autor de composiciones de elegancia clásica y suave intimismo.

LA POESÍA GAUCHESCA

Por su singular importancia merece un examen más detenido un tipo de poesía que tuvo como tema al gaucho. Esta palabra se documenta por primera vez en la *Descripción de los cuadrúpedos del Uruguay* (1802) de Félix de Azara. Anteriormente se habían empleado otras como "huaso," "changador" y especialmente, "gauderio," utilizada por "Concolorcorvo" en su *Lazarillo de ciegos caminantes* a mediados del siglo XVIII.

El gaucho era el jinete andaluz adaptado a la vida salvaje de la pampa y mezclado con el indio. Llegó allí muy tempranamente, aunque no se sabe con seguridad cómo ni por dónde. En un principio, se dedicó a la caza y doma del ganado que, abandonado por los españoles al huir de los indios alrededor de Buenos Aires en el siglo XVI, se había hecho montaraz. Su maestría en el oficio indujo más tarde a los estancieros que lograron establecerse en la pampa a contratarlo para tal menester. Trabajó, pues, en las estancias como vaquero. Poco a poco comenzó a desarrollar la industria del cuero que sus amos exportaban a Europa; tal industria era ilegal porque estaba prohibido matar animales cimarrones.

Su indumentaria típica se componía del poncho de vicuña y el chiripá de paño negro, siendo sus armas las boleadoras, el lazo y el facón. Gustaba de la vida nómada: el caballo era su mejor amigo, pero también tenía su rancho y su chinita. Los ratos de ocio los entretenía con la guitarra y el canto. Tenía una fuerte conciencia del honor y solía tomarse la justicia por su mano. Hablaba un dialecto que se creyó en un principio creación original, pero que resultó ser simplemente el español del siglo XVI conservado con escasas modificaciones e incorporación de algunos indigenismos.

La estimación de los gauchos no fue siempre la misma. Vistos primero como vagabundos, perezosos y contrabandistas, su valiente comportamiento en el sitio que los ingleses pusieron a Buenos Aires en 1806 y durante la guerra de la independencia les granjeó admiración y respeto. Rosas los colmó de honores y nunca fue más alto el prestigio social o el poder político del gaucho. Pero esto mismo los perdió. Considerados por los gobiernos liberales siguientes, especialmente el de Sarmiento, como símbolos de barbarie y atraso, se hizo lo posible por eliminarlos: se les quitó las mejores tierras para dárselas a los inmigrantes europeos, se les obligó a alistarse en el ejército o se les persiguió como criminales. Precisamente en ese momento alrededor de 1860, en que el tipo inicia el declive hacia la desaparición, alcanzó su esplendor la literatura gauchesca, en parte como protesta contra una política, en parte como deseo de salvar para la tradición algo que se perdía irremisiblemente.

Pero esta literatura tiene sus raíces en un tiempo bastante anterior. Existía entre los gauchos una especie de juglar, el payador, que iba de pulpería en pulpería con su guitarra, entreteniendo al público con cantos amorosos o narrativos. Sarmiento en su *Facundo* lo ha descrito de una manera sin igual. Sus cantos estaban relacionados inicialmente con las canciones populares y los romances de los conquistadores españoles; pero luego se modificaron adaptándose al medio. Se llamaban payadas.

A veces dos gauchos cantores o payadores coincidían en una misma pulpería y se entablaba entre ellos una contienda poética, en que cada uno debía improvisar una respuesta a la incitación del otro. A esta contienda se la conoce como payada de contrapunto. La payada tenía varias modalidades: vidalitas, cielitos y tristes. Las dos primeras palabras designaban a la mujer y se introducían en los versos primero y tercero, añadiéndose "que sí" de esta manera: "cielito, cielo que sí." Menos maliciosos, los tristes parecen ser una modificación de un canto quichua y tenían un fondo melancólico. Todos estos cantos se transmitían oralmente. Sólo en la segunda mitad del siglo XVIII empezaron a ser recogidos en algunos documentos y obras como el ya citado *Lazarillo*. A comienzos del siglo XIX, varios poetas cultos los imitaron, pero dándoles un contenido patriótico para sostener el valor de los gauchos en las guerras contra ingleses y españoles. Tal fue el caso de Pantaleón Rivarola, Vicente López y Planes, y, sobre, todo, de Bartolomé Hidalgo (1788–1822) cuyos *Diálogos patrióticos* y *Cielitos*, compuestos de 1811 a 1822, reflejan todo el proceso de la independencia en un esfuerzo por mantener la pureza de los ideales. De esta manera lo gauchesco sale del folklore y se transforma en un género literario.

Inventado el género, siguió dos direcciones principales: una, popularista, que trató con toda exactitud posible la vida del gaucho, recogiendo incluso su habla dialectal. Tal es la línea de Hilario Ascasubi (1807–75), autor del *Santos Vega*; de Estanislao del Campo (1834–80), que escribió el *Fausto*, y de José Hernández, que logró la obra maestra de la gauchería, el *Martín Fierro*. La otra dirección es completamente culta: suponía una estilización e idealización del gaucho más que un reflejo realista de sus problemas. Es la seguida por Juan María Gutiérrez, Bartolomé Mitre y, sobre todo, por Rafael Obligado. De la poesía el tema gauchesco pasó a la novela y al teatro realista.

PRIMERA ÉPOCA (1830–60)

Gabriel de la Concepción Valdés ("Plácido")

(1809–44)

Se ha dicho que la popularidad de Gabriel de la Concepción Valdés o "Plácido" se debe a su misteriosa y trágica vida más que a su poesía. Nacido en marzo de 1809, fue abandonado un mes después en la puerta de la Real Casa de Beneficencia y Maternidad de La Habana. Se conjeturó más tarde que su padre fue un peluquero mulato y su madre una danzarina blanca de Burgos. Asistió a varias escuelas primarias, recibiendo una educación muy elemental. Adquirió algunos conocimientos más, mientras trabajaba en tiendas de amigos cultos que le orientaron en las lecturas.

Muy pocos datos de la vida de Plácido están documentados. Ni siquiera se sabe con seguridad el origen de su pseudónimo: pudo haberlo sacado del héroe de una de sus novelas predilectas, *Les Battuécas* (1816) de Mme de Genlis; pudo haberlo tomado de su padrino que así se llamaba, o simplemente haber querido con él describir su personalidad. Tampoco se tienen noticias ciertas de sus amores. Se afirma que se enamoró de cinco mujeres y que se casó con la última en 1842, abandonándola a los tres meses de la boda.

Mientras crecía su fama de fabricante de peinetas de carey, tan usadas en aquellos días, también crecía su fama de poeta e improvisador. La gente rica solía invitarlo a fiestas y celebraciones donde recitaba poemas de encargo. Al mismo tiempo aumentaban las sospechas de los gobernantes españoles de que Plácido, que viajaba casi constantemente entre La Habana, Matanzas y Las Villas, era líder de un grupo clandestino de esas ciudades que tramaba una insurrección para acabar con todos los blancos de la isla o con el gobierno colonial.

Por fin, quedó implicado en la famosa "Conspiración de la escalera," así llamada porque las autoridades arrancaron de los negros confesiones, atándolos desnudos a una escalera y azotándolos. El hecho tuvo lugar en Matanzas: más de trescientos murieron de los azotes; seiscientos fueron encarcelados, y muchos condenados a muerte. Plácido, con otros diez compañeros de desgracia, fue llevado el 28 de junio de 1844 al Cementerio de San Carlos de Matanzas y fusilado. Se cuenta que marchó desde la capilla hasta el cementerio recitando su famoso poema "Plegaria a Dios," muy popular en Cuba y hasta en los Estados Unidos, donde fue publicado varias veces en inglés.

Además de "Plegaria a Dios," fueron muy conocidos también otras cuatro composiciones suyas por estar asociadas con su trágica muerte: "A la fatalidad," "Despedida a mi madre," "Adiós a mi lira" y "A la justicia." Los historiadores han tratado de probar que las cinco fueron compuestas durante su último encarcelamiento. Pero, como ocurre con los datos de su vida, la autenticidad y fechas de tales poemas son un misterio que nunca se resolverá.

Plácido es una de las figuras más representativas del romanticismo en Hispanoamérica, tanto por su vida consagrada a la libertad y la aventura, como por su obra. Siguiendo la revalorización de lo popular, escribió "siboneys" y como todo el grupo siboneísta en el que se cuenta entre otros Joaquín Lorenzo Luaces (1826–67), trató de expresar en ellos el carácter de su país. Los siboneístas cubanizaron la poesía, describiendo el paisaje isleño, utilizando temas nativos como la riña de gallos y los indios precolombinos y continuando el arte campesino de improvisar versos en las tertulias. De los siboneys de Plácido probablemente los más originales y valiosos sean los cuatro dedicados a flores nativas: la flor del café, de la caña, la cera y la piña. De suave delicadeza y gracia, contienen también notas de sutilísima sensualidad.

Además de estos poemas de corte popular, escribió otros con temas típicamente románticos: leyendas medievales, escritas en un estilo ampuloso y lleno de artificiosidad; la España morisca con su mezcla de culturas; el "buen salvaje" de la América anterior a la Conquista, y la libertad política. Si se considera que Gertrudis Gómez de Avellaneda ("La Avellaneda") se fue a vivir en España y que José María Heredia es todavía un neoclásico, Plácido se presenta como el mayor romántico cubano.

LA FLOR DEL CAFÉ

Prendado estoy de una
   hermosa
Por quien la vida daré
Si me acoge cariñosa,
Porque es cándida y hermosa
5 Como la flor del café.

   Son sus ojos refulgentes,
Grana en sus labios se ve,
Y son sus menudos dientes,
Blancos, parejos, lucientes,
10 Como la flor del café.

   Una sola vez le hablé
Y la dije: ¿Me amas, Flora?
Y más cantares te haré,
Que perlas llueve la aurora
15 Sobre la flor del café.

   Ser fino y constante juro,
De cumplirlo estoy seguro
Hasta morir te amaré;
Porque mi pecho es tan puro,
20 Como la flor del café.

   Ella contestó al momento:
—De un poeta el juramento
En mi vida[1] creeré,
Porque se va con el viento
25 Como la flor del café.

   Cuando sus almas fogosas
Ofrecen eterna fe,
Nos llaman ninfas y diosas,
Más fragantes que las rosas
30 Y las flores del café.

   Mas cuando ya han conseguido,
Cual céfiro que embebido
En el valle de Tempé,[2]
Plega sus alas dormido
Sobre la flor del café.   35

   Entonces, abandonada
En soledad desgraciada
Dejan la que amante fue;
Como en el polvo agostada
Yace la flor del café.   40

   Yo repuse:—Tanta queja
Suspende, Flora, porque
También la mujer se deja
Picar de cualquier abeja,
Como la flor del café.   45

   Quiéreme, trigueña mía,
Y hasta el postrimero día
No dudes que fiel seré:
Tú serás mi poesía,
Y yo, tu flor del café.   50

   A tu vista cantaré
Y lucirá el arrebol
Que a mis dulces trovas dé,
Como a los rayos del Sol
Brilla la flor del café.   55

   Suspiró con emoción,
Miróme, calló y se fue;
Y desde tal ocasión,
Siempre sobre el corazón
Traigo la flor del café.   60

---

[1] Tradúzcase: "Never in my life."
[2] Valle de Grecia celebrado por Virgilio.

LA CALENTURA NO ESTÁ EN LA ROPA

Lola, me dicen,
Volviose zorra,[3]
Porque su amante
Se fue con otra.
5 Digo que es falso,
Que la tal Lola
No había nacido
Para otra cosa:
Estaba en su alma
10 Ser voladora.[4]
La calentura
No está en la ropa.

Pretexta Nise
Que era una rosa;
15 Mas las viruelas
Y algunas otras
Enfermedades
La han vuelto mona.[5]
Mentira. Nise
20 Nunca fue otra,
Ni quince tuvo,[6]
Ni ha sido hermosa.
La calentura
No está en la ropa.

25 Dice Pedancio
Que en su edad corta[7]
Hacer sabía
Muy buenas odas,

Lindos sonetos
Y amantes trovas;   30
Mas que los años
Todo lo roban:
Vaya a otra parte
Con esa bola.[8]
La calentura   35
No está en la ropa.

A nadie paga
Doña Liboria,
Porque no abunda
La plata ahora.   40
Y aquellas trampas
De edad remota
Que son del tiempo
Que estuvo en boga,
¿Por qué las tiene?   45
Clara es la cosa.
La calentura
No está en la ropa.

No hay comerciante
Como don Opas;   50
En cuanto emprende
Sale en pelota.[9]
La suerte, dice,
Que le va en contra.
¡Qué contra suerte   55
Ni qué camorra![10]

---

[3] Prostituta.
[4] Volar de un hombre a otro.
[5] Muy fea.
[6] Quince años, cuando todas las mujeres son hermosas.
[7] Edad corta: "childhood."
[8] Mentira.
[9] Fracasa.
[10] ¡Qué mala suerte ni qué tontería!

Si a usted, amigo,
Le falta cholla.[11]
La calentura
No está en la ropa.

5 Se han separado
Juan y su esposa;
Algunos hallan
La causa toda
En que muy joven
10 Era la novia
Cuando se hicieron
Las tales bodas:
De allí a mil años
Sería la propia.[12]

La calentura   15
No está en la ropa.

Muda de casas
Madama Antonia
Porque son ellas
De mala sombra,[13]   20
Si no trabaja.
¡Por Dios, señora!
¿Busca usted una
Do lluevan onzas?
Hágalo, y buenas   25
Le serán todas.
La calentura
No está en la ropa.

[11] Inteligencia.
[12] Es decir, sería lo mismo, pasaría la misma cosa.
[13] Tradúzcase: "Because they bring bad luck."

Esteban Echeverría

(1805–51)

Dentro de la literatura argentina del siglo XIX, Esteban Echeverría tiene el papel de iniciador: introdujo el romanticismo cuyo triunfo había presenciado en París; definió con claridad la orientación política de los mejores escritores; y anticipó el realismo en uno de los cuentos más impresionantes de Hispanoamérica.

Nació en Buenos Aires, de padre vasco y madre porteña, los dos de modesta familia. Huérfano muy pronto, entró en el mundo de los negocios y llevó una vida de libertino y jugador. Se habla incluso de un duelo de amor en el que mató al marido agraviado. A los dieciocho años sufrió una crisis nerviosa que le afectó hasta su muerte. En 1825 se embarcó rumbo a Francia donde permaneció cuatro años, haciendo también una breve escapada a Londres. Echeverría tuvo ocasión de ver la gran revolución literaria realizada por Victor Hugo y otros, que liquidó los últimos vestigios del neoclasicismo. Leyó asimismo a los románticos alemanes como Schiller e ingleses como Byron y Scott. Lleno de entusiasmo por la nueva escuela, regresó a la Argentina en 1830 dispuesto a dar a conocer a sus compatriotas el romanticismo.

En un lapso de cinco años, entre 1832 y 1837, publicó sus obras poéticas más importantes; pero al mismo tiempo enfermó de una afección cardiaca y tuvo que ir a descansar a la estancia de un hermano en la pampa. Allí se puso en contacto con el paisaje gauchesco del que tanto gustaba y cuya belleza fue el primero en describir. Vuelto a Buenos Aires, fundó la Asociación de Mayo en 1837, club de jóvenes románticos que se oponían a la tiranía de Juan Manuel Rosas y trataban de revivir los ideales democráticos de la Independencia. En 1840 tuvo que huir a Montevideo, donde murió lleno de nostalgia por su patria, enfermo y pobre.

Su pensamiento político, expresado en diversas ocasiones, se contiene sobre todo en el *Dogma Socialista de Mayo,* especie de manifiesto que influyó de modo decisivo en escritores mas jóvenes como Sarmiento y Mármol. El título resulta un poco confuso, pues Echeverría no expone ideas socialistas, sino más bien las bases de lo que debe ser un gobierno y una sociedad democráticos. Su idea central es que la ciudad con su sentido cívico y de cooperación entre las gentes desarrolla la mentalidad de convivencia libre en tanto que el campo con su individualismo y anarquía lleva al caciquismo y la dictadura. Define también, entre otras cosas, la función del arte como una tarea social y nacionalista al servicio del progreso y de la conciencia colectiva.

Echeverría no había nacido poeta, pero intentó serlo para dotar a su país de una nueva orientación, la romántica. Y este intento de abrir un camino diferente, acabando con el neoclasicismo, es su mayor mérito. Además de varios extensos poemas filosóficos y otros políticos contra Rosas, escribió *Elvira o la novia del Plata* (1832), *Los consuelos* (1834) y *Rimas* (1837). *Elvira* es un tanteo poético de escaso valor literario, pero importante históricamente por aparecer en él por vez primera en Argentina elementos románticos como el pesimismo, el ambiente de misterio y la polimetría. *Los consuelos,* escritos bajo la influencia de Byron y los clásicos españoles, sobresalen por su visión de la naturaleza y la abundancia de la nota personal.

En las *Rimas* se inserta su obra maestra "La cautiva," leyenda dividida en nueve partes y un epílogo, que narra la historia de dos jóvenes amantes, Brian y María, perseguidos por los indios en el desierto. Muerto Brian, María queda cautiva de sus enemigos, y libertada al fin, muere de emoción al enterarse de que su hijo ha sido degollado por los indios. Todo en la obra es plenamente romántico: desde el género literario, la leyenda, hasta la versificación en octosílabos y los amores trágicos de los protagonistas.

Su significado fundamental estriba en la descripción del escenario. Por primera vez el desierto de la pampa penetra en la literatura argentina con el dramatismo de su soledad, la belleza de sus puestas de sol y la grandiosidad de sus llanuras. El propio autor en un prólogo había explicado que su intención al escribir "La cautiva" era revelar la poesía de la pampa, la región más íntimamente argentina del país y su más rico patrimonio. De esta manera se nacionalizaba la literatura, se iniciaba el interés por lo local y se hacía entrar el paisaje gauchesco como componente artístico de decisiva importancia posterior.

En la prosa narrativa también anticipó Echeverría un nuevo rumbo, el realismo, con su magnífico cuento *El matadero,* escrito hacia 1838 y publicado póstumamente. Aquí describe cómo un joven unitario, sólo por ir vestido a la europea, concita la ira del pueblo en un matadero rosista donde solía reunirse la mazorca. Sufre mil humillaciones y muere sin que en realidad la gente hubiera querido matarlo. Hay una deliberada acumulación de sangre y horrores como el asesinato fortuito de un niño al que un lazo le siega la cabeza.

El matadero tiene un fin inmediato de propaganda política contra la tiranía, en lo cual se manifiesta aún generosamente romántico. Romántico resulta asimismo el héroe por su orgullo e individualismo que le lleva a enfrentarse con la sociedad y cae víctima de ella. Sin embargo, el lenguaje es plenamente realista y se admiten toda clase de términos, muchas veces brutales y hasta obscenos. Se da por otro lado una acertada descripción de costumbres y tipos como los destazadores y las negras del arrabal.

LA CAUTIVA

(1837)

PRIMERA PARTE

EL DESIERTO[1]

Era la tarde, y la hora
en que el sol la cresta dora
de los Andes. El desierto
inconmensurable, abierto
5 y misterioso a sus pies
se extiende, triste el semblante,
solitario y taciturno
como el mar, cuando un instante,
al crepúsculo nocturno,
10 pone rienda a su altivez.

Gira en vano, reconcentra
su inmensidad, y no encuentra
la vista, en su vivo anhelo,

do fijar su fugaz vuelo,
como el pájaro en el mar.   15
Doquier campos y heredades[2]
de ave y bruto guaridas;
doquier cielo y soledades
de Dios sólo conocidas,
que Él sólo puede sondar. . . .   20

¡Cuántas, cuántas maravillas,
sublimes y a par sencillas,
sembró la fecunda mano
de Dios allí! ¡Cuánto arcano
que no es dado al mundo ver!   25
La humilde hierba, el insecto,
la aura aromática y pura;
el silencio, el triste aspecto

[1] La pampa argentina.
[2] Campos y heredades: "lands without a lord and estates."

de la grandiosa llanura,
el pálido anochecer.

Las armonías del viento
dicen más al pensamiento
5 que todo cuanto a porfía
la vana filosofía
pretende altiva enseñar.
¿Qué pincel podrá pintarlas
sin deslucir su belleza?
10 ¿Qué lengua humana alabarlas?
Sólo el genio su grandeza
puede sentir y admirar....

Sólo a ratos, altanero
relinchaba un bruto fiero
15 aquí o allá, en la campaña;
bramaba un toro de saña,
rugía un tigre[3] feroz,
o las nubes contemplando,
como extático gozoso,
20 el yajá,[4] de cuando en cuando,
turbaba el mudo reposo
con su fatídica voz.

Se puso el sol; parecía
que el vasto horizonte ardía:
25 la silenciosa llanura
fue quedando más obscura,
más pardo el cielo, y en él,
con luz trémula brillaba
una que otra estrella, y luego
30 a los ojos se ocultaba,
como vacilante fuego
en soberbio chapitel.

El crepúsculo, entretanto,
con su claroscuro manto,

veló la tierra; una faja,   35
negra como una mortaja,
el occidente cubrió,
mientras la noche bajando
lenta venía, la calma
que contempla suspirando   40
inquieta a veces el alma,
con el silencio reinó.

Entonces, como el ruido
que suele hacer el tronido
cuando retumba lejano,   45
se oyó en el tranquilo llano
sordo y confuso clamor;
se perdió ... y luego violento,
como baladro espantoso
de turba inmensa, en el viento 50
se dilató sonoroso,
dando a los brutos pavor.

Bajo la planta sonante
del ágil potro arrogante
el duro suelo temblaba,   55
y envuelto en polvo cruzaba
como animado tropel,
velozmente cabalgando.
Veíanse lanzas agudas,
cabezas, crines ondeando;   60
y como formas desnudas
de aspecto extraño y cruel.

¿Quién es? ¿Qué insensata turba
con su alarido perturba
las calladas soledades   65
de Dios, do las tempestades
sólo se oyen resonar?
¿Qué humana planta orgullosa

---

[3] Tigre: "jaguar."
[4] Chajá, ave de las pampas cuyo nombre quiere decir "vamos, vamos," en guaraní.

se atreve a hollar el desierto
cuando todo en él reposa?
¿Quién viene seguro puerto
en sus yermos a buscar?
5 ¡Oíd! Ya se acerca el bando
de salvajes, atronando
todo el campo convecino.
¡Mirad! Como torbellino
hiende el espacio veloz;
10 el fiero ímpetu no enfrena
del bruto que arroja espuma;
vaga al viento su melena,
y con ligereza suma
pasa en ademán atroz.
15 ¿Dónde va? ¿De dónde viene?
¿De qué su gozo proviene?
¿Por qué grita, corre, vuela,
clavando al bruto la espuela,
sin mirar alrededor?
20 ¡Ved! que las puntas ufanas
de sus lanzas por despojos
llevan cabezas humanas,
cuyos inflamados ojos
respiran aún furor.
25 Así el bárbaro hace ultraje
al indomable coraje
que abatió su alevosía,

y su rencor todavía
mira, con torpe placer,
las cabezas que cortaron   30
sus inhumanos cuchillos,
exclamando:—Ya pagaron
del cristiano los caudillos
el feudo a nuestro poder.[5]

Ya los ranchos[6] do vivieron   35
presa de las llamas fueron,
y muerde el polvo abatida
su pujanza tan erguida.
¿Dónde sus bravos están?
Vengan hoy del vituperio   40
sus mujeres, sus infantes,
que gimen en cautiverio,
a libertar,[7] y como antes,
nuestras lanzas probarán.

Tal decía, y bajo el callo[8]   45
del indómito caballo
crujiendo el suelo temblaba;
hueco y sordo retumbaba
su grito en la soledad;
mientras la noche, cubierto   50
el rostro en manto nubloso,
echó en el vasto desierto
su silencio pavoroso,
su sombría majestad.

SEGUNDA PARTE

EL FESTÍN

Noche es el vasto horizonte,
noche el aire, cielo y tierra.

Parece haber apiñado
el genio de la tinieblas,
para algún misterio inmundo,   5
sobre la llanura inmensa,

---

5 Orden: Los caudillos del cristiano ya pagaron feudo (tributo) a nuestro poder.
6 Ranchos: "huts thatched with straw."
7 Orden: Vengan hoy a libertar del vituperio a sus mujeres. Vituperio: "disgrace, shame."
8 Callo: "hoof."

la lobreguez del abismo
donde inalterable reina.
Sólo inquietos divagando,
por entre las sombras negras,
5 los espíritus foletos[9]
con viva luz reverberan,
se disipan, reaparecen,
vienen, van, brillan, se alejan,
mientras el insecto chilla,
10 y en fachinales[10] o cuevas
los nocturnos animales
con triste aullido se quejan.

La tribu aleve, entretanto,
allá en la pampa desierta,
15 donde el cristiano atrevido
jamás estampa la huella,
ha reprimido del bruto
la estrepitosa carrera;
y campo tiene fecundo
20 al pie de una loma extensa,
lugar hermoso do a veces
sus tolderías asienta.
Feliz la maloca[11] ha sido,
rica y de estima la presa
25 que arrebató a los cristianos:
caballos, potros y yeguas,
bienes que en su vida errante
ella más que el oro aprecia;
muchedumbre de cautivas,
30 todas jóvenes y bellas.

Sus caballos, en manadas,
pacen la fragante hierba;
y al lazo, algunos prendidos,
a la pica, o la manea,

de sus indolentes amos   35
el grito de alarma esperan.
Y no lejos de la turba,
que charla ufana y hambrienta,
atado entre cuatro lanzas,
como víctima en reserva,   40
noble espíritu valiente
mira vacilar su estrella;
al paso que su infortunio,
sin esperanza, lamentan,
rememorando su hogar,   45
los infantes y las hembras.

Arden ya en medio del campo
cuatro extendidas hogueras,
cuyas vivas llamaradas
irradiando, colorean   50
el tenebroso recinto
donde la chusma hormiguea.
En torno al fuego sentados
unos lo atizan y ceban;
otros la jugosa carne   55
al rescoldo o llama tuestan;
aquél come, éste destriza.
Más allá alguno degüella
con afilado cuchillo
la yegua al lazo sujeta,   60
y a la boca de la herida,
por donde ronca y resuella,
y a borbollones arroja
la caliente sangre fuera,
en pie, trémula y convulsa,   65
dos o tres indios se pegan
como sedientos vampiros,
sorben, chupan, saborean
la sangre, haciendo murmullo

---

[9] Locos.
[10] Fachinales: "humid, weed-covered lowlands."
[11] Maloca: "raid, foray."

y de sangre se rellenan.
Baja el pescuezo, vacila,
y se desploma la yegua
con aplausos de las indias
5 que a descuartizarla empiezan.

Arden en medio del campo
con viva luz las hogueras;
sopla el viento de la pampa
y el humo y las chispas vuelan.
10 A la charla interrumpida,
cuando el hambre está repleta,
sigue el cordial regocijo,
el beberaje y la gresca,[12]
que apetecen los varones
15 y las mujeres detestan.
El licor espirituoso
en grandes bacías[13] echan,
y, tendidos de barriga
en derredor, la cabeza
20 meten sedientos, y apuran
el apetecido néctar
que bien pronto los convierte
en abominables fieras.

Cuando algún indio, medio
    ebrio,
25 tenaz metiendo la lengua

sigue en la preciosa fuente,
y beber también no deja
a los que aguijan furiosos,
otro viene, de las piernas
lo agarra, tira y arrastra   30
y en lugar suyo se espeta.
Así bebe, ríe, canta,
y al regocijo sin rienda
se da la tribu: aquél ebrio
se levanta, bambolea,   35
a plomo cae, y gruñendo
como animal se revuelca.
Éste chilla, algunos lloran,
y otros a beber empiezan.

De la chusma toda al cabo   40
la embriaguez se enseñorea
y hace andar en remolino
sus delirantes cabezas.
Entonces empieza el bullicio
y la algazara tremenda,   45
el infernal alarido
y las voces lastimeras,
mientras sin alivio lloran
las cautivas miserables
y los ternezuelos niños,   50
al ver llorar a sus madres. . . .

TERCERA PARTE

EL PUÑAL

Yace en el campo tendida,
cual si estuviera sin vida,
ebria la salvaje turba,
y ningún ruido perturba
5 su sueño o sopor mortal.
Varones y hembras mezclados,

todos duermen sosegados.
Sólo, en vano tal vez, velan
los que libertarse anhelan
del cautiverio fatal. . . .   10

Ella va. Toda es oídos
sobre salvajes dormidos
va pasando; escucha, mira,

---

12 Tradúzcase: "drunkenness and quarreling."
13 Bacías: "low metal basins with a wide rim."

se para, apenas respira,
y vuelve de nuevo a andar.
Ella marcha, y sus miradas
vagan en torno azoradas,
5 cual si creyesen ilusas
en las tinieblas confusas,
mil espectros divisar.

Ella va, y aun de su sombra
como el criminal se asombra,
10 alza, inclina la cabeza;
pero en un cráneo tropieza
y queda al punto mortal.
Un cuerpo gruñe y resuella
y se revuelve; mas ella
15 cobra espíritu y coraje,
y en el pecho del salvaje
clava el agudo puñal.

El indio dormido expira,
y ella veloz se retira
20 de allí, y anda con más tino
arrostrando del destino
la rigurosa crueldad.
Un instinto poderoso,
un afecto generoso
25 la impele y guía segura,
como luz de estrella pura,
por aquella obscuridad.

Su corazón de alegría
palpita. Lo que quería,
30 lo que buscaba con ansia
su amorosa vigilancia
encontró gozosa al fin.
Allí, allí está su universo,
de su alma el espejo terso,
35 su amor, esperanza y vida;
allí contempla embebida
su terrestre serafín. . . .

Allí está su amante herido,
mirando al cielo, y ceñido
el cuerpo con duros lazos,   40
abiertos en cruz los brazos,
ligadas manos y pies.
Cautivo está, pero duerme;
inmoble, sin fuerza, inerme
yace su brazo invencible;   45
de la pampa el león terrible
preso de los buitres es. . . .

Allí está; silenciosa ella,
como tímida doncella,
besa su entreabierta boca,   50
cual si dudara le toca
por ver si respira aún.
Entonces las ataduras,
que sus carnes roen duras,
corta, corta velozmente   55
con su puñal obediente,
teñido en sangre común.

Brian despierta; su alma fuerte,
conforme ya con su suerte,
no se conturba, ni azora;   60
poco a poco se incorpora,
mira sereno y cree ver
un asesino: echan fuego
sus ojos de ira; mas luego
se siente libre, y se calma,   65
y dice:—¿Eres alguna alma
que pueda y deba querer?

¿Eres espíritu errante,
ángel bueno, o vacilante
parto de mi fantasía?   70
—Mi vulgar nombre es María,
ángel de tu guarda soy;
y mientras cobra pujanza
ebria la feroz venganza

de los bárbaros, segura,
en aquesta noche obscura,
velando a tu lado estoy. . . .

Y en labios de su querida
5 apura aliento de vida,
y la estrecha cariñoso
y en éxtasis amoroso
ambos respiran así;
mas súbito él la separa,
10 como si en su alma brotara
horrible idea, y la dice:
—María, soy infelice;[14]
ya no eres digna de mí.

Del salvaje la torpeza
15 habrá ajado la pureza
de tu honor, y mancillado
tu cuerpo, santificado
por mi cariño y tu amor.
Ya no me es dado quererte.
20 Ella le responde:—Advierte
que en este acero está escrito
mi pureza y mi delito,
mi ternura y mi valor.

Mira este puñal sangriento
25 y saltará de contento
tu corazón orgulloso.
Diómelo amor poderoso,
diómelo para matar
al salvaje que insolente
30 ultrajar mi honor intente.
Para, a un tiempo, de mi padre,
de mi hijo tierno y mi madre
la injusta muerte vengar.

Y tu vida, más preciosa
35 que la luz del sol hermosa,

sacar de las fieras manos
de estos tigres inhumanos,
o contigo perecer.
Loncoy, el cacique altivo
cuya saña al atractivo   40
se rindió de estos mis ojos,
y quiso entre sus despojos
de Brian la querida ver,

Después de haber mutilado
a su hijo tierno, anegado   45
en su sangre yace[15] impura.
Sueño infernal su alma
    apura.
Diole muerte este puñal.
Levanta, mi Brian, levanta,
sigue, sigue mi ágil planta;   50
huyamos de esta guarida
donde la turba se anida
más inhumana y fatal.

—¿Pero a dónde, a dónde
    iremos?
¿Por fortuna encontraremos   55
en la pampa algún asilo,
donde nuestro amor tranquilo
logre burlar su furor?
¿Podremos, sin ser sentidos,
escapar y desvalidos,   60
caminar a pie, y jadeando,
con el hambre y sed luchando,
el cansancio y el dolor?

—Sí, el anchuroso desierto
más de un abrigo encubierto   65
ofrece, y la densa niebla,
que el cielo y la tierra puebla,
nuestra fuga ocultará.

---

[14] Arcaísmo por infeliz.
[15] El sujeto es Loncoy.

Brian, cuando aparezca el día,
palpitantes de alegría,
lejos de aquí ya estaremos
y el alimento hallaremos
5 que el cielo al infeliz da.

—Tu podrás, querida amiga,
hacer rostro a la fatiga;
mas yo, llagado y herido,
débil, exangüe, abatido,
10 ¿cómo podré resistir?
Huye tú, mujer sublime,
y del oprobio redime
tu vivir predestinado;
deja a Brian infortunado,
15 solo, en tormentos morir.

—No, no, tú vendrás conmigo
o pereceré contigo.
De la amada patria nuestra
escudo fuerte es tu diestra,
20 y, ¿qué vale una mujer?
Huyamos, tú de la muerte,
yo de la oprobiosa suerte
de los esclavos; propicio

el cielo este beneficio
nos ha querido ofrecer.   25

No insensatos lo perdamos.
Huyamos, mi Brian, huyamos;
que en el áspero camino
mi brazo y poder divino
te servirán de sostén.   30
—Tu valor me infunde fuerza,
y de la fortuna adversa
amor, gloria o agonía
participar con María
yo quiero. Huyamos; ven, ven—   35

dice Brian y se levanta;
el dolor traba su planta,
mas devora el sufrimiento,
y ambos caminan a tiento
por aquella obscuridad.   40
Tristes van, de cuando en
        cuando,
la vista al cielo llevando,
que da esperanza al que gime.
¿Qué busca su alma sublime,
la muerte o la libertad? . . .   45

CUARTA PARTE

LA ALBORADA

Todo estaba silencioso:
la brisa de la mañana
recién la hierba lozana
acariciaba, y la flor;
5 y en el oriente nubloso,
la luz apenas rayando,
iba el campo matizando
de claroscuro verdor.

Posaba el ave en su nido:
10 ni del pájaro se oía
la variada melodía

música que el alba da;
y sólo al ronco bufido
de algún potro que se azora,
mezclaba su voz sonora
el agorero yajá.   5

En el campo de la holganza,
so la techumbre del cielo,
libre, ajena de recelo
dormía la tribu infiel;
mas la terrible venganza   10
de su constante enemigo
alerta estaba, y castigo
le preparaba cruel.

Súbito, al trote asomaron
sobre la extendida loma   15
dos jinetes, como asoma
el astuto cazador;
al pie de ella divisaron
la chusma quieta y dormida,
y volviendo atrás la brida   20
fueron a dar el clamor

de alarma al campo cristiano.
Pronto en brutos altaneros[16]
un escuadrón de lanceros
trotando allí se acercó,   25
con acero y lanza en mano;
y en hileras dividido
al indio, no apercibido,
en doble muro encerró.

Entonces el grito "Cristiano, cristiano"   30
resuena en el llano,
"Cristiano" repite confuso clamor.
La turba que duerme, despierta turbada
clamando azorada
"Cristiano nos cerca, cristiano traidor."   35

[16] Caballos soberbios, magníficos.

Niños y mujeres, llenos de conflito,[17]
    levantan el grito;
sus almas conturba la tribulación;
los unos pasmados, al peligro horrendo
5   los otros huyendo,
corren, gritan, llevan miedo y confusión.

Quién salta al caballo que encontró primero,
    quién toma el acero,
quién corre su potro querido a buscar;
10 mas ya la llanura cruzan desbandadas,
    yeguas y manadas,
que el canto enemigo las hizo espantar.

En trance tan duro los carga el cristiano,
    blandiendo en su mano
15 la terrible lanza que no da cuartel.
Los indios más bravos luchando resisten,
    cual fieras embisten;
el brazo sacude la matanza cruel.

El sol aparece; las armas agudas
20   relucen desnudas,
horrible la muerte se muestra doquier.
En lomos del bruto, la fuerza y coraje
    crece del salvaje;
sin su apoyo, inerme se deja vencer.

25 Pie en tierra poniendo, la fácil victoria
    que no le da gloria
prosigue el cristiano lleno de rencor.
Caen luego caciques, soberbios caudillos;
    los fieros cuchillos
30 degüellan, degüellan, sin sentir horror.

Los ayes, los gritos, clamor del que llora,
    gemir del que implora,
puesto de rodillas, en vano piedad,
todo se confunde: del plomo el silbido,
35   del hierro el crujido,
que ciego no acata ni sexo, ni edad.

---

[17] Conflito (conflicto): "anguish." En la estrofa siguiente, *quién* se traduce "some (persons)."

Horrible, horrible matanza
hizo el cristiano aquel día;
ni hembra, ni varón, ni cría
de aquella tribu quedó.
La inexorable venganza   5
siguió el paso a la perfidia,
y en no cara y breve lidia
su cerviz al hierro dio.

Viose la hierba teñida
de sangre hedionda, y sembrado   10
de cadáveres el prado
donde resonó el festín.
Y del sueño de la vida
al de la muerte pasaron
los que poco antes holgaron   15
sin temer aciago fin.

Las cautivas derramaban
lágrimas de regocijo;
una al esposo, otra al hijo
debió allí la libertad;   20
pero ellos tristes estaban,
porque ni vivo ni muerto
halló a Brian en el desierto,
su valor y su lealtad.

SÉPTIMA PARTE

LA QUEMAZÓN

El aire estaba inflamado;
turbia la región suprema,
envuelto el campo en vapor;
rojo el sol, y coronado
5 de parda oscura diadema,
amarillo resplandor
en la atmósfera esparcía.
El bruto, y el pájaro huía,

y agua la tierra pedía
sedienta y llena de ardor.   10

Soplando a veces el viento
limpiaba los horizontes,
y de la tierra, brotar
de humo rojo y ceniciento
se veían como montes,[18]   15
y en la llanura ondear,
formando espiras doradas

[18] La interpretación es: cuando el viento limpiaba el horizonte, se veía brotar montes de humo rojo y ceniciento.

como lenguas inflamadas,
o melenas encrespadas
de ardiente, agitado mar.

Cruzándose nubes densas,
5 por la esfera dilataban,
como cuando hay tempestad,
sus negras alas inmensas;
y más y más aumentaban
el pavor y oscuridad.
10 El cielo entenebrecido,
el aire, el humo encendido,
eran, con el sordo ruido,
signo de calamidad.

El pueblo de lejos
15 contempla asombrado
los turbios reflejos,
del día enlutado
la ceñuda faz.
El humilde llora;
20 el piadoso implora;
se turba y azora
la malicia audaz.

Quién cree ser indicio
fatal, estupendo,
25 del día del juicio,[19]
del día tremendo
que anunciado está.
Quién piensa que al mundo,
sumido en lo inmundo,
30 el cielo iracundo
pone a prueba ya.

Era la plaga que cría
la devorante sequía
para estrago y confusión;
35 de la chispa de una hoguera
que llevó el viento ligera,

nació grande, cundió fiera,
la terrible quemazón.

Ardiendo sus ojos
relucen, chispean;   40
en rubios manojos
sus crines ondean,
flameando también.
La tierra gimiendo,
los brutos rugiendo,   45
los hombres huyendo,
confusos la ven....

Piedad María imploraba,
y piedad necesitaba
de potencia celestial.   50
Brian caminar no podía,
y la quemazón cundía
por el vasto pajonal....

—Huye presto—Brian decía
con voz débil a María,—   55
déjame solo morir.
Este lugar es un horno.
Huye, ¿no miras en torno
vapor cárdeno subir?

Ella calla, o le responde: 60
—Dios largo tiempo no esconde
su divina protección.
¿Crees tú nos haya olvidado?
Salvar tu vida he jurado
o morir mi corazón.   65

Pero del cielo era juicio
que en tan horrendo suplicio
no debían perecer;
y que otra vez de la muerte
inexorable, amor fuerte   70
triunfase, amor de mujer.

---

[19] Tradúzcase: "the day of Last Judgment."

Súbito ella se incorpora;
de la pasión que atesora
el espíritu inmortal
brota en su faz la belleza,
5 estampando fortaleza
de criatura celestial

no sujeta a ley humana.
Y como cosa liviana
carga el cuerpo amortecido
10 de su amante, y con él junto,
sin cejar, se arroja al punto
en el arroyo extendido.

Cruje el agua, y suavemente
surca la mansa corriente
15 con el tesoro de amor.
Semejante a Ondina[20] bella,
su cuerpo airoso descuella,
y hace, nadando, rumor.

Los cabellos atezados,
20 sobre sus hombros nevados,
sueltos, reluciendo van;
boga con un brazo lenta,

y con el otro sustenta,
a flor, el cuerpo de Brian.

Aran la corriente unidos, 25
como dos cisnes queridos
que huyen de águila cruel,
cuya garra siempre lista,
desde la nube se alista
a separar su amor fiel. 30

La suerte injusta se afana
en perseguirlos. Ufana
en la orilla opuesta el pie
pone María triunfante,
y otra vez libre a su amante 35
de horrenda agonía ve. . . .

Calmó después el violento
soplar del airado viento;
el fuego a paso más lento
surcó por el pajonal 40
sin tocar ningún escollo;
y a la orilla de un arroyo
a morir al cabo vino,
dejando en su ancho camino
negra y profunda señal. 45

NOVENA PARTE[21]

MARÍA

¿Qué hará María? En la tierra
ya no se arraiga su vida.
¿Dónde irá? Su pecho encierra
tan honda y vivaz herida,
5 tanta congoja y pasión,
que para ella es infecundo
todo consuelo del mundo,
burla horrible su contento,

su compasión un tormento,
su sonrisa una irrisión. . . . 10

Y alza luego la rodilla,
y tomando por la orilla
del arroyo hacia el ocaso,
con indiferente paso
se encamina al parecer. 15
Pronto sale de aquel monte
de paja, y mira delante

---

20 Ondina, ninfa de las aguas, según la mitología germánica.
21 En "Brian," la octava parte, muere el héroe diciendo a María que viva por
su hijo. Ella vaga sola por las pampas.

ilimitado horizonte,
llanura y cielo brillante,
desierto y campo doquier....

Oye sonar en la esfera
5 la voz del ave agorera.
Oye, María, infelice.
¡Alerta, alerta, te dice;
aquí esta tu salvación!
¿No la ves cómo en el aire
10 balancea con donaire
su cuerpo albo-ceniciento?
¿No escuchas su ronco acento?
Corre a calmar tu aflicción.

Pero nada ella divisa,
15 ni el feliz reclamo escucha;
y caminando va aprisa.
El demonio con que lucha
la turba, impele y amaga.
Turbios, confusos y rojos
20 se presentan a sus ojos
cielo, espacio, sol, verdura,
quieta insondable llanura
donde sin brújula vaga.

Mas, ¡ah!, que en vivos corceles
25 un grupo de hombres armados
se acerca. ¿Serán infieles,
enemigos? No, soldados
son del desdichado Brian.
Llegan; su vista se pasma;
30 ya no es la mujer hermosa,
sino pálido fantasma;
mas reconocen la esposa
de su fuerte capitán.

¡Creíanla cautiva o muerta!
35 Grande fue su regocijo.
Ella los mira, y despierta:
—¿No sabéis qué es de mi hijo?—
con toda el alma exclamó.

Tristes mirando a María
todos el labio sellaron.   40
Mas luego una voz impía:
—Los indios le degollaron—
roncamente articuló.

Y al oír tan crudo acento,
como quiebra el seco tallo   45
el menor soplo de viento
o como herida del rayo
cayó la infeliz allí.
Viéronla caer, turbados,
los animosos soldados.   50
Una lágrima la dieron,
y funerales la hicieron
dignos de contarse aquí....

EPÍLOGO

¡Oh, María! Tu heroísmo,
tu varonil fortaleza,   55
tu juventud y belleza
merecieran fin mejor.
Ciegos de amor el abismo
fatal tus ojos no vieron,
y sin vacilar se hundieron   60
en él ardiendo en amor.

De la más cruda agonía
salvar quisiste a tu amante,
y lo viste delirante
en el desierto morir.   65
¡Cuál tu congoja sería!
¡Cuál tu dolor y amargura!
Y no hubo humana criatura
que te ayudase a sentir.

Se malogró tu esperanza;   70
y cuando sola te viste,
también mísera caíste
como árbol cuya raíz
en la tierra ya no afianza

su pompa y florido ornato.
Nada supo el mundo ingrato
de tu constancia infeliz.

Naciste humilde y oculta
5 como diamante en la mina;

la belleza peregrina
de tu noble alma quedó.
El desierto la sepulta,
tumba sublime y grandiosa,
do el héroe también reposa   10
que la gozó y admiró. . . .

EL MATADERO[22]

(c. 1838)

. . . . de repente la ronca voz de un carnicero gritó:

—¡Allí viene un unitario![23]—y al oír tan significativa palabra toda aquella chusma se detuvo como herida de una impresión subitánea.

—¿No le ven la patilla en forma de U? No trae divisa en el fraque[24] ni luto en el sombrero.   5

—Perro unitario.

—Es un cajetilla.[25]

—Monta en silla como los gringos.[26]

—La Mazorca[27] con él.

—¡La tijera!   10

—Es preciso sobarlo.

—Trae pistoleras por pintar.[28]

—Todos estos cajetillas unitarios son pintores como el diablo.

—¿A que no te le animás, Matasiete?[29]

—¿A que no?   15

[22] En la primera parte de este cuento Echeverría describe las bárbaras condiciones de un matadero argentino, de todos los cuales era dueño el dictador Juan Manuel Rosas. Pinta a las viejas que recogen tripas, a los muchachos que tiran bolas de carne y un toro grande sexualmente deficiente. Reúne también una serie de episodios cada vez más atroces para poner de relieve la crueldad de los caudillos y carniceros empleados por Rosas. En uno, tratando de lazar el toro, accidentalmente lazan a un niño, cuya cabeza se ve volar por el aire. El episodio que sigue, que termina el cuento, es el más dramático.

[23] Los Unitarios formaron el partido político opuesto al de Rosas, líder de los Federales. Algunos miembros solían llevar las patillas ("sideburns") en forma de la letra "u."

[24] Divisa, la insignia de los Federales rosistas. Fraque: frac.

[25] Porteño elegante.

[26] En la Argentina, extranjeros, en particular, italianos.

[27] Mazorca: "ear of corn." Aquí, sin embargo, hay un juego de palabras, pues los argentinos pronuncian "z" como "s": más horca ("gallows"). Así se llamaba la policía secreta de Rosas.

[28] Tijera: "sheep shears"; sobar "to soften up"; pintar: "to show off."

[29] El líder de este grupo de caudillos.

A que sí.

Matasiete era hombre de pocas palabras y de mucha acción. Tratándose de violencia, de agilidad, de destreza en el hacha, el cuchillo o el caballo, no hablaba y obraba. Lo habían picado: 5 prendió la espuela a su caballo y se lanzó a brida suelta al encuentro del unitario.

Era éste un joven como de 25 años, de gallarda y bien apuesta persona, que mientras salían en borbotones de aquellas desaforadas bocas las anteriores exclamaciones, trotaba hacia Barracas,[30] muy 10 ajeno de temer peligro alguno. Notando, empero, las significativas miradas de aquel grupo de dogos de matadero, echa maquinalmente la diestra sobre las pistoleras de su silla inglesa, cuando una pechada al sesgo[31] del caballo de Matasiete lo arroja de los lomos del suyo tendiéndolo a la distancia boca arriba y sin movimiento 15 alguno.

—¡Viva Matasiete!—exclamó toda aquella chusma, cayendo en tropel sobre la víctima como los caranchos rapaces sobre la osamenta de un buey devorado por el tigre.[32]

Atolondrado todavía el joven, fue, lanzando una mirada de fuego 20 sobre aquellos hombres feroces, hacia su caballo que permanecía inmóvil no muy distante, a buscar en sus pistolas el desagravio y la venganza. Matasiete, dando un salto, le salió al encuentro y con fornido brazo asiéndolo de la corbata lo tendió en el suelo tirando al mismo tiempo la daga de la cintura y llevándola a su garganta.

25 Una tremenda carcajada y un nuevo viva estentóreo volvió a vitorearlo.

¡Qué nobleza de alma! ¡Qué bravura en los federales!, ¡siempre en pandillas cayendo como buitres sobre la víctima inerte!

—Degüéllalo, Matasiete; quiso sacar las pistolas. Degüéllalo como 30 al toro.

—Pícaro unitario. Es preciso tusarlo.

—Tiene buen pescuezo para el violín.

—Mejor es la resbalosa.[33]

—Probaremos—dijo Matasiete, y empezó sonriendo a pasar el filo

---

[30] Barrio de Buenos Aires y también un afluente del Río de la Plata que pasa por esa ciudad.
[31] Tradúzcase: "a bump on the side from Matasiete's horse."
[32] Tigre: "jaguar."
[33] Tusar (atusar): "to shear close (like a sheep)"; violín: "cord (for choking)"; resbalosa: "throat-slitting knife."

de su daga por la garganta del caído, mientras con la rodilla izquierda le comprimía el pecho y con la siniestra mano le sujetaba por los cabellos.

—No, no lo degüellen—exclamó de lejos la voz imponente del Juez del Matadero que se acercaba a caballo.   5

—A la casilla con él, a la casilla. Preparen la mazorca y las tijeras. ¡Mueran los salvajes unitarios! ¡Viva el Restaurador de las leyes!

—¡Viva Matasiete!

—¡Mueran! ¡Vivan!—repitieron en coro los espectadores, y atándolo codo con codo, entre moquetes y tirones, entre vociferaciones e 10 injurias,[34] arrastraron al infeliz joven al banco del tormento, como los sayones al Cristo.

La sala de la casilla tenía en su centro una grande y fornida mesa de la cual no salían los vasos de bebida y los naipes sino para dar lugar a las ejecuciones y torturas de los sayones federales del mata- 15 dero. Notábase además en un rincón otra mesa chica con recado de escribir y un cuaderno de apuntes y porción de sillas entre las que resaltaba un sillón de brazos destinado para el juez. Un hombre, soldado en apariencia, sentado en una de ellas, cantaba al son de la guitarra la resbalosa,[35] tonada de inmensa popularidad entre los 20 federales, cuando la chusma llegando en tropel al corredor de la casilla lanzó a empellones al joven unitario hacia el centro de la sala.

—A ti te toca la resbalosa—gritó uno.

—Encomienda tu alma al diablo.

—Está furioso como toro montaraz.   25

—Ya te amansará el palo.

—Es preciso sobarlo.

—Por ahora verga y tijera.

—Si no, la vela.[36]

—Mejor será la mazorca.   30

—Silencio y sentarse—exclamó el juez dejándose caer sobre un sillón. Todos obedecieron, mientras el joven, de pie, encarando al juez, exclamó con voz preñada de indignación:

—¡Infames sayones! ¿Qué intentan hacer de mí?

---

[34] Tradúzcase: "with punches in the face and jerks, with shouting and insults ..."

[35] Aquí indica un baile popular en Chile y Argentina, llamado también refalosa. En el cuento se juega con el doble sentido de la palabra.

[36] Verga, el palo o porra que usa la policía. Vela, tormento con fuego.

—¡Calma!—dijo sonriendo el juez—. No hay que encolerizarse.
Ya lo verás.

El joven, en efecto, estaba fuera de sí de cólera. Todo su cuerpo
parecía estar en convulsión. Su pálido y amoratado rostro, su voz, su
5 labio trémulo, mostraban el movimiento convulsivo de su corazón,
la agitación de sus nervios. Sus ojos de fuego parecían salirse de la
órbita, su negro y lacio cabello se levantaba erizado. Su cuello desnudo y la pechera de su camisa dejaban entrever el latido violento
de sus arterias y la respiración anhelante de sus pulmones.
10   —¿Tiemblas?—le dijo el juez.

—De rabia porque no puedo sofocarte entre mis brazos.

—¿Tendrías fuerza y valor para eso?

—Tengo de sobra voluntad y coraje para ti, infame.

—A ver las tijeras de tusar mi caballo:[37] túsenlo a la federala.

15   Dos hombres le asieron, uno de la ligadura del brazo, otro de la
cabeza y en un minuto cortáronle la patilla que poblaba toda su
barba por bajo, con risa estrepitosa de sus espectadores.

—A ver—dijo el juez—, un vaso de agua para que se refresque.

—Uno de hiel te daría yo a beber, infame.

20   —Uno negro petiso[38] púsosele al punto delante con un vaso de
agua en la mano. Diole el joven un puntapié en el brazo y el vaso fue
a estrellarse en el techo, salpicando el asombrado rostro de los espectadores.

—Éste es incorregible.

25   —Ya lo domaremos.

—Silencio—dijo el juez—. Ya estás afeitado a la federala, sólo te
falta el bigote. Cuidado con olvidarlo. Ahora vamos a cuenta.[39] ¿Por
qué no traes divisa?

—Porque no quiero.

30   —¿No sabes que lo manda el Restaurador?[40]

—La librea es para vosotros, esclavos, no para los hombres libres.

—A los libres se les hace llevar a la fuerza.

—Sí, la fuerza y la violencia bestial. Esas son vuestras armas, infames. ¡El lobo, el tigre, la pantera, también son fuertes como voso-
35 tros! Deberíais andar como ellos, en cuatro patas.

[37] Cortar la crin del caballo.
[38] Petiso; "short and chubby."
[39] Tradúzcase: "Now let's get down to business."
[40] Rosas.

—¿No temes que el tigre te despedace?

—Lo prefiero a que maniatado me arranquen, como el cuervo, una a una las entrañas.

—¿Por qué no llevas luto en el sombrero por la heroína?[41]

—Porque lo llevo en el corazón por la patria que vosotros habéis 5 asesinado, infames.

—¿No sabes que así lo dispuso el Restaurador?

—Lo dispusisteis vosotros, esclavos, para lisonjear el orgullo de vuestro señor, y tributarle vasallaje infame.

—¡Insolente! Te has embravecido mucho. Te haré cortar la lengua 10 si chistas. Abajo los calzones a ese mentecato cajetilla y a nalga pelada denle verga,[42] bien atado sobre la mesa.

Apenas articuló esto el juez, cuatro sayones salpicados de sangre, suspendieron al joven y lo tendieron largo a largo sobre la mesa comprimiéndole todos sus miembros. 15

—Primero degollarme que desnudarme, infame canalla.

Atáronle un pañuelo a la boca y empezaron a tironear[43] sus vestidos. Encogíase el joven, pateaba, hacía rechinar los dientes. Tomaban ora sus miembros la flexibilidad del junco, ora la dureza del fierro y su espina dorsal era el eje de un movimiento parecido al de 20 la serpiente. Gotas de sudor fluían por su rostro, grandes como perlas; echaban fuego sus pupilas, su boca espuma, y las venas de su cuello y frente negreaban en relieve sobre su blanco cutis como si estuvieran repletas de sangre.

—Átenlo primero—exclamó el juez. 25

—Está rugiendo de rabia—articuló un sayón.

En un momento liaron sus piernas en ángulo a los cuatro pies de la mesa, volcando su cuerpo boca abajo. Era preciso hacer igual operación con las manos, para lo cual soltaron las ataduras que las comprimían en la espalda. Sintiéndolas libres el joven, por un movi- 30 miento brusco en el cual pareció agotarse toda su fuerza y vitalidad, se incorporó primero sobre sus brazos, después sobre sus rodillas y se desplomó al momento murmurando:

—Primero degollarme que desnudarme, infame canalla.

Sus fuerzas se habían agotado. 35

---

41 La esposa de Rosas, doña Encarnación Ezcurra.
42 Tradúzcase: "Down with the pants of that silly snob and give his bare buttocks a beating."
43 Quitar a tirones.

Inmediatamente quedó atado en cruz y empezaron la obra de desnudarlo. Entonces un torrente de sangre brotó borbolloneando de la boca y las narices del joven, y extendiéndose empezó a caer a chorros por entrambos lados de la mesa. Los sayones quedaron in-
5 móviles y los espectadores estupefactos.

—Reventó de rabia el salvaje unitario—dijo uno.

—Tenía un río de sangre en las venas—articuló otro.

—Pobre diablo, queríamos únicamente divertirnos con él y tomó la cosa demasiado a lo serio—exclamó el juez frunciendo el ceño de
10 tigre. Es preciso dar parte; desátenlo y vamos.

Verificaron la orden; echaron llave a la puerta y en un momento se escurrió la chusma en pos del caballo del juez cabizbajo y taciturno.

Los federales habían dado fin a una de sus innumerables proezas.

15 En aquel tiempo los carniceros degolladores del matadero, eran los apóstoles que propagaban a verga y puñal la federación rosina,[44] y no es difícil imaginarse qué federación saldría de sus cabezas y cuchillas. Llamaban ellos salvaje unitario, conforme a la jerga inventada por el Restaurador, patrón de la cofradía, a todo el que no era
20 degollador, carnicero, ni salvaje, ni ladrón; a todo hombre decente y de corazón bien puesto, a todo patriota ilustrado amigo de las luces y de la libertad; y por el suceso anterior puede verse a las claras que el foco de la federación estaba en el matadero.

[44] Rosina (rosista): de Rosas.

Domingo Faustino Sarmiento

(1811–88)

Uno de los grandes pensadores del Nuevo Mundo y político eminente, Domingo Faustino Sarmiento debe ser situado a la altura de Lincoln, Jackson y Jefferson. Como ellos empleó su vida en implantar en su país la democracia y el progreso social, político y económico, erradicando el fanatismo y la ignorancia. Su tarea fue sumamente difícil porque vivió en una época turbulenta de la Argentina, la que va desde la independencia a la dictadura de Juan Manuel Rosas. Por eso no siempre acompañó el éxito a sus excelentes propósitos.

Nació de padres humildes en la pintoresca y atrasada provincia de San Juan. Su madre era casi analfabeta; su padre le enseñó a leer y escribir. Luego asistió a la escuela primaria donde permaneció nueve años repitiendo clases, pues no había otras instituciones de enseñanza en los contornos. Aficionado a la lectura, desde muy joven se familiarizó con escritores de varias partes del mundo, especialmente norteamericanos: le deleitaban Benjamin Franklin y James Fenimore Cooper. Se cuenta que tenía visiones nocturnas y una rápida intuición que le permitía adivinar el futuro.

Presenció la primera entrada estrepitosa del caudillo gaucho Facundo Quiroga en San Juan, quedando disgustado por aquel espectáculo de barbarie. Después se unió a los Unitarios y por su acérrima oposición a los Federales fue condenado a muerte hacia los veinte años. Conmutada la sentencia, fue encarcelado en su propia casa donde se dedicó a aprender francés e inglés, pero nunca habló este último idioma. Libre en 1831, huyó a Chile. Aquí comenzó a ganarse el sustento diario como maestro de escuela; pero sus ideas sobre educación pública eran tan avanzadas que perdió el puesto y tuvo que trabajar, entre otros cosas, de minero. Su salud sufrió graves quebrantos a causa de las duras condiciones de la mina.

De vuelta en San Juan cinco años más tarde, estableció una escuela para niñas en la que no sólo se enseñaban costura y labores domésticas, sino también las letras. Fundó asimismo un periódico provinciano, *El Zonda*. Pero envuelto de nuevo en política otra vez estuvo para ser fusilado, salvándose gracias a su madre que de rodillas rogó por su vida. En 1840 marchó a Chile, pasando unos de los años más fecundos de su vida. Dirigió la primera escuela normal, teniendo que escribir los textos porque no los había. Fue también periodista y sostuvo una polémica pública en 1842 con Andrés Bello sobre el valor de lo moderno y la necesidad de mayor libertad expresiva: esta polémica en la que Sarmiento asumió una posición muy avanzada marcó el comienzo del romanticismo en Chile. Aquí apareció *Facundo o civilización y barbarie* (1845) en el periódico *El Progreso,* en forma de entregas y tras vencer una gran oposición porque se temía una reacción violenta de Rosas.

Sarmiento hizo varios viajes por Europa y los Estados Unidos. Enviado por el presidente de Chile, recorrió los dos continentes en 1845, estudiando los programas de educación pública. Durante una excursión a Nueva Inglaterra, visitó a Horace Mann para quien llevaba una carta de presentación. Como Mann no hablaba ni español ni francés, conversó más con la Sra. Mann: con ésta Sarmiento trabó una fuerte amistad que se manifestó en un interesante epistolario. También conoció a Longfellow, Emerson y Ticknor.

Al regresar a Argentina en 1855 fue elegido senador. Abogó por un programa sumamente progresista que incluía la redistribución de la tierra, la libertad de prensa, eliminación de los pasaportes que se necesitaban en aquel entonces para pasar de una provincia a otra, relaciones más estrechas entre las comunidades rurales y las metrópolis, cementerios para todas las confesiones religiosas, repoblación forestal y, por supuesto, un buen sistema de educación pública. Después de cinco años en el Senado, renunció al cargo para asumir el de gobernador de su provincia natal: allí trató de reformar el gobierno y establecer escuelas, pues bien pronto se dio cuenta de que todavía reinaba la barbarie.

Su segunda estancia en los Estados Unidos duró de 1865 a 1868: estuvo de embajador en Washington, nombrado por el presidente argentino Bartolomé Mitre. Prefería viajar y conocer a los grandes educadores norteamericanos en vez de residir en la capital. Tenía una carta de presentación para Lincoln, pero llegó un mes después de su asesinato. Impresionado sin duda por el hecho, escribió una biografía del famoso estadista, que no figura sin embargo entre lo mejor de sus obras. De los Estados Unidos envió maestras de escuela que ayudasen a reformar el sistema educativo argentino y un astrónomo que dirigiera el establecimiento de un observatorio. La Universidad de Michigan le otorgó un doctorado honorario en leyes por ocasión de su visita a Ann Arbor.

Cuando regresaba a la Argentina en 1868, se le informó que había sido elegido presidente de su país. Como tal, desde 1868 hasta 1874, se propuso impulsar el desarrollo cultural y económico, favoreciendo la emigración de origen europeo, ampliando la red de comunicaciones, mejorando los transportes y creando escuelas en todas partes. Su política no fue muy exitosa, sin embargo, y entre otros males una guerra con el Paraguay y una plaga que asoló Buenos Aires frenaron sus impulsos. Perdió progresivamente la salud y se retiró al Paraguay para esperar la muerte que le llegó en 1888.

La vida privada de Sarmiento fue bastante desarreglada, lo que dio pie a sus enemigos para numerosos ataques, sobre todo cuando estaba fuera del país. Estando en Chile, se dice que mantuvo relaciones con una mujer casada, de las que nació un hijo, Dominguito, en 1845. Más tarde se separaron. Se sospecha que Sarmiento tuvo muchos amoríos, siendo uno de los más importantes el mantenido con Aurelia Vélez en Buenos Aires. El colmo de la tragedia de su vida personal llegó con la muerte de Dominguito durante la guerra con el Paraguay.

Las obras de Sarmiento constan de cincuenta y dos tomos. Una buena parte está formada por su correspondencia, entre la que se destaca la mantenida con la Sra. Mann. Otro tomo, *Argirópolis* (1850), es una visión utópica del futuro de la Argentina. En *Viajes por Europa, África y América,* Sarmiento recoge sus impresiones sobre los países visitados, describe las costumbres y traza interesantes consideraciones como las relativas al ocaso de Europa y el progreso de los Estados Unidos. *De la educación popular* (1849) contiene sus conversaciones con los educadores norteamericanos. *Recuerdos de provincia* (1850) tiene como objeto defender su buen nombre frente a las calumnias rosistas, narrando la infancia y juventud del autor en el pueblo y esbozando un amplio cuadro de la comunidad rural. *La campaña del Ejército Grande* (1853) es un anecdotario de los hechos que llevaron a la derrota de Rosas por Urquiza en la batalla de Monte Caseros, en la que Sarmiento estuvo presente.

Pero su obra capital es *Facundo*, libro sumamente original que es a la vez una biografía novelesca, un tratado político y un ensayo de interpretación socio-cultural de Argentina. Publicado por entregas, muestra los defectos estilísticos propios de la prisa y la improvisación: descuidos, repeticiones, monotonía de imágenes. Fruto por otro lado de la ira, exagera los rasgos de horror, crueldad y barbarie y posiblemente inventa cosas que no ocurrieron, como el asesinato del niño que se narra en el famoso capítulo "Barranca Yaco." Todo ello, no obstante, en nada disminuye su mérito, su dramatismo, su vívida descripción, su genialidad de pensamiento e intuición, que lo han convertido en una obra clásica de la literatura universal.

Tiene como idea básica que la historia argentina ha sido una lucha entre la civilización europea representada por la ciudad de Buenos Aires y la barbarie o primitivismo del campo de donde han salido los caudillos gauchos como Quiroga y Rosas. Tal idea sería muy fecunda en la literatura hispanoamericana posterior y alcanzaría una de sus expresiones artísticas más alta en la novela *Doña Bárbara* (1929), donde Rómulo Gallegos traslada la escena a Venezuela. Sarmiento, maestro y educador, propone como solución al conflicto la progresiva educación de las masas, pues sólo donde hay ignorancia hay brutalidad.

Cabe distinguir en *Facundo* tres partes. En una introducción, Sarmiento describe la geografía argentina como factor determinante de un carácter y una cultura. Anticipa así en algunos años la teoría del medio formulada por el francés Hippolyte Taine (1828-93) que luego fue muy popular. Aquí se contiene un estudio ejemplar sobre el gaucho, sus tipos, sus formas de vida, su arte y sus caudillos, cuyo conocimiento es imprescindible para todos los interesados en la literatura gauchesca.

La segunda parte, la más extensa, se ocupa de la vida de Facundo Quiroga. El escritor lo retrata físicamente, subrayando los detalles, porque cree que fisonomía y temperamento son correlativos. Lo sigue desde su infancia cuando ya se mostraba dominador, a lo largo de sus éxitos militares, hasta que cae asesinado por orden secreta de Rosas, que lo temía. Se recalca bien que por dondequiera que Facundo pasase, pasaba la desolación y el atraso: tras él se arruinaba la industria y desaparecía la cultura. No obstante, Sarmiento no oculta su admiración por la grandeza del tipo, lamentando el desperdicio de tanta energía por falta de encauzamiento.

Hay por último una especie de corolario constituido por una serie de reflexiones sobre el gobierno de Rosas, del que Quiroga no fue sino un precedente. Sarmiento hace un balance del mismo, señalando con relativa imparcialidad lo positivo y lo negativo. Tal gobierno fue negativo en cuanto instauró el culto a la personalidad como permanente peligro de la libertad política y en cuanto contribuyó al atraso cultural por el destierro de las mentes privilegiadas. Fue positivo en cuanto logró la unificación del país, mantuvo una actitud americanista frente al imperialismo europeo de entonces y aproximó el gaucho a la ciudad, con su consiguiente proceso de educación cívica.

Para los lectores estadounidenses, Sarmiento ofrece especial interés, porque fue uno de los pocos amigos que el país del norte ha tenido entre los escritores del sur. Frente a la mayoría de los hispanoamericanos cultos, admiró a los Estados Unidos, más que a Francia, sobre todo por la educación popular al alcance de todos. En contraste, por ejemplo, con José Enrique Rodó, nacido dieciséis años antes de la muerte de Sarmiento, quería que Hispanoamérica imitara los buenos aspectos de la vida norteamericana, en especial su economía, su gobierno democrático y su sistema de educación pública.

FACUNDO
(1845)

INTRODUCCIÓN

¡Sombra terrible de Facundo, voy a evocarte, para que, sacudiendo el ensangrentado polvo que cubre tus cenizas, te levantes a explicarnos la vida secreta y las convulsiones internas que desgarran las entrañas de un noble pueblo! Tú posees el secreto: ¡revélanoslo! Diez años aún después de tu trágica muerte, el hombre de las 5 ciudades y el gaucho de los llanos argentinos, al tomar diversos senderos en el desierto, decían: "¡No; no ha muerto! ¡Vive aún! ¡El vendrá!" ¡Cierto! Facundo no ha muerto; está vivo en las tradiciones populares, en la política y revoluciones argentinas; en Rosas, su heredero, su complemento: su alma ha pasado a este otro molde, 10 más acabado, más perfecto; y lo que en él era sólo instinto, iniciación, tendencia, convirtióse en Rosas en sistema, efecto y fin. La naturaleza campestre, colonial y bárbara, cambióse en esta metamorfosis en arte, en sistema y en política regular capaz de presentarse a la faz del mundo, como el modo de ser de un pueblo encarnado en un hombre, 15 que ha aspirado a tomar los aires de un genio que domina los acontecimientos, los hombres y las cosas. Facundo, provinciano, bárbaro, valiente, audaz, fue reemplazado por Rosas, hijo de la culta

Buenos Aires, sin serlo él;[1] por Rosas, falso, corazón helado, espíritu calculador, que hace el mal sin pasión, y organiza lentamente el despotismo con toda la inteligencia de un Maquiavelo.[2] Tirano sin rival hoy en la tierra, ¿por qué sus enemigos quieren disputarle el 5 título de *Grande* que le prodigan sus cortesanos? Sí; grande y muy grande es, para gloria y vergüenza de su patria, porque si ha encontrado millares de seres degradados que se unzan a su carro para arrastrarlo por encima de cadáveres, también se hallan a millares las almas generosas que, en quince años de lid sangrienta, no han 10 desesperado de vencer al monstruo que nos propone el enigma de la organización política de la República. Un día vendrá, al fin, que lo resuelvan; y la Esfinge Argentina, mitad mujer, por lo cobarde, mitad tigre, por lo sanguinario, morirá a sus plantas, dando a la Tebas del Plata,[3] el rango elevado que le toca entre las naciones del 15 Nuevo Mundo. . . .

I

ASPECTO FÍSICO DE LA REPÚBLICA ARGENTINA, Y CARACTERES, HÁBITOS E IDEAS QUE ENGENDRA

El continente americano termina al sur de una punta en cuya extremidad se forma el Estrecho de Magallanes.[4] Al oeste y a corta distancia del Pacífico se extienden, paralelos a la costa, los Andes chilenos. La tierra que queda al oriente de aquella cadena de mon- 20 tañas, y al occidente del Atlántico, siguiendo el Río de la Plata hacia el interior por el Uruguay arriba, es el territorio que se llamó Provincias Unidas del Río de la Plata, y en la que aun se derrama sangre por denominarlo República Argentina o Confederación Argentina.[5] Al norte están el Paraguay y Bolivia, sus límites pre- 25 suntos.

[1] Sin ser él culto.

[2] Maquiavelo, hombre de estado e historiador italiano (1469–1527).

[3] Esfinge: "sphinx." Según la mitología griega, la de Tebas ("Thebes") proponía enigmas a los viajeros y los estrangulaba si no los resolvían. Tebas del Plata: Buenos Aires. Situada en el Río de la Plata, también fue víctima de la tiranía.

[4] Estrecho de Magallanes: "Straight of Magellan."

[5] Buenos Aires rompió sus lazos con España en 1810. Las Provincias Unidas del Río de la Plata se declararon independientes el 9 de julio de 1816. Después siguieron las guerras civiles en que los "Unitarios," como Sarmiento, querían un gobierno centralizado en Buenos Aires y los "Federales," como Juan Manuel Rosas, provincias soberanas.

La inmensa extensión de país que está en sus extremos es enteramente despoblada, y ríos navegables posee que no ha surcado aún el frágil barquichuelo. El mal que aqueja a la República Argentina es la extensión; el desierto la rodea por todas partes, se le insinúa en las entrañas; la soledad, el despoblado sin una habitación humana, son, por lo general, los límites incuestionables entre unas y otras provincias. Allí, la inmensidad por todas partes; inmensa la llanura, inmensos los bosques, inmensos los ríos, el horizonte siempre incierto, siempre confundiéndose con la tierra entre celajes y vapores tenues, que no dejan en la lejana perspectiva señalar el punto en que el mundo acaba y principia el cielo. Al sur y al norte acéchanla los salvajes, que aguardan las noches de luna para caer, cual enjambre de hienas, sobre los ganados que pacen en los campos y en las indefensas poblaciones. En la solitaria caravana de carretas que atraviesa pesadamente las pampas, y que se detiene a reposar por momentos, la tripulación[6] reunida en torno del escaso fuego, vuelve maquinalmente la vista hacia el sur al más ligero susurro del viento que agita las hierbas secas, para hundir sus miradas en las tinieblas profundas de la noche en busca de los bultos siniestros de la horda salvaje que puede sorprenderla desapercibida de un momento a otro.

Si el oído no escucha rumor alguno, si la vista no alcanza a calar el velo oscuro que cubre la callada soledad, vuelve sus miradas, para tranquilizarse del todo, a las orejas de algún caballo que está inmediato al fogón, para observar si están inmóviles y negligentemente inclinadas hacia atrás. Entonces continúa la conversación interrumpida, o lleva a la boca el tasajo de carne medio sollamado[7] de que se alimenta.

Si no es la proximidad del salvaje lo que inquieta al hombre del campo, es el temor de un tigre[8] que lo acecha, de una víbora que puede pisar. Esta inseguridad de la vida, que es habitual y permanente en las campañas,[9] imprime, a mi parecer, en el carácter argentino cierta resignación estoica para la muerte violenta, que hace de ella uno de los percances inseparables de la vida, una manera de morir como cualquiera otra; y puede quizá explicar en parte la

---

[6] Tripulación: "crew." Las descripciones de la naturaleza son muy románticas, como esta comparación entre las pampas y el mar.
[7] Fogón: "bonfire"; tasajo de carne: "strip (piece) of salted (corned) meat"; sollamado: "burned, singed."
[8] Tigre: "jaguar."
[9] Campo llano sin montes.

indiferencia con que dan y reciben la muerte, sin dejar en los que sobreviven impresiones profundas y duraderas.

La parte habitada de este país, privilegiado en dones y que encierra todos los climas, puede dividirse en tres fisonomías distintas, 5 que imprimen a la población condiciones diversas, según la manera como tiene que entenderse con la naturaleza que la rodea. Al norte, confundiéndose con el Chaco, un espeso bosque cubre con su impenetrable ramaje extensiones que llamáramos inauditas si en formas colosales hubiese nada inaudito en toda la extensión de la América. 10 Al centro, y en una zona paralela, se disputan largo tiempo el terreno la pampa y la selva; domina en partes el bosque, se degrada en matorrales enfermizos y espinosos, preséntase de nuevo la selva a merced de algún río que la favorece, hasta que al fin, al sur, triunfa la pampa y ostenta su lisa y velluda frente infinita, sin límite conocido, sin 15 accidente[10] notable; es la imagen del mar en la tierra; la tierra como en el mapa: la tierra aguardando todavía que se la mande[11] producir las plantas y toda clase de simiente.

Pudiera señalarse como un rasgo notable de la fisonomía de este país la aglomeración de ríos navegables que al este se dan cita de 20 todos los rumbos del horizonte, para reunirse en el Plata, y presentar dignamente su estupendo tributo al Océano, que lo recibe en sus flancos no sin muestras visibles de turbación y respeto. Pero estos inmensos canales excavados por la solícita mano de la naturaleza, no introducen cambio ninguno en las costumbres nacionales. El hijo de 25 los aventureros españoles que colonizaron el país, detesta la navegación, y se considera como aprisionado en los estrechos límites del bote o la lancha. Cuando un gran río le ataja el paso, se desnuda tranquilamente, apresta su caballo y lo endilga nadando a algún islote que se divisa a lo lejos; arriba a él, descansan caballo y caba- 30 llero, y de islote en islote, se completa al fin la travesía.

De este modo, el favor más grande que la Providencia depara a un pueblo, el gaucho argentino lo desdeña, viendo en él más bien un obstáculo opuesto a sus movimientos, que el medio más poderoso de facilitarlos; de este modo la fuente del engrandecimiento de las 35 naciones, lo que hizo la felicidad remotísima del Egipto, lo que engrandeció a la Holanda, y es la causa del rápido desenvolvimiento de Norte América, la navegación de los ríos o la canalización, es un

10 Variación del terreno.
11 Se le mande.

elemento muerto, inexplotado por el habitante de las márgenes del Bermejo, Pilcomayo, Paraná, Paraguay y Uruguay.[12] Desde el Plata remontan aguas arriba algunas navecillas tripuladas por italianos y carcamanes;[13] pero el movimiento sube unas cuantas leguas y cesa casi de todo punto.[14] No fue dado a los españoles el instinto de la 5 navegación, que poseen en tan alto grado los sajones del Norte.[15] Otro espíritu se necesita que agite esas arterias en que hoy se estagnan los flúidos vivificantes de una nación. De todos esos ríos que debieran llevar la civilización, el poder y la riqueza hasta profundidades más recónditas del continente, y hacer de Santa Fe, Entre Ríos, Co- 10 rrientes, Córdoba, Salta, Tucumán y Jujuy, otros tantos pueblos nadando en riquezas y rebosando población y cultura, sólo uno hay que es fecundo en beneficios para los que moran en sus riberas: el Plata, que los resume a todos juntos.

En su embocadura están situadas dos ciudades: Montevideo y 15 Buenos Aires, cosechando hoy alternativamente las ventajas de su envidiable posición. Buenos Aires está llamada a ser un día la ciudad más gigantesca de ambas Américas. Bajo un clima benigno, señora de la navegación de cien ríos que fluyen a sus pies, reclinada muellemente sobre un inmenso territorio, y con trece provincias 20 interiores que no conocen otra salida para sus productos, fuera ya la Babilonia americana,[16] si el espíritu de la pampa no hubiese soplado sobre ella y si no ahogase en sus fuentes el tributo de riqueza que los ríos y las provincias tienen que llevarla siempre. Ella sola, en la vasta extensión argentina, está en contacto con las naciones europeas; 25 ella sola explota las ventajas del comercio extranjero; ella sola tiene poder y rentas. En vano le han pedido las provincias que les deje pasar un poco de civilización, de industria y de población europea; una política estúpida y colonial[17] se hizo sorda a estos clamores. Pero las provincias se vengaron mandándole en Rosas, mucho y demasiado 30 de la barbarie que a ellas les sobraba. . . .

[12] Los ríos principales del norte de la Argentina y tributarios del Río de la Plata.
[13] Tradúzcase: "some small boats, manned by Italians and French, go up the River Plate."
[14] De todo punto: "completely."
[15] Es decir, los habitantes de los Estados Unidos de Norteamérica.
[16] Babilonia: "Babylon." Esta capital de la antigua Caldea fue una de las más ricas de Oriente 600 años a. C.
[17] España concedió a la ciudad de Buenos Aires todos los derechos de exportación e importación para todo el virreinato. Este monopolio siguió después de la independencia.

Nuestras carretas viajeras son una especie de escuadra de pequeños bajeles,[18] cuya gente tiene costumbres, idiomas y vestidos peculiares que la distinguen de los otros habitantes, como el marino se distingue de los hombres de tierra.

5 Es el capataz[19] un caudillo, como en Asia el jefe de la caravana; necesítase para este destino una voluntad de hierro, un carácter arrojado hasta la temeridad, para contener la audacia y turbulencia de los filibusteros[20] de tierra que ha de gobernar y dominar él solo en el desamparo del desierto. A la menor señal de insubordinación, el 10 capataz enarbola su chicote de fierro,[21] y descarga sobre el insolente golpes que causan contusiones y heridas; si la resistencia se prolonga, antes de apelar a las pistolas, cuyo auxilio por lo general desdeña, salta del caballo con el formidable cuchillo en mano y reivindica bien pronto su autoridad por la superior destreza con que sabe 15 manejarlo.

El que muere en estas ejecuciones del capataz no deja derecho a ningún reclamo, considerándose legítima la autoridad que lo ha asesinado.

Así es como en la vida argentina empieza a establecerse por estas 20 peculiaridades el predominio de la fuerza brutal, la preponderancia del más fuerte, la autoridad sin límites y sin responsabilidad de los que mandan, la justicia administrada sin formas y sin debate. La tropa de carretas lleva además armamento, un fusil o dos por carreta, y a veces un cañoncito giratorio en la que va a la delantera.[22] Si los 25 bárbaros la asaltan, forma un círculo atando unas carretas con otras, y casi siempre resiste victoriosamente a la codicia de los salvajes ávidos de sangre y de pillaje. . . .

El hombre de la ciudad viste el traje europeo, vive de la vida civilizada tal como la conocemos en todas partes; allí están las leyes, 30 las ideas de progreso, los medios de instrucción, alguna organización municipal, el gobierno regular, etc. Saliendo del recinto de la ciudad, todo cambia de aspecto: el hombre de campo lleva otro traje, que llamaré americano, por ser común a todos los pueblos; sus hábitos de vida son diversos, sus necesidades peculiares y limitadas; parecen

---

18 Tradúzcase: "Our passenger wagons resemble a kind of squadron of small vessels."
19 Capataz: "wagon master."
20 Filibustero: "buccaneer."
21 Chicote de fierro (hierro): "iron whip."
22 Tradúzcase: "The wagon train carries arms, one or two rifles per wagon, and sometimes a small revolving cannon on the lead wagon."

dos sociedades distintas, dos pueblos extraños uno de otro. Aun hay más: el hombre de la campaña, lejos de aspirar a semejarse al de la ciudad, rechaza con desdén su lujo y sus modales corteses; y el vestido del ciudadano, el frac, la capa, la silla,[23] ningún signo europeo puede presentarse impunemente en la campaña. Todo lo que hay de 5 civilizado en la ciudad está bloqueado por allí, proscrito afuera; y el que osara mostrarse con levita,[24] por ejemplo, y montado en silla inglesa, atraería sobre sí las burlas y las agresiones brutales de los campesinos. . . .

El progreso moral, la cultura de la inteligencia descuidada en la 10 tribu árabe o tártara, es aquí no sólo descuidada, sino imposible. ¿Dónde colocar la escuela para que asistan a recibir lecciones los niños diseminados a diez leguas de distancia en todas direcciones? Así, pues, la civilización es del todo irrealizable, la barbarie es normal, y gracias si las costumbres domésticas conservan un corto[25] 15 depósito de moral. La religión sufre las consecuencias de la disolución de la sociedad; el curato es nominal, el púlpito no tiene auditorio,[26] el sacerdote huye de la capilla solitaria, o se desmoraliza en la inacción y en la soledad; los vicios, el simoniaquismo,[27] la barbarie normal, penetran en su celda, y convierten su superioridad moral en 20 elementos de fortuna y de ambición, porque al fin concluye por hacerse caudillo de partido.

Yo he presenciado una escena campestre digna de los tiempos primitivos del mundo anteriores a la institución del sacerdocio. Hallábame en 1838 en la sierra de San Luis, en casa de un estanciero 25 cuyas dos ocupaciones favoritas eran rezar y jugar. Había edificado una capilla en la que los domingos por la tarde rezaba él mismo el rosario, para suplir al sacerdote, y el oficio divino de que por años habían carecido. Era aquél un cuadro homérico: el sol llegaba al ocaso, las majadas que volvían al redil hendían el aire con sus confusos balidos;[28] el dueño de la casa, hombre de sesenta años, de una 30 fisonomía noble, en que la raza europea pura se ostentaba por la

---

[23] Frac: "frock coat"; capa: "long, loose sleeveless overcoat"; silla: "English saddle."

[24] La levita es parecida al frac, pero con mangas y faldones que se cruzan por delante.

[25] Escaso.

[26] Tradúzcase: "there is no priest in residence; there is no congregation."

[27] Es decir, la compra o venta de cosas espirituales.

[28] Tradúzcase: "the flocks of sheep that were returning to the sheepfold split the air with their discordant bleating."

blancura del cutis, los ojos azulados, la frente espaciosa y despejada, hacía coro, a que contestaban una docena de mujeres y algunos mocetones, cuyos caballos, no bien domados aún, estaban amarrados cerca de la puerta de la capilla. Concluido el rosario, hizo un fer-
5 voroso ofrecimiento. Jamás he oído voz más llena de unción, fervor más puro, fe más firme, ni oración más bella, más adecuada a las circunstancias que la que recitó. Pedía en ella a Dios lluvias para los campos, fecundidad para los ganados, paz para la República, seguridad para los caminantes . . . Yo soy muy propenso a llorar, y aquella
10 vez lloré hasta sollozar, porque el sentimiento religioso se había despertado en mi alma con exaltación y con una sensación desconocida, porque nunca he visto escena más religiosa; creía estar en los tiempos de Abraham, en su presencia, en la de Dios y de la naturaleza que lo revela; la voz de aquel hombre, candorosa e inocente,
15 me hacía vibrar todas las fibras, y me penetraba hasta la médula de los huesos.[29]

He aquí a lo que está reducida la religión en las campañas pastoras, a la religión natural; el cristianismo existe, como el idioma español, en clase de tradición que se perpetúa, pero corrompido,
20 encarnado en supersticiones groseras, sin instrucción, sin culto y sin convicciones. En casi todas las campañas apartadas de las ciudades ocurre que, cuando llegan comerciantes de San Juan o de Mendoza, les presentan tres o cuatro niños de meses y de un año para que los bauticen, satisfechos de que por su buena educación podrán hacerlo
25 de un modo válido; y no es raro que a la llegada de un sacerdote, se le presenten mocetones que vienen domando un potro, a que les ponga el óleo y administre el bautismo *sub conditione*. . . .[30]

II

ORIGINALIDAD Y CARACTERES ARGENTINOS

Si de las condiciones de la vida pastoril, tal como la han constituido la colonización y la incuria, nacen graves dificultades para
30 una organización política cualquiera, y muchas más para el triunfo de la civilización europea, de sus instituciones y de la riqueza y libertad, que son sus consecuencias, no puede, por otra parte, negarse que esta situación tiene su costado poético, frases dignas de la pluma

---

29 Tradúzcase: "to the marrow of my bones."
30 Tradúzcase: "to be anointed with holy oil and given a provisional baptism."

del romancista.[31] Si un destello de literatura nacional puede brillar momentáneamente en las nuevas sociedades americanas, es el que resultará de la descripción de las grandiosas escenas naturales, y, sobre todo, de la lucha entre la civilización europea y la barbarie indígena, entre la inteligencia y la materia; lucha imponente en 5 América, y que da lugar a escenas tan peculiares, tan características y tan fuera del círculo de ideas en que se ha educado el espíritu europeo, porque los resortes dramáticos se vuelven desconocidos fuera del país donde se toman, los usos sorprendentes, y originales los caracteres. 10

El único romancista norteamericano que haya logrado hacerse un nombre europeo, es Fenimore Cooper,[32] y eso, porque transportó la escena de sus descripciones fuera del círculo ocupado por los plantadores al límite entre la vida bárbara y la civilizada, al teatro de la guerra en que las razas indígenas y la raza sajona están combatiendo 15 por la posesión del terreno.

No de otro modo nuestro joven poeta Echeverría ha logrado llamar la atención del mundo literario español con su poema titulado *La cautiva*. Este bardo argentino dejó a un lado a Dido y Argia, que sus predecesores los Varela[33] trataron con maestría clásica 20 y estro poético, pero sin suceso y sin consecuencia, porque nada agregaban al caudal de nociones europeas, y volvió sus miradas al desierto, y allá en la inmensidad sin límites, en las soledades en que vaga el salvaje, en la lejana zona de fuego que el viajero ve acercarse cuando los campos se incendian, halló las inspiraciones que pro- 25 porciona a la imaginación el espectáculo de una naturaleza solemne, grandiosa, inconmensurable, callada, y entonces el eco de sus versos pudo hacerse oír con aprobación aun por la península española.

Hay que notar de paso un hecho que es muy explicativo de los fenómenos sociales de los pueblos. Los accidentes de la naturaleza 30 producen costumbres y usos peculiares a estos accidentes, haciendo que donde estos accidentes se repiten, vuelvan a encontrarse los mismos medios de parar a ellos,[34] inventados por pueblos distintos.

---

31 Novelista.
32 James Fenimore Cooper (1789–1851), novelista norteamericano.
33 Referencia a Esteban Echeverría, escritor romántico, autor del poema *La cautiva*, y a los hermanos Florencio y Juan Cruz Varela, neoclásicos; éste compuso dos tragedias, *Dido* (1823) y *Argia* (1824).
34 Es decir, los mismos accidentes geográficos producen siempre los mismos fenómenos sociales.

Esto me explica por qué la flecha y el arco se encuentran en todos los pueblos salvajes, cualesquiera que sean su raza, su origen y su colocación geográfica. Cuando leía en *El último de los Mohicanos*, de Cooper, que Ojo de Halcón y Uncas habían perdido el rastro de
5 los Mingos en un arroyo, dije: "Van a tapar el arroyo." Cuando en *La pradera*, el Trampero[35] mantiene la incertidumbre y la agonía mientras el fuego los amenaza, un argentino habría aconsejado lo mismo que el Trampero sugiere, al fin, que es limpiar un lugar para guarecerse, e incendiar a su vez, para poderse retirar del fuego que
10 invade sobre las cenizas del que se ha encendido.[36] Tal es la práctica de los que atraviesan la pampa para salvarse de los incendios del pasto. . . .

Del centro de estas costumbres y gustos generales se levantan especialidades notables, que un día embellecerán y darán un tinte
15 original al drama y al romance nacional. Yo quiero sólo notar aquí algunos que servirán para completar la idea de las costumbres, para trazar en seguida el carácter, causas y efectos de la guerra civil.

EL RASTREADOR[37]

El más conspicuo de todos, el más extraordinario, es el *rastreador*. Todos los gauchos del interior son rastreadores. En llanuras tan
20 dilatadas en donde las sendas y caminos se cruzan en todas direcciones, y los campos en que pacen o transitan las bestias son abiertos, es preciso saber seguir las huellas de un animal, y distinguirlas de entre mil; conocer si va despacio o ligero, suelto o tirado, cargado o de vacío.[38] Ésta es una ciencia casera y popular. Una vez caía[39] yo de
25 un camino de encrucijada al de Buenos Aires, y el peón que me conducía echó, como de costumbre, la vista al suelo. "Aquí va—dijo luego—una mulita mora[40] muy buena . . . ; ésta es la tropa de don N. Zapata . . . , es de muy buena silla . . . , va ensillada . . . , ha pasado ayer" . . . Este hombre venía de la sierra de San Luis, la tropa volvía
30 de Buenos Aires, y hacía un año que él había visto por última vez la

---

[35] "Hawkeye," Uncas, y los Mingos son personajes de *The Last of the Mohicans* (1826). "The Trapper" figura en *The Prairie* (1827).
[36] Es decir, limpia la maleza, quema unos metros alrededor, de modo que cuando llega el incendio, no puede propagarse.
[37] Rastreador: "tracker."
[38] Tradúzcase: "slowly or fast, loose or led, a pack on his back or without one."
[39] Venía.
[40] Mulita mora: "blue-black mule."

mulita mora cuyo rastro estaba confundido con el de toda una tropa
en un sendero de dos pies de ancho. Pues esto, que parece increíble,
es, con todo, la ciencia vulgar; éste era un peón de arrea,[41] y no un
rastreador de profesión.

El rastreador es un personaje grave, circunspecto, cuyas asevera- 5
ciones hacen fe en los tribunales inferiores. La conciencia del saber
que posee, le da cierta dignidad reservada y misteriosa. Todos lo
tratan con consideración; el pobre, porque puede hacerle mal,
calumniándolo o denunciándolo; el propietario, porque su testimonio puede fallarle. Un robo se ha ejecutado durante la noche; no 10
bien se nota, corren a buscar una pisada del ladrón, y encontrada,
se cubre con algo para que el viento no la disipe. Se llama en seguida
al rastreador, que ve el rastro, y lo sigue sin mirar sino de tarde en
tarde el suelo, como si sus ojos vieran de relieve esta pisada que para
otro es imperceptible. Sigue el curso de las calles, atraviesa los 15
huertos, entra en una casa, y, señalando un hombre que encuentra,
dice fríamente: "¡Éste es!" El delito está probado, y raro es el delincuente que resiste a esta acusación. Para él, más que para el juez, la
deposición[42] del rastreador es la evidencia misma; negarla sería
ridículo, absurdo....   20

EL BAQUEANO[43]

Después del rastreador, viene el *baqueano*, personaje eminente y
que tiene en sus manos la suerte de los particulares y de las provincias. El baqueano es un gaucho grave y reservado, que conoce a
palmo[44] veinte mil leguas cuadradas de llanuras, bosques y montañas. Es el topógrafo más completo; es el único mapa que lleva un 25
general para dirigir los movimientos de su campaña. El baqueano
va siempre a su lado. Modesto y reservado como una tapia; está en
todos los secretos de la campaña; la suerte del ejército, el éxito de
una batalla, la conquista de una provincia, todo depende de él.

El baqueano es casi siempre fiel a su deber; pero no siempre el 30
general tiene en él plena confianza. Imaginaos la posición de un jefe
condenado a llevar un traidor a su lado, y a pedirle los conoci-

---

41 Peón de arrea: "peon who drives cattle from one place to another (under the
orders of a *capataz*)."
42 Declaración.
43 Baqueano: "guide."
44 A palmo: "intimately, in great detail."

mientos indispensables para triunfar. Un baqueano encuentra una sendita que hace cruz con el camino que lleva: él sabe a qué aguada[45] remota conduce; si encuentra mil, y esto sucede en un espacio de cien leguas, él las conoce todas, sabe de dónde vienen y adónde van. El
5 sabe el vado oculto que tiene un río, más arriba o más abajo del paso ordinario, y esto en cien ríos o arroyos; él conoce en los ciénagos[46] extensos un sendero por donde pueden ser atravesados sin inconveniente, y esto en cien ciénagos distintos.

En lo más oscuro de la noche, en medio de los bosques o en las
10 llanuras sin límites, perdidos sus compañeros, extraviados, da una vuelta en círculo de ellos, observa los árboles; si no los hay, se desmonta, se inclina a tierra, examina algunos matorrales y se orienta de la altura en que se halla; monta en seguida, y les dice para asegurarlos: "Estamos en dereceras de[47] tal lugar, a tantas leguas de las
15 habitaciones; el camino ha de ir al sur"; y se dirige hacia el rumbo que señala, tranquilo, sin prisa de encontrarlo, y sin responder a las objeciones que el temor o la fascinación sugiere a los otros.

Si aun esto no basta, o si se encuentra en la pampa y la oscuridad es impenetrable, entonces arranca pastos de varios puntos, huele la
20 raíz y la tierra, las masca, y después de repetir este procedimiento varias veces, se cerciora de la proximidad de algún lago, o arroyo salado, o de agua dulce, y sale en su busca para orientarse fijamente. El general Rosas, dicen, conoce por el gusto el pasto de cada estancia del sur de Buenos Aires.

25 Si el baqueano lo es de la pampa donde no hay caminos para atravesarla, y un pasajero le pide que lo lleve directamente a un paraje distante cincuenta leguas, el baqueano se para un momento, reconoce el horizonte, examina el suelo, clava la vista en un punto y se echa a galopar con la rectitud de una flecha, hasta que cambia
30 de rumbo por motivos que sólo él sabe, y galopando día y noche, llega al lugar designado.

El baqueano anuncia también la proximidad del enemigo; esto es, diez leguas,[48] y el rumbo por donde se acerca, por medio del movimiento de los avestruces, de los gamos y guanacos[49] que huyen

---

45 Aguada: "watering place, well."
46 Paso ordinario: "the known, familiar ford"; ciénagos (ciénagas): "marshes."
47 En dereceras (derechura): "in a direct line toward."
48 Debe entenderse: cuando éste se halla a diez leguas.
49 Avestruz: "ostrich"; gamo: "deer." El guanaco es de la familia de las llamas.

en cierta dirección. Cuando se aproxima, observa los polvos; y por su espesor cuenta la fuerza: "Son dos mil hombres—dice—, quinientos," "doscientos," y el jefe obra bajo este dato, que casi siempre es infalible. Si los cóndores y cuervos revolotean en un círculo del cielo, él sabrá decir si hay gente escondida, o es un campamento 5 recién abandonado, o un simple animal muerto. El baqueano conoce la distancia que hay de un lugar a otro; los días y las horas necesarias para llegar a él, y a más, una senda extraviada e ignorada por donde se puede llegar de sorpresa y en la mitad del tiempo; así es que las partidas de montoneras[50] emprenden sorpresas sobre pueblos 10 que están a cincuenta leguas de distancia, que casi siempre las aciertan. . . .

EL GAUCHO MALO

Éste es un tipo de ciertas localidades, un *outlaw*, un *squatter*, un misántropo particular. Es el *Ojo del Halcón*, el *Trampero* de Cooper, con toda su ciencia del desierto, con toda su aversión a las pobla- 15 ciones de los blancos; pero sin su moral natural y sin sus conexiones con los salvajes. Llámanle el *Gaucho Malo*, sin que este epíteto le desfavorezca del todo. La justicia lo persigue desde muchos años; su nombre es temido, pronunciado en voz baja, pero sin odio y casi con respeto. Es un personaje misterioso; mora en la pampa; son su 20 albergue los cardales; vive de perdices y mulitas;[51] si alguna vez quiere regalarse con una lengua, enlaza una vaca, la voltea solo, la mata, saca su bocado predilecto, y abandona lo demás a las aves mortecinas.[52] De repente se presenta el Gaucho Malo en un pago de donde la partida acaba de salir; conversa pacíficamente con los 25 buenos gauchos, que lo rodean y lo admiran; se provee de los vicios,[53] y si divisa la partida, monta tranquilamente en su caballo, y lo apunta hacia el desierto, sin prisa, sin aparato;[54] desdeñando volver la cabeza. La partida rara vez lo sigue; mataría inútilmente sus caballos, porque el que monta el Gaucho Malo es un parejero 30 pangaré,[55] tan célebre como su amo. Si el acaso lo echa alguna vez

50 Partidas de montoneras: "cavalry troops, squads of mounted insurgents."
51 Cardales: "land covered with thistles"; perdices: "partridges"; mulitas: "armadillos."
52 Aves de rapiña.
53 Es decir, tabaco, bebidas alcohólicas.
54 Apunta: "turn toward"; sin aparato: "without ostentation, show."
55 Parejero pangaré: "swift horse of tawny color."

de improviso entre las garras de la justicia, acomete a lo más espeso de la partida, y a merced de cuatro tajadas que con su cuchillo ha abierto en la cara o en el cuerpo de los soldados, se hace paso por entre ellos, y tendiéndose sobre el lomo del caballo para substraerse
5 a la acción de las balas que lo persiguen, endilga hacia el desierto, hasta que, poniendo espacio conveniente entre él y sus perseguidores, refrena su trotón y marcha tranquilamente. Los poetas de los alrededores agregan esta nueva hazaña a la biografía del héroe del desierto, y su nombradía vuela por toda la vasta campaña. A veces se
10 presenta a la puerta de un baile campestre con una muchacha que ha robado; entra en baile con su pareja, confúndese en las mudanzas del cielito,[56] y desaparece sin que nadie lo advierta. Otro día se presenta en la casa de la familia ofendida, hace descender de la grupa a la niña que ha seducido, y desdeñando las maldiciones de los padres
15 que lo siguen, se encamina tranquilo a su morada sin límites.

Este hombre divorciado con la sociedad, proscrito por las leyes, este salvaje de color blanco, no es en el fondo un ser más depravado que los que habitan las poblaciones. El osado prófugo que acomete una partida entera es inofensivo para con[57] los viajeros. El Gaucho
20 Malo no es un bandido, no es un salteador; el ataque a la vida no entra en su idea. . . .

Aquí tenéis la idealización de aquella vida de revueltas, de civilización, de barbarie y de peligros. El gaucho cantor es el mismo bardo, el vate,[58] el trovador de la Edad Media, que se mueve en la
25 misma escena, entre las luchas de las ciudades y del feudalismo de los campos, entre la vida que se va y la vida que se acerca. El cantor anda de pago en pago, "de tapera en galpón,"[59] cantando sus héroes de la pampa perseguidos por la justicia, los llantos de la viuda a quien los indios robaron sus hijos en un malón reciente, la derrota
30 y la muerte del valiente Rauch,[60] la catástrofe de Facundo Quiroga y la suerte que cupo a Santos Pérez.[61] El cantor está haciendo can-

---

56 Mudanzas del cielito: "dance steps of the *cielito.*"
57 Para con: "toward, with."
58 Bardo, vate: "bard, poet."
59 Tradúzcase: "from district to district, from abandoned cabin to shed . . ."
60 Malón: "Indian raid." El coronel Rauch, comandante del ejército de Lavalle, fue muerto por las fuerzas de Rosas en 1829.
61 Tradúzcase: "the luck which befell Santos Pérez (asesino de Facundo)."

dorosamente el mismo trabajo de crónica, costumbres, historia, biografía, que el bardo de la Edad Media, y sus versos serían recogidos más tarde como los documentos y datos en que habría de apoyarse el historiador futuro, si a su lado no estuviese otra sociedad culta con superior inteligencia de los acontecimientos, que la que el 5 infeliz despliega en sus rapsodias ingenuas. En la República Argentina se ven a un tiempo dos civilizaciones distintas en un mismo suelo: una naciente, que sin conocimiento de lo que tiene sobre su cabeza, está remedando los esfuerzos ingenuos y populares de la Edad Media; otra, que sin cuidarse de lo que tiene a sus pies, 10 intenta realizar los últimos resultados de la civilización europea. El siglo XIX y el siglo XII viven juntos: el uno dentro de las ciudades, el otro en las campañas.

El cantor no tiene residencia fija; su morada está donde la noche lo sorprende; su fortuna, en sus versos y en su voz. Dondequiera que 15 el cielito enreda sus parejas sin tasa, dondequiera que se apure una copa de vino, el cantor tiene su lugar preferente, su parte escogida en el festín.[62] El gaucho argentino no bebe, si la música y los versos no lo excitan, y cada pulpería tiene su guitarra para poner en manos del cantor, a quien el grupo de caballos estacionados a la puerta 20 anuncia a lo lejos dónde se necesita el concurso de su gaya ciencia.[63]

El cantor mezcla entre sus cantos heroicos la relación de sus propias hazañas. Desgraciadamente, el cantor, con ser el bardo argentino, no está libre de tener que habérselas con la justicia.[64] También tiene que dar la cuenta de sendas puñaladas que ha distribuido, una 25 o dos *desgracias* (muertes) que tuvo y algún caballo o alguna muchacha que robó. . . .

Por lo demás, la poesía original del cantor es pesada, monótona, irregular, cuando se abandona a la inspiración del momento. Más narrativa que sentimental, llena de imágenes tomadas de la vida 30 campestre, del caballo y las escenas del desierto, que la hacen metafórica y pomposa.[65] Cuando refiere sus proezas o las de algún afamado malévolo,[66] parécese al improvisador napolitano, desarreglado,

---

[62] Tradúzcase: "Wherever the dance of the *cielito* mixes together its unlimited number of partners, wherever a glass of wine is being consumed, the singer has his special location, his choice place at the party."

[63] Pulpería: "general store"; gaya ciencia: "minstrelsy, art of poetry."

[64] Tradúzcase: "is not free from having to reckon with the police."

[65] Metafórica: "full of metaphors"; pomposa: "too flowery."

[66] Es decir, algún célebre gaucho malo.

prosaico de ordinario,[67] elevándose a la altura poética por momentos,
para caer de nuevo al recitado insípido y casi sin versificación. Fuera
de esto, el cantor posee su repertorio de poesías populares, quintillas,
décimas y octavas, diversos géneros de versos octosílabos. Entre éstos
5 hay muchas composiciones de mérito, y que descubren inspiración
y sentimiento.

Aun podría añadir a estos tipos originales muchos otros igualmente curiosos, igualmente locales, si tuviesen, como los anteriores,
la peculiaridad de revelar las costumbres nacionales, sin lo cual es
10 imposible comprender nuestros personajes políticos, ni el carácter
primordial y americano de la sangrienta lucha que despedaza a la
República Argentina. Andando esta historia, el lector va a descubrir
por sí solo dónde se encuentra el rastreador, el baqueano, el gaucho
malo, el cantor. Verá en los caudillos cuyos nombres han traspasado
15 las fronteras argentinas, y aun en aquellos que llenan el mundo con
el horror de su nombre, el reflejo vivo de la situación interior del
país, sus costumbres, su organización.

IV

REVOLUCIÓN DE 1810

. . . La montonera, tal como apareció en los primeros días de la
República bajo las órdenes de Artigas,[68] presentó ya ese carácter de
20 ferocidad brutal, y ese espíritu terrorista que al inmortal bandido,[69]
al estanciero de Buenos Aires, estaba reservado convertir en un
sistema de legislación aplicado a la sociedad culta, y presentarlo, en
nombre de la América avergonzada, a la contemplación de la
Europa. Rosas no ha inventado nada; su talento ha consistido sólo en
25 plagiar a sus antecesores, y hacer de los instintos brutales de las
masas ignorantes un sistema meditado y coordinado fríamente. La
correa de cuero sacada al coronel Maciel y de que Rosas se ha hecho
una manea[70] que enseña a los agentes extranjeros, tiene sus antecedentes en Artigas y los demás caudillos bárbaros, tártaros. Las
30 montoneras de Artigas *enchalecaban* a sus enemigos; esto es, los

---

[67] Tradúzcase: "confused, usually humdrum."
[68] José Artigas (1764-1850), general uruguayo que se sublevó contra los españoles
y luego contra la Junta de Buenos Aires.
[69] Rosas, por supuesto.
[70] Manea: "hobble." La hizo de piel humana.

cosían dentro de un retobo de cuero fresco,[71] y los dejaban así abandonados en los campos. El lector suplirá todos los horrores de esta muerte lenta. El año 36 se ha repetido este horrible castigo con un coronel del ejército. El ejecutar con el cuchillo, degollando y no fusilando, es un instinto de carnicero que Rosas ha sabido aprovechar para dar todavía a la muerte formas gauchas, y al asesino placeres horribles; sobre todo, para cambiar las formas legales y admitidas en las sociedades cultas, por otras que él llama americanas y en nombre de las cuales invita a la América a que salga a su defensa, cuando los sufrimientos del Brasil, del Paraguay y del Uruguay invocan la alianza de los poderes europeos,[72] a fin de que les ayuden a librarse de ese caníbal que ya los invade con sus hordas sanguinarias.

¡No es posible mantener la tranquilidad de espíritu necesaria para investigar la verdad histórica, cuando se tropieza a cada paso con la idea de que ha podido engañarse a la América y a la Europa tanto tiempo con un sistema de asesinatos y crueldades, tolerables tan sólo en Ashanthy o Dahomey, en el interior de Africa! . . .[73]

Pues bien: veamos el estado de La Rioja, según las soluciones dadas a uno de los muchos interrogatorios que he dirigido para conocer a fondo los hechos sobre que fundo mis teorías. Aquí es una persona respetable la que habla, ignorando siquiera el objeto con que interrogo sus recientes recuerdos, porque sólo hace cuatro meses que dejó La Rioja.

¿A qué número ascenderá aproximadamente la población actual de la ciudad de La Rioja?

R.[74] Apenas mil quinientas almas. Se dice que sólo hay quince varones residentes en la ciudad.

¿Cuántos ciudadanos notables residen en ella?

R. En la ciudad serán seis u ocho.

¿Cuántos abogados tienen estudio abierto?

R. Ninguno.

¿Cuántos médicos asisten a los enfermos?

R. Ninguno.

¿Qué jueces letrados hay?

71 Tradúzcase: "wrapping of fresh (untanned) leather."
72 Referencia a Francia e Inglaterra.
73 Ashanthy era un antiguo reino del Africa Occidental; en 1894 se convirtió en colonia británica. Dahomey, colonia francesa del Africa Occidental.
74 Respuesta.

R. Ninguno.

¿Cuántos hombres visten frac?

R. Ninguno.

¿Cuántos jóvenes riojanos están estudiando en Córdoba o Buenos
5 Aires?

R. Sólo sé de uno.

¿Cuántas escuelas hay y cuántos niños asisten?

R. Ninguna.

¿Hay algún establecimiento público de caridad?

10 *R*. Ninguno, ni escuela de primeras letras. El único religioso
franciscano que hay en aquel convento, tiene algunos niños.

¿Cuántos templos arruinados hay?

R. Cinco; sólo la Matriz sirve de algo.

¿Se edifican casas nuevas?

15 *R*. Ninguna, ni se reparan las caídas.

¿Se arruinan las existentes?

R. Casi todas, porque las avenidas de las calles son tantas . . .

¿Cuántos sacerdotes se han ordenado?

R. En la ciudad sólo dos mocitos, uno es clérigo cura, otro es
20 religioso de Catamarca. En la provincia, cuatro más.

¿Hay grandes fortunas de a cincuenta mil pesos? ¿Cuántas de a
veinte mil?

R. Ninguna; todos pobrísimos.

¿Ha aumentado o disminuido la población?

25 *R*. Ha disminuido más de la mitad.

¿Predomina en el pueblo algún sentimiento de terror?

R. Máximo. Se teme aun hablar lo inocente.

La moneda que se acuña, ¿es de buena ley?

R. La provincial es adulterada. . . .[75]

30 San Juan es una provincia agrícola y comerciante exclusivamente;
el no tener campaña la ha librado por largo tiempo del dominio de
los caudillos. Cualquiera que fuese el partido dominante, gobernador
y empleados eran tomados de la parte educada de la población hasta
el año 1833, en que Facundo Quiroga colocó a un hombre vulgar en
35 el gobierno. Éste, no pudiéndose substraer a la influencia de las
costumbres civilizadas que prevalecían a despecho del poder, se
entregó a la dirección de la parte culta, hasta que fue vencido por

75 De buena ley, es decir, de buenas condiciones. Adulterada: "false, under-
weight."

Brizuela, jefe de los riojanos, sucediéndolo el general Benavides,[76] que conserva el mando hace nueve años, no ya como una magistratura periódica, sino como propiedad suya. San Juan ha crecido en población a causa de los progresos de la agricultura y de la emigración de La Rioja y San Luis, que huye del hambre y la 5 miseria. Sus edificios se han aumentado sensiblemente;[77] lo que prueba toda la riqueza de aquellos países, y cuánto podrían progresar si el gobierno cuidase de fomentar la instrucción y la cultura, únicos medios de elevar a un pueblo.

El despotismo de Benavides es blando y pacífico, lo que mantiene 10 la quietud y la calma en los espíritus. Es el único caudillo de Rosas que no se ha hartado de sangre; pero la influencia barbarizadora del sistema actual no se hace sentir menos por eso.

En una población de cuarenta mil habitantes reunidos en una ciudad, no hay un solo abogado hijo del país ni de las otras pro- 15 vincias.

Todos los tribunales están desempeñados por hombres que no tienen el más leve conocimiento del derecho, y que son, además, hombres estúpidos en toda la extensión de la palabra. No hay establecimiento ninguno de educación pública. Un colegio de señoras fue 20 cerrado en 1840; tres de hombres han sido abiertos y cerrados sucesivamente del 40 al 43, por la indiferencia y aun hostilidad del gobierno.

Sólo tres jóvenes se están educando fuera de la provincia.

Sólo hay un médico sanjuanino. 25

No hay tres jóvenes que sepan el inglés, ni cuatro que hablen el francés.

Uno solo hay que ha cursado matemáticas.

Un solo joven hay que posee una instrucción digna de un pueblo culto, el señor Rawson, distinguido ya por sus talentos extraordi- 30 narios. Su padre es norteamericano, y a esto ha debido que reciba educación.

No hay diez ciudadanos que sepan más que leer y escribir.

No hay un militar que haya servido en los ejércitos de línea fuera de la República. 35

---

[76] Se supone que el "hombre vulgar" era Martín Janzón, nombrado en abril de 1834. Fue derrotado por el general Tomás Brizuela. El general Nazario Benavides era gobernador de San Juan cuando en 1840 Sarmiento fue desterrado a Chile.
[77] Sensiblemente: "appreciably; considerably."

¿Creerase que tanta mediocridad es natural a una ciudad del interior? ¡No! Ahí está la tradición para probar lo contrario. Veinte años atrás, San Juan era uno de los pueblos más cultos del interior, y ¿cuál no debe ser la decadencia y postración de una ciudad ameri-
5 cana para ir a buscar sus épocas brillantes veinte años atrás del momento presente?

El año 1831 emigraron a Chile doscientos ciudadanos, jefes de familia, jóvenes, literatos, abogados, militares, etc. Copiapó, Coquimbo, Valparaíso y el resto de la República, están llenos aún de
10 estos nobles proscritos, capitalistas algunos, mineros inteligentes otros, comerciantes y hacendados muchos, abogados, médicos varios. Como en la dispersión de Babilonia, todos éstos no volvieron a ver la tierra prometida....[78]

Ésta es la historia de las ciudades argentinas. Todas ellas tienen
15 que reivindicar glorias, civilización y notabilidades pasadas. Ahora el nivel barbarizador pesa sobre todas ellas. La barbarie del interior ha llegado a penetrar hasta las calles de Buenos Aires. Desde 1810 hasta 1840, las provincias que encerraban en sus ciudades tanta civilización, fueron demasiado bárbaras, empero, para destruir con su
20 impulso la obra colosal de la revolución de la independencia. Ahora que nada les queda de lo que en hombres, luces e instituciones tenían, ¿qué va a ser de ellas? La ignorancia y la pobreza, que es la consecuencia, están como las aves mortecinas, esperando que las ciudades del interior den la última boqueada, para devorar su presa,
25 para hacerlas campo, estancia. Buenos Aires puede volver a ser lo que fue, porque la civilización europea es tan fuerte allí, que a despecho de las brutalidades del gobierno se ha de sostener. Pero en las provincias, ¿en qué se apoyará? Dos siglos no bastarán para volverlas al camino que han abandonado, desde que la generación
30 presente educa a sus hijos en la barbarie que a ella le ha alcanzado. Pregúntasenos ahora: ¿por qué combatimos? Combatimos por volver a las ciudades su vida propia.

V

VIDA DE JUAN FACUNDO QUIROGA

Media entre las ciudades de San Luis y San Juan un dilatado desierto que, por su falta completa de agua, recibe el nombre de

---

[78] Referencia a los judíos llevados cautivos a Babilonia.

travesía. El aspecto de aquellas soledades es por lo general triste y desamparado, y el viajero que viene de oriente no pasa la última represa o aljibe de campo, sin proveer sus chifles[79] de suficiente cantidad de agua. En esta travesía tuvo una vez lugar la extraña escena que sigue. Las cuchilladas, tan frecuentes entre nuestros 5 gauchos, habían forzado a uno de ellos a abandonar precipitadamente la ciudad de San Luis y ganar la travesía a pie, con la montura al hombro, a fin de escapar de las persecuciones de la justicia. Debían alcanzarlo dos compañeros tan luego como pudieran robar caballos para los tres. 10

No eran por entonces sólo el hambre o la sed los peligros que le aguardaban en el desierto aquel, que un tigre *cebado* andaba hacía un año siguiendo los rastros de los viajeros, y pasaban ya de ocho los que habían sido víctimas de su predilección por la carne humana. Suele ocurrir a veces en aquellos países, en que la fiera y el 15 hombre se disputan el dominio de la naturaleza, que éste cae bajo la garra sangrienta de aquélla; entonces el tigre empieza a gustar de preferencia su carne, y se llama *cebado* cuando se ha dado a este nuevo género de caza, la caza de hombres. El juez de la campaña inmediata al teatro de sus devastaciones convoca a los varones hábiles 20 para la correría, y bajo su autoridad y dirección se hace la persecución del tigre cebado, que rara vez escapa a la sentencia que lo pone fuera de la ley.

Cuando nuestro prófugo había caminado cosa de seis leguas, creyó oír bramar el tigre a lo lejos, y sus fibras se estremecieron. Es el 25 bramido del tigre un gruñido como el del cerdo, pero agrio, prolongado, estridente, y sin que haya motivo de temor, causa un sacudimiento involuntario en los nervios, como si la carne se agitara, ella sola, al anuncio de la muerte.

Algunos minutos después, el bramido se oyó más distinto y más 30 cercano; el tigre venía ya sobre el rastro, y sólo a una larga distancia se divisaba un pequeño algarrobo. Era preciso apretar el paso, correr, en fin, porque los bramidos se sucedían con más frecuencia, y el último era más distinto, más vibrante que el que le precedía.

Al fin, arrojando la montura a un lado del camino, dirigióse el 35 gaucho al árbol que había divisado, y no obstante la debilidad de su tronco, felizmente bastante elevado, pudo trepar a su copa y man-

---

[79] Travesía: "desert, badlands"; represa: "reservoir, well"; aljibe de campo: "cistern, brick well"; chifle: "canteen made of an ox horn."

tenerse en una continua oscilación, medio oculto entre el ramaje.

Desde allí pudo observar la escena que tenía lugar en el camino: el tigre marchaba a paso precipitado, oliendo el suelo, y bramando con más frecuencia a medida que sentía la proximidad de su presa. Pasa
5 adelante del punto en que aquél se había separado del camino, y pierde el rastro; el tigre se enfurece, remolinea, hasta que divisa la montura, que desgarra de un manotón esparciendo en el aire sus prendas.[80] Más irritado aún con este chasco, vuelve a buscar el rastro, encuentra al fin la dirección en que va, y levantando la vista divisa a
10 su presa, haciendo con el peso balancearse el algarrobillo, cual la frágil caña cuando las aves se posan en sus puntas.

Desde entonces ya no bramó el tigre; acercábase a saltos, y en un abrir y cerrar de ojos,[81] sus poderosas manos estaban apoyándose a dos varas del suelo sobre el delgado tronco, al que comunicaban un
15 temblor convulsivo que iba a obrar sobre los nervios del mal seguro gaucho. Intentó la fiera un salto impotente; dio vuelta en torno del árbol midiendo su altura con ojos enrojecidos por la sed de sangre, y al fin, bramando de cólera, se acostó en el suelo, batiendo sin cesar la cola, los ojos fijos en su presa, la boca entreabierta y reseca. Esta
20 escena horrible duraba ya dos horas mortales; la postura violenta del gaucho y la fascinación aterrante que ejercía sobre él la mirada sanguinaria, inmóvil, del tigre, del que por una fuerza invencible de atracción no podía apartar los ojos, habían empezado a debilitar sus fuerzas, y ya se veía próximo el momento en que su cuerpo extenuado
25 iba a caer en su ancha boca, cuando el rumor lejano de galope de caballos le dio esperanza de salvación.

En efecto, sus amigos habían visto el rastro del tigre, y corrían sin esperanza de salvarlo. El desparramo de la montura les reveló el lugar de la escena, y volar a él, desenrollar sus lazos, echarlos sobre el
30 tigre empacado[82] y ciego de furor, fue la obra de un segundo. La fiera estirada a los lazos, no pudo escapar a las puñaladas repetidas con que en venganza de su prolongada agonía le traspasó el que iba a ser su víctima. "Entonces supe lo que era tener miedo," decía el general don Juan Facundo Quiroga, contando a un grupo de oficiales
35 este suceso.

---

[80] Tradúzcase: "whirls about until he perceives the saddle trappings, which he tears apart with one blow of his paw, scattering the pieces in the air."
[81] En un abrir y cerrar de ojos: "in a twinkling of an eye, quick as a wink."
[82] Empacado: "balking."

También a él le llamaron *Tigre de los Llanos,* y no le sentaba mal esta denominación, a fe. La frenología o la anatomía comparadas han demostrado, en efecto, las relaciones que existen entre las formas exteriores y las disposiciones morales, entre la fisonomía del hombre y de algunos animales a quienes se asemeja en su carácter. Facundo, porque así le llamaron largo tiempo los pueblos del interior; el general don Facundo Quiroga, el excelentísimo brigadier general don Facundo Quiroga, todo eso vino después, cuando la sociedad lo recibió en su seno y la victoria lo hubo coronado de laureles; Facundo, pues, era de estatura baja y fornida; sus anchas espaldas sostenían sobre un cuello corto una cabeza bien formada, cubierta de pelo espesísimo, negro y ensortijado. Su cara, poco ovalada, estaba hundida en medio de un bosque de pelo, a que correspondía una barba igualmente espesa, igualmente crespa y negra, que subía hasta los pómulos, bastante pronunciados, para descubrir una voluntad firme y tenaz.

Sus ojos negros, llenos de fuego y sombreados por pobladas cejas, causaban una sensación involuntaria de terror en aquellos en quienes alguna vez llegaban a fijarse, porque Facundo no miraba nunca de frente, y por hábito, por arte, por deseo de hacerse siempre temible, tenía de ordinario la cabeza siempre inclinada, y miraba por entre las cejas, como el Alí Bajá de Monvoisin. . . .[83]

En la casa de sus huéspedes,[84] jamás se consiguió sentarlo a la mesa común; en la escuela era altivo, huraño y solitario; no se mezclaba con los demás niños sino para encabezar actos de rebelión, y para darles de golpes. El magister,[85] cansado de luchar con este carácter indomable, se provee una vez de un látigo nuevo y duro, y enseñándolo a los niños aterrados: "Éste es—les dice—para estrenarlo en Facundo." Facundo, de edad de once años, oye esta amenaza, y al día siguiente la pone a prueba. No sabe la lección, pero pide al maestro que se la tome en persona, porque el pasante le quiere mal.[86] El maestro condesciende; Facundo comete un error, comete dos, tres, cuatro; entonces el maestro hace uso del látigo; y Facundo, que todo

---

[83] El pintor francés, Raimond Monvoisin, emigró a Suramérica en 1842. En Buenos Aires hizo un retrato de Rosas. En 1843 fundó en Chile una escuela de pintura y allí pinto el "Alí Bajá."
[84] Tradúzcase: "In the boardinghouse where he lived."
[85] Maestro de escuela.
[86] Tradúzcase: "because the assistant teacher dislikes him."

lo ha calculado, hasta la debilidad de la silla en que su maestro está sentado, dale una bofetada, vuélcalo de espaldas, y entre el alboroto que esta escena suscita, toma la calle y va a esconderse en ciertos parrones de una viña, de donde no se le saca sino después de tres
5 días. ¿No es ya el caudillo que va a desafiar más tarde a la sociedad entera?...

Facundo reaparece en los Llanos, en la casa paterna. A esta época se refiere un suceso que está muy valido y del que nadie duda. Sin embargo, en uno de los manuscritos que consulto, interrogado su
10 autor sobre este mismo hecho, contesta: "Que no sabe que Quiroga haya tratado nunca de arrancar a sus padres dinero por la fuerza"; y contra la tradición constante, contra el asentimiento general, quiero atenerme a este dato contradictorio. ¡Lo contrario es horrible! Cuéntase que habiéndose negado su padre a darle una suma de
15 dinero que le pedía, acechó el momento en que padre y madre dormían la siesta, para poner aldaba[87] a la pieza donde estaban, y prender fuego al techo de pajas con que están cubiertas, por lo general, las habitaciones de los Llanos.

Pero lo que hay de averiguado es que su padre pidió una vez al
20 gobierno de La Rioja que lo prendieran para contener sus demasías, y que Facundo antes de fugarse de los Llanos fue a la ciudad de La Rioja, donde a la sazón se hallaba aquél, y cayendo de improviso sobre él le dio una bofetada diciéndole: "¿Usted me ha mandado prender? ¡Tome, mándeme prender ahora!", con lo cual montó en
25 su caballo y partió a galope para el campo. Pasado un año, preséntase de nuevo en la casa paterna, échase a los pies del anciano ultrajado, confunden ambos sus sollozos, y entre las protestas de enmienda del hijo y las reconvenciones del padre, la paz queda restablecida, aunque sobre base tan deleznable y efímera. . . .

30 Dominado por la cólera, mataba a patadas, estrellándole los sesos a N. por una disputa de juego; arrancaba ambas orejas a su querida porque le pedía una vez treinta pesos para celebrar un matrimonio consentido por él; abría a su hijo Juan la cabeza de un hachazo porque no había forma de hacerle callar; daba de bofetadas en
35 Tucumán a una linda señorita, a quien ni seducir ni forzar podía. En todos sus actos mostrábase el hombre bestia aún, sin ser por eso estúpido, y sin carecer de elevación de miras. Incapaz de hacerse

[87] Poner aldaba: "to bolt (the door)."

admirar o estimar, gustaba de ser temido; pero este gusto era exclusivo, dominante, hasta el punto de arreglar todas las acciones de su vida a producir el terror en torno suyo, sobre los pueblos como sobre los soldados, sobre la víctima que iba a ser ejecutada, como sobre su mujer y sus hijos. En la incapacidad de manejar los resortes del 5 gobierno civil, ponía el terror como expediente para suplir el patriotismo y la abnegación; ignorante, rodeándose de misterios y haciéndose impenetrable, valiéndose de una sagacidad natural, una capacidad de observación no común y de la credulidad del vulgo, fingía una presciencia de los acontecimientos, que le daba prestigio 10 y reputación entre las gentes vulgares.

Es inagotable el repertorio de anécdotas de que está llena la memoria de los pueblos con respecto a Quiroga; sus dichos, sus expedientes, tienen un sello de originalidad que le daban ciertos visos orientales, cierta tintura de sabiduría salomónica en el con- 15 cepto de la plebe.[88] ¿Qué diferencia hay, en efecto, entre aquel famoso expediente de mandar partir en dos el niño disputado, a fin de descubrir la verdadera madre, y este otro para encontrar un ladrón? Entre los individuos que formaban una compañía habíase robado un objeto, y todas las diligencias practicadas para descubrir 20 al ladrón habían sido infructuosas. Quiroga forma la tropa, hace cortar tantas varitas de igual tamaño cuantos soldados había; hace en seguida que se distribuyan a cada uno, y luego, con voz segura, dice: "Aquél cuya varita amanezca mañana más grande que las demás, ése es el ladrón." Al día siguiente fórmase de nuevo la tropa, 25 y Quiroga procede a la verificación y comparación de las varitas. Un soldado hay, empero, cuya vara aparece más corta que las otras. "¡Miserable!—le grita Facundo con voz aterrante,—tú eres! . . ." Y, en efecto, él era; su turbación lo dejaba conocer demasiado. El expediente es sencillo: el crédulo gaucho, creyendo que efectiva- 30 mente creciese su varita, le había cortado un pedazo. Pero se necesita cierta superioridad y cierto conocimiento de la naturaleza humana para valerse de estos medios.

Habíanse robado algunas prendas de la montura de un soldado, y todas las pesquisas habían sido inútiles para descubrir al ladrón. 35 Facundo hace formar la tropa y que desfile por delante de él, que

---

[88] Tradúzcase: "his sayings, his strategy have a stamp of originality which gives him a certain oriental character, a certain Solomon-like wisdom, in the opinion of the people."

está con los brazos cruzados, la mirada fija, escudriñadora, terrible. Antes ha dicho: "Yo sé quién es," con una seguridad que nada desmiente. Empiezan a desfilar, desfilan muchos, y Quiroga permanece inmóvil; es la estatua de Júpiter Tonante, es la imagen del dios
5 del Juicio Final.[89] De repente se abalanza sobre uno, lo agarra del brazo, le dice con voz breve y seca: "¿Dónde está la montura?"— "Allí, señor," contesta, señalando un bosquecillo. "Cuatro tiradores," grita entonces Quiroga. ¿Qué revelación era ésta? La del terror y la del crimen hecha ante un hombre sagaz.
10 Estaba otra vez un gaucho respondiendo a los cargos que se le hacían por un robo; Facundo le interrumpe diciendo: "Ya este pícaro está mintiendo; ¡a ver . . . , cien azotes!" Cuando el reo hubo salido, Quiroga dijo a alguno que se hallaba presente: "Vea, patrón: cuando un gaucho al hablar esté haciendo marcas con el pie, es señal
15 que está mintiendo." Con los azotes, el gaucho contó la historia como debía de ser; esto es, que se había robado una yunta de bueyes.

Necesitaba otra vez y había pedido un hombre resuelto, audaz, para confiarle una misión peligrosa. Escribía Quiroga cuando le trajeron el hombre; levanta la cara después de habérselo anunciado
20 varias veces, lo mira y dice, continuando de escribir: "¡Eh! . . . ¡Ése es un miserable; pido un hombre valiente y arrojado!" Averiguóse, en efecto, que era un patán.[90]

De estos hechos hay a centenares en la vida de Facundo, y que, al paso que descubren un hombre superior, han servido eficazmente
25 para labrarle una reputación misteriosa entre hombres groseros que llegaban a atribuirle poderes sobrenaturales.

XIII

¡BARRANCA—YACO![91]

. . . Invítase a Facundo a ir a interponer su influencia, para apagar las chispas que se han levantado en el norte de la República; nadie sino él está llamado para desempeñar esta misión de paz. Facundo

---

[89] Júpiter Tonante (que truena) o Zeus era dios de los cielos y del aire. El Juicio Final: "Last Judgment."

[90] Patán: "ignorant peasant."

[91] Lugar donde otro caudillo, Santos Pérez, asesinó a Facundo. Está a unos noventa kilómetros al norte de Córdoba, por la cual pasó y volvió Facundo en su misión de paz.

resiste, vacila; pero se decide al fin. El 18 de diciembre de 1835 sale de Buenos Aires, y al subir a la galera[92] dirige, en presencia de varios amigos, sus adioses a la ciudad. "Si salgo bien—dice, agitando la mano—te volveré a ver; si no, ¡adiós para siempre!" ¿Qué siniestros presentimientos vienen a asomar en aquel momento a su faz lívida, 5 en el ánimo de este hombre impávido? ¿No recuerda el lector algo parecido a lo que manifestaba Napoléon al partir de las Tullerías,[93] para la campaña que debía terminar en Waterloo?

Apenas ha andado media jornada, encuentra un arroyo fangoso que detiene la galera. El vecino maestre de posta acude solícito a 10 pasarla: se ponen nuevos caballos, se apuran todos los esfuerzos, y la galera no avanza. Quiroga se enfurece, y hace uncir[94] a las varas al mismo maestre de posta. La brutalidad y el terror vuelven a aparecer desde que se halla en el campo, en medio de aquella naturaleza y aquella sociedad semibárbara. Vencido aquel primer obstáculo, la 15 galera sigue cruzando la pampa, como una exhalación;[95] camina todos los días hasta las dos de la mañana, y se pone en marcha, de nuevo, a las cuatro. Acompáñanle el doctor Ortiz, su secretario, y un joven conocido, a quien a su salida, encontró inhabilitado de ir adelante, por la fractura de las ruedas de su vehículo. En cada posta 20 a que llega, hace preguntar inmediatamente: "¿A qué hora ha pasado un chasque[96] de Buenos Aires?—Hace una hora.—¡Caballos sin pérdida de momento!"—grita Quiroga. Y la marcha continúa. Para hacer más penosa la situación, parecía que las cataratas del cielo se habían abierto; durante tres días, la lluvia no cesa un momento, y el 25 camino se ha convertido en un torrente.

Al entrar en la jurisdicción de Santa Fe la inquietud de Quiroga se aumenta, y se torna en visible angustia, cuando en la posta de Pavón sabe que no hay caballos, y que el maestre de posta está ausente. El tiempo que pasa antes de procurarse nuevos tiros,[97] es 30 una agonía mortal para Facundo, que grita a cada momento:

---

92 Galera: "stagecoach."
93 Antiguo palacio de los reyes de Francia, en París. Fue quemado en 1870.
94 Media jornada: "half day's journey"; maestre de posta: "person in charge of posthouse (and relay or post horses)"; pasarla: "to get it across"; uncir a las varas: "harness to the carriage shaft."
95 Exhalación: "bolt of lightning."
96 Chasque: "special messenger."
97 Jurisdicción: "territory"; posta de Pavón: "posthouse at the River Pavón (Province of Santa Fe)"; tiros: "horses."

"¡Caballos! ¡Caballos!" Sus compañeros de viaje nada comprenden de este extraño sobresalto, asombrados de ver a este hombre, el terror de los pueblos, asustadizo ahora y lleno de temores, al parecer quiméricos. Cuando la galera logra ponerse en marcha, murmura en
5 voz baja, como si hablara consigo mismo: "Si salgo del territorio de Santa Fe, no hay cuidado por lo demás." En el paso del Río Tercero acuden los gauchos de la vecindad a ver al famoso Quiroga, y pasan la galera punto menos que[98] a hombros.

Ultimamente llega a la ciudad de Córdoba a las nueve y media
10 de la noche, y una hora después del arribo del chasque de Buenos Aires, a quien ha venido pisando desde su salida. Uno de los Reinafé[99] acude a la posta donde Facundo está aún en la galera pidiendo caballos, que no hay en aquel momento; salúdalo con respeto y efusión, suplícale que pase la noche en la ciudad donde el
15 gobierno se prepara a hospedarlo dignamente. "¡Caballos necesito!" es la breve respuesta de Quiroga; "¡Caballos!" replica a cada nueva manifestación de interés o de solicitud de parte de Reinafé, que se retira al fin humillado, y Facundo parte para su destino a las doce de la noche.

20 La ciudad de Córdoba, entretanto, estaba agitada por los más extraños rumores; los amigos del joven que ha venido por casualidad en compañía de Quiroga, y que queda en Córdoba, su patria, van en tropel a visitarlo. Se admiran de verlo vivo, y le hablan del peligro inminente de que se ha salvado. Quiroga debía ser asesinado en tal
25 punto; los asesinos son N. y N.;[100] las pistolas han sido compradas en tal almacén; han sido vistos N. y N., para encargarse de la ejecución y se han negado. Quiroga los ha sorprendido con la asombrosa rapidez de su marcha, pues no bien llega el chasque que anuncia su próximo arribo, cuando se presenta él mismo y hace abortar todos
30 los preparativos. Jamás se ha premeditado un atentado con más descaro; toda Córdoba está instruida de los más mínimos detalles del crimen que el Gobierno intenta, y la muerte de Quiroga es el asunto de todas las conversaciones.

Quiroga, en tanto, llega a su destino, arregla la diferencia entre
35 los gobernantes hostiles y regresa por Córdoba, a despecho de las

---

[98] Río Tercero (Cacaraná), tributario del Río Paraná. Punto menos: "almost."
[99] Pisando: "following closely." Los cuatro hermanos Reinafé eran líderes cordobeses tal vez asociados con Rosas para asesinar a Facundo.
[100] N. y N.: "X and Y."

reiteradas instancias de los gobernadores de Santiago y Tucumán, que le ofrecen una gruesa escolta para su custodia, aconsejándole tomar el camino de Cuyo para regresar. ¿Qué genio vengativo cierra su corazón y sus oídos y le hace obstinarse en volver a desafiar a sus enemigos, sin escolta, sin medios adecuados de defensa? ¿Por qué no 5 toma el camino de Cuyo, desentierra sus inmensos depósitos de armas a su paso por La Rioja y arma las ocho provincias que están bajo su influencia? Quiroga lo sabe todo; aviso tras aviso ha recibido en Santiago del Estero; sabe el peligro de que su diligencia lo ha salvado; sabe el nuevo y más inminente que le aguarda, porque no 10 han desistido sus enemigos del concebido designio. "¡A Córdoba!", grita a los postillones al ponerse en marcha, como si Córdoba fuese el término de su viaje.

Antes de llegar a la posta del Ojo de Agua,[101] un joven sale del bosque y se dirige hacia la galera, requiriendo al postillón que se 15 detenga. Quiroga asoma la cabeza por la portezuela y le pregunta lo que se le ofrece: "Quiero hablar con el doctor Ortiz." Desciende éste y sabe lo siguiente: "En las inmediaciones del lugar llamado Barranca-Yaco está apostado Santos Pérez con una partida; al arribo de la galera deben hacerle fuego de ambos lados, y matar en seguida 20 de postillón arriba;[102] nadie debe escapar; ésta es la orden. El joven, que ha sido en otro tiempo favorecido por el doctor Ortiz, ha venido a salvarlo; tiénele caballo allí mismo para que monte y se escape con él; su hacienda está inmediata. El secretario, asustado, pone en conocimiento de Facundo lo que acaba de saber, y le insta para que se 25 ponga en seguridad. Facundo interroga de nuevo al joven Sandivaras, le da las gracias por su buena acción, pero lo tranquiliza sobre los temores que abriga. "No ha nacido todavía—le dice con voz enérgica, —el hombre que ha de matar a Facundo Quiroga. A un grito mío, esa partida mañana se pondrá a mis órdenes y me servirá de escolta 3c hasta Córdoba. Vaya usted, amigo, sin cuidado."

Estas palabras de Quiroga, de que yo no he tenido noticia hasta este momento, explican la causa de su extraña obstinación en ir a desafiar la muerte. El orgullo y el terrorismo, los dos grandes móviles de su elevación,[103] lo llevan maniatado a la sangrienta catástrofe, que 35 debe terminar con su vida. Tiene a menos evitar el peligro y cuenta

---

[101] Aldea de la provincia de Córdoba.
[102] De postillón arriba: "everyone, beginning with the postilion."
[103] Tradúzcase: "the two great reasons for his rise."

con el terror de su nombre para hacer caer las cuchillas levantadas
sobre su cabeza. Esta explicación me la daba a mí mismo antes de
saber que sus propias palabras la habían hecho inútil.

La noche que pasaron los viajeros de la posta del Ojo de Agua es
5 de tal manera angustiosa para el infeliz secretario, que va a una
muerte cierta e inevitable, y que carece del valor y de la temeridad
que anima a Quiroga, que creo no deber omitir ninguno de sus
detalles, tanto más, cuanto que, siendo por fortuna sus pormenores
tan auténticos, sería criminal descuido no conservarlos; porque, si
10 alguna vez un hombre ha apurado todas las heces de la agonía, si
alguna vez la muerte ha debido parecer horrible, es aquella en que
un triste deber, el de acompañar a un amigo temerario, nos la impone, cuando no hay infamia ni deshonor en evitarla.

El doctor Ortiz llama aparte al maestre de posta y lo interroga
15 encarecidamente sobre lo que sabe acerca de los extraños avisos que
han recibido, asegurándole no abusar de su confianza. ¡Qué pormenores va a oír! Santos Pérez ha estado allí con su partida de treinta
hombres una hora antes de su arribo; van todos armados de tercerola
y sable; están ya apostados en el lugar designado; deben morir todos
20 los que acompañan a Quiroga; así lo ha dicho Santos Pérez al mismo
maestre de posta. Esta confirmación de la noticia recibida de antemano no altera en nada la determinación de Quiroga, que, después
de tomar una taza de chocolate, según su costumbre, se duerme profundamente.

25 El doctor Ortiz también gana[104] la cama, no para dormir, sino para
acordarse de su esposa, de sus hijos, a quienes no volverá a ver más.
Y todo ¿por qué? Por no arrostrar el enojo de un terrible amigo;
por no incurrir en la tacha de desleal.[105] A media noche, la inquietud
de la agonía le hace insoportable la cama; levántase y va a buscar a
30 su confidente:[106]—"¿Duerme, amigo?—le pregunta en voz baja.—
¡Quién ha de dormir, señor, con esta cosa tan horrible!—¿Conque no
hay duda? ¡Qué suplicio el mío!—Imagínese, señor, cómo estaré yo,
que tengo que mandar dos postillones, que deben ser muertos
también. Esto me mata. Aquí hay un niño que es sobrino del sargento
35 de la partida, y pienso mandarlo; pero el otro . . . ¿A quién mandaré?
¡a hacerlo morir inocentemente!"

---

104 Se mete en.
105 Para que no lo crean traidor.
106 El maestre de posta.

El doctor Ortiz hace un último esfuerzo para salvar su vida y la del compañero; despierta a Quiroga y le instruye de los pavorosos detalles que acaba de adquirir, significándole que él no lo acompaña si se obstina en hacerse matar inútilmente. Facundo, con gesto airado y palabras groseramente enérgicas, le hace entender que hay mayor 5 peligro en contrariarlo allí que el que le aguarda en Barranca-Yaco, y fuerza es someterse sin más réplica.[107] Quiroga manda a su asistente, que es un valiente negro, que limpie algunas armas de fuego que vienen en la galera y las cargue; a esto se reducen todas sus precauciones. 10

Llega el día, por fin, y la galera se pone en camino. Acompáñanle, a más del postillón que va en el tiro, el niño aquel, dos correos que se han reunido por casualidad y el negro, que va a caballo. Llega al punto final y dos descargas traspasan la galera por ambos lados, pero sin herir a nadie; los soldados se echan sobre ella con los sables 15 desnudos, y en un momento inutilizan los caballos y descuartizan al postillón, correos y asistente. Quiroga entonces asoma la cabeza, y hace por un momento vacilar a aquella turba. Pregunta por el comandante de la partida, le manda acercarse, y a la cuestión de Quiroga: "¿Qué significa esto?" recibe por toda contestación un 20 balazo en un ojo que le deja muerto.

Entonces Santos Pérez atraviesa repetidas veces con su espada al malaventurado, y manda, concluida la ejecución, tirar hacia el bosque la galera llena de cadáveres con los caballos hechos pedazos y el postillón que, con la cabeza abierta, se mantiene aún a caballo. 25 "¿Qué muchacho es éste?—pregunta viendo al niño de la posta, único que queda vivo.—Éste es un sobrino mío—contesta el sargento de la partida,—yo respondo de él con mi vida." Santos Pérez se acerca al sargento, le atraviesa el corazón de un balazo, y en seguida, desmontándose, toma de un brazo al niño, lo tiende en el suelo y lo 30 degüella, a pesar de sus gemidos de niño que se ve amenazado de un peligro.

Este último gemido del niño es, sin embargo, el único suplicio que martiriza a Santos Pérez. Después, huyendo de las partidas que lo persiguen, oculto en las breñas de las rocas o en los bosques en- 35 marañados,[108] el viento le trae al oído el gemido lastimero del niño.

---

[107] Tradúzcase: "it's necessary to give in without another word."

[108] Tradúzcase: "among the craggy and brambled rocks or in the thick, tangled woods."

Si a la vacilante luz de las estrellas se aventura a salir de su guarida, sus miradas inquietas se hunden en la obscuridad de los árboles sombríos, para cerciorarse de que no se divisa en ninguna parte el bultito blanquecino del niño; y cuando llega al lugar donde hacen
5 encrucijada dos caminos, lo arredra ver venir por el que él deja, al niño animando su caballo. Facundo decía también que un solo remordimiento lo aquejaba: ¡la muerte de los veintiséis oficiales fusilados en Mendoza!

¿Quién es, mientras tanto, este Santos Pérez? Es el gaucho malo de
10 la campaña de Córdoba, célebre en la sierra y en la ciudad por sus numerosas muertes, por su arrojo extraordinario y por sus aventuras inauditas. Mientras permaneció el general Paz[109] en Córdoba, acaudilló las montoneras más obstinadas e intangibles de la Sierra, y por largo tiempo el pago de Santa Catalina fue una republiqueta
15 adonde los veteranos del ejército no pudieron penetrar. Con miras más elevadas, habría sido el digno rival de Quiroga; con sus vicios, sólo alcanzó a ser su asesino. Era alto de talle, hermoso de cara, de color pálido y barba negra y rizada. Largo tiempo fue después perseguido por la justicia y nada menos que cuatrocientos hombres
20 andaban en su busca.

Al principio, los Reinafé lo llamaron, y en la casa del Gobierno fue recibido amigablemente. Al salir de la entrevista empezó a sentir una extraña descompostura de estómago, que le sugirió la idea de consultar a un médico amigo suyo, quien, informado por él de haber
25 tomado una copa de licor, le dio un elixir que le hizo arrojar oportunamente el arsénico que el licor disimulaba. Más tarde, y en lo más recio de la persecución, el comandante Casanovas,[110] su antiguo amigo, le hizo significar que tenía algo de importancia que comunicarle. Una tarde, mientras que el escuadrón de que el comandante
30 Casanovas era jefe hacía ejercicio al frente de su casa, Santos Pérez se desmonta y le dice: "Aquí estoy; ¿qué quería decirme?—¡Hombre! Santos Pérez; pase por acá; siéntese.—¡No! ¿Para qué me ha hecho llamar?" El comandante, sorprendido así, vacila y no sabe qué decir en el momento. Su astuto y osado interlocutor lo comprende, y arro-
35 jándole una mirada de desdén y volviéndole la espalda, le dice: "¡Estaba seguro de que quería agarrarme por traición! ¡He venido

---

109 José María Paz (1787-1857), jefe de los Unitarios y enemigo de Rosas.
110 El comandante encargado de prender a los asesinos de Facundo.

para convencerme, no más!" Cuando se dio orden al escuadrón de perseguirlo, Santos había desaparecido. Al fin, una noche lo tomaron dentro de la ciudad de Córdoba, por una venganza femenil.

Había dado de golpes a la querida con quien dormía; ésta, sintiéndolo profundamente dormido, se levanta con precaución, le 5 toma las pistolas y el sable, sale a la calle y lo denuncia a una patrulla. Cuando despierta, rodeado de fusiles apuntados a su pecho, echa mano a las pistolas, y, no encontrándolas: "Estoy perdido— dice con serenidad.—¡Me han quitado las pistolas!" El día que lo entraron en Buenos Aires, una muchedumbre inmensa se había 10 reunido en la puerta de la casa del Gobierno.

A su vista gritaba el populacho: "¡Muera Santos Pérez!", y él, meneando desdeñosamente la cabeza y paseando sus miradas por aquella multitud, murmuraba tan sólo estas palabras: "¡Tuviera aquí mi cuchillo!" Al bajar del carro que lo conducía a la cárcel, 15 gritó repetidas veces: "¡Muera el tirano!" y al encaminarse al patíbulo, su talla gigantesca, como la de Dantón,[111] dominaba la muchedumbre, y sus miradas se fijaban de vez en cuando en el cadalso como en un andamio de arquitectos.

El Gobierno de Buenos Aires dio un aparato[112] solemne a la 20 ejecución de los asesinos de Juan Facundo Quiroga; la galera ensangrentada y acribillada de balazos estuvo largo tiempo expuesta a examen del pueblo, y el retrato de Quiroga, como la vista del patíbulo y de los ajusticiados, fueron litografiados y distribuidos por millares, como también extractos del proceso, que se dio a luz en un 25 volumen en folio. La Historia imparcial espera todavía datos y revelaciones para señalar con su dedo al instigador de los asesinos.[113]

RECUERDOS DE PROVINCIA
(1850)
LA HISTORIA DE MI MADRE

Siento una opresión de corazón al estampar los hechos de que voy a ocuparme. La madre es para el hombre la personificación de la

---

[111] Georges-Jacques Danton (1759–94), líder de la revolución francesa, por fin ejecutado por Robespierre.
[112] Aparato: "pomp, ceremony."
[113] Se implica que el instigador fue Rosas.

Providencia, es la tierra viviente a que adhiere el corazón, como las raíces al suelo. Todos los que escriben de su familia hablan de su madre con ternura. . . . No todas las madres se prestan a dejar en un libro esculpida su imagen. La mía, empero, Dios lo sabe, es digna de
5 los honores de la apoteosis, y no hubiera escrito estas páginas si no me diese para ello aliento el deseo de hacer en los últimos años de su trabajada vida esta vindicación contra las injusticias de la suerte. ¡Pobre mi madre! . . .

Por fortuna téngola aquí a mi lado y ella me instruye de cosas de
10 otros tiempos ignoradas por mí, olvidadas de todos. ¡A los setenta y seis años de edad mi madre ha atravesado la cordillera de los Andes para despedirse de su hijo antes de descender a la tumba! Esto sólo bastaría a dar una idea de la energía moral de su carácter. Cada familia es un poema, ha dicho Lamartine,[114] y el de la mía es
15 triste, luminoso y útil, como aquellos lejanos faroles de papel de las aldeas, que con su apagada luz enseñan, sin embargo, el camino a los que vagan por los campos. Mi madre, en su avanzada edad, conserva apenas rastros de una beldad severa y modesta. Su estatura elevada, sus formas acentuadas y huesosas, apareciendo muy marcados
20 en su fisonomía los juanetes,[115] señal de decisión y de energía: he aquí todo lo que de su exterior merece citarse, si no es su frente llena de desigualdades protuberantes, como es raro en su sexo.

Sabía leer y escribir en su juventud, habiendo perdido por el desuso esta última facultad cuando era anciana. Su inteligencia es
25 poco cultivada, o más bien destituida de todo ornato, si bien tan clara que en una clase de gramática que yo hacía a mis hermanas ella, de sólo escuchar, mientras por la noche escarmenaba su vellón de lana,[116] resolvía todas las dificultades que a sus hijas dejaban paradas,[117] dando las definiciones de nombres y verbos, los tiempos,
30 y más tarde los accidentes de la oración, con una sagacidad y exactitud raras.

Aparte de esto, su alma, su conciencia, estaban educadas con una elevación que la más alta ciencia no podría por sí sola producir jamás. Yo he podido estudiar esta rara beldad moral, viéndola obrar
35 en circunstancias tan difíciles, tan reiteradas y diversas, sin desmen-

---

114 Alphonse de Lamartine (1790–1869), poeta francés del período romántico.
115 Pómulos.
116 Tradúzcase: "carded the wool."
117 Paradas: "stumped."

tirse nunca, sin flaquear ni contemporizar, en circunstancias que
para otros habrían santificado[118] las concesiones hechas a la vida....
Alguna vez mis hermanitas solían decir a mi madre: "Recemos el
rosario." Y ella les respondía: "Esta noche no tengo disposición;
estoy fatigada." Otra vez decía ella: "¡Recemos, niñitas, el rosario, 5
que tengo tanta necesidad!" Y convocando la familia entera, hacía
coro a una plegaria llena de unción, de fervor, verdadera oración
dirigida a Dios, emanación de lo más puro de su alma, que se de-
rramaba en acción de gracias por los cortísimos favores que le dis-
pensaba, porque fue siempre parca la munificencia divina con ella. 10
... No conozco alma más religiosa y, sin embargo, no vi entre las
mujeres cristianas otra más desprendida de las prácticas del culto.[119]
Confiésase tres veces en el año, y frecuentara menos las iglesias si no
necesitara el domingo cumplir con el precepto, el sábado ir a conversar con la virgen, y el lunes encomendar a Dios las almas de sus 15
parientes y amigos....
La posición social de mi madre estaba tristemente marcada por la
menguada herencia que había alcanzado hasta ella. Don Cornelio
Albarracín, poseedor de la mitad del valle de Zonda y de tropas de
carretas y de mulas, dejó después de doce años de cama la pobreza 20
para repartirse entre quince hijos, y algunos solares de terrenos
despoblados. En 1801 doña Paula Albarracín, su hija, joven de
veintitrés años, emprendía una obra superior, no tanto a las fuerzas
cuanto a la concepción de una niña soltera.[120] Había habido en el
año anterior una gran escasez de anascotes,[121] género de mucho 25
consumo para el hábito de las diversas órdenes religiosas, y del
producto de sus tejidos había reunido mi madre una pequeña suma
de dinero. Con ella y dos esclavos de sus tías Irarrazables echó los
cimientos de la casa,[122] que debía ocupar en el mundo al formar una
nueva familia. Como aquellos escasos materiales eran pocos para 30
obra tan costosa, debajo de una de las higueras que había heredado
en su sitio estableció su telar; y desde allí, yendo y viniendo la
lanzadera,[123] asistía a los peones y maestros que edificaban la casita,

---

[118] Santificado: "justified."
[119] Prácticas del culto: "ritual, religious exercises."
[120] Es decir, no superior a su capacidad, pero que no era normal en una chica soltera.
[121] Anascote: "wool material, serge."
[122] Tradúzcase: "she laid the foundation of the house."
[123] Tradúzcase: "the shuttle weaving back and forth."

y el sábado, vendida la tela hecha en la semana, pagaba a los artífices con el fruto de su trabajo. En aquellos tiempos una mujer industriosa, y lo eran todas, aun aquellas nacidas y creadas en la opulencia, podía contar consigo misma para subvenir a sus necesidades. El
5 comercio no había avanzado sus facturas hasta lo interior de las tierras de la América, ni la fabricación europea había abaratado tanto la producción como hoy....

Con estos elementos la noble obrera se asoció en matrimonio, a poco de terminada su casa, con don José Clemente Sarmiento, mi
10 padre, joven apuesto, de una familia que también decaía como la suya; y le trajo en dote la cadena de privaciones y miserias en que pasó largos años de su vida. Era mi padre un hombre dotado de mil calidades buenas, que desmejoraban otras que, sin ser malas, obraban en sentido opuesto. Como mi madre, había sido educado
15 en los rudos trabajos de la época; peón en la hacienda paterna de la *Bebida,* arriero en la tropa, lindo de cara y con una irresistible pasión por los placeres de la juventud, carecía de aquella constancia maquinal que funda las fortunas; y tenía, con las nuevas ideas venidas con la revolución, un odio invencible por el trabajo material,
20 ininteligente y rudo en que se había criado. Le oí decir una vez al presbítero Torres, hablando de mí: "¡Oh, no!; mi hijo no tomará jamás en sus manos una azada!" Y la educación que me daba mostraba que era ésta una idea fija nacida de resabios profundos de su espíritu. En el seno de la pobreza, criéme hidalgo, y mis manos no
25 hicieron otra fuerza que la que requerían mis juegos y pasatiempos. Tenía mi padre encogida una mano por un callo que había adquirido en el trabajo; la revolución de la independencia sobrevino, y su imaginación, fácil de ceder a la excitación del entusiasmo, le hizo malograr en servicios prestados a la patria las pequeñas adquisiciones
30 que iba haciendo....

Mi padre pasó toda su vida en comienzos de especulaciones, cuyos proventos se disipaban en momentos mal aconsejados; trabajaba con tesón y caía en el desaliento; volvía a ensayar sus fuerzas, y se estrellaba contra algún desencanto, disipando su energía en viajes
35 largos a otras provincias, hasta que llegado yo a la virilidad, siguió desde entonces en los campamentos, en el destierro o las emigraciones, la suerte de su hijo, como un ángel de guarda para apartar si era posible los peligros que podían amenazarle.

Por aquella mala suerte de mi padre y falta de plan seguido en sus acciones, el sostén de la familia recayó desde los principios del matrimonio sobre los hombros de mi madre, concurriendo mi padre solamente en las épocas de trabajo fructuoso con accidentales auxilios. Y bajo la presión de la necesidad en que nos criamos vi lucir 5 aquella ecuanimidad de espíritu de la pobre mujer, aquella resignación armada de todos los medios industriales[124] que poseía, y aquella confianza en la Providencia que era sólo el último recurso de su alma enérgica contra el desaliento y la desesperación. Sobrevenían inviernos que ya el otoño presagiaba amenazadores por la escasa provi- 10 sión de miniestras[125] y frutas secas que encerraba la despensa, y aquel piloto de la desmantelada nave se aprestaba con solemne tranquilidad a hacer frente a la borrasca. Llegaba el día de la destitución de todo recurso, y su alma se endurecía por la resignación, por el trabajo asiduo, contra aquella prueba. Tenía parientes ricos, los curas de 15 dos parroquias eran sus hermanos, y estos hermanos ignoraban sus angustias. Habría sido derogar a la santidad de la pobreza combatida por el trabajo, mitigarla por la intervención ajena; habría sido para ella pedir cuartel en estos combates a muerte con su mala estrella. . . .

[124] Industriales: "ingenious."
[125] Legumbres secas.

José Mármol

(1817-71)

Nacido en Buenos Aires de familia acomodada, José Mármol estudió jurisprudencia, carrera que nunca terminó. Desde muy joven se relacionó con las grandes figuras del liberalismo argentino como Echeverría y Sarmiento, ligándose a las actividades de la sociedad secreta Asociación de Mayo. En 1839 fue encarcelado por su participación en un movimiento subversivo contra Rosas. Sólo seis días, al parecer, estuvo en prisión: lo suficiente para que se enconase su odio al dictador y escribiese en las paredes de la celda los primeros versos:

> Muestra a mis ojos espantosa muerte,
> mis miembros todos en cadena pon.
> ¡Bárbaro!, nunca matarás el alma
> ni pondrás grillos a mi mente, no.

Huyó después como otros muchos a Montevideo, donde llevó una intensa vida periodística. De 1843 a 1845, mientras el caudillo gaucho apretaba el cerco a la capital del Uruguay, residió en el Brasil. Quiso pasar a Chile, pero una tempestad puso su barco de nuevo en Montevideo. Aquí permaneció hasta 1852, año en que regresó a Buenos Aires, libre ya de la ominosa tiranía. Ocupó importantes puestos públicos como los de diputado y senador, nombrándosele en 1858 Director de la Biblioteca Pública.

Mármol encarnó ejemplarmente al romántico idealista y puro. Abrazó con entusiasmo las creencias liberales de la justicia social y la libertad política. Toda su vida, toda su obra fueron un esfuerzo magnífico, una lucha sin desánimo para que esta justicia y libertad se realizasen en su país. Por otro lado, como Byron, Zorrilla, Espronceda, a los que admiraba, dejó desbordar su "yo" apasionadamente a través de un estilo efectista y declamatorio.

Su producción poética fue recogida en dos tomos: *Cantos del peregrino* (1847), escrito durante el fracasado viaje a Chile, y *Armonías* (1851). El primero, inspirado en el *Childe Harold's Pilgrimage* de Byron, consta de doce cantos y tiene como protagonista a Carlos, evidente trasunto del autor. Ha sido llamado acertadamente el libro de los proscritos, pues fue en efecto fruto del destierro, de la añoranza de la patria tan próxima, pero prohibida. Mármol cantó en él su melancolía, sus desilusiones, sus pesares o el esplendor del paisaje americano en cuya contemplación encontró el deseado consuelo. Poesía eminentemente descriptiva y sonora, alcanza sus mejores logros en composiciones como "A América," "Al trópico," "A la noche."

Armonías revela al poeta cívico que valora hechos como el descubrimiento del continente en su excelente poema "A Colón" o que, firme creyente en el progreso de América, defiende los grandes supuestos de la Independencia y se afana por mantenerlos vivos en la conciencia de su pueblo. Aquí se contienen también sus arrebatadas invectivas contra Rosas, llenas de un brío y un odio que no han vuelto a aparecer en las letras hispanoamericanas.

Estando en Montevideo, estrenó dos obras de teatro de escaso mérito artístico. *El cruzado* (1851) es un drama histórico con todos los tópicos del asunto: amor imposible entre un caballero cristiano y una bella sarracena, enmascarados, venenos y escenas nocturnas. *El poeta* (1842) es una tragedia sentimental sobre otro de los manidos temas románticos: el suicidio de una pareja de novios que no obtienen de los padres el permiso para casarse.

La obra capital de Mármol, que le ha granjeado un puesto definitivo en la historia literaria de Hispanoamérica, es su novela *Amalia,* publicada parcialmente en Montevideo en 1851 y completa en Buenos Aires en 1855. Aunque con innegables influencias técnicas de Walter Scott, no se la puede incluir en la narrativa de tipo histórico, a menos que se tome este término en sentido muy amplio. Se trata más bien de una obra documental en la que el autor ha querido dejar un violento testimonio de las brutalidades de Rosas. No recompone un pasado sino que describe un presente inmediato.

Está construida sobre una trama sentimental muy romántica, los trágicos amores del conspirador Eduardo Belgrano y la joven viuda Amalia. Bajo la promesa de facilitarles la fuga a Montevideo, un mazorquero ha atraído a Eduardo y sus amigos a una trampa, de la que sólo aquél escapa con vida. Perseguido por la policía, se esconde en casa de su prima Amalia. Entre los dos nace inmediatamente un amor apasionado. Pero Rosas no descansa: lo caza implacablemente, utilizando delatores y las indignas mañas de su cuñada María Josefa Ezcurra. Descubierto al fin, es asesinado brutalmente en la casa de Amalia, con la que acababa de casarse.

Lo relevante no es propiamente el argumento sino la minuciosa reconstrucción del ambiente bonaerense en la época rosista. El tirano aparece como hombre arbitrario, cruel y sediento de sangre, aunque no se le niega su evidente talento político. Se rodea de gentes sin dignidad, vendidas a él por ambición o miedo como Cuitiño, el jefe de la mazorca, o el sacerdote renegado Viguá. La sociedad se ha dividido en dos grupos: asesinos y víctimas. El terror lo invade todo y la delación ha minado toda seguridad y confianza. Los liberales emigrados se han llevado consigo la cultura y el buen gusto; las clases sociales bajas los han reemplazado con la barbarie, la grosería y la zafiedad. Mármol ha captado este ambiente magníficamente en escenas llenas de color y fuerza dramática.

Por otro lado existe en la obra un detenido análisis de las causas de tal situación, que perjudica sin duda su mérito artístico, pero que le comunica un verdadero tono de interés social. Rosas se ofrece como el producto lógico del régimen colonial y de la actitud utópica de los padres de la patria: era absurdo pretender pasar del absolutismo y la ignorancia a un sistema de libertades democráticas. El pueblo escogió la tiranía porque estaba acostumbrado a ella. Se presenta el problema social como el más agudo de Suramérica. Mármol insiste en que sólo la educación de los de abajo y la limitación de privilegios de los de arriba pueden prevenir el malestar popular que da origen a las dictaduras proletarias. La actualidad de tales ideas resulta asombrosa.

El estilo de *Amalia* oscila entre el romanticismo y el realismo. Románticos son la concepción apasionada del amor, la descripción de los personajes más como arquetipos que como individuos, el entusiasmo por la naturaleza y el empleo de adjetivos, imágenes y recursos retóricos efectistas. El realismo, en cambio, se manifiesta en la precisión de los datos que lleva incluso a la incorporación de documentos auténticos y en la reconstrucción fiel del ambiente. Existe, además, una veta humorística lograda mediante situaciones, diálogos y tipos cómicos, que rebaja la tensión trágica de la novela.

AMALIA
(1851, 1855)

TERCERA PARTE

VI

DOÑA MARÍA JOSEFA EZCURRA[1]

Después del cuadro político que acaba de leerse, y que la necesidad de dejar dibujada a grandes rasgos la época en que pasan los acontecimientos de esta historia, con sus hombres, sus vicios y sus virtudes, nos obligó a delinear y a distraer a nuestros lectores, separándolos un momento de nuestros personajes conocidos,[2] justo es volvamos ahora en busca de ellos, retrocediendo algunos días, hasta volver a encontrarnos con aquél de que nos separamos ya.

El lector querrá acompañarnos a una casa, donde ha entrado otra vez, en la calle del Restaurador; y por cierto que habrá de encontrar allí escenas de las que la imaginación duda y de las que la historia responde.

La cuñada de Su Excelencia el Restaurador de las Leyes,[3] estaba de audiencia, en su alcoba; y la sala contigua, con su hermoso esparto blanco con pintas negras, estaba sirviendo de galería de recepción, cuajada por los memorialistas de aquel día.[4]

Una mulata vieja, y de cuya limpieza no podría decirse lo mismo que del ama, por cuanto es necesario siempre decir que las amas visten con más aseo que las criadas, aun cuando la regla pueda sufrir

---

[1] Para trazar un panorama completo de la época rosista, Mármol ha dedicado varios capítulos a describir la familia del dictador Juan Manuel Rosas (1793-1877). María Josefa Ezcurra era su cuñada y llevó a cabo un excelente trabajo de espionaje en su favor. En *Amalia* será ella la que logra descubrir el escondrijo del protagonista, Eduardo Belgrano, que pasa por sobrino del general Manuel Belgrano (1770-1820).

[2] Estas digresiones son muy frecuentes en *Amalia* y sirven para hacer consideraciones políticas o sociales.

[3] Es el título que dio a Rosas el Congreso de Buenos Aires.

[4] Tradúzcase: "was giving audience in her bedroom, and the parlor adjacent, with its beautiful black and white carpet, served as a reception hall, crowded with the petitioners of the day." Memorialista es la persona que, por escrito o verbalmente, informa de algo o pide un favor alegando ciertos méritos.

alguna excepción, hacía las veces de edecán de servicio, de maestro de ceremonias y de paje de introducción.[5] De pie en la puerta que daba a la alcoba, tenía asido con una mano el picaporte, en señal de que allí no se entraba sin su co-
5 rrespondiente beneplácito, y con la otra recibía los cobres[6] o los billetes que, según su clase, le daban los que a ella se acercaban en solicitud de obtener la preferencia de entrar de los primeros a hablar con la señora doña María Josefa de Ezcurra. Y jamás audiencia alguna fue compuesta y matizada de tantas jerarquías, de tan varios
10 colores, de tan distintas razas.

Estaban allí, reunidos y mezclados, el negro mulato, el indio y el blanco, la clase abyecta y la clase media, el pícaro y el bueno, revuel-tos también entre pasiones, hábitos, preocupaciones y esperanzas diferentes.

15 El uno era arrastrado allí por el temor, el otro por el odio; uno por la relajación, otro por una esperanza y otros, en fin, por la desespera-ción de no encontrar a quién ni a dónde recurrir en busca de una noticia, o de una esperanza sobre la suerte de alguien, caído en des-gracia de Su Excelencia. Pero el edecán de aquella emperatriz de
20 nuevo género, si no es en nosotros una profanación escandalosa apli-car ese cesáreo nombre a doña María Josefa, tenía fija en la memoria su consigna, y cuando salía de la alcoba la persona a quien hiciera entrar, elegía otra de las que allí estaban, siguiendo las instrucciones de su ama, sin cuidarse mucho de las súplicas de unos, ni de las
25 reclamaciones de otros, que habían puesto en su mano alguna cosa para conquistar la prioridad en la audiencia; y era de notar que, precisamente, la audiencia no se daba a aquellos que la solicitaban, sino a los que nada decían ni pedían, por cuanto estos últimos habían sido mandados llamar por la señora, en tanto que los otros
30 venían en solicitud de alguna cosa.

El pestillo de la puerta fue movido por la parte interior, y en el acto la mulata vieja abrió la puerta y dio salida a una negrilla como de diez y seis a diez y ocho años, que atravesó la sala tan erguida como podría hacerlo una dama de palacio que saliese de recibir las
35 primeras sonrisas de su soberana en los secretos de su tocador.

---

[5] Tradúzcase: "was acting as aide-de-camp, master of ceremonies, and usher.
[6] Beneplácito: "consent, permission." Cobres son monedas fabricadas de tal metal.

Inmediatamente, la mulata hizo señas a un hombre blanco, vestido de chaqueta y pantalón azules, chaleco colorado, que estaba contra una de las ventanas de la sala, con su gorra de paño en la mano. Ese hombre pasó lentamente por en medio de la multitud, se acercó a la mulata, habló con ella, y entró en la alcoba, cuya puerta 5 se cerró tras él.

Doña María Josefa Ezcurra estaba sentada en un pequeño sofá de la India, al lado de su cama, tapada con un gran pañuelo de merino blanco con guardas punzó,[7] y tomaba un mate de leche[8] que le servía y traía por las piezas interiores una negrita joven. 10

—Entre, paisano; siéntese—dijo al hombre de la gorra de paño, que se sentó, todo embarazado, en una silla de madera de las que estaban frente al sofá de la India.

—¿Toma mate amargo o dulce?

—Como, a Usía le parezca[9]—contestó aquél, sentado en el borde 15 de la silla, dando vuelta a su gorra entre las manos.

—No me diga "Usía." Tráteme como quiera, no más.[10] Ahora todos somos iguales. Ya se acabó el tiempo de los salvajes unitarios,[11] en que el pobre tenía que andar dando títulos al que tenía un frac o un sombrero, nuevo. Ahora todos somos iguales, porque todos 20 somos federales. ¿Y sirve ahora, paisano?

—No, señora. Hace cinco años que el general . . . me hizo dar de baja por enfermo,[12] y después que sané, trabajo de cochero. . . .

—Pues ahora, Juan Manuel va a llamar a servicio a todo el mundo.

—Así he oído decir; sí, señora. 25

—Dicen que va a invadir Lavalle,[13] y es preciso que todos defiendan la Federación, porque todos son sus hijos. Juan Manuel ha de ser el primero que ha de montar a caballo, porque él es el padre de todos los buenos defensores de la Federación. Pero se han de hacer excepciones en el servicio, porque no es justo que vayan a las fatigas 30

---

[7] Tradúzcase: "a small bamboo sofa beside her bed; around her head was a large scarf of white cashmere with bright red trimming." El rojo era el color de Rosas y los Federales.

[8] Mate: "maté, South American tea." También el receptáculo en que se sirve.

[9] Tradúzcase: "As you like."

[10] Tradúzcase: "Just address me as you please (with formal or familiar forms)."

[11] Salvajes unitarios, enemigos de Rosas y sus Federales.

[12] Tradúzcase: "relieved me of military service because of illness."

[13] Juan Lavalle (1797–1841), general que se destacó en la guerra de la independencia y asumió el mando del ejército unitario frente a Rosas.

de la guerra los que pueden prestar a la causa servicios de otro género.

—¡Pues!

—Yo tengo una lista de más de cincuenta a quienes he de hacer
5 que les den papeletas de excepción por los servicios que están prestando. Porque ha de saber, paisano, que los verdaderos servidores de la causa son los que descrubren las intrigas y los manejos de los salvajes unitarios de aquí dentro,[14] que son los peores; ¿no es verdad?

—Así dicen, señora—contestó el soldado retirado, volviendo el
10 mate a la negrita que lo servía.

—Son los peores, no tenga duda. Por ellos, por sus intrigas, no tenemos paz, y los hombres no pueden trabajar y vivir con sus familias, que es lo que quiere Juan Manuel; ¿no le parece que ésta es la verdadera Federación?

15   —¡Pues no, señora![15]

—Vivir sin que nadie los incomode para el servicio.

—Pues.

—Y ser todos iguales, los pobres como los ricos, eso es Federación, ¿no es verdad?

20   —Sí, señora.

—Pues eso no lo quieren los salvajes unitarios; y por eso, todo el que descubre sus manejos es un verdadero federal, y tiene siempre abierta la casa de Juan Manuel y la mía para poder entrar y pedir lo que le haga falta; porque Juan Manuel no niega nada a los que
25 sirven a la patria, que es la Federación; ¿entiende, paisano?

—Sí, señora, y yo siempre he sido federal.

—Ya lo sé, y Juan Manuel también lo sabe; y por eso lo he hecho venir, segura de que no me ha de ocultar la verdad, si sabe alguna cosa que pueda ser útil a la causa.

30   —¿Y yo qué he de saber, señora, si yo vivo entre federales nada más?

—¡Quién sabe! Ustedes los hombres de bien se dejan engañar con mucha facilidad. Dígame ¿dónde ha servido últimamente?

—Ahora estoy conchabado en la cochería del Inglés.[16]

---

[14] Es decir, los Unitarios en Buenos Aires.

[15] Es decir, claro que sí.

[16] Tradúzcase: "I am now employed in the coach house of the Englishman." Referencia al ministro de Inglaterra en la Argentina. Defendió con habilidad los intereses británicos junto a Rosas.

—Ya lo sé ¿pero antes de entrar en ella, dónde servía?

—Servía en Barracas,[17] en casa de una señora viuda.

—¿Que se llama doña Amalia, no es verdad?

—Sí, señora.

—¡Oh, si por aquí todo lo sabemos, paisano! ¡Pobre del que 5
quiera engañar a Juan Manuel o a mí!—dijo doña María Josefa,
clavando sus ojitos de víbora en la fisonomía del pobre hombre, que
estaba en ascuas[18] sin saber qué era lo que le iban a preguntar.

—Por supuesto—contestó.

—¿En qué tiempo entró usted a servir en esa casa? 10

—Por el mes de noviembre del año pasado.

—¿Y salió usted de ella?

—En mayo de este año, señora.

—En mayo ¿eh?

—Sí, señora. 15

—¿En qué día, lo recuerda?

—Sí, señora; salí el 5 de mayo.

—¿El 5 de mayo, eh?—dijo la vieja moviendo la cabeza, y marcando palabra por palabra.

—Sí, señora. 20

—El 5 de mayo . . . ¿Conque ese día? ¿Y por qué salió usted de esa
casa?

—Me dijo la señora que pensaba economizar un poco sus gastos,
y que por eso me despedía, lo mismo que al cocinero, que era un
mozo español . . . Pero, antes de despedirnos nos dio una onza de oro 25
a cada uno, diciéndonos que tal vez más adelante nos volvería a
llamar, y que recurriésemos a ella siempre que tuviéramos alguna
necesidad.

—¡Qué señora tan buena; quería hacer economías y regalaba onzas
de oro!—dijo doña María Josefa con el acento más socarrón posible. 30

—Sí, señora; doña Amalia es la señora más buena que yo he
conocido, mejorando lo presente.[19]

Doña María Josefa no oyó estas palabras; su espíritu estaba en
tirada conversación[20] con el diablo.

---

[17] Barrio de Buenos Aires, que en la época descrita por Mármol estaba muy
poco poblado.
[18] Tradúzcase: "who was on pins and needles."
[19] Tradúzcase: "present company excepted."
[20] Tradúzcase: "in intimate conversation."

—Dígame, paisano—dijo de repente—¿a qué hora lo despidió doña Amalia?

—De las siete a las ocho de la mañana.

—¿Y ella se levantaba a esas horas siempre?

5   —No, señora; ella tiene la costumbre de levantarse muy tarde.

—¿Tarde, eh?

—Sí, señora.

—¿Y usted vio alguna novedad en la casa?

—No, señora, ninguna.

10 —¿Y sintió usted algo en la noche?

—No, señora, nada.

—¿Qué criados quedaron con ella cuando usted y el cocinero salieron?

—Quedó don Pedro.

15 —¿Quién es ése?

—Es un soldado viejo que sirvió en las guerras pasadas, y que ha visto nacer a la señora.

—¿Quién más?

—Una criada que trajo la señora de Tucumán,[21] una niña, y dos 20 negros viejos que cuidan de la quinta.

—Muy bien: en todo eso me ha dicho usted la verdad; pero, cuidado, mire usted que le voy a preguntar una cosa que importa mucho a la Federación y a Juan Manuel ¿ha oído?

—Yo siempre digo la verdad, señora—contestó el paisano, bajando 25 los ojos, que no pudieron resistir la mirada encapotada y dura con que acompañó doña María Josefa sus últimas palabras.

—Vamos a ver; en los cinco meses que usted estuvo en casa de doña Amalia ¿qué hombres entraban de visita todas las noches?

—Ninguno, señora.

30 —¿Cómo ninguno?

—Ninguno, señora. En los meses que he estado, no he visto entrar a nadie de visita de noche.

—¿Y estaba usted en la casa a esas horas?

—No salía de casa, porque muchas noches, si había luna, engan- 35 chaba los caballos y llevaba a la señora a la Boca, donde se bajaba a pasear a orillas del Riachuelo.[22]

---

21 Provincia argentina, donde había nacido Amalia.
22 La Boca, barrio de Buenos Aires, próximo a Barracas. Riachuelo, río pequeño que pasa por Buenos Aires y desemboca en el Plata.

—¿A pasear? ¡Qué señora tan paseandera![23]

—Sí, señora, llevaba la niña doña Luisa y paseaba con ella sola.

—¡La niña doña Luisa! ¿Y la cuida mucho a esa niña doña Luisa?

—Sí, señora, como si fuera de la familia.

—¿Será de la familia, pues?   5

—No; señora, no es nada de ella.

—No; pues las malas lenguas dicen que es su hija.

—¡Jesús, señora! Si doña Amalia es muy moza, y la niña tiene doce años.

—Muy moza ¿eh? ¿Y cuántos años tiene?   10

—Ha de tener de veintidós a veinticuatro años.

—¡Pobrecita! Fuera de los que mamó y anduvo a gatas.[24] Bien ¿y con quién decía usted que paseaba?

—Sola con la niña.

—Con ella sola ¿eh? ¿Y a nadie encontraba por allí?   15

—A nadie, señora.

—Y las noches que no paseaba ¿no recibía visitas?

—No, señora; no iba nadie.

—¿Estaría rezando?

—Yo no sé, señora, pero en casa no entraba nadie—respondió el   20
antiguo cochero de Amalia, que, a pesar de toda vocación por la
santa causa, estaba comprendiendo que se trataba de algo relativo a
la honradez o a la seguridad de Amalia, y se estaba disgustando de
que lo creyesen capaz de querer comprometerla, por cuanto él estaba
persuadido de que en el mundo no había una mujer más buena ni   25
generosa que ella.

Doña María Josefa reflexionó un rato.

—Esto echa por tierra[25] todos mis cálculos—se dijo a sí misma—.
Y dígame usted ¿de día tampoco entraba nadie?—preguntó.

—Solían ir algunas señoras, una que otra vez.   30

—No, de hombres le pregunto a usted.

—Solía ir el señor Daniel,[26] un primo de la señora.

—¿Todos los días?

---

[23] Paseandero: "fond of walking."

[24] Expresión vulgar para indicar que alguien se quita años. A gatas: "on all fours."

[25] Tradúzcase: "This destroys . . ."

[26] Daniel ocupa un lugar prominente en la novela como protector de Eduardo Belgrano y otros Unitarios.

—No, señora, una o dos veces por semana.

—¿Y despúes que ha salido usted de la casa ha vuelto a ver a la señora?

—He ido tres o cuatro veces.

5 —Vamos a ver: cuando usted ha ido ¿a quién ha visto en ella, además de la señora?

—A nadie.

—A nadie ¿eh?

—No, señora.

10 —¿No había algún enfermo en la casa?

—No, señora, todos estaban buenos.

Doña María Josefa reflexionaba.

—Bueno, paisano; Juan Manuel tenía algunos informes sobre algo de esa casa; pero yo le diré cuanto usted me ha dicho, y si es la ver-
15 dad, usted le habrá hecho un servicio a la señora; pero si usted me ha ocultado algo, ya sabe lo que es Juan Manuel con los que no sirven a la Federación.

—Yo soy federal, señora; yo siempre digo la verdad.

—Así lo creo: puede retirarse no más.

20 Inmediatamente a la salida del ex-cochero de Amalia, doña María Josefa llamó a la mulata de la puerta y le dijo:

—¿Está ahí la muchacha que vino ayer de Barracas?

—Está, sí, señora.

—Que entre.

25 Un minuto después entró en la alcoba una negrilla de diez y ocho a veinte años, rotosa y sucia.[27]

Doña María Josefa la miró un rato, y le dijo:

—Tú no me has dicho la verdad: en casa de la señora que has denunciado no vive hombre ninguno, ni ha habido enfermos.

30 —Sí, señora, yo le juro a Su Merced que he dicho la verdad. Yo sirvo en la pulpería que está en la acera de la casa de esa unitaria; y de los fondos de casa, yo he visto muchas mañanas un mozo que nunca usa divisa[28] y que anda por la quinta de la unitaria cortando flores. Después yo los he visto, a él y a ella, pasear del brazo en la
35 quinta muchas veces; y a la tarde suelen ir a sentarse bajo de un sauce muy grande que hay en la quinta, y allí les llevan café.

—¿Y de dónde ves eso, tú?

[27] Tradúzcase: "dressed in rags and dirty."
[28] La insignia de los Federales que era una prenda de color rojo.

—Los fondos de casa dan a los de la casa de la unitaria, y yo los suelo ir a espiar de atrás del cerco, porque les tengo rabia.

—¿Por qué?

—Porque son unitarios.

—¿Cómo lo sabes? 5

—Porque cuando pasa doña Amalia por la pulpería nunca saluda al patrón, ni a la patrona, ni a mí; porque los criados de ella nunca van a comprar nada a casa, cuando ellos saben que el patrón y todos nosotros somos federales; y porque la he visto muchas veces andar con vestido celeste[29] por la quinta. Y cuando vi estas noches que el 10 ordenanza del señor Mariño,[30] y otros dos más, andaban rondando la casa, y tomando informes en la pulpería, yo vine a contarle a Su Merced lo que sabía, porque soy buena federal. Es unitaria, sí, señora.

—¿Y qué más sabes de ella, para decir que es unitaria? 15

—¿Qué más sé?

—Sí ¿qué más sabes?

—Mire, Su Merced: una comadre mía supo que doña Amalia buscaba lavandera, fue a verla, pero no la quiso y le dio la ropa a una gringa.[31] 20

—¿Cómo se llama?

—No sé, señora; pero si Su Merced quiere, yo lo preguntaré.

—Sí, pregúntalo.

—Y también tengo que decir a Su Merced que yo le he oído tocar el piano y cantar a medianoche. 25

—¿Y qué hay en eso?

—Yo digo que ha de ser la canción de Lavalle.

—¿Y por qué lo crees?

—Yo digo no más.[32]

—¿Y no puedes pasar a la noche a la quinta y acercarte a la casa, 30 para oír lo que canta?

—Veré a ver; sí, señora.

—Mira; si puedes entrar en la casa, escóndete y no te muevas de allí hasta que venga el día.

[29] El color celeste era el de los Unitarios y es el que ha quedado en la bandera argentina.

[30] Ordenanza: "orderly." Nicolás Mariño, director de *La Gaceta*, oportunista, soplón y enemigo de los Unitarios, aparece mucho en *Amalia*.

[31] En la Argentina, extranjero en general, italiano en particular.

[32] Tradúzcase: "I just say so."

—¿Y qué hago, señora?

—¿No dices que allí hay un mozo?

—¡Ah! Sí, señora, ya entiendo.

—¡Pues!

5 —Yo creo que ha de entrar desde temprano.

—No; si entra en las piezas de ella, ha de ser tarde, y ha de salir antes que venga el día.

—Yo los he de espiar; sí, señora.

—¡Cuidado con no hacerlo![33]

10 —Sí, lo he de hacer.

—¿Y qué más has visto en esa casa?

—Ya le dije ayer a Su Merced todo lo que había visto. Va casi siempre un mozo que dicen que es primo de la unitaria; y estos meses pasados iba casi todos los días el médico Alcorta,[34] y por eso le dije 15 a Su Merced que allí había algún enfermo.

—¿Y recuerdas algo más que me hayas dicho ayer?

—¡Ah! Sí, señora: le dije a Su Merced que el enfermo debía ser el mozo que anda cortando flores, porque al principio yo lo veía cojear mucho.

20 —¿Y cuándo es el principio? ¿Qué meses hará de eso?

—Hará cerca de dos meses, señora; después ya no cojea, y ya no va el médico; ahora pasea horas enteras con doña Amalia, sin cojear.

—¿Sin cojear, eh?—dijo la vieja con la expresión más cínica en su fisonomía.

25 —Sí, señora; está bueno ya.

—Bien: es necesario que espíes bien cuanto pasa en esa casa, y que me lo digas a mí, porque con eso haces un gran servicio a la causa, que es la causa de ustedes los pobres, porque en la Federación no hay negros ni blancos, todos somos iguales ¿lo entiendes?

30 —Sí, señora; y por eso yo soy federal, y cuanto sepa se lo he de venir a contar a Su Merced.

—Bueno, retírate no más.

Y la negra salió muy contenta de haber prestado un servicio a la santa causa de negros y blancos, y por haber hablado con la hermana 35 política[35] de Su Excelencia el padre de la Federación.

---

[33] Tradúzcase: "Beware if you don't do it."
[34] Alcorta figura en los primeros capítulos como médico y profesor de la Facultad de Medicina, Unitario, y hombre de nobles ideales.
[35] Cuñada.

Sucesivamente entraron a la presencia de doña María Josefa varias criadas de toda y de todo linaje[36] de malignidad, a deponer oficiosamente cuanto sabían, o se imaginaban saber de la conducta de sus amos, o de los vecinos de sus casas, dejando en la memoria de aquella hiena federal una nomenclatura de individuos y familias distingui- 5 das, que debían ocupar más tarde un lugar en el martirologio de ese pueblo infeliz, entregado por el más inmoral de los gobiernos al espionaje recíproco, a la delación y a la calumnia, armas privilegiadas de Rosas para establecer el aislamiento y el terror en todos.

En seguida de las delatoras, entró en esa oficina del crimen una 10 pequeñísima parte de los que habían llegado ese día con ruegos y solicitudes al gobierno; a cuyo invisible despacho querían que llegasen por conducto de la hermana política del gobernador, que a todos ofrecía su interposición, no obstante que jamás solicitud alguna pasaba de su manos a las de Rosas; por cuanto ella sabía que su 15 digno cuñado sólo le prestaba atención para escuchar los informes que le interesaba saber sobre el estado del pueblo, de las familias y de los individuos; no siendo esto, sin embargo, un obstáculo para que doña María Josefa tomase los regalos de cuanto pobre y rico se le acercaba en busca de su protección, diciendo a todos que don Juan 20 Manuel iba a despachar de un momento a otro la solicitud muy favorablemente, por los empeños de ella.

La pluma del romancista[37]no puede entrar en las profundidades filosoficas del historiador; pero hay ciertos rasgos, leves y fugitivos, con que puede delinear, sin embargo, la fisonomía de toda una 25 época; y este pequeño bosquejo de la inmoralidad en que ya se basaba el gobierno de Rosas en el año 1840, fácilmente podrá explicar, lo creemos, los fenómenos sociales y políticos que aparecieron después de esa fecha en lo más dramático y lúgubre de la dictadura.

Los abogados del dictador han presentado siempre al extranjero 30 la parte ostensible de su gobierno, y han dicho: si el general Rosas fuese un tirano, si su gobierno fuese tal como lo pintan sus enemigos, no hubiese sido soportado por el pueblo después de tantos años.

Pero ¿cómo ha existido? ¿Cómo se ha sostenido contra el torrente de la voluntad de todos? He ahí la cuestión; he ahí el estudio 35 filosófico de ese gobierno.

---

[36] Toda y todo linaje, creación expresiva del autor, pues linaje es siempre masculino. Quiere decir, sin exclusión alguna.
[37] Romancista, galicismo por novelista. La obra está llena de galicismos.

Una labor inaudita, empleada con perseverancia en el espacio de muchos años para relajar todos los vínculos sociales, poniendo en anarquía las clases, las familias y los individuos, estableciendo y premiando la delación como virtud cívica en la clase ignorante e
5 inclinada al mal de sus semejantes; escudándose siempre con esa palabra Federación, encubridora de todos los delitos, de todos los vicios, de todas las subversiones morales, es el sistema de Rosas; tales han sido los primeros medios empleados por él para debilitar la fuerza sintética del pueblo, cortando en él todos los lazos de co-
10 munidad, y dejando una sociedad de individuos aislados, para ejercer sobre ellos su bárbaro poder.

La fortuna quiso también que ese hombre funesto encontrase en su familia caracteres a propósito para ayudarlo en su diabólico plan. Y entre ellos, el de doña María Josefa Ezcurra era un venero inagota-
15 ble de recursos para la facilitación de sus fines.

La historia, más que nosotros, sabrá pintar a esa mujer y a otras personas de la familia del tirano con las tintas convenientes para hacer resaltar toda la deformidad de su corazón, de sus hábitos y de sus obras.

SEGUNDA ÉPOCA (1860–80)

Nota sobre el habla gauchesca

En las selecciones que siguen, sobre todo *Fausto* y *Martín Fierro*, se usa el habla gauchesca, cuyas características más notables son las siguientes:

1. *Arcaísmos y vulgarismos:* ande (donde); ansí, ansina (así); asigún (según); cuasi (casi); dende (desde); mesmo (mismo); naide (nadie); trujo (trajo); vido (vio); etc.
2. *Alteraciones verbales:* creiba (creía); haiga (haya); oiban (oían); traiban (traían); vía (veía); etc.
3. *Confusión de prefijos:* afijo (fijo); declarar (reclamar); dentrar (entrar); dir (ir); exposición (oposición); reclarar (declarar); resertor (desertor); etc.
4. *Metátesis:* redepente (de repente); relevar (revelar); vedera (vereda); etc.
5. *Desplazamiento del acento:*
   Diptongos: ái (ahí); óido (oído); etc.
   Pronombres: créameló (créamelo); hágasé (hágase); etc.
   Verbos: teniá (tenía), etc.
6. *Omisión de consonantes:* dirección (dirección); dotor (doctor); hablao (hablado); inorancia (ignorancia); istante (instante); otener (obtener); oyo (hoyo); verdá (verdad); etc.
7. *Adición de consonantes:* lamber (lamer), etc.
8. *Omisión de preposiciones:* me empezaba aconsejar (me empezaba a aconsejar), etc.
9. *Confusión de sonidos:*
   b en vez de *v:* carabán (caraván), etc.
   e en vez de *i* y al revés: medecina (medicina); pior (peor); etc.;
   e en vez de *ie* y al revés: cencia (ciencia); prienda (prenda); etc.

99

g en vez de *b, h,* y *v:* güeno (bueno); güeso (hueso); güelta (vuelta); etc.

j en vez de *f* o *h:* jue (fue); juir (huir); etc.

l en vez de *d:* alvertir (advertir), etc.; *l* en vez de *r* y al revés: pelegrinación (peregrinación); cárculo (cálculo); etc.

ñ en vez de *n:* giñebra (ginebra), etc.

o en vez de *u* y al revés: sepoltura (sepultura); tuito (todito); etc.

s en vez de *c, z* y *x:* cosiar (cocear); sonso (zonzo); misturar (mixturar); etc.

y en vez de *hi* o *ll:* yel (hiel); poyo (pollo); etc.

Estanislao del Campo

(1834–80)

Se debe a Estanislao del Campo el mérito de haber creado la obra más cómica del mester de gauchería. Nació en Buenos Aires de familia rica; su padre era oficial del ejército, y se dice que uno de sus bisabuelos había sido virrey de la Plata. Del Campo sólo asistió a la escuela primaria, donde estudió inglés, entre otras materias. Después se hizo hombre de negocios y llegó a ser capitán del ejército unitario que, tras la derrota de Juan Manuel Rosas, combatía contra los que querían separar Buenos Aires del resto del país. Ocupó más tarde puestos en el gobierno y durante las presidencias de Bartolomé Mitre y Domingo Faustino Sarmiento intervino en la vida política, consiguiendo una representación en el Congreso.

La obra de Estanislao, compuesta por algunas gacetillas gauchescas y varios poemas, no ofrece ningún interés con la excepción de *Fausto,* que se publicó en 1866 y de nuevo en 1870 junto con el resto de la producción poética del autor y un prefacio de José Mármol. Se cuenta que del Campo y un pariente asistieron a la ópera *Fausto* de Charles Gounod, que se presentaba en el famoso Teatro Colón de Buenos Aires. Durante la función se le ocurrió la idea de describir las reacciones de un gaucho que viese la obra y creyese que todo era realidad. Poco después, del Campo empezó su trabajo y lo terminó en cinco días.

La situación no es enteramente original: en la novela *La gaviota* (1849) de Fernán Caballero se da un episodio semejante en que un pueblerino narra a los suyos la representación de *Otelo* como si todo fuera verdad. Imitando por otro lado a Hilario Ascasubi, a quien admiraba, del Campo tomó como pseudónimo el nombre de Anastasio el Pollo, que aplicó también al protagonista del poema; Ascasubi se había dado el de Aniceto el Gallo. *Fausto* consiste en un diálogo entre dos gauchos, Laguna y el Pollo, en la pampa. Mientras sus caballos descansan juntos, Pollo y Laguno se tienden en el suelo, bien provistos de tabaco y bebida, y Pollo va narrando a su amigo cómo entró en el Teatro Colón y lo que allí vio. La deformación a que el gaucho somete la famosa leyenda de Goethe está llena de humor y sentimentalismo a la vez. El mito se ha transformado en una historia típica de amor y crimen con intervención de elementos sobrenaturales, todo ello muy dentro del alma gauchesca.

El viejo Fausto—narra el Pollo—se enamora de una rubia que lo desdeña. Desesperado, llama al Diablo, que se le aparece y le pregunta si desea dinero o poder. Fausto confiesa que quiere a la rubia y que le hace falta una bebida que lo rejuvenezca. Valentín, el hermano capitán, trata de defender el honor de su hermana, la rubia, pero es muerto por el diablo y la chica es seducida. Después de dar a luz, se vuelve loca y mata a su hijo. El Diablo y Fausto la visitan en la cárcel, donde la pobre muere de espanto al verlos. Su alma vuela al cielo; el diablo regresa al infierno, y Fausto pide gracia.

No faltan referencias políticas en el poema, como el odio del gaucho hacia el "gringo" o inmigrante, ni rasgos románticos, como los comentarios sobre la belleza de la naturaleza o el dolor del amor. Pero predomina la nota humorística, basada en la situación cómica o en la interpretación fuera de propósito. Es divertido, por ejemplo, el episodio en que le roban a Pollo su puñal mientras hace cola para comprar el boleto, o el de la aparición de la rubia en el jardín donde—comenta el gaucho—empieza a zurcir medias y espulgar un rosal hasta que encuentra la "mina," una cajita de joyas plantada por el diablo. Así resulta graciosa, al mismo tiempo que original y emotiva, la comparación entre la mujer y la flor; ambas nacen bellas y frescas, pero después el gusano las alcanza y las destruye.

FAUSTO

(1866)

I

En un overo rosao,
flete nuevo y parejito,

cáia al Bajo, al trotecito,
y lindamente sentao,
un paisano del Bragao,[1]   5
de apelativo Laguna,

[1] Tradúzcase: "On a piebald horse, a fresh and spirited horse, a native of Bragado (west part of the province of Buenos Aires) went down to the Bajo (old section of the city of Buenos Aires) at a trot and sitting his horse expertly." Para estos dialectalismos gauchescos, véase la sección "Nota sobre el habla gauchesca."

mozo jinetazo ¡ahijuna![2]
como creo que no hay otro,
capaz de llevar un potro
a sofrenarlo en la luna.[3]

5 ¡Ah criollo! si parecía
pegao en el animal
que aunque era medio bagual[4]
a la rienda obedecía
de suerte que se creería
10 ser no sólo arrocinao,
sino también del recao
de alguna moza pueblera.[5]
¡Ah Cristo! ¡quién lo tuviera! ...
¡Lindo el overo rosao!

15 Como que era escarciador,
vivaracho y coscojero,
le iba sonando al overo
la plata que era un primor;[6]
pues eran plata el fiador,
20 pretal, espuelas, virolas,
y en las cabezadas solas[7]
tráia el hombre un Potosí:
¡qué! ... ¡si tráia, para mí,
hasta de plata las bolas![8]

En fin, como iba a contar, 25
Laguna al río llegó,
contra una tosca se apió
y empezó a desensillar.[9]
En esto, dentró a orejiar
y a resollar el overo[10] 30
y jue que vido un sombrero
que del viento se volaba
de entre una ropa, que estaba
más allá, contra un apero.[11]

Dio güelta y dijo el paisano: 35
—¡Vaya, Záfiro![12] ¿qué es eso?
y le acarició el pescuezo
con la palma de la mano.
Un relincho soberano
pegó el overo que vía 40
a un paisano que salía
del agua, en un colorao,
que al mesmo overo rosao
nada le desmerecía.[13]

Cuando el flete relinchó, 45
media güelta dio Laguna,
y ya pegó el grito:—¡Ahijuna!

2 De apelativo: "by name"; jinetazo: "fine horseman"; ahijuna: "son of a bitch."
3 Tradúzcase: "able to manage a young horse and to rein him in."
4 Bagual: "wild."
5 Tradúzcase: "not only as tame as an old nag, but with trappings suitable for a city girl."
6 Tradúzcase: "Since the horse tossed his head, was frisky, and champed at the bit, the silver (trappings), a beautiful sight, jingled."
7 Tradúzcase: "the collar, breast-strap, spurs, check rings, and on the headstalls alone ..."
8 Potosí, antigua ciudad de lo que hoy es Bolivia, famosa por sus minas de plata. Las bolas consisten generalmente en tres piedras, forradas de cuero y atadas a un lazo. Se arrojan a las patas de un animal para derribarlo.
9 Tradúzcase: "dismounted beside a limestone flat and began to unsaddle."
10 Tradúzcase: "Thereupon the horse began to prick up his ears and snort."
11 Tradúzcase: "from a pile of clothes which was beyond, against some riding gear."
12 El nombre del caballo.
13 Colorao (colorado): "bay horse"; desmerecía: "was in no way inferior."

¿No es el Pollo?
—Pollo, no,
ese tiempo se pasó
(contestó el otro paisano),
5 ya soy jaca vieja,[14] hermano,
con las púas como anzuelo,[15]
y a quien ya le niega el suelo
hasta el más remoto grano.

Se apió el Pollo y se pegaron
10 tal abrazo con Laguna,
que sus dos almas en una
acaso se misturaron.[16]
Cuando se desenredaron,
después de haber lagrimiao,
15 el overito rosao
una oreja se rascaba,
visto que la refregaba
en la clin del colorao.

—Velay, tienda el cojinillo,[17]
20 don Laguna, siéntesé
y un ratito aguárdemé
mientras maneo el potrillo;
vaya armando un cigarrillo,[18]
si es que el vicio no ha olvidao.
25 Ahí tiene contra el recao

cuchillo, papel y un naco;[19]
yo siempre pico el tabaco
por no pitarlo aventao.[20]

—Vaya, amigo, le haré gasto
...[21]
—¿No quiere maniar su overo?   30
—Déjeló a mi parejero
que es como mata de pasto.[22]
Ya una vez, cuando el abasto,
mi cuñao se desmayó;
a los tres días volvió   35
del insulto y, crea, amigo,
peligra lo que le digo:[23]
el flete ni se movió.

—¡Bien haiga, gaucho embustero!
¿Sabe que no me esperaba   40
que soltase una guayaba
de ese tamaño, aparcero?[24]
Ya colijo que su overo
está tan bien enseñao,
que si en vez de desmayao   45
el otro hubiera estao muerto,
el fin del mundo, por cierto,
me lo encuentra allí parao.

---

[14] Jaca: "rooster." Quiere decir que ya no es joven (pollo). Ahora es viejo (jaca).

[15] Tradúzcase: "with my spurs bent like fishhooks."

[16] Confundieron.

[17] Velay (vedla ahí): "come"; conjinillo: "saddle pad."

[18] Tradúzcase: "roll a cigarette."

[19] Naco: "twist of tobacco."

[20] Tradúzcase: "I always cut the tobacco fresh in order not to smoke it when stale."

[21] Es decir, aceptará.

[22] Parejero: "race horse." Mata de pasto: "clump of grass"; es decir, nunca se aleja.

[23] Tradúzcase: "Once, when getting provisions, my brother-in-law fainted; three days later he came to, and believe me, friend, even though it seems unbelievable ..."

[24] Tradúzcase: "What a liar of a gaucho! You know I didn't expect you to come forth with a 'whopper' of that size, pal."

—Vean cómo le buscó
la güelta . . . ¡bien haiga el
Pollo!²⁵
Siempre larga todo el rollo
de su lazo . . .
5   —¡Y cómo no!
¿O se ha figurao que yo
ansina no más las trago?²⁶
¡Hágasé cargo! . . .
        —¡Ya me hago! . . .
10 —Prieste el juego.
        —Tómeló.
—Y aura le pregunto yo:
¿Qué anda haciendo en este
pago?²⁷

—Hace como una semana
15 que he bajao a la ciudá,
pues tengo necesidá
de ver si cobro una lana;
pero me andan con²⁸ *mañana
y no hay plata, y venga luego;*
20 hoy no más cuasi le pego
en las aspas con la argolla
a un gringo, que aunque es de
embrolla,
ya le he maliciao el juego.²⁹

—Con el cuento de la guerra
andan matreros los cobres.³⁰   25
—Vamos a morir de pobres
los paisanos de esta tierra.
Yo cuasi he ganao la sierra³¹
de puro desesperao . . .
—Yo me encuentro tan cortao   30
que a veces se me hace cierto
que hasta ando jediendo a
muerto.
—Pues yo me hallo hasta *empeñao.*³²
—¡Vaya un lamentarse!³³ ¡Ahijuna! . . .
Y eso es de vicio, aparcero: 35
a usté lo ha hecho su ternero
la vaca de la fortuna.³⁴
Y no llore, don Laguna,
no me lo castigue Dios:
si no, comparémoslós   40
mis tientos con su chapiao,
y así en limpio habrá quedao³⁵
el más pobre de los dos.

—¡Vean si es escarbador
este Pollo!³⁶ ¡Virgen mía!   45
si es pura chafalonía . . .

²⁵ Tradúzcase: "Look how you turned the story on me. What a Pollo!"
²⁶ Tradúzcase: "Or did you figure that I swallow them (lies, tales) whole?"
²⁷ Hacerse cargo: "to remember"; juego (fuego): "a light"; pago: "area, region."
²⁸ Una lana: "some wool"; me andan con: "they tell me."
²⁹ Tradúzcase: "just today I almost hit a gringo on the head with my lasso ring; although he was tricky, I was on to him." En la Argentina un gringo es un extranjero, en particular, italiano.
³⁰ Durante la guerra entre la Argentina y el Paraguay (1865–69) había escasez de dinero.
³¹ Tradúzcase: "I almost fled to the mountains."
³² Cortao (cortado): "broke"; empeñao (empeñado): "in debt."
³³ Tradúzcase: "What a pity."
³⁴ Tradúzcase: "And that's from being spoiled, pal. You're Fortune's pet (the cow of fortune has made you its calf)."
³⁵ Tradúzcase: "my rawhide gear with your (silver) trappings. Then it will be clear who is . . ."
³⁶ Tradúzcase: "What a scratcher this Chicken (Pollo) is!"

—¡Eso sí, siempre pintor!
—Se la gané a un jugador
que vino a echarla de güeno.³⁷
Primero le gané el freno
5 con riendas y cabezadas,
y en otras cuantas jugadas
perdió el hombre hasta lo ajeno³⁸

¿Y sabe lo que decía
cuando se veía en la mala?
10 *El que me ha pelao la chala*
*debe tener brujería.*³⁹
A la cuenta⁴⁰ se creería
que el Diablo y yo . . .
——¡Cállesé!
15 ¿Amigo, no sabe usté
que la otra noche lo he visto
al demonio?
¡Jesucristo! . . .
—Hace bien, santígüesé.

20   ¡Pues no me he de santiguar!
Con esas cosas no juego;
pero no importa, le ruego
que me dentre a relatar
el cómo llegó a topar
25 con *el malo*.⁴¹ ¡Virgen santa!
Sólo el pensarlo me espanta . . .

—Güeno, le voy a contar
pero antes voy a buscar
con qué mojar la garganta.

El Pollo se levantó
y se jue en su colorao,   30
y en el overo rosao
Laguna al agua dentró.
Todo el baño que le dio
jue dentrada por salida
y a la tosca consabida   35
don Laguna se volvió,⁴²
ande a don Pollo lo halló
con un frasco de bebida. . . .

II

—Como a eso de la oración⁴³
aura cuatro o cinco noches,⁴⁴   40
vide una fila de coches
contra el tiatro de Colón.⁴⁵

La gente en el corredor,
como hacienda amontonada,
pujaba desesperada   45
por llegar al mostrador.⁴⁶

Allí a juerza de sudar
y a punta de⁴⁷ hombro y de codo,

---

³⁷ Chafalonía: "old plate"; pintor: "braggart"; echarla de güeno: "putting on airs."
³⁸ Tradúzcase: "the fellow lost everything."
³⁹ Tradúzcase: "when he was out of luck? The one who plucked (beat) me must have powers of witchcraft."
⁴⁰ Tradúzcase: "According to his story."
⁴¹ Tradúzcase: "how you happened to run into the Devil."
⁴² Tradúzcase: "All the bath that he gave him was to go right in and out (of the water) and then Laguna returned to the aforementioned limestone flat."
⁴³ Oración: "Angelus."
⁴⁴ Tradúzcase: "four or five nights ago."
⁴⁵ El Teatro Colón en Buenos Aires se inauguró el 25 de abril de 1857.
⁴⁶ Hacienda amontonada: "cattle herded together"; mostrador: "box office (counter)." Pollo se sirve de los términos de una pulpería.
⁴⁷ Tradúzcase: "by means of."

hice, amigaso, de modo
que al fin me pude arrimar.

Cuando compré mi dentrada
y di güelta ... ¡Cristo mío!
5 estaba pior el gentío
que una mar alborotada.

Era a causa de una vieja
que le había dao el mal ....[48]
—Y si es chico ese corral,
10 ¿a qué encierran tanta oveja?

—Ahí verá: por fin, cuñao,
a juerza de arrempujón,
salí como mancarrón
que lo sueltan trasijao.[49]

15 Mis botas nuevas quedaron
lo propio que picadillo,
y el fleco del calzoncillo[50]
hilo a hilo me sacaron.

Y para colmo, cuñao,
20 de toda esta desventura,
el puñal, de la cintura
me lo habían refalao.[51]

—Algún gringo como luz
para la uña,[52] ha de haber sido.

—¡Y no haberlo yo sentido! 25
En fin, ya le hice la cruz.[53]

Medio cansao y tristón
por la pérdida, dentré
y una escalera trepé
con ciento y un escalón. 30

Llegué a un alto, finalmente,
ande va la paisanada,
que era la última camada
en la estiba de la gente:[54]

Ni bien me había sentao, 35
rompió de golpe la banda,[55]
que detrás de la baranda
la habían acomodao.[56]

Y ya tamién se corrió
un lienzo grande,[57] de modo 40
que a dentrar con flete y todo
me aventa,[58] créameló.

Atrás de aquel cortinao
un dotor apareció,
que asigún oí decir yo, 45
era un tal Fausto, mentao.[59]

—¿Dotor dice? Coronel
de la otra banda, amigaso;

[48] Que se había desmayado.
[49] Arrempujón: "pushing, shoving"; mancarrón: "old nag"; trasijao (trasijado): "very thin."
[50] Tradúzcase: "liked minced meat (hash). And the fringe on my underpants ..."
[51] Robado.
[52] Tradúzcase: "quick as lightning in picking pockets."
[53] Tradúzcase: "I gave it up as a goner."
[54] Fue al paraíso ("gallery") del teatro, lugar adonde va la paisanada o gente pobre. Representa a ésta como la última camada o capa ("level") al igual que las capas de carga en la estiba ("stowage") de un barco.
[55] Tradúzcase: "No sooner had I sat down than the band (orchestra) began to play."
[56] Baranda: "balustrade"; acomodao (acomodado): "placed."
[57] Referencia al telón del teatro que solía descorrerse lateralmente.
[58] Tradúzcase: "would have knocked me over."
[59] Cortinao (cortinado): "curtain"; (mentado): "named."

lo conozco a ese criollaso[60]
porque he servido con él. . . .

—Pues como le iba diciendo,
el Dotor apareció
5 y, en público, se quejó
de que andaba padeciendo.

Dijo que nada podía
con la cencia[61] que estudió,
que él a una rubia quería,
10 pero que a él la rubia no.

Que, al ñudo, la pastoriaba
dende el nacer de la aurora,[62]
pues de noche y a toda hora
siempre tras de ella[63] lloraba.

15 Que de mañana a ordeñar
salía muy currutaca,[64]
que él le maniaba la vaca,
pero pare de contar.[65]

Que cansado de sufrir,
20 y cansado de llorar,
al fin se iba a envenenar
porque eso no era vivir.

El hombre allí renegó,
tiró contra el suelo el gorro
y, por fin, en su socorro   25
al mesmo Diablo llamó.

¡Nunca lo hubiera llamao!
¡Viera, sustaso,[66] por Cristo!
¡Ahí mesmo jediendo a misto,
se apareció el condenao![67]   30

Hace bien: persínesé[68]
que lo mesmito hice yo.
—¿Y cómo no disparó?
—Yo mesmo no sé por qué.

¡Viera al Diablo! Uñas de gato, 35
flacón, un sable largote,
gorro con pluma, capote
y una barba de chivato.[69]

Medias hasta la berija,[70]
con cada ojo como un charco,   40
y cada ceja era un arco
para correr la sortija.[71]

"Aquí estoy a su mandao,[72]
cuente con un servidor,"

---

60 Laguna corrige a Pollo, confundiendo al doctor Fausto de la ópera con el coronel Fausto Aguilar, Unitario que en 1852 combatió la tiranía del dictador Juan Manuel Rosas. La otra banda, referencia a la Banda Oriental o República del Uruguay. Criollaso (criollazo): "big creole."
61 Ciencia.
62 Tradúzcase: "That in vain he would wait from early morning on to see her."
63 Por ella.
64 Currutaca: "spruced up, nicely dressed."
65 Tradúzcase: "let's make a long story short."
66 Tradúzcase: "He should never have called him. You should have seen how frightened he was!"
67 Jediendo a misto: "stinking of sulphur"; condenao (condenado): "devil." El autor se sirve de varios nombres para el diablo: condenao, malo, etc.
68 Persínesé (persígnese): "cross yourself."
69 Flacón: "very thin"; largote: "very long"; chivato: "kid, young goat."
70 Tradúzcase: "Stockings up to his hips."
71 Comparación con el juego en que los jinetes tratan de pasar su lanza por un aro suspendido de una cinta.
72 Tradúzcase: "at your service."

le dijo el Diablo al Dotor,
que estaba medio asonsao.[73]

"Mi Dotor, no se me asuste
que yo lo vengo a servir:
5 pida lo que ha de pedir
y ordéneme lo que guste."

El Dotor, medio asustao,
le contestó que se juese . . .
—Hizo bien: ¿no le parece?
10 —Dejuramente,[74] cuñao. . . .

El Diablo volvió a decir:
"Mi Dotor, no se me asuste,
ordéneme lo que guste,
pida lo que ha de pedir."

15 "Si quiere plata, tendrá:
mi bolsa siempre está llena,
y más rico que Anchorena,[75]
con decir 'quiero,' será."

"No es por la plata que lloro,"
20 don Fausto le contestó,
"otra cosa quiero yo
mil veces mejor que el oro."

"Yo todo le puedo dar,"
retrucó[76] el Rey del Infierno,
25 "Diga: ¿quiere ser Gobierno?
pues no tiene más que hablar."

"No quiero plata ni mando,"
dijo don Fausto, "yo quiero
el corazón todo entero
de quien me tiene penando."   30

No bien esto el Diablo oyó,
soltó una risa tan fiera,
que toda la noche entera
en mis orejas sonó.

Dio en el suelo una patada,   35
una paré se partió,
y el Dotor, fulo,[77] miró
a su prenda idolatrada.

—¡Canejo! . . .[78] ¿Será verdá?
¿Sabe que se me hace cuento?[79]   40
—No crea que yo le miento:
lo ha visto media ciudá.

¡Ah, don Laguna! ¡si viera
qué rubia! . . . Créamelo:
creí que estaba viendo yo   45
alguna virgen de cera.

Vestido azul, medio alzao,
se apareció la muchacha;
pelo de oro, como hilacha
de choclo recién cortao.[80]   50

Blanca como una cuajada,
y celeste la pollera;[81]

[73] Asonsao (azonzado): "stupified."
[74] Seguramente.
[75] Referencia a una familia argentina muy rica durante el siglo XIX.
[76] Contestó.
[77] Tradúzcase: "He stamped on the ground, a wall opened, and the Doctor, amazed . . ."
[78] ¡Caramba!
[79] Tradúzcase: "You know that it seems to me like a yarn (story)?"
[80] Medio alzao (alzado): "pretty short"; hilacha de choclo: "tassel of young corn."
[81] Cuajada: "curds of milk"; pollera: "hoop skirt."

don Laguna, si aquello era
mirar a la Inmaculada.

    Era cada ojo un lucero,
sus dientes, perlas del mar,
5 y un clavel al reventar
era su boca, aparcero.

    Ya enderezó como loco
el Dotor cuando la vio,
pero el Diablo lo atajó
10 diciéndole:—"Poco a poco."

    "Si quiere hagamos un pato:[82]
usté su alma me ha de dar
y en todo lo he de ayudar.
¿Le parece bien el trato?"

15   Como el Dotor consintió,
el Diablo sacó un papel
y le hizo firmar en él
cuanto la gana le dio.

    —¡Dotor, y hacer ese trato!
20 —¿Qué quiere hacerle, cuñao,
si se topó ese abogao
con la horma de su zapato?[83]

    Ha de saber que el Dotor
era dentrao en edá,
25 ansina es que estaba ya
bichoco[84] para el amor.

    Por eso, al dir a entregar
la contrata consabida,
dijo:—"¿Habrá alguna bebida
30 que me pueda remozar?"

    Yo no sé qué brujería,
misto,[85] mágica o polvito
le echó el Diablo y . . . ¡Dios
    bendito!
¡Quién demonios lo creería!

    ¿Nunca ha visto usté a un 35
    gusano
volverse una mariposa?
Pues allí la mesma cosa
le pasó al Dotor, paisano.

    Canas, gorro y casacón[86]
de pronto se vaporaron,   40
y en el Dotor ver dejaron
a un donoso mocetón.

    —¿Qué dice?... ¡barbaridá!...
¡Cristo padre! . . . ¿Será cierto?
—Mire: que me caiga muerto   45
si no es la pura verdá.

    El Diablo entonces mandó
a la rubia que se juese,
y que la paré se uniese,
y la cortina cayó.   50

    A juerza de tanto hablar
se me ha secao el garguero:
pase el frasco, compañero.
    —¡Pues no se lo he de pasar!

III

    —Vea los pingos . . .   55
            —¡Ah, hijitos!
son dos fletes soberanos.

---

82 Pacto.
83 Tradúzcase: "What would you expect that lawyer (Faust) to do, pal, when
he met his match?"
84 Dentrao en edá (entrado en edad): "advanced in years"; bichoco: "old and
useless (said of a horse)."
85 Misto (mixto): "mixture, compound."
86 Casacón: "greatcoat, long coat."

—¡Como si jueran hermanos
bebiendo la agua juntitos!

—¿Sabe que es linda la mar?[87]
—¡La viera de mañanita
5 cuando a gatas[88] la puntita
del sol comienza a asomar!

Usté ve venir a esa hora,
roncando la marejada,[89]
y ve en la espuma encrespada
10 los colores de la aurora.

A veces con viento en la anca,
y con la vela al solsito,[90]
se ve cruzar un barquito
como una paloma blanca....[91]

15 —¡Ah, Pollo! Ya comenzó
a meniar taba: ¿y el caso?[92]
—Dice muy bien, amigaso;
seguiré contándoló.

El lienzo otra vez alzaron
20 y apareció un bodegón,
ande se armó una reunión
en que algunos se mamaron.[93]

Un don Valetín, velay,
se hallaba allí en la ocasión,

capitán muy guapetón   25
que iba a dir a Paraguay.[94]

Era hermano, el ya nombrao,
de la rubia y conversaba
con otro mozo que andaba
viendo de hacerlo cuñao.[95]   30

Don Silverio o cosa así,
se llamaba este individuo,
que me pareció medio ido
o sonso cuando lo vi.[96]

Don Valentín le pedía   35
que a la rubia le sirviera
en su ausencia ...
                —¡Pues, sonsera![97]
¡El otro qué más quería!

—El Capitán, con su vaso,   40
a los presentes brindó,
y en esto se apareció
de nuevo el Diablo, amigaso.

Dijo que si lo almitían
también echaría un trago,   45
que era por no ser del pago[98]
que allí no lo conocían.

[87] Referencia al Río de la Plata, muy ancho cerca de la ciudad de Buenos Aires.
[88] Apenas.
[89] Tradúzcase: "the surf roaring in."
[90] En la anca: "astern"; al solsito: "facing the sun."
[91] En las estrofas omitidas aquí Pollo sigue su divagación, dejando el hilo del cuento para describir de una manera romántica la escena natural.
[92] Tradúzcase: "You're rambling. Back to your story."
[93] Mamaron: "got drunk."
[94] Tradúzcase: "a very handsome captain who was going to Paraguay." Es decir, iba a tomar parte en la guerra arriba mencionada.
[95] Tradúzcase: "attempting to become his brother-in-law."
[96] Referencia al Siebel de la ópera, papel generalmente asumido por una mujer vestida de hombre. Será por eso que el Pollo lo llama medio ido (loco) y sonso (zonzo).
[97] Tontería.
[98] Tradúzcase: "because he wasn't from that area."

Dentrando en conversación
dijo el Diablo que era brujo:
pidió un ajenjo, y lo trujo
el mozo del bodegón.

5 "No tomo bebida sola,"
dijo el Diablo; se subió
a un banco y vi que le echó
agua de una cuarterola.[99]

Como un tiro de jusil
10 entre la copa sonó,[100]
y a echar llamas comenzó
como si juera un candil.

Todo el mundo reculó,
pero el Diablo sin turbarse
15 les dijo: "No hay que asustarse,"
y la copa se empinó.

—¡Qué buche! ¡Dios soberano!
—Por no parecer morao[101]
el Capitán jue, cuñao,
20 y le dio al Diablo la mano.

Satanás le registró[102]
los dedos con grande afán
y le dijo: "Capitán,
pronto muere, créalo."

25 El Capitán, retobao,
peló la lata, y Lusbel

no quiso ser menos que él
y peló un amojosao.[103]

Antes de cruzar su acero,
el Diablo el suelo rayó: 30
¡Viera el juego que salió! . . .[104]
—¡Qué sable para yesquero![105]

—¿Qué dice? ¡Había de oler
el jedor que iba largando[106]
mientras estaba chispiando   35
el sable de Lucifer!

No bien a tocarse van
las hojas, créameló,
la mitá al suelo cayó
del sable del Capitán.   40

"¡Éste es el Diablo en figura
de hombre!" el Capitán gritó,
y, al grito, le presentó
la cruz de la empuñadura.[107]

¡Viera al Diablo retorcerse   45
como culebra, aparcero!
—¡Oiganlé . . .
                    —Mordió el acero
y comenzó a estremecerse.

Los otros se aprovecharon   50
y se apretaron el gorro:[108]

---

99 Cuarterola: "quarter cask."
100 Tradúzcase: "It sounded like a gun shot in the glass."
101 Cobarde.
102 Examinó.
103 Tradúzcase: "The Captain, angered, drew his sword, and Lucifer, not to be outdone, drew out a rusty one."
104 Tradúzcase: "You should have seen the fire that burst forth (from the line on the floor)!"
105 Yesquero: "tinderbox."
106 Tradúzcase: "You should have smelled the stench that kept rising."
107 Tradúzcase: "showed him the cross of the hilt."
108 Huyeron.

sin duda a pedir socorro
o a dar parte dispararon.[109]

En esto don Fausto entró
y conforme al Diablo vido,[110]
5 le dijo: "¿Qué ha sucedido?"
Pero él se desentendió.[111]

El Dotor volvió a clamar
por su rubia, y Lucifer,
valido[112] de su poder,
10 se la volvió a presentar.

Pues que golpiando en el suelo
en un baile apareció
y don Fausto le pidió
que lo acompañase a un cielo.[113]

15 No hubo forma que bailara:
la rubia se encaprichó;[114]
de valde[115] el Dotor clamó
por que no lo desairara.

Cansao ya de redetirse[116]
20 le contó al Demonio el caso;
pero él le dijo: "Amigaso,
no tiene por qué afligirse.

"Si en el baile no ha alcanzao
el poderla arrocinar,[117]

deje, le hemos de buscar   25
la güelta por otro lao.

"Y mañana, a más tardar,
gozará de sus amores,
que otras, mil veces mejores,
las he visto cabrestiar . . ."[118]   30

"¡Balsa general!" gritó
el bastonero mamao;[119]
pero en esto el cortinao
por segunda vez cayó.

Armemos un cigarrillo   35
si le parece . . .
                —¡Pues no!
—Tome el naco, píqueló,[120]
usté tiene mi cuchillo.

IV

Ya se me quiere cansar   40
el flete de mi relato . . .
—Priéndalé guasca otro rato;
recién comienza a sudar.[121]

—No se apure, aguárdesé:
¿cómo anda el frasco? . . .   45
                —Tuavía

---

[109] Tradúzcase: "dashed off to inform the police."
[110] Tradúzcase: "the moment he saw the Devil."
[111] Se desentendió: "paid no attention."
[112] Valido: "making use of."
[113] Cielo o cielito, baile popular entre los campesinos argentinos hasta 1850.
[114] Tradúzcase: "There was no way to get her to dance; the blond became stubborn."
[115] De valde (en balde): "in vain."
[116] Derretirse.
[117] Arrocinar: "to tame."
[118] Cabrestiar (cabestrear): "to be led by the halter."
[119] Balsa (valsa): "waltz, step of the *cielito*"; bastonero mamao (mamado): "drunken dance leader."
[120] Píqueló: "cut it fine."
[121] Tradúzcase: "Go on (give him the whip a while longer); he's just beginning to sweat."

hay con que hacer medio día:
ahí lo tiene, priéndalé. . . .[122]

   Tenía hecha la intención
de ir a la fonda de un gringo
5 después de bañar el pingo . . .
—Pues vámonós del tirón.[123]

—Aunque ando medio delgao,
don Pollo, no le permito
que me merme ni un chiquito
10 del cuento que ha comenzao.

—Pues entonces allá va.
Otra vez el lienzo alzaron
y hasta mis ojos dudaron
lo que vi . . . ¡barbaridá!

15 ¡Qué quinta! ¡Virgen bendita!
¡Viera, amigaso, el jardín!
Allí se vía el jazmín,
el clavel, la margarita,

   el toronjil, la retama,[124]
20 y hasta estatuas, compañero;
al lao de ésa, era un chiquero
la quinta de don Lezama.[125]

   Entre tanta maravilla
que allí había y, medio a un lao,

habían edificao   25
una preciosa casilla.

   Allí la rubia vivía
entre las flores como ella,
allí brillaba esa estrella
que el pobre Dotor seguía.   30

   Y digo *pobre Dotor*,
porque pienso, don Laguna,
que no hay desgracia ninguna
como un desdichado amor.

   —Puede ser; pero, amigaso,   35
yo en las cuartas no me enriedo,
y, en un lance en que no puedo,
hago de mi alma un cedaso.[126]

   Por hembras yo no me pierdo.[127]
La que me empaca su amor   40
pasa por el cernidor[128]
y . . . si te vi, no me acuerdo.[129]

   Lo demás es calentarse
el mate, al divino ñudo . . .[130]
—¡Feliz quien tenga ese escudo   45
con que poder rejuardarse![131]

   Pero usté habla, don Laguna,
como un hombre que ha vivido

---

122 Priéndalé: "have a swig!" En las estrofas omitidas, Laguna confiesa que todavía no ha almorzado y tiene hambre, pero antes de comer quiere oír todo el relato.

123 Del tirón: "at once."

124 Toronjil: "lemon balm"; retama: "Spanish broom."

125 Tradúzcase: "in comparison with that one, Lezama's estate was a pigpen." Referencia a la residencia bonaerense de José Gregorio Lezama, millonario argentino. La convirtió en parque que legó a la ciudad.

126 Tradúzcase: "I don't get tangled up in the harness and in crises which I can't handle I become a sieve (letting problems fall through without affecting him)."

127 Tradúzcase: "I don't lose my head."

128 Empaca: "refuses"; cernidor (cedazo): "sieve."

129 Refrán que manifiesta la rapidez con que se olvida algo.

130 Al divino ñudo (yugo) del matrimonio.

131 Rejuardarse (resguardarse): "to protect, defend himself."

sin haber nunca querido
con alma y vida a ninguna.

Cuando un verdadero amor
se estrella en un alma ingrata,
5 más vale el fierro que mata,
que el fuego devorador.

Siempre ese amor lo persigue
a donde quiera que va:
es una fatalidá
10 que a todas partes lo sigue.

Si usté en su rancho se queda,
o si sale para un viaje,
es de valde: no hay paraje
ande olvidarla usté pueda.

15 Cuando duerme todo el
mundo,
usté sobre su recao
se da güelta, desvelao,
pensando en su amor profundo.

Y si el viento hace sonar
20 su pobre techo de paja,
cree usté que es ella que baja
sus lágrimas a secar.

Y si en alguna lomada
tiene que dormir al raso,[132]
25 pensando en ella, amigaso,
lo hallará la madrugada. . . .[133]

—Güeno, amigo, así será,
pero me ha sentao el cuento . . .
—¡Qué quiere! Es un
sentimiento . . .
Tiene razón, allá va.   30

Pues, señor, con gran misterio,
traindo en la mano una cinta,
se apareció entre la quinta
el sonso de don Silverio.

Sin duda alguna saltó   35
las dos zanjas de la güerta,[134]
pues esa noche su puerta
la mesma rubia cerró.

Rastriándolo se vinieron
el Demonio y el Dotor   40
y tras del árbol mayor
a aguaitarlo[135] se escondieron.

Con las flores de la güerta
y la cinta, un ramo armó
don Silverio, y lo dejó   45
sobre el umbral de la
puerta. . . .[136]

El Diablo entonces salió
con el Dotor y le dijo:
"Esta vez priende de fijo
la vacuna, créaló."[137]   50

Y, el capote haciendo a un lao,
desenvainó allí un baulito

---

[132] Lomada: "small hill, hillock"; al raso: "in the open air."
[133] En las estrofas omitidas de esta segunda divagación romántica, Pollo sigue describiendo el sufrimiento amoroso.
[134] Tradúzcase: "Undoubtedly he jumped over the two ditches around the garden."
[135] Rastriándolo (rastreándolo): "trailing him"; aguaitarlo: "to spy on him."
[136] En las estrofas omitidas, los gauchos se indignan de que Silverio le ofreciera "las mesmas flores de ella."
[137] Tradúzcase: "This time it will work, believe me."

y jue y lo puso juntito
al ramo del abombao.[138]

—¡No me hable de ese
mulita![139]
¡Qué apunte para una banca![140]
5 ¿A que[141] era mágica blanca
lo que trujo en la cajita?

—Era algo más eficaz
para las hembras, cuñao;
verá si las ha calao
10 de lo lindo Satanás.[142]

Tras del árbol se escondieron
ni bien cargaron la mina,
y, más que nunca divina,
venir a la rubia vieron.

15 La pobre, sin alvertir,
en un banco se sentó,
y un par de medias sacó
y las comenzó a surcir.[143]

Cinco minutos por junto,
20 en las medias trabajó,
por lo que carculo yo
que tendrían sólo un punto.[144]

Dentró a espulgar un rosal
por la hormiga consumido,
25 y entonces jue cuando vido
caja y ramo en el umbral.

Al ramo no le hizo caso,
y enderezó a la cajita,
y sacó... ¡Virgen bendita!
¡Viera qué cosa, amigaso!   30

¡Qué anillo, qué prendedor!
¡Qué rosetas soberanas!
¡Qué collar! ¡Qué carabanas![145]
—¡Vea el Diablo tentador!

—¿No le dije, don Laguna?   35
La rubia allí se colgó
las prendas, y apareció
más platiada que la luna.

En la caja, Lucifer
había puesto un espejo...   40
—¿Sabe que el Diablo, canejo,
la conoce a la mujer?

—Cuando la rubia bastaba
tanto mirarse en la luna,[146]
se apareció, don Laguna,   45
la vieja que la cuidaba.

¡Viera la cara, cuñao,
de la vieja al ver brillar
como reliquias de altar
las prendas del condenao!   50

"¿Diáonde este lujo sacás?"
la vieja, fula, [147] decía,

---

138 Tradúzcase: "And, pushing aside his cape, he took out a little jewel case and placed it beside the dumbbell's bouquet."
139 Mulita: "nitwit."
140 Tradúzcase: "What stakes for a game of *banca* (card game)!"
141 A que: "I'll bet."
142 Tradúzcase: "how perfectly Satan sees through (understands) them."
143 Surcir (zurcir): "to darn, mend."
144 Carculo (calculo): "I calculate"; punto: "hole."
145 Carabanas: "earrings."
146 El espejo.
147 Diáonde: de dónde; fula: atónita.

cuando gritó: "¡Avemaría!"
en la puerta, Santanás.

"¡Sin pecado![148] ¡Dentre,
señor!"

"¿No hay perros?"—"¡Ya los
ataron!"
5 Y ya también se colaron
el Demonio y el Dotor.

El Diablo allí comenzó
a enamorar a la vieja
y el Dotorcito a la oreja
10 de la rubia se pegó.

—¡Vea el Diablo haciendo
gancho![149]
—El caso jue que logró
reducirla y la llevó
a que le amostrase un
chancho.[150]

15 —¿Por supuesto, el Dotorcito
se quedó allí mano a mano?
—Dejuro, y ya verá, hermano,
la liendre[151] que era el mocito.

Corcobió[152] la rubiecita
20 pero al fin se sosegó
cuando el Dotor le contó
que él era el de la cajita.

Asigún lo que presumo,
la rubia aflojaba laso,
porque el Dotor, amigaso,   25
se le quería ir al humo.[153]

La rubia lo malició
y por entre las macetas
le hizo unas cuantas gambetas[154]
y la casilla ganó.   30

El Diablo tras de un rosal,
sin la vieja apareció . . .
—¡A la cuenta[155] la largó
jediendo entre algún maizal!

—La rubia, en vez de acostarse, 35
se lo pasó en la ventana
y allí aguardó la mañana
sin pensar en desnudarse.

Ya la luna se escondía
y el lucero se apagaba,   40
y ya también comenzaba
a venir clariando el día. . . .[156]

El Diablo dentró a retar
al Dotor y, entre el responso,[157]
le dijo: "¿Sabe que es sonso?   45
¿Pa qué la dejó escapar?

"Áhi la tiene en la ventana:
por suerte no tiene reja

---

[148] Forma de salutación y respuesta muy común entre campesinos.
[149] Haciendo gancho: "helping as a go-between."
[150] Tradúzcase: "to show him a pig."
[151] Dejuro (de juro): "certainly"; liendre: "expert, clever fellow."
[152] Corcorbió (corcoveó); "cut capers, bucked."
[153] Tradúzcase: "tried to keep him at a distance (loosened the lasso), because the Doctor wanted to get his hands on her."
[154] Tradúzcase: "The blond tricked him and dodged around the flower pots."
[155] A la cuenta: "I'll bet."
[156] En las estrofas omitidas Pollo sigue describiendo el amanecer.
[157] Tradúzcase: "The Devil started to blame the Doctor and, during his scolding . . ."

y antes que venga la vieja
aproveche la mañana."

Don Fausto ya atropelló
diciendo: "¡Basta de ardiles!"
5 La cazó de los cuadriles[158]
y ella ... ¡también lo abrazó!

—¡Óiganlé a la dura![159]
—En esto
bajaron el cortinao.
10 Alcance el frasco, cuñao.
—A gatas le queda un resto.

V

—Al rato el lienzo subió
y, deshecha y lagrimiando,
contra una máquina hilando
15 la rubia se apareció.

La pobre dentró a quejarse
tan amargamente allí,
que yo a mis ojos sentí
dos lágrimas asomarse.

20 —¡Qué vergüenza!
—Puede ser:
pero, amigaso, confiese
que a usted también lo enternece
el llanto de una mujer.

25 Cuando a usté un hombre lo
ofiende,
ya, sin mirar para atrás,
pela el flamenco y ¡sas! ¡tras![160]
dos puñaladas le priende.

Y cuando la autoridá
la partida le ha soltao,[161]   30
usté en su overo rosao
bebiendo los vientos va. ...

Pasa el tiempo, vuelve al pago
y cuanto más larga ha sido
su ausiencia, usté es recebido   35
con más gusto y más halago.

Engaña usté a una infeliz
y, para mayor vergüenza,
va y le cerdea la trenza
antes de hacerse perdiz.[162]   40

La ata, si le da la gana,
en la cola de su overo,
y le amuestra al mundo entero
la trenza de ña Julana.[163]

Si ella tuviese un hermano,   45
y en su rancho miserable
hubiera colgao un sable
juera otra cosa, paisano.

Pero sola y despreciada
en el mundo, ¿qué ha de hacer?   50
¿A quién la cara volver?
¿Ande llevar la pisada?

Soltar al aire su queja
será su solo consuelo,
y empapar con llanto el pelo   55
del hijo que usté le deja.

Pues ese dolor projundo
a la rubia la secaba[164]

---

158 Tradúzcase: "Faust then rushed forward saying, 'Enough of these tricks!' He caught her by the haunches."
159 Tradúzcase: "How the hardhearted girl has softened!"
160 Tradúzcase: "you pull out your knife and swish, slash!"
161 Tradúzcase: "has let loose the posse on you."
162 Tradúzcase: "you go and cut off her braid before disappearing."
163 Amuestra (muestra): show; ña (doña) Julana (Fulana): "Miss So-and-So."
164 Secaba: "was withering."

y por eso se quejaba
delante de todo el mundo.

Aura, confiese, cuñao,
que el corazón más calludo
5 y el gaucho más entrañudo[165]
allí habría lagrimiao. . . .[166]

Yo presumo que el Dotor,
hostigao por Satanás,
quería otras hojas más
10 de la desdichada flor.

A la ventana se arrima
y le dice al condenao:
"Déle no más, sin cuidao,
aunque reviente la prima.". . .[167]

15 El Diablo a gatas tocó
las clavijas y, al momento,
como un arpa, el istrumento
de tan bien templao sonó. . . .

No bien llegaba al final
20 de su canto, el condenao,
cuando el Capitán, armao,
se apareció en el umbral.

—Pues yo en campaña lo
hacía . . .
—Daba la casualidá[168]

que llegaba a la ciudá   25
en comisión, ese día.

—Por supuesto, hubo
fandango . . .[169]
—La lata ahí no más peló
y al infierno le aventó
de un cintaraso el changango.[170]   30

—¡Lindo el mozo!
                    —¡Pobrecito!
—¿Lo mataron?
                    —Ya verá:
Peló un corbo[171] el Dotorcito   35
y el Diablo . . . ¡barbaridá!

desenvainó una espadita
como un viento; lo embasó[172]
y allí no más ya cayó
el pobre . . .   40
                    —Ánima bendita!

—A la trifulca y al ruido
en montón la gente vino . . .
—¿Y el Dotor y el asesino?
—Se habían escabullido.   45

La rubia también bajó
y viera aflición, paisano,
cuando el cuerpo de su hermano
bañado en sangre miró.

[165] Calludo: "calloused"; entrañudo: "heardhearted."
[166] En las estrofas omitidas Pollo cuenta que apareció una iglesia en que trató de entrar la rubia, pero el Diablo no se lo permitió y ella se volvió a casa. Allí le persiguieron de nuevo el Diablo y Fausto. Sigue una descripción de la noche y las estrellas.
[167] "Give it to her now, without worrying, even though the first string (of the guitar) breaks."
[168] Tradúzcase: "Why, I thought he was out on a military campaign." "It so happened . . ."
[169] Fandango: "row, fight."
[170] Tradúzcase: "Immediately he drew his sword and with a slash smashed the guitar to hell."
[171] Sacó una espada curva.
[172] Embasó (envasó): "ran him through with the sword."

A gatas medio alcanzaron   Bajaron el cortinao,   5
a darse una despedida,   de lo que yo me alegré . . .
porque en el cielo, sin vida,   —Tome el frasco, priéndalé.
sus dos ojos se clavaron.   —Sírvasé no más, cuñao. . . .[173]

[173] Tradúzcase: "After you, pal." En el sexto y último canto Pollo termina su interpretación de la ópera. Después de una divagación en que se compara a la mujer con una flor a la que el gusano estropea, Pollo cuenta que la rubia estaba encarcelada por haber matado a su hijo ilegítimo. Al entrar en la celda Fausto y el Diablo, la rubia, delirante, cae muerta. Su alma sube al cielo donde es recibida por San Miguel. Fausto se arrodilla pidiendo gracia. El Diablo huye bajo tierra. Pollo y Laguna se dirigen a una fonda para comer; éste, muy agradecido por el relato, insiste en pagar la cuenta.

Hilario Ascasubi

(1807-75)

Tal vez la vida más romántica y aventurera de todos los proscritos argentinos fue la de Hilario Ascasubi, que dentro de la mejor tradición española aunó la espada y la pluma. Nació en la provincia de Córdoba, de padre vasco, mientras su madre iba de viaje; se cuenta que el parto tuvo lugar debajo de una carreta en plena pampa durante una tempestad. A los doce años se escapó de le escuela y huyó a bordo de un barco hacia los Estados Unidos. El barco, en que él hacía de tambor, fue apresado por portugueses y conducido a Lisboa. Se fugó de su encarcelamiento allí para viajar por Francia e Inglaterra antes de regresar a Argentina por Chile.

De vuelta en su patria, estableció en Salta una imprenta para publicar versos patrióticos, lo que le acarreó serios disgustos con el gobernador de la provincia. Entró en el ejército unitario para luchar contra Juan Manuel Rosas, que en 1830 lo aprisionó por unos dos años, tratándolo muy mal. Durante su prisión empezó a escribir poesía de tema gauchesco, que conocía muy bien. Al fin se escapó saltando el muro de la cárcel de unos diez metros de altura.

Refugiado en Montevideo en 1832, estableció con éxito una panadería para ganar dinero y equipar un barco contra el dictador. Compuso entonces romances que pretendían ser de un gaucho alistado en el ejército que fulminaba imprecaciones contra Rosas. Estos poemas, la mayoría llamados "diálogos," fueron recogidos y publicados con el título de *Paulino Lucero, o los gauchos del Río de la Plata cantando y combatiendo contra los tiranos de las Repúblicas Argentina y Oriental del Uruguay* (1839-51). También redactó un periódico en 1839, *El Gaucho en Campaña*, y otro en 1843, *El Gaucho Jacinto Cielo*. En 1837 se casó con una uruguaya de la que tuvo trece hijos.

Después de la derrota de Rosas, Ascasubi volvió a Buenos Aires y publicó un periódico, *Aniceto el Gallo* (1853-59), que contenía prosa y poesía en defensa de los Unitarios y ataque a los sucesores del caudillo bonaerense. Invirtió dinero en la construcción del Teatro Colón terminado en 1857; pero al ser éste destruido por el fuego, perdió su fortuna. Cuando Bartolomé Mitre llegó a ser presidente de la Argentina, dio al poeta un puesto en París donde pasó con su familia los diez años más felices y tranquilos de su vida, conociendo a distinguidos literatos franceses como Alfred de Musset. Regresó a Buenos Aires en 1873, muriendo dos años después.

En París terminó y publicó su obra maestra, *Santos Vega o Los mellizos de la Flor* (1872), que había comenzado a escribir en 1851. Recoge la leyenda gauchesca de Santos Vega, el payador invencible que por fin es derrotado por el talento musical y poético del diablo; pero el interés principal se centra en la historia de dos mellizos nacidos en la estancia La Flor. Pronto quedan huérfanos, y el patrón Faustino Bejarano con su esposa doña Estrella los cría al lado de su propio hijo, Angelito. El uno, Luis, representa el mal; el otro, Jacinto, el bien. A través de su conducta, Ascasubi ofrece todos los aspectos, buenos y malos, de la vida gauchesca. Muy detallista en la descripción de tipos y costumbres, *Santos Vega* contiene una infinidad de noticias sobre los gauchos y a veces logra toques deliciosos de picante humor o de fino sentimiento de la naturaleza.

La leyenda de Santos Vega fue luego recreada en cincuenta y cinco décimas y lenguaje culto, no gauchesco, por Rafael Obligado, que le dio un sentido transcendente. También Bartolomé Mitre (1821–1906), presidente de la Argentina y hombre de extensa cultura, autor de novelas y dramas, dejó en sus *Rimas* (1854) una evocación del legendario payador, siendo en realidad el primero en tratar el asunto.

SANTOS VEGA
O LOS MELLIZOS DE LA FLOR
(1872)

XII

LOS MELLIZOS

Un tal Bruno Salvador
porteñazo lenguaraz,

era entonces capataz
de la Estancia de la Flor.
Por mozo trabajador   5
don Faustino le quería,[1]
y a boca llena decía

---

[1] Dueños de la Estancia de la Flor eran el andaluz Faustino Bejarano y su esposa la porteña doña Estrella. Al cabo de muchos años tuvieron un hijo, Angelito. Bruno Salvador era el padre de los dos mellizos. Porteñazo lenguaraz: "bilingual overseer from Buenos Aires."

que Bruno era sin igual,
honrao a carta cabal
y terne si se ofrecía[2]

Bruno era recién casao
5 con una rubia preciosa;
ansí quería a su esposa
con un cariño estremao;
pero fue tan desgraciao
que al primer año enviudó,
10 pues la moza se murió
en un parto de mellizos,
tan grandes y tan rollizos
que al parirlos sucumbió.

Esa fatal desventura
15 a Salvador en seguida
también le costó la vida,
y lo echó a la sepultura.
Luego, llenos de tristura[3]
doña Estrella y el patrón,
20 movidos de compasión
por la yunta de guachitos,[4]
tomaron los mellicitos
bajo su protección.

Allí en la estancia se criaron
25 con Angelito a la vez,
y muchos días los tres
de un mesmo pecho mamaron;
y al istante que asomaron
(como quien dice) la espuela
30 de gallitos,[5] a la escuela

allí se les destinó,
donde cada uno empezó
a demostrar su entretela,

o aquella disposición
con que, a poco de nacer,   35
da un muchacho a conocer
su buen o mal corazón.
Así, desde charabón,
el mellizo más flauchín
descubrió[6] un alma tan ruin   40
y perversa de tal modo
que con buena crianza y todo
salió un saltiador al fin.

Éste se llamaba Luis,
y el otro hermano Jacinto,   45
criatura de un istinto
humilde como perdiz;
así a ser hombre feliz
trabajando consiguió,
porque el patrón lo estimó   50
y doña Estrella también
y el patroncito, con quien
como hermano se trató.

Pero Luis, un cuchillero[7]
fue a los siete años no más,   55
y mal pegador de atrás,[8]
vengativo y camorrero;
y era su gusto a un cordero,
todavía mamoncito,
enlazarlo y maniadito[9]   60

---

[2] Tradúzcase: "and said openly that Bruno was without equal, honest in every respect and brave, when the occasion demanded."
[3] Tristeza.
[4] Yunta de gauchitos: "pair of orphans."
[5] Metáfora tomada de las aves para indicar la aparición de las características innatas de los muchachos.
[6] Tradúzcase: "So, since he was a small boy, the weaker twin revealed . . ."
[7] Aficionado al manejo del cuchillo.
[8] Tradúzcase: "one who hits (attacks) from behind."
[9] Maniadito (maneado): "hobbled, bound."

echarlo vivo al fogón;
y en verlo hacer chicharrón
se gozaba el muchachito.

Una tarde a un pobre ciego
5 limosnero lo llevó
y por gusto lo sentó
sobre unas brasas de fuego;
y otra ocasión a un gallego
que le enseñó la dotrina,
10 le trujo de la cocina
un cimarrón, de humorada,
con la bombilla caldiada,
y le quemó la bocina.[10]

Yo no he visto travesuras
15 como las de ese maldito,
pues cuasi mató a Angelito
en una de sus diabluras,
llevándoló medio a oscuras
a un galpón, sin más asunto
20 que darle un susto por junto.

Ansí en cuanto lo metió,
sobre un borracho lo echó,
diciéndolé: "¡Es un difunto!"

Tan espantoso alarido
25 de susto el niño pegó,
que, al grito, el padre salió

corriendo y despavorido.
Entonces Luis, aturdido,
quiso juirle y trompezó,[11]
de manera que rodó   30
a los pies de don Faustino,
que encima del guacho vino
y medio se desnucó.

Doña Estrella, cuasi muerta
de susto del alarido,   35
corrió atrás de su marido
con tamaña boca abierta,
y también junto a la puerta
sobre un mastín se cayó;
el cual la desconoció,   40
pues, en ancas del porrazo,[12]
de un mordiscón un pedazo
de las nalgas le arrancó.

Alzaron luego en seguida
al niño Angel desmayao,   45
al patrón descuadrillao,
y a la señora mordida;
y de áhi principió la vida
delincuente de Luisito;
añadiendo a su delito   50
que esa noche se juyó,
y a su hermano le robó
el poncho y un puñalito. . . .

---

10 Tradúzcase: "as a joke, a cup of maté (South American tea) with the tube
heated hot, which burned his big mouth."
11 Tropezó.
12 Además del golpe (de la caída.)

José Hernández

(1834–86)

El mester de gauchería alcanzó su cumbre artística en el *Martín Fierro* (1872) de José Hernández. Cuando el gaucho se veía perseguido por los elementos progresistas de la Argentina y se encontraba a punto de desaparecer para siempre, se publicó aquella obra como denuncia de una política y como testamento de una raza. Hernández nació en el caserío de Perdriel cerca de Buenos Aires, heredando sangre gaucha por parte del padre y noble de la madre. Mientras éstos se hallaban en el sur de la provincia atendiendo a sus negocios, estuvo al cuidado de unos tíos que se encargaron de su educación elemental.

Con ellos, que se habían opuesto a Rosas, huyó en 1840 a la capital, hospedándose en casa del abuelo materno. Siguió estudios en el Liceo Argentino de San Telmo hasta que, muerta su madre, el padre se lo llevó consigo a las pampas en 1846: así el futuro escritor entró en contacto directo con el gaucho. Acompañó al autor de sus días en los negocios de ganado y, como él, se hizo Federal, alistándose en el ejército de Rosas, al revés que los otros grandes románticos argentinos, todos ellos Unitarios y liberales. De ahí surgió su antipatía con Sarmiento, que duraría toda la vida.

Derrotado Rosas en 1852, Hernández permaneció fiel a sus ideales, ingresando en 1856 en el Partido Federal Reformista. Resultaron serios disgustos y persecuciones que le obligaron a refugiarse en Paraná en 1858; trabajó allí como empleado de una casa comercial, se relacionó con otros escritores y participó en actividades políticas y periodísticas. Residió también en las provincias de Entre Ríos y Corrientes, fijando en 1868 su morada en Buenos Aires donde fundó el periódico *El Río de la Plata* (1869–70). Durante todo esos años intervino en las escaramuzas militares de los dos partidos políticos argentinos que de hecho mantenían una sorda y prolongada guerra civil.

Cuando los federales fueron definitivamente vencidos en la batalla de Naembé (1871) en la que Hernández estaba presente, éste tuvo que exiliarse en el Brasil, viviendo en Santa Ana do Livramento hasta 1872: allí comenzó la redacción de *Martín Fierro*. Durante un breve regreso a Buenos Aires, publicó su obra maestra, lo que no impidió que, perseguido por Sarmiento, tuviera que huir a Montevideo en 1873. Llegó a tener su cabeza puesta a precio por el ilustre autor de *Facundo*. Al ocupar la presidencia Nicolás Avellaneda en 1875, Hernández retornó a la capital porteña, colaborando con el nuevo gobierno en su política de conciliación nacional y ocupando los cargos de diputado y senador.

Murió en 1886 sin ver reconocido el mérito literario de su *Martín Fierro*: la gente culta de Buenos Aires no se interesaba ya por tales asuntos; pero en las provincias y entre los gauchos el poema era muy popular, reeditándose constantemente, vendiéndose muchísimo y siendo leído en voz alta en tertulias y corrillos. No obstante, en los funerales del escritor alguien profetizó el éxito futuro entre los hombres de cultura. Éste se logró durante el modernismo gracias a los elogios de Leopoldo Lugones, que en él veía la vida heroica de la raza, y de Miguel de Unamuno, que consideraba encerrada en él el alma esencial hispanoargentina.

Hernández escribió también numerosos artículos periodísticos de caracter político y dos extensos trabajos en prosa, la *Vida del Chacho* (1863), biografía del general federal Ángel Vicente Peñaloza, asesinado trágica y bárbaramente por unos militares unitarios, e *Instrucción del estanciero* (1881), que contiene consejos prácticos para la agricultura y la crianza de animales.

Tal como hoy se lo conoce, *Martín Fierro* consta de dos partes, el *Martín Fierro*, publicado en 1872 acompañado de una importante carta del autor donde expone sus propósitos de reflejar la verdadera realidad del gaucho, y *La vuelta de Martín Fierro* (1879), cuya calidad no es inferior a la primera. Entre las dos se nota una evolución en la actitud de Hernández ante el problema gauchesco, pues evidentemente no podía quedar indiferente a la marcha general del país. En la primera parte se insiste en la persecución de que es objeto el tipo; en la segunda, se describe la imposibilidad de mantener aquel sistema de vida y la necesidad de una progresiva asimilación a la sociedad constituida.

El argumento del poema es sencillo. Un juez de paz ha ordenado el reclutamiento de Fierro, que debe recoger inmediatamente sus pocos bienes, incluso el caballo, y abandonar a su china, sus hijos y su pago. En el ejército, el coronel lo despoja de todo lo que ha podido llevar consigo y lo emplea como obrero en su chacra, no como soldado para luchar contra los indios. Al cabo de tres años de malos tratos, el pobre gaucho se escapa y retorna a su casa para descubrir que sólo quedan las paredes: sus hijos han desaparecido; su mujer para no morir de hambre ha huido con otro hombre.

Al matar a un negro en una pulpería, Fierro se convierte en gaucho malo o bandido perseguido por la policía. Descubierto y cercado en la pampa, cuando está a punto de rendirse, uno de los perseguidores se pone de su lado admirado por su valor y entre los dos eliminan a los representantes de la ley. Es Cruz, un antiguo gaucho malo que había matado al amigo de su comandante por haber tratado éste de seducir a su mujer. Juntos ambos, se refugian entre los indios, único lugar que les queda. En La vuelta se sabe su suerte entre aquéllos: no fueron felices y se les obligó a habitar en toldos separados. Cruz murió durante una epidemia, pidiendo a su amigo que buscase a su hijo Picardía.

Fierro deja a los indios porque mata a uno en duelo y vuelve a su hogar, donde puede vivir sin temor, porque ya ha muerto el juez que lo condenó. Se entera del fallecimiento de su mujer y se encuentra con sus dos hijos, que le cuentan sus peripecias: uno había sido encarcelado y el otro engañado por un guardián deshonesto. Los tres tropiezan con Picardía, que les narra sus fechorías de tahur. Todos ellos quisieran estar siempre juntos, pero saben que es imposible y se separan en busca de un empleo. La obra termina con los consejos de Fierro a los jóvenes y un lamento sobre la miseria del gaucho al que ya le faltan las cosas básicas: hogar, iglesia, escuela y derechos legales.

Como Facundo, como tantas obras románticas, Martín Fierro tiene un mensaje político y social. Opuesto a Sarmiento, Hernández trata de revalorizar al gaucho, cuyo prestigio en todos los aspectos había sufrido un grave quebranto desde la derrota de Rosas. Con el dictador, el gaucho había llegado a gozar de inmenso favor dentro de la sociedad argentina; pero al triunfar los liberales, y especialmente durante la presidencia de Sarmiento entre 1864 y 1868, fue reducido a su primitiva condición de vaquero, perseguido por criminal y postergado ante la inmigración europea, sobre todo de italianos que fueron apoderándose de las ricas tierras pamperas.

Hernández, con más tristeza que ira, con más moderación que violencia, como ante un destino irreversible, va protestando del reclutamiento forzoso del gaucho, del mal trato y abusos a que se le somete en el ejército, de los fraudes electorales en que se le obliga a votar contra su voluntad, de la pobreza y falta de lo esencial, en una palabra, de la injusticia de una sociedad contra uno de sus miembros. El escritor esboza el cuadro de una raza maldita y errante, sin lugar en el mundo, cuyo único crimen consiste en mantenerse fiel a la tradición, el duelo y el robo de ganado, porque nadie le ha educado de otra manera.

Martín Fierro esencialmente es un poema épico en cuanto narra la vida heroica de un hombre con sus costumbres, sus luchas, sus sentimientos. Ofrece, no obstante, curiosas peculiaridades que le dan un sello muy original dentro del género. Adecuándose al carácter popular del protagonista, aparece escrito en octosílabos, el verso del viejo romancero, no en cultos endecasílabos. La estrofa predominante es de seis versos y se la ha llamado décima decapitada, pero no faltan otros tipos como la seguidilla.

El elemento lírico es muy abundante, estando subordinado a la expresión de estados anímicos generalmente tristes y doloridos o a la descripción de la belleza del paisaje. Hernández ha sabido captar magníficamente la melancolía radical del alma gaucha y el esplendor de los desiertos argentinos, dejando una creación profundamente nacional. El lenguaje, muy realista, refleja el habla de los gauchos con todos sus vulgarismos y formas típicas de expresión, como refranes y sentencias.

El protagonista, Fierro, aunque forzado a una vida heroica de aventura y tensión emocional, no es un héroe tradicional. En él no hay grandeza ni sentimiento de la gloria o la fama. Es un hombre vulgar, de psicología vacilante, orgulloso a veces, pero tímido y retraído con frecuencia. Ni siquiera tiene un ideal para luchar, sino que víctima de su tiempo y de su sociedad se limita a defenderse o por la huída o por la agresión, cuando no hay otro remedio. Como a los románticos y a los héroes, el destino lo persigue; pero es un destino oscuro que no le deja esperanza alguna de sobrevivencia, destino de vencido, de ser condenado a desaparecer. *Martín Fierro*

es la epopeya de los desposeídos, de los humillados, de los perseguidos. Esto da al poema una modernidad innegable, una dimensión
universal y un puesto único en la literatura.

MARTÍN FIERRO
(1872)

I

MARTÍN FIERRO[1]

Aquí me pongo a cantar
al compás de la vigüela,[2]
que el hombre que lo desvela[3]
una pena extraordinaria,
5 como la ave solitaria[4]
con el cantar se consuela.

Pido a los santos del cielo
que ayuden mi pensamiento;
les pido en este momento
10 que voy a contar mi historia
me refresquen la memoria
y aclaren mi entendimiento.

Vengan santos milagrosos,
vengan todos en mi ayuda,
15 que la lengua se me añuda[5]
y se me turba la vista;
pido a mi Dios que me asista
en una ocasión tan ruda.

Yo he visto muchos cantores,
con famas bien otenidas,[6]   20
y que después de alquiridas
no las quieren sustentar:
parece que sin largar
se cansaron en partidas.[7]

Mas ande otro criollo pasa   25
Martín Fierro ha de pasar;
nada lo hace recular
ni las fantasmas lo espantan;
y dende que[8] todos cantan
yo también quiero cantar.   30

Cantando me he de morir,
cantando me han de enterrar,
y cantando he de llegar
al pie del Eterno Padre:
dende el vientre de mi madre   35
vine a este mundo a cantar.

Que no se trabe mi lengua[9]
ni me falte la palabra.
El cantar mi gloria labra,

---

[1] Así Hernández indica quien está cantando.
[2] Tradúzcase: "to the accompaniment of the guitar."
[3] La forma correcta sería: que el hombre a quien lo desvela.
[4] "La" ave en vez de lo correcto gramaticalmente: el ave.
[5] Tradúzcase: "my tongue gets twisted (stuck in my throat)."
[6] Para estos dialectalismos gauchescos, véase la sección "Nota sobre el habla gauchesca."
[7] Partidas: "trial races." Antes de comenzar la carrera principal, había partidas para cansar al caballo del competidor.
[8] Dende (desde) que: puesto que.
[9] Tradúzcase: "Let me not become tongue-tied."

y poniendomé a cantar,
cantando me han de encontrar
aunque la tierra se abra.

Me siento en el plan de un bajo
5 a cantar un argumento;[10]
como si soplara un viento
hago tiritar los pastos.
Con oros, copas y bastos[11]
juega allí mi pensamiento.

10   Yo no soy cantor letrao;
mas si me pongo a cantar
no tengo cuando acabar
y me envejezco cantando.
Las coplas me van brotando
15 como agua de manantial.

Con la guitarra en la mano
ni las moscas se me arriman;
naides me pone el pie encima,
y cuando el pecho se entona,
20 hago gemir a la prima
y llorar a la bordona.[12]

Yo soy toro en mi rodeo
y torazo en rodeo ajeno;[13]
siempre me tuve por güeno,
25 y si me quieren probar,
salgan otros a cantar
y veremos quién es menos.

No me hago al lao de la güeya
aunque vengan degollando;[14]
con los blandos yo soy blando   30
y soy duro con los duros,
y ninguno en un apuro
me ha visto andar tutubiando.[15]

En el peligro, ¡qué Cristos!,
el corazón se me enancha,[16]   35
pues toda la tierra es cancha,[17]
y de esto naides se asombre:
el que se tiene por hombre
donde quiera hace pata ancha.[18]

Soy gaucho, y entiendaló   40
como mi lengua lo explica:
para mí la tierra es chica
y pudiera ser mayor;
ni la víbora me pica
ni quema mi frente el sol.   45

Nací como nace el peje,[19]
en el fondo de la mar;
naides me puede quitar
aquello que Dios me dio:
lo que al mundo truje yo   50
del mundo lo he de llevar.

Mi gloria es vivir tan libre
como el pájaro del cielo;
no hago nido en este suelo,

---

10 Tradúzcase: "I'll sit down at the bottom of a hollow to sing my story."
11 Tradúzcase: "With diamonds, hearts, and clubs." Indica la libertad de sus pensamientos.
12 Tradúzcase: "nobody steps on (excels) me, and when my voice warms up I make the first string moan and the last one sob."
13 Tradúzcase: "I'm a bull in my own corral and a bigger one in other corrals."
14 Tradúzcase: "I won't step aside, even though the're slitting throats." Alusión tal vez a las guerras civiles en Argentina y Uruguay.
15 Tutubiando (titubeando): "wavering, hesitating."
16 Se reanima.
17 Cancha: "arena, battleground."
18 Tradúzcase: "takes a firm stand anywhere."
19 Pez.

ande hay tanto que sufrir;
y naides me ha de seguir
cuando yo remuento el vuelo.[20]

5 Yo no tengo en el amor
quien me venga con querellas;
como esas aves tan bellas
que saltan de rama en rama,
yo hago en el trébol mi cama
y me cubren las estrellas.

10 Y sepan cuantos escuchan
de mis penas el relato,
que nunca peleo ni mato
sino por necesidá,
y que a tanta alversidá
15 sólo me arrojó el mal trato.

Y atiendan la relación
que hace un gaucho perseguido,
que padre y marido ha sido
empeñoso y diligente,
20 y sin embargo la gente
lo tiene por un bandido.

II

Ninguno me hable de penas,
porque yo penando vivo,
y naides se muestre altivo
25 aunque en el estribo esté,
que suele quedarse a pie
el gaucho más alvertido.[21]

Junta esperencia en la vida
hasta pa dar y prestar
quien la tiene que pasar   30
entre sufrimiento y llanto;
porque nada enseña tanto
como el sufrir y el llorar.

Viene el hombre ciego al
    mundo,
cuartiándoló la esperanza,[22]   35
y a poco andar ya lo alcanzan
las desgracias a empujones.
¡La pucha!, que trae liciones
el tiempo con sus mudanzas.[23]

Yo he conocido esta tierra   40
en que el paisano vivía
y su ranchito[24] tenía
y sus hijos y mujer . . .
Era una delicia el ver
cómo pasaba sus días.   45

Entonces . . . cuando el lucero
brillaba en el cielo santo
y los gallos con su canto
nos decían que el día llegaba,
a la cocina rumbiaba[25]   50
el gaucho . . . que era un encanto.

Y sentao junto al jogón[26]
a esperar que venga el día
al cimarrón le prendía
hasta ponerse rechoncho,   55

---

20 Remuento (remonto) el vuelo: "I light out."
21 Tradúzcase: "nobody should be too proud, even if he's riding high, for even the most wide-awake gaucho can be thrown."
22 Tradúzcase: "hope dragging him along."
23 ¡La pucha!: "Gosh!" Orden: el tiempo con sus mudanzas trae lecciones.
24 Choza con paredes de barro, techo de paja y piso de tierra.
25 Hay que pronunciar "décian" y "diá" para que el verso tenga ocho sílabas. Este desplazamiento del acento es muy frecuente. Rumbiaba: "headed toward."
26 Fogón.

mientras su china dormía
tapadita con su poncho.[27]

Y apenas la madrugada
empezaba a coloriar,
5 los pájaros a cantar
y las gallinas a apiarse,[28]
era cosa de largarse
cada cual a trabajar.

Éste se ata las espuelas,
10 se sale el otro cantando,
uno busca un pellón blando,
éste un lazo, otro un rebenque,
y los pingos, relinchando,
los llaman dende el
palenque....[29]

15 ¡Ah tiempos!... ¡Si era un
orgullo
ver jinetiar un paisano!
Cuando era gaucho baquiano,
aunque el potro se boliase,
no había uno que no parase
20 con el cabestro en la mano.[30]

Y mientras domaban unos,
otros al campo salían,
y la hacienda recogían,

las manadas repuntaban,[31]
y ansí sin sentir pasaban   25
entretenidos el día.

Y verlos al cair la noche
en la cocina riunidos,
con el juego bien prendido[32]
y mil cosas que contar,   30
platicar muy divertidos
hasta después de cenar.

Y con el buche bien lleno
era cosa superior
irse en brazos del amor   35
a dormir como la gente,
pa empezar al día siguiente
las fainas[33] del día anterior.

Ricuerdo, ¡qué maravilla!,
cómo andaba la gauchada,   40
siempre alegre y bien montada
y dispuesta pa el trabajo;
pero hoy en el día..., ¡barajo!,
no se la ve de aporriada.[34]

El gaucho más infeliz   45
tenía tropilla de un pelo;
no le faltaba un consuelo[35]
y andaba la gente lista...

---

27 Tradúzcase: "drank his maté (South American tea) until his stomach was
swollen, while his girl slept, wrapped in his poncho."

28 Tradúzcase: "and the hens to come down from their roost (in the trees) . . ."

29 Pellón: "saddle pad"; rebenque: "riding whip"; pingos relinchando: "horses
neighing"; pelenque: "corral."

30 Tradúzcase: "In the case of expert gauchos (old hands), there wasn't one
who couldn't get to his feet with the halter in his hands, even though the colt
stumbled and fell."

31 Tradúzcase: "rounded up the cattle and gathered together the (scattered)
herd."

32 Tradúzcase: "with the fire burning well."

33 Buche: "craw, belly"; como la gente: "comfortably"; fainas (faenas): "chores."

34 ¡Barajo! exclamación violenta. Tradúzcase: "the gauchos (gauchada) are in
a miserable condition."

35 Tenía tropilla de un solo color, lo que se consideraba un lujo. Tropilla:
generalmente un conjunto de caballos amansados que obedecen a una yegua.
Consuelo: amor.

Tendiendo al campo la vista,
sólo vía hacienda y cielo. . . .

Venía la carne con cuero,
la sabrosa carbonada,
5 mazamorra bien pisada,[36]
los pasteles y el güen vino . . .
pero ha querido el destino,
que todo aquello acabara.

Estaba el gaucho en su pago[37]
10 con toda siguridá,
pero aura . . . , ¡barbaridá!,
la cosa anda tan fruncida,[38]
que gasta el pobre la vida
en juir de la autoridá.

15 Pues si usté pisa en su rancho
y si el alcalde lo sabe,
lo caza lo mesmo que ave,
aunque su mujer aborte . . .
¡No hay tiempo que no se acabe
20 ni tiento[39] que no se corte!

Y al punto dése por muerto
si el alcalde lo bolea,
pues áhi no más se le apea
con una felpa de palos.[40]
25 Y después dicen que es malo
el gaucho si los pelea.

Y el lomo le hinchan a golpes
y le rompen la cabeza,

y luego, con ligereza,
ansí lastimao y todo,   30
lo amarran codo con codo
y pa el cepo lo enderiezan.[41]

Áhi comienzan sus desgracias,
áhi principia el pericón;[42]
porque ya no hay salvación,   35
y que usté quiera o no quiera,
lo mandan a la frontera
o lo echan a un batallón.

Ansí empezaron mis males,
lo mesmo que los de tantos.   40
Si gustan . . . en otros cantos
les diré lo que he sufrido.
Después que uno está . . . perdido
no lo salvan ni los santos.

III

Tuve en mi pago en un tiempo   45
hijos, hacienda y mujer;
pero empecé a padecer,
me echaron a la frontera,
y ¡qué iba a hallar al volver!
tan sólo hallé la tapera.[43]   50

Sosegao vivía en mi rancho,
como el pájaro en su nido.
Allí mis hijos queridos
iban creciendo a mi lao . . .

---

[36] Carne con cuero: "meat barbecued with the hide on"; carbonada: "stew of meat, rice, corn, etc."; mazamorra bien pisada: "finely ground corn mush."
[37] Pago: "home place."
[38] Mala.
[39] Tiento: "thong."
[40] Tradúzcase: "if the sheriff gets mad at you (gets you with the bolas), for then and there he'll give you a beating." Las bolas consisten generalmente en tres piedras, forradas de cuero y atadas a un lazo. Se arrojan a las patas de un animal para derribarlo.
[41] Tradúzcase: "and take you to the stocks."
[42] Baile popular de la Argentina.
[43] Rancho en ruinas.

Sólo queda al desgraciao
lamentar el bien perdido.

Mi gala en las pulperías
era cuando había más gente
5 ponerme medio caliente,
pues cuando puntiao me
   encuentro
me salen coplas de adentro
como agua de la virtiente.[44]

Cantando estaba una vez
10 en una gran diversión;
y aprovechó la ocasión
como quiso el juez de paz.
Se presentó, y áhi no más
hizo una arriada en montón.[45]

15 Juyeron los más matreros
y lograron escapar.
Yo no quise disparar;[46]
soy manso y no había por qué,
muy tranquilo me quedé
20 y ansí me dejé agarrar.

Allí un gringo[47] con un órgano
y una mona que bailaba
haciéndonós rair estaba
cuando le tocó el arreo.[48]

¡Tan grande el gringo y tan feo!   25
¡Lo viera cómo lloraba![49]

Hasta un inglés sanjiador[50]
que decía en la última guerra
que él era de Inca-la-perra[51]
y que no quería servir,   30
tuvo también que juir
a guarecerse en la sierra.[52]

Ni los mirones salvaron
de esa arriada de mi flor;[53]
fue acoyarao el cantor   35
con el gringo de la mona;
a uno solo, por favor,
logró salvar la patrona.[54]

Formaron un contingente
con los que del baile arriaron;   40
con otros nos mesturaron,[55]
que habían agarrao también.
Las cosas que aquí se ven
ni los diablos las pensaron.

A mí el juez me tomó entre ojos 45
en la última votación:
me le había hecho el remolón
y no me arrimé ese día,
y él dijo que yo servía
a los de la esposición.[56]   50

---

44 Caliente, puntiao (punteado): "drunk"; virtiente (vertiente): "slope of roof."
45 Tradúzcase: "and then and there pinched (arrested) the whole bunch."
46 Matrero: "clever"; disparar: "to run away, flee."
47 En la Argentina, un extranjero, en particular, italiano.
48 Tradúzcase: "making us laugh, when it was his turn to be pinched."
49 Tradúzcase: "You should have seen how he wept."
50 Sanjiador: "ditch digger."
51 El gaucho quiere decir "Inglaterra."
52 Alude a la sierra al sur de la provincia de Buenos Aires.
53 Tradúzcase: "Not even the by-standers escaped from that dandy raid."
54 Acoyarao (acollarado): "hitched (collared)"; patrona: "boss's wife."
55 Mesturaron, arcaísmo por mezclaron.
56 El juez de paz se enojó porque Martín, sintiéndose perezoso ese día, no asistió a las elecciones y no votó; por eso creyó que Martín trabajaba para la oposición (esposición).

Y ansí sufrí ese castigo
tal vez por culpas ajenas,
que sean malas o sean güenas
las listas,[57] siempre me escondo:
5 yo soy un gaucho redondo
y esas cosas no me enllenan.[58]

Al mandarnos nos hicieron
más promesas que a un altar.
El juez nos jue a proclamar
10 y nos dijo muchas veces:
—Muchachos, a los seis meses
los van a ir a revelar.[59]

Yo llevé un moro de número.
¡Sobresaliente el matucho![60]
15 Con él gané en Ayacucho[61]
más plata que agua bendita.
Siempre el gaucho necesita
un pingo pa fiarle un pucho.[62]

Y cargué sin dar más güeltas[63]
20 con las prendas que tenía.
Jergas, poncho, cuanto había
en casa, tuito lo alcé.[64]
A mi china la dejé
media desnuda ese día. . . .

Ansí en mi moro escarciando   25
enderecé a la frontera.[65]
¡Aparcero!, si usté viera
lo que se llama cantón . . . ![66]
Ni envidia tengo al ratón
en aquella ratonera.   30

De los pobres que allí había
a ninguno lo largaron;
los más viejos rezongaron,
pero a uno que se quejó
en seguida lo estaquiaron[67]   35
y la cosa se acabó.

En la lista de la tarde
el jefe nos cantó el punto,
diciendo:—Quinientos juntos
llevará el que se resierte;   40
lo haremos pitar del juerte;[68]
más bien dése por dijunto.[69]

A naides le dieron armas,
pues toditas las que había
el coronel las tenía,   45
sigún dijo esa ocasión,
pa repartirlas el día
en que hubiera una invasión. . . .

---

[57] Listas: "lists of candidates at an election."
[58] Tradúzcase: "those things don't attract me."
[59] Revelar (relevar): "to relieve, let go."
[60] Moro de número: "fine dappled horse"; matucho: "old horse, nag."
[61] Uno de los pocos lugares específicos mencionados en el poema. Está al sur de la provincia de Buenos Aires.
[62] Tradúzcase: "A gaucho always needs a fast, spirited horse to win at the races."
[63] Tradúzcase: "And without further ado I loaded up . . ."
[64] Jergas: "saddle pads (cloths)"; tuito lo alcé: "I carried off everything."
[65] Tradúzcase: "So, on my dappled horse, I pranced ahead toward the frontier."
[66] Aparcero: "pal"; cantón: "temporary barracks."
[67] Estaquiaron (estaquearon): "staked." Ataron al reo de manos y pies a cuatro estacas.
[68] Lista: "roll call, muster"; cantó el punto: "made it clear"; quinientos juntos: "five hundred lashes"; resierte (desierte): "deserts"; pitar del juerte: "to make suffer."
[69] Tradúzcase: "might as well be dead."

¡Y qué indios ni qué servicio
si allí no había ni cuartel!
Nos mandaba el coronel
a trabajar en sus chacras,
5 y dejábamos las vacas
que las llevara el infiel.[70]

Yo primero sembré trigo
y después hice un corral,
corté adobe pa un tapial,
10 hice un quincho, corté paja ...
¡La pucha, que se trabaja
sin que le larguen ni un rial![71]

Y es lo pior de aquel enriedo
que si uno anda hinchando el
lomo
15 se le apean como un plomo ...[72]
¡Quién aguanta aquel infierno!
Si eso es servir al Gobierno,
a mí no me gusta el cómo.

Más de un año nos tuvieron
20 en esos trabajos duros;
y los indios, le asiguro,
dentraban cuando querían:
como no los perseguían
siempre andaban sin apuro. ...

25   Áhi empezaba el afán,
se entiende, de puro vicio,
de enseñarle el ejercicio

a tanto gaucho recluta
con un estrutor[73] ..., ¡qué ...
bruta![74]
que nunca sabía su oficio.   30

Daban entonces las armas
pa defender los cantones,
que eran lanzas y latones
con ataduras de tiento.
Las de juego no las cuento   35
porque no había municiones.

Y chamuscao[75] un sargento,
me contó que las tenían,
pero que ellas las vendían
para cazar avestruces;   40
y ansí andaban noche y día
dele bala a los ñanduces.[76]

Y cuando se iban los indios
con lo que habían manotiao,[77]
salíamos muy apuraos   45
a perseguirlos de atrás;
si no se llevaban más
es porque no habían hallao.

Allí sí se ven desgracias
y lágrimas y aflicciones.   50
Naides le pida perdones
al indio, pues donde entra
roba y mata cuanto encuentra
y quema las poblaciones.

---

70 Chacras: "farms." Orden: dejábamos que el infiel (el indio) se llevara las vacas.
71 Tapial: "(mud) wall"; quincho: "frame of reeds for walls and roofs"; paja: "thatch"; le larguen ni un rial: "their paying you even a cent."
72 Tradúzcase: "if you get your back up (resist), you'll be knocked down flat."
73 De puro vicio: "out of pure cussedness"; estructor: "instructor."
74 Exclamación violenta.
75 Chamuscao (chamuscado): "half drunk."
76 Tradúzcase: "shooting at the ostriches."
77 Robado.

No salvan de su juror
ni los pobres angelitos;[78]
viejos, mozos y chiquitos
los mata del mesmo modo,
5 que el indio lo arregla todo
con la lanza y con los gritos.

Tiemblan las carnes al verlo
volando al viento la cerda,[79]
la rienda en la mano izquierda
10 y la lanza en la derecha.
Ande enderiesa abre brecha,
pues no hay lanzaso que
pierda....

Sabe manejar las bolas
como naides las maneja.
15 Cuando el contrario se aleja
manda una bola perdida,[80]
y si lo alcanza, sin vida
es siguro que lo deja.

Y el indio es como tortuga
20 de duro para espichar;
si lo llega a destripar
ni siquiera se le encoge;
luego, sus tripas recoge,
y se agacha a disparar.[81]

25 Hacían el robo a su gusto
y después se iban de arriba;[82]

se llevaban las cautivas,
y nos contaban que a veces
les descarnaban los pieses,[83]
a las pobrecitas, vivas.   30

¡Ah, si partía el corazón
ver tantos males, canejo![84]
Los perseguíamos de lejos
sin poder ni galopiar;
y ¿qué habíamos de alcanzar   35
en unos bichocos[85] viejos?...

Una vez, entre otras muchas,
tanto salir al botón,
nos pegaron un malón
los indios, y una lanciada,[86]   40
que la gente, acobardada
quedó dende esa ocasión.

Habían estao escondidos
aguaitando atrás de un cerro...[87]
¡Lo viera a su amigo Fierro   45
aflojar como un blandito![88]
Salieron como maíz frito
en cuanto sonó un cencerro....

¡Qué vocerío!, ¡qué barullo,
qué apurar esa carrera!   50
La indiada todita entera
dando alaridos cargó.

---

[78] Criaturas, bebés.
[79] Cerda: "hair of horse's tail and mane."
[80] Bola perdida: "loose bola (detached from thong)."
[81] Espichar: "to die"; destripar: "to disembowel, gut"; se agacha a disparar: "bends over and flees."
[82] Impunemente.
[83] Tradúzcase: "they skinned the soles of their feet."
[84] Exclamación.
[85] Caballos inútiles para la carrera.
[86] Tradúzcase: "Finally, after much futile reconnoitering, the Indians, armed with lances (spears), raided us."
[87] Tradúzcase: "waiting behind a hill."
[88] Tradúzcase: "weaken like a coward."

¡Jue pucha![89] . . . y ya nos sacó
como yeguada matrera. . . .[90]

　Es de almirar la destreza
con que la lanza manejan.
5 De perseguir nunca dejan,
y nos traiban apretaos.
¡Si queríamos, de apuraos,
salirnos por las orejas![91]

　Y pa mejor de la fiesta,
10 en esa aflición tan suma,
vino un indio echando espuma[92]
y con la lanza en la mano
gritando:—Acabau, cristiano,
metau el lanza hasta el pluma.[93]

15 　Tendido en el costillar,
cimbrando[94] por sobre el brazo
una lanza como un lazo,
me atropeyó dando gritos.
Si me descuido . . . , el maldito
20 me levanta de un lanzaso.

　Si me atribulo o me encojo,
siguro que no me escapo.

Siempre he sido medio guapo;[95]
pero en aquella ocasión
me hacía buya el corazón　　25
como la garganta al sapo.[96]

　Dios le perdone al salvaje
las ganas que me tenía . . .
Desaté las tres marías[97]
y lo engatusé a cabriolas . . .[98]　30
¡Pucha! . . . , si no traigo bolas
me achura[99] el indio ese día.

　Era el hijo de un cacique,
sigún yo lo avirigüé.
La verdá del caso jue　　35
que me tuvo apuradazo,
hasta que al fin de un bolazo[100]
del caballo lo bajé.

　Áhi no más me tiré al suelo
y lo pisé en las paletas;　　40
empezó a hacer morisquetas
y a mezquinar la garganta . . .[101]
pero yo hice la obra santa
de hacerlo estirar la jeta.[102]

---

[89] Exclamación violenta.
[90] Tradúzcase: "and they chased us out like a herd of wild mares."
[91] Tradúzcase: "and they pressed us hard. Why, we were in such a hurry that we tried to fly over our horses' ears."
[92] Furioso.
[93] Tradúzcase: "It's all over, Christian; my lance is going into you as far as the feathers." Los indios ataban plumas a la lanza como a un metro de la punta. Se nota aquí la imitación del habla incorrecta del indio.
[94] Tradúzcase: "Leaning to one side, brandishing . . ."
[95] Valiente, atrevido.
[96] Tradúzcase: "my heart thumped like a toad's throat."
[97] Las tres Marías son las tres estrellas de la constelación Orión; aquí el término se aplica a las bolas.
[98] Tradúzcase: "made him turn a somersault."
[99] Destripa.
[100] Apuradazo: "hard pressed"; de un bolazo: "blow with the bolas."
[101] Tradúzcase: "I stepped on his shoulders; he began to try some tricks and to protect his throat."
[102] Estirar la jeta: "bite the dust (stretch his snout along the ground)."

Allí quedó de mojón[103]
y en su caballo salté;
de la indiada disparé,
pues si me alcanza, me mata,
5 y, al fin, me les escapé
con el hilo de una pata.[104]

IV

Seguiré esta relación,
aunque pa chorizo[105] es largo.
El que pueda, hágasé cargo
10 cómo andaría de matrero
después de salvar el cuero[106]
de aquel trance tan amargo.

Del sueldo nada les cuento,
porque andaba disparando.
15 Nosotros de cuando en cuando
solíamos ladrar de pobres:
nunca llegaban los cobres[107]
que se estaban aguardando.

Y andábamos de mugrientos
20 que el mirarnos daba horror;
les juro que era un dolor
ver esos hombres, ¡por Cristo!
En mi perra vida he visto
una miseria mayor.

25 Yo no tenía ni camisa
ni cosa que se parezca;

mis trapos sólo pa yesca
me podían servir al fin . . .
No hay plaga como un fortín
para que el hombre padezca. . . . 30

Y pa mejor,[108] hasta el moro
se me jue de entre las manos.
No soy lerdo . . . , pero, hermano,
vino el comendante un día
diciendo que lo quería 35
"pa enseñarle a comer grano."[109]

Afiguresé cualquiera
la suerte de este su amigo
a pie y mostrando el umbligo,
estropiao,[110] pobre y desnudo. 40
Ni por castigo se pudo
hacerse más mal conmigo.

Ansí pasaron los meses,
y vino el año siguiente,
y las cosas igualmente 45
siguieron del mesmo modo.
Adrede parece todo
para aburrir a la gente.

No teníamos más permiso
ni otro alivio la gauchada 50
que salir de madrugada,
cuando no había indio ninguno,
campo ajuera, a hacer boliadas,
desocando los reyunos.[111]

---

103 De mojón: "like a boundary marker (made of manure)."
104 Tradúzcase: "I escaped by the skin of my teeth."
105 Pa chorizo: "for a sausage (tale)."
106 Tradúzcase: "understand how smart I felt after saving my hide . . ."
107 Tradúzcase: "Of the wages I can tell you nothing, for they flew away. Sometimes we would bark, because we were as poor as dogs; the coppers (money) never arrived."
108 Y para colmo.
109 El caballo salvaje de la pampa suele comer hierba, no grano.
110 Umbligo (ombligo): "navel"; estropiao (estropeado): "abused, mistreated."
111 Tradúzcase: "to throw the bolas, crippling the legs of the government horses."

Y cáibamos al cantón
con los fletes aplastaos,
pero a veces, medio aviaos,
con plumas y algunos cueros,
5 que áhi no más con el pulpero[112]
los teníamos negociaos.

Era un amigo del jefe
que con un boliche estaba;
yerba y tabaco nos daba
10 por la pluma de avestruz,
y hasta le hacía ver la luz[113]
al que un cuero le llevaba.

Sólo tenía cuatro frascos
y unas barricas vacías,
15 y a la gente le vendía
todo cuanto precisaba.
A veces creiba que estaba
allí la proveduría.

¡Ah pulpero habilidoso!
20 Nada le solía faltar
¡aijuna! y para tragar
tenía un buche de ñandú.
La gente le dio en llamar
"El boliche de virtú."...[114]

25 Nos tenía apuntaos a todos
con más cuentas que un rosario,

cuando se anunció un salario
que iban a dar, o un socorro;[115]
pero sabe Dios qué zorro
se lo comió al comisario....[116]   30

Pa sacarme el entripao
vi al mayor, y lo fi a hablar.
Yo me le empecé a atracar,[117]
y como con poca gana
le dije:—Tal vez mañana   35
acabarán de pagar.

—¡Qué mañana ni otro día!—
al punto me contestó,
—La paga ya se acabó,
siempre has de ser animal.[118]   40
Me rái y le dije:—Yo...
no he recebido ni un rial.

Se le pusieron los ojos
que se le querían salir,[119]
y áhi no más volvió a decir   45
comiéndomé con la vista:
—Y ¿qué querés recebir
si no has dentrao en la lista?...[120]

Supo todo el comendante
y me llamó al otro día,   50
diciendomé que quería
averiguar bien las cosas,

---

112 Cáibamos (caíamos): "stumbled back"; fletes aplastaos (aplastados): "weary steeds"; medio aviaos (aviados): "fairly well loaded"; pulpero: "storekeeper."
113 Boliche: "store, bar"; yerba: "maté"; luz: "money."
114 Tradúzcase: "Son of a bitch! For drinking he had a stomach like an ostrich's. The people took to calling it (his store) 'The Bar of Justice.'"
115 Apuntaos (apuntados): "marked down (in the account book)"; socorro: "advance payment."
116 Tradúzcase: "but only God knows what fox gobbled it (our pay) up from the commissioner (paymaster)."
117 Tradúzcase: "To get the anger out of my system, I saw the Major and went to talk with him. I began to approach him ..."
118 Bruto, estúpido.
119 Tradúzcase: "His eyes popped."
120 Tradúzcase: "if your name isn't on the roll."

que no era el tiempo de Rosas,
que aura a naides se debía.[121]

Llamó al cabo y al sargento
y empezó la indagación
5 si había venido al cantón
en tal tiempo o en tal otro...
y si había venido en potro,
en reyuno o redomón.[122]

Y todo era alborotar
10 al ñudo, y hacer papel.
Conocí que era pastel
pa engordar con mi guayaca;[123]
mas si voy al coronel
me hacen bramar en la estaca....

V

15 Yo andaba desesperao,
aguardando una ocasión
que los indios un malón
nos dieran y entre el estrago
hacérmelés cimarrón[124]
20 y volverme pa mi pago.

Aquello no era servicio
ni defender la frontera:
aquello era ratonera

en que es más gato el más
juerte;[125]
era jugar a la suerte   25
con una taba culera....[126]

Ansina, pues, conociendo
que aquel mal no tiene cura,
que tal vez mi sepoltura
si me quedo iba a encontrar,   30
pensé en mandarme mudar[127]
como cosa más sigura.

Y pa mejor, una noche
¡qué estaquiada me pegaron!
Casi me descoyuntaron   35
por motivo de una gresca.
¡Aijuna!, si me estiraron
lo mesmo que guasca fresca.[128]

Jamás me puedo olvidar
lo que esa vez me pasó: 40
dentrando una noche yo
al fortín, un enganchao
que estaba medio mamao[129]
allí me desconoció.

Era un gringo tan bozal[130]   45
que nada se le entendía
¡Quién sabe de ande sería!

121 Tradúzcase: "that now everybody got his due." Alusión a la dictadura de Juan Manuel Rosas, derrocado en 1852, cuando algunos gauchos llegaron a ocupar puestos importantes en la Argentina, pero muchos en el ejército vivían en la miseria.
122 Tres clases de caballo. Potro: "colt"; reyuno: "government or wild horse"; redomón: "wild colt still being broken."
123 Tradúzcase: "And it was all useless noise and showing off. I knew that it was a trick to get fat on my money (purse)."
124 Tradúzcase: "and, during the commotion, to escape..."
125 Es decir, en que sólo gana el fuerte.
126 Taba culera: "loaded dice."
127 Desaparecer.
128 Tradúzcase: "they stretched me like a strip of fresh hide."
129 Enganchao (enganchado): "conscript"; mamao (mamado): "drunk."
130 Bruto, tonto.

Tal vez no juera cristiano,
pues lo único que decía
es que era *pa-po-litano*.[131]

Estaba de centinela,
5　y por causa del peludo[132]
verme más claro no pudo
y ésa jue la culpa toda.
El bruto se asustó al ñudo
y fi el pavo de la boda.[133]

10　Cuando me vido acercar:
—¿Quén vívore?—preguntó;
—¿Qué víboras?—dije yo;
—Hagarto—me pegó el grito.
Y yo dije despacito:
15　—Más lagarto serás vos....[134]

Por de contao, con el tiro
se alborotó el avispero;[135]
los oficiales salieron
y se empezó la junción:
20　quedó en su puesto el nación,
y yo fi al estaquiadero.[136]

Entre cuatro bayonetas
me tendieron en el suelo.
Vino el mayor medio en pedo,[137]

y allí se puso a gritar:　　25
—Pícaro, te he de enseñar
a andar declamando[138] sueldos.

De las manos y las patas
me ataron cuatro cinchones.
Les aguanté los tirones[139]　　30
sin que ni un ¡ay! se me oyera,
y al gringo la noche entera
lo harté con mis maldiciones.

Yo no sé por qué el Gobierno
nos manda aquí a la frontera　　35
gringada[140] que ni siquiera
se sabe atracar a un pingo.
¡Si crerá al mandar un gringo
que nos manda alguna fiera![141]

No hacen más que dar trabajo,　40
pues no saben ni ensillar,
no sirven ni pa carniar,[142]
y yo he visto muchas veces
que ni voltiadas las reses
se les querían arrimar....[143]　　45

VI

Vamos dentrando recién
a la parte más sentida,[144]

131 Papolitano (napolitano): "Neopolitan, Italian."
132 Borrachera.
133 Tradúzcase: "The blockhead got scared over nothing and I was the victim."
134 Martín se burla de la pronunciación del centinela italiano. ¿Quén vívore? (¿Quién vive?): "Who goes there?"; ¿Qué víboras?: "What snakes?"; Hagarto (Haga alto): "Halt"; lagarto: "thief (lizard)."
135 Tradúzcase: "Of course, with the shot, the place was in an uproar."
136 Nación: "foreigner, gringo"; estaquiadero (estaqueadero): "stakes."
137 Tradúzcase: "The boss came up half drunk."
138 Reclamando.
139 Cinchones: "leather straps"; tirones: "pulling, jerks."
140 Conjunto de gringos.
141 Fiera: "a fighting fiend!"
142 Matar un animal para utilizar su carne.
143 Tradúzcase: "not even when the cattle was thrown to the ground did they want to come near them."
144 Tradúzcase: "Now we are getting to the heart of the story."

aunque es todita mi vida
de males una cadena.
A cada alma dolorida
le gusta cantar sus penas.

5   Se empezó en aquel entonces
a rejuntar caballada,
y riunir la milicada¹⁴⁵
teniéndola en el cantón
para una despedición¹⁴⁶
10 a sorprender a la indiada.

Nos anunciaban que iríamos
sin carretas ni bagajes
a golpiar a los salvajes
en sus mesmas tolderías;
15 que a la güelta pagarían,
licenciándoló al gauchaje.

Que en esta despedición
tuviéramos la esperanza,
que iba a venir sin tardanza,
20 sigún el jefe contó,
un menistro o que sé yo,
que lo llamaban Don
Ganza....¹⁴⁷

Pero esas trampas no enriedan
a los zorros de mi laya;¹⁴⁸
25 que el menistro venga o vaya,
poco le importa a un matrero.

Yo también dejé las rayas . . .
en los libros del pulpero.¹⁴⁹

Nunca jui gaucho dormido,
siempre pronto, siempre listo.   30
Yo soy un hombre, ¡qué Cristo!,
que nada me ha acobardao,
y siempre salí parao¹⁵⁰
en los trances que me he visto.

Dende chiquito gané   35
la vida con mi trabajo,
y aunque siempre estuve abajo
y no sé lo que es subir,
también el mucho sufrir
suele cansarnos ¡barajo!   40

En medio de mi inorancia
conozco que nada valgo;
soy la liebre o soy el galgo
asigún los tiempos andan,¹⁵¹
pero también los que mandan   45
debieran cuidarnos algo.

Una noche que riunidos
estaban en la carpeta
empinando una limeta¹⁵²
el jefe y el juez de paz,   50
yo no quise aguardar más,
y me hice humo en un sotreta.¹⁵³

---

¹⁴⁵ Conjunto de caballos y conjunto de soldados.
¹⁴⁶ Expedición.
¹⁴⁷ Don Ganza: "Don Goose." Juego de palabras y alusión al coronel Martín de Gainza, ministro de la guerra durante la presidencia de Sarmiento (1868–74).
¹⁴⁸ Tradúzcase: "But those traps don't catch foxes of my kind."
¹⁴⁹ Dejó una cruz, en vez de firma, para pagar a plazos. Muchos gauchos eran analfabetos.
¹⁵⁰ Salí bien.
¹⁵¹ Tradúzcase: "I'm a hare or a hound, as the occasion demands."
¹⁵² Una noche que: "One night when"; carpeta: "bar"; empinando una limeta: "drinking from a bottle . . ."
¹⁵³ Me desaparecí montado en un viejo caballo.

Para mí el campo son flores
dende que libre me veo;
donde me lleva el deseo
allí mis pasos dirijo,
5 y hasta en las sombras, de fijo
que a donde quiera rumbeo....[154]

Volvía al cabo de tres años
de tanto sufrir al ñudo,
resertor, pobre y desnudo,
10 a procurar suerte nueva;
y lo mesmo que el peludo
enderecé pa mi cueva.[155]

No hallé ni rastro del rancho;
¡sólo estaba la tapera!
15 ¡Por Cristo, si aquello era
pa enlutar el corazón!
Yo juré en esa ocasión
ser más malo que una fiera.

¡Quién no sentirá lo mesmo
20 cuando ansí padece tanto!
Puedo asigurar que el llanto
como una mujer largué.
¡Ay mi Dios!, si me quedé
más triste que Jueves Santo.

25 Sólo se oiban los aullidos
de un gato que se salvó;
el pobre se guareció
cerca, en una vizcachera;[156]
venía como si supiera
30 que estaba de güelta yo.

Al dirme dejé la hacienda,
que era todito mi haber;[157]
pronto debíamos volver,
sigún el juez prometía,
y hasta entonces cuidaría   35
de los bienes la mujer.

Después me contó un vecino
que el campo se lo pidieron,
la hacienda se la vendieron
pa pagar arrandamientos,   40
y qué sé yo cuántos cuentos;
pero todo lo fundieron.[158]

Los pobrecitos muchachos,
entre tantas afliciones
se conchabaron de piones.[159]   45
Mas, ¡qué iban a trabajar,
si eran como los pichones
sin acabar de emplumar![160]

Por áhi andarán sufriendo
de nuestra suerte el rigor.   50
Me han contado que el mayor
nunca dejaba a su hermano.
Puede ser que algún cristiano
los recoja por favor.

¡Y la pobre mi mujer,   55
Dios sabe cuánto sufrió!
Me dicen que se voló
con no sé qué gavilán,
sin duda a buscar el pan
que no podía darle yo.   60

---

154 Tradúzcase: "I can certainly go where I want to."
155 Tradúzcase: "and, like the armadillo, I headed straight for my den (cave)."
156 Cueva de una vizacha, animal parecido al conejo.
157 Haber: "possessions."
158 Campo: "cattle range"; hacienda: "cattle, stock"; arrendamientos: "rent";
todo lo fundieron: "everything was used up."
159 Tradúzcase: "hired out as day laborers."
160 Tradúzcase: "young birds without their full plumage."

No es raro que a uno le falte
lo que a algún otro le sobre;
si no le quedó ni un cobre,
sino de hijos un enjambre,
5 ¿qué más iba a hacer la pobre
para no morirse de hambre?

¡Tal vez no te vuelva a ver,
prenda de mi corazón!
Dios te dé su protección,
10 ya que no me la dio a mí.
Y a mis hijos, dende aquí
les echo mi bendición.

Como hijitos de la cuna[161]
andarán por áhi sin madre.
15 Ya se quedaron sin padre,
y ansí la suerte los deja
sin naides que los proteja
y sin perro que les ladre.[162]

Los pobrecitos tal vez
20 no tengan ande abrigarse,
ni ramada ande ganarse,[163]
ni rincón ande meterse,
ni camisa que ponerse,
ni poncho con que taparse....

25 Y al verse ansina espantaos[164]
como se espanta a los perros,
irán los hijos de Fierro,
con la cola entre las piernas,

a buscar almas más tiernas
o esconderse en algún cerro.   30

Mas también en este juego
voy a pedir mi bolada;
a naides le debo nada,
ni pido cuartel ni doy,
y ninguno dende hoy   35
ha de llevarme en la armada....[165]

VII

....No tenía mujer ni rancho,
y a más, era resertor;
no tenía una prenda güena
ni un peso en el tirador.[166]   40

A mis hijos, infelices,
pensé volverlos a hallar,
y andaba de un lao al otro
sin tener ni qué pitar.[167]

Supe una vez, por desgracia,   45
que había un baile por allí,
y medio desesperao
a ver la milonga[168] fuí.

Riunidos al pericón
tantos amigos hallé,   50
que alegre de verme entre ellos
esa noche me apedé.[169]

Como nunca, en la ocasión
por peliar me dio la tranca,[170]

---

161 Cuna: "orphanage, foundling home."
162 De un viejo refrán español que indica soledad extrema.
163 Tradúzcase: "thatched hut in which to take refuge."
164 Espantaos (espantados): "driven away."
165 Bolada: "throw (turn, chance)"; cuartel: "quarter, clemency"; armada: "noose (of a lasso)."
166 Tirador: "money belt."
167 Fumar.
168 Baile, fiesta.
169 Me embriagué.
170 La borrachera me dio ganas de pelear.

y la emprendí con un negro
que trujo una negra en ancas.[171]

Al ver llegar la morena,
que no hacía caso de naides,
5 le dije con la mamúa:
—Va ... ca ... yendo gente[172] al
    baile.

La negra entendió la cosa
y no tardó en contestarme,
mirándome como a perro:
10 —Más *vaca* será su madre.

Y dentró al baile muy tiesa[173]
con más cola que una zorra,[174]
haciendo blanquiar los dientes[175]
lo mesmo que mazamorra.

15 —Negra linda—dije yo,—
me gusta ... pa la carona.
Y me puse a talariar
esta coplita fregona:[176]

"A los blancos hizo Dios,
20 a los mulatos, San Pedro,
a los negros hizo el diablo
para tizón del infierno."

Había estao juntando rabia
el moreno dende ajuera:
en lo escuro le brillaban   25
los ojos como linterna.

Lo conocí retobao,[177]
me acerqué y le dije presto:
—Por ... rudo que un hombre sea,
nunca se enoja por esto.   30

Corcobió el de los tamangos
y creyéndosé muy fijo:[178]
—Más *porrudo* serás vos,
gaucho rotoso—me dijo.[179]

Y ya se me vino al humo,   35
como a buscarme la hebra,[180]
y un golpe le acomodé
con el porrón de giñebra.[181]

Áhi no más pegó el de hollín
más gruñidos que un chanchito,   40
y pelando el envenao[182]
me atropelló dando gritos.

Pegué un brinco y abrí
    cancha[183]
diciéndolés:—Caballeros,

---

171 Trujo en ancas: "brought behind him on his horse."
172 Mamúa: borrachera. Va ... ca ... yendo gente es un juego de palabras: "está llegando gente," pero al subrayar la palabra "vaca," el gaucho alude a la negra.
173 Tiesa: "haughtily."
174 Tradúzcase: "with the train of her dress longer than a fox's tail."
175 Tradúzcase: "showing the whiteness of her teeth."
176 Carona: "saddle pad"; talariar (tararear): "to hum"; fregona: "mocking."
177 Enojado.
178 Tradúzcase: "The fellow with the cheap sheepskin shoes pranced about, feeling very sure of himself."
179 Porrudo: "kinky-haired" (juego de palabras con rudo); rotoso: "ragged."
180 Tradúzcase: "And then he threw himself at me, as if to find my weakest spot (the quickest way to kill me)."
181 Porrón de giñebra (ginebra): "jug of gin."
182 Tradúzcase: "Then and there the soot-colored fellow let out more grunts than a pig and, pulling out his knife ..."
183 Tradúzcase: "I jumped back and cleared space."

dejen venir ese toro;
solo nací . . . , solo muero.

El negro, después del golpe,
se había el poncho refalao[184]
5 y dijo:—Vas a saber
si es solo o acompañao. . . .

El negro me atropelló
como a quererme comer;
me hizo dos tiros seguidos
10 y los dos le abarajé.[185]

Yo tenía un facón con S
que era de lima de acero;[186]
le hice un tiro, lo quitó
y vino ciego el moreno. . . .

15 Y ya me hizo relumbrar
por los ojos el cuchillo,
alcanzando con la punta
a cortarme en un carrillo. . . .

Por fin en una topada[187]
20 en el cuchillo lo alcé,
y como un saco de güesos
contra un cerco lo largué.

Tiró unas cuantas patadas
y ya cantó pa el carnero.[188]
25 Nunca me puedo olvidar
de la agonía de aquel negro.

En esto la negra vino,
con los ojos como ají,
y empezó, la pobre, allí
a bramar como una loba.   30
Yo quise darle una soba
a ver si la hacía callar;
mas pude reflesionar
que era malo en aquel punto,
y por respeto al dijunto   35
no la quise castigar.

Limpié el facón en los pastos,
desaté mi redomón,
monté despacio y salí
al tranco pa el cañadón.[189]   40

Después supe que al finao
ni siquiera lo velaron,
y retobao[190] en un cuero
sin rezarle lo enterraron.

Y dicen que dende entonces,   45
cuando es la noche serena,
suele verse una luz mala[191]
como de alma que anda en
  pena.[192]

Yo tengo intención a veces,
para que no pene tanto,   50
de sacar de allí los güesos
y echarlos al campo santo.

---

184 Quitado.
185 Detuve.
186 Tradúzcase: "I had a long knife with an S-shaped crossguard which was of the kind of steel that files are made of."
187 Ataque.
188 Tradúzcase: "He kicked several times and then died."
189 Tradúzcase: "I headed at a slow pace for the cattle path."
190 Envuelto.
191 Luz mala: "will-o'-the-wisp, *ignis fatuus* (a light appearing at night over marshy ground)."
192 Referencia al alma que sale del purgatorio para buscar quien rece por ella.

IX

.....Viva el gaucho que ande
   mal
como zorro perseguido,
hasta que al menor descuido
se lo atarasquen[193] los perros,
5 pues nunca le falta un yerro
al hombre más alvertido.

   Y en esa hora de la tarde
en que tuito se adormece,
que el mundo dentrar parece
10 a vivir en pura calma,
con las tristezas del alma
al pajonal enderiece.

   Bala el tierno corderito
al lao de la blanca oveja,
15 y a la vaca que se aleja
llama el ternero amarrao;[194]
pero el gaucho desgraciao
no tiene a quien dar su queja....

   Sin punto ni rumbo fijo
20 en aquella inmensidá,
entre tanta oscuridá
anda el gaucho como duende;
allí jamás lo sorpriende
dormido la autoridá.

25   Su esperanza es el coraje,
su guardia es la precaución,
su pingo es la salvación,
y pasa uno en su desvelo
sin más amparo que el cielo
30 ni otro amigo que el facón.

   Ansí me hallaba una noche,
contemplando las estrellas,
que le parecen más bellas
cuanto uno es más desgraciao,
y que Dios las haiga criao   35
para consolarse en ellas....

   Es triste en medio del campo
pasarse noches enteras
contemplando en sus carreras
las estrellas que Dios cría,   40
sin tener más compañía
que su soledá y las fieras.

   Me encontraba, como digo,
en aquella soledá,
entre tanta oscuridá,   45
echando al viento mis quejas,
cuando el grito del chajá
me hizo parar las orejas.[195]

   Como lumbriz me pegué[196]
al suelo para escuchar;   50
pronto sentí retumbar
las pisadas de los fletes,
y que eran muchos jinetes
conocí sin vacilar.

   Cuando el hombre está en 55
   peligro
no debe tener confianza;
ansí, tendido de panza,
puse toda mi atención,
y ya escuché sin tardanza
como el ruido de un latón....   60

   Al punto me santigüé
y eché de giñebra un taco;

---

193 Atarasquen (ataracen): "bite."
194 Tradúzcase: "her tied-up calf."
195 Tradúzcase: "when the cry of a *chajá* made me prick up my ears." Chajá,
ave grande sudamericana.
196 Tradúzcase: "I flattened to the ground like an earthworm."

lo mesmito que el mataco
me arroyé con el porrón.
—Si han de darme pa tabaco,—[197]
dije,—ésta es buena ocasión. ...

5 Para tenerlo a la mano
el flete en el pasto até,
la cincha le acomodé,
y en un trance como aquél,
haciendo espaldas en él[198]
10 quietito los aguardé.

Cuando cerca los sentí
y que áhi no más se pararon,
los pelos se me erizaron,
y aunque nada vían mis ojos,
15 —No se han de morir de antojo—
les dije cuanto llegaron.[199]

Yo quise hacerles saber
que allí se hallaba un varón;
les conocí la intención,
20 y solamente por eso
es que les gané el tirón,
sin aguardar voz de preso.[200]

—Vos sos un gaucho matrero—
dijo uno, haciéndosé el
güeno.—[201]

Vos matastes un moreno   25
y otro en una pulpería,[202]
y aquí está la polecía,
que viene a justar tus cuentas;
te va a alzar por las cuarenta[203]
si te resistís hoy día.   30

—No me vengan—contesté,—
con relación de dijuntos;
esos son otros asuntos;
vean si me pueden llevar,
que yo no me he de entregar   35
aunque vengan todos juntos.

Pero no aguardaron más,
y se apiaron en montón.[204]
Como a perro cimarrón
me rodiaron entre tantos;   40
yo me encomendé a los santos,
y eché mano a mi facón.

Y ya vide el fogonazo
de un tiro de garabina;
mas quiso la suerte indina   45
de aquel maula que me
errase,
y áhi no más lo levantase[205]
lo mesmo que una sardina.

197 Tradúzcase: "Immediately I crossed myself and took a swig of gin; like an armadillo (that rolls up when in danger) I curled up with the jug. 'If they're going to cut me down,' ..."
198 Tradúzcase: "standing with my back to him."
199 Tradúzcase: "'You won't have to die of frustration,' I said as soon as they arrived."
200 Tradúzcase: "I got the first throw (spoke first), without waiting for their call to surrender."
201 Tradúzcase: "acting important."
202 En el octavo canto, omitido aquí, Martín mató por segunda vez en un boliche, en esa ocasión a un vasco.
203 Tradúzcase: "The police . . . will smash you." Cuarenta, referencia a un juego de naipes.
204 En montón: "in a bunch."
205 Garabina (carabina): "musket." Tradúzcase: "Then I saw the flash of a musket; but the unlucky fate of that tricky coward (a coward since he used fire-arms instead of a knife) decreed that he miss me and that I spear him . . ."

A otro que estaba apurao
acomodando una bola,
le hice una dentrada[206] sola
y le hice sentir el fierro,
5 y ya salió como el perro
cuando le pisan la cola.

Era tanta la aflición
y la angurria que tenían,
que tuitos se me venían
10 donde yo los esperaba:
uno al otro se estorbaba[207]
y con las ganas no vían. . . .

Por suerte en aquel momento
venía coloriando el alba,
15 y yo dije:—Si me salva
la Virgen en este apuro,
en adelante le juro
ser más güeno que una malva.[208]

Pegué un brinco y entre todos
20 sin miedo me entreveré;[209]
hecho ovillo me quedé
y ya me cargó una yunta,[210]
y por el suelo la punta
de mi facón les jugué. . . .[211]

25 Pero en ese punto mesmo
sentí que por las costillas
un sable me hacía cosquillas,

y la sangre se me heló.
Dende ese momento yo
me salí de mis casillas. . . .[212]   30

Tal vez en el corazón
lo tocó un santo bendito
a un gaucho, que pegó el grito,
y dijo:—Cruz no consiente
que se cometa el delito   35
de matar ansí un valiente.

Y áhi no más se me aparió,[213]
dentrándolé a la partida.
Yo les hice otra embestida
pues entre dos era robo;[214]   40
y el Cruz era como lobo
que defiende su guarida.

Uno despachó al infierno
de dos que lo atropellaron,
los demás remoliniaron,   45
pues íbamos a la fija,[215]
y a poco andar dispararon
lo mesmo que sabandija.

Áhi quedaban largo a largo
los que estiraron la jeta;   50
otro iba como maleta,[216]
y Cruz, de atrás, les decía:
—Que venga otra polecía
a llevarlos en carreta.

---

206 Dentrada: "thrust."
207 Angurria: avidez. Uno al otro se estorbaba: "got in each other's way."
208 Malva: "mallow flower." Es decir, ser dócil y bondadoso.
209 Tradúzcase: "I jumped forward and got fearlessly in the midst of them."
210 Hecho ovillo: "bent over in readiness"; yunta: "pair."
211 Es decir, con el facón desmenuzó tierra para arrojarla a los ojos de sus adversarios.
212 Tradúzcase: "I went wild."
213 Se puso a mi lado.
214 Era muy fácil.
215 Tradúzcase: "the others turned around and fled, for we were sure to win."
216 Tradúzcase: "There laid out flat were those who had croaked, and another went off like a saddlebag (bouncing, wobbling on his horse)."

Yo junté las osamentas,
me hinqué y les recé un bendito;
hice una cruz de un palito[217]
y pedí a mi Dios clemente
5 me perdonara el delito
de haber muerto tanta gente.

Dejamos amontonaos
a los pobres que murieron.
No sé si los recogieron,
10 porque nos fuimos a un rancho,
o si tal vez los caranchos
áhi no más se los comieron.

Lo agarramos mano a mano
entre los dos al porrón.
15 En semejante ocasión
un trago a cualquiera encanta,
y Cruz no era remolón
ni pijotiaba garganta....[218]

—Yo me voy—le dije,—amigo,
20 donde la suerte me lleve,
y si es que alguno se atreve
a ponerse en mi camino,
yo seguiré mi destino,
que el hombre hace lo que debe.

25   Soy un gaucho desgraciao,
no tengo donde ampararme,
ni un palo donde rascarme,
ni un árbol que me cubije;[219]
pero ni aun esto me aflige,
30 porque yo sé manejarme.

Antes de cair al servicio
tenía familia y hacienda;
cuando volví, ni la prenda
me habían dejao ya.
Dios sabe en lo que vendrá   35
a parar esta contienda.

X

CRUZ

Amigazo, pa sufrir
han nacido los varones.
Éstas son las ocasiones
de mostrarse un hombre juerte,   40
hasta que venga la muerte
y lo agarre a coscorrones....[220]

Tampoco me faltan males
y desgracias, le prevengo;
también mis desdichas tengo,   45
aunque esto poco me aflige;
yo sé hacerme el chancho rengo[221]
cuando la cosa lo esige....

A mí no me matan penas
mientras tenga el cuero sano,   50
venga el sol en el verano
y la escarcha en el invierno.
Si este mundo es un infierno
¿por qué afligirse el cristiano?

Hagamoslé cara fiera[222]   55
a los males, compañero,
porque el zorro más matrero
suele cair como un chorlito:[223]

---

217 Tradúzcase: "I gathered together the carcasses, knelt and said a prayer, and made a cross of a little stick."
218 Tradúzcase: "and Cruz was no lazy shirker, nor was he stingy to his gullet."
219 Que me cubije (cobije): "to shelter me."
220 A coscorrones: "with blows on the head."
221 Disimular.
222 Tradúzcase: "Let's face bravely . . ."
223 Chorlito: "plover (a bird easily caught)."

viene por un corderito
y en la estaca deja el cuero.

Hoy tenemos que sufrir
males que no tienen nombre;
5 pero esto a naides lo asombre
porque ansina es el pastel;[224]
y tiene que dar el hombre
más vueltas que un carretel.[225]

Yo nunca me he de entregar
10 a los brazos de la muerte;
arrastro mi triste suerte
paso a paso y como pueda,
que donde el débil se queda
se suele escapar el juerte. . . .

15 Yo también tuve una pilcha
que me enllenó el corazón;[226]
y si en aquella ocasión
alguien me hubiera buscao,
siguro que me había hallao
20 más prendido[227] que un
        botón. . . .

¡Quién es de un alma tan
        dura
que no quiera una mujer!
Lo alivia en su padecer;
si no sale calavera,[228]
25 es la mejor compañera
que el hombre puede tener.

Si es güena, no lo abandona
cuando lo ve desgraciao;
lo asiste con su cuidao
y con afán cariñoso,   30
y usté tal vez ni un rebozo
ni una pollera[229] le ha dao.

Grandemente lo pasaba
con aquella prenda mía,
viviendo con alegría   35
como la mosca en la miel.
¡Amigo, qué tiempo aquél!
¡La pucha, que la quería! . . .

Pero, amigo, el comendante
que mandaba la milicia,   40
como que no desperdicia
se fue refalando a casa.
Yo le conocí en la traza[230]
que el hombre traiba malicia.

Él me daba voz de amigo,   45
pero no le tenía fe.
Era el jefe y, ya se ve,
no podía competir yo;
en mi rancho se pegó
lo mesmo que un saguaipé.[231]   50

A poco andar, conocí
que ya me había desbancao,[232]
y él siempre muy entonao,
aunque sin darme ni un cobre,

---

224 Tradúzcase: "because that's the way the cookie crumbles."
225 Carretel: "bobbin, spool."
226 Pilcha: querida; enllenar: llenar.
227 Tradúzcase: "would have found me tied down tighter than a button."
228 Tradúzcase: "if she doesn't turn out wild . . ."
229 Rebozo: "shawl"; pollera: "hoop skirt."
230 Tradúzcase: "since he never missed an opportunity, came slipping up to the house. I knew by his looks . . ."
231 Saguaipé: "leech."
232 Tradúzcase: "In a little while I knew that he had cut me out."

me tenía de lao a lao
como encomienda de pobre.[233]

A cada rato, de chasque[234]
me hacía dir a gran distancia;
5 ya me mandaba a una estancia,
ya al pueblo, ya a la frontera;
pero él en la comendancia[235]
no ponía los pies siquiera.

Es triste a no poder más
10 el hombre en su padecer
si no tiene una mujer
que lo ampare y lo consuele;
mas pa que otro se la pele[236]
lo mejor es no tener.

15 No me gusta que otro gallo
le cacaree a mi gallina.
Yo andaba ya con la espina,[237]
hasta que en una ocasión
lo solprendí junto al jogón
20 abrazándomé a la china.

Tenía el viejito una cara
de ternero mal lamido,[238]
y al verlo tan atrevido
le dije:—Que le aproveche;

que había sido pa el amor   25
como guacho[239] pa la leche.

Peló la espada y se vino
como a quererme ensartar;
pero yo, sin tutubiar,[240]
le volví al punto a decir: 30
—Cuidao no te vas a pér . . . tigo
poné cuarta pa salir.[241]

Un puntaso me largó,
pero el cuerpo le saqué,
y en cuanto se lo quité,   35
para no matar un viejo,
con cuidao, medio de lejo,
un planaso le asenté.[242]

Y como nunca al que manda
le falta algun adulón,   40
uno que en esa ocasión
se encontraba allí presente,
vino apretando los dientes
como perrito mamón.[243]

Me hizo un tiro de revuélver   45
que el hombre creyó siguro;
era confiao,[244] y le juro
que cerquita se arrimaba;

---

[233] Tradúzcase: "he kept me around like a poor man's servant."
[234] De chasque: "as a messenger."
[235] Comendancia (comandancia): "office, territory of a commander."
[236] Se la robe.
[237] Tradúzcase: "I don't like to have another rooster crow at my hen. I was suspicious . . ."
[238] Tradúzcase: "grizzly face (like a badly licked calf)."
[239] Animal tierno sin madre.
[240] Tradúzcase: "He pulled out his sword and came at me as if he intended to run me through; but I, without hesitating . . ."
[241] Juego de palabras bastante vulgar, algo como "Don't soil your pants." Poné cuarta pa salir: "throw a rope to pull yourself out with." La idea es que el comandante necesitará ayuda para escaparse de esta situación.
[242] Tradúzcase: "at arm's length I whacked him with the flat side of my blade."
[243] Tradúzcase: "like a nursing pup."
[244] Confiao (confiado): "confident of himself."

pero siempre en un apuro
se desentumen mis tabas.[245]

Él me siguió menudiando,
mas sin poderme acertar;
5 y yo, dele culebriar,
hasta que al fin le dentré
y áhi no más lo despaché
sin dejarlo resollar.[246]

Dentré a campiar[247] en seguida
10 al viejito enamorao ...
El pobre se había ganao
en un noque de lejía.[248]
¡Quién sabe cómo estaría
del susto que había llevao! ...

15 Alcé mi poncho y mis prendas
y me largué a padecer
por culpa de una mujer
que quiso engañar a dos.
Al rancho le dije adiós,
20 para nunca más volver.

Las mujeres, dende entonces,
conocí a todas en una.
Ya no he de probar fortuna
con carta tan conocida:
25 mujer y perra parida,[249]
no se me acerca ninguna.

XIII

MARTÍN FIERRO

Ya veo somos los dos

astillas del mesmo palo;[250]
yo paso por gaucho malo
y usté anda del mesmo modo,   30
y yo, pa acabarlo todo,
a los indios me refalo.[251]

Pido perdón a mi Dios,
que tantos bienes me hizo;
pero dende que es preciso   35
que viva entre los infieles,
yo seré cruel con los crueles:
ansí mi suerte lo quiso.[252]

Dios formó lindas las flores,
delicadas como son,   40
les dio toda perfeción
y cuanto él era capaz;
pero al hombre le dio más
cuando le dio el corazón.

Le dio claridá a la luz,   45
juerza en su carrera al viento,
le dio vida y movimiento
dende el águila al gusano;
pero más le dio al cristiano
al darle el entendimiento.   50

Y aunque a las aves les dio,
con otras cosas que inoro,
esos piquitos como oro
y un plumaje como tabla,[253]
le dio al hombre más tesoro   55
al darle una lengua que habla.

---

245 Se desentumen mis tabas: "I get nimble footed (my ankles limber up)."
246 Menudiando: "keeping it up (shooting repeatedly)"; de culebriar: "kept wriggling like a snake"; resollar: "to draw another breath."
247 Buscar.
248 Tradúzcase: "The old fool had hidden in a lye tub."
249 Perra parida: "bitch with pups."
250 Tradúzcase: "chips from the same block."
251 Refalo: "I'll slip away."
252 Tradúzcase: "thus my Fate decreed."
253 Piquitos: "little beaks, bills"; tabla: "painting."

Y dende que dio a las fieras
esa juria tan inmensa,
que no hay poder que las venza
ni nada que las asombre,
5 ¿qué menos le daría al hombre
que el valor pa su defensa?

Pero tantos bienes juntos
al darle, malicio yo
que en sus adentros pensó
10 que el hombre los precisaba,
que los bienes igualaban
con las penas que le dio.

Y yo, empujao por las mías,
quiero salir de este infierno.
15 Ya no soy pichón muy tierno
y sé manejar la lanza,
y hasta los indios no alcanza
la facultá del Gobierno.²⁵⁴

Yo sé que allá los caciques
20 amparan a los cristianos,
y que los tratan de "hermanos"
cuando se van por su gusto.
¿A qué andar pasando sustos?
Alcemos el poncho y vamos. . . .

25 De hambre no pereceremos,
pues, sigún otros me han dicho,
en los campos se hallan bichos
de lo que uno necesita:
gamas, matacos, mulitas,
30 avestruces y quirquinchos.²⁵⁵

Cuando se anda en el disierto,
se come uno hasta las colas.
Lo han cruzado mujeres solas,
llegando al fin con salú,
y ha de ser gaucho el ñandú   35
que se escape de mis bolas. . . .²⁵⁶

Allá habrá seguridá,
ya que aquí no la tenemos;
menos males pasaremos
y ha de haber grande alegría   40
el día que nos descolguemos
en alguna toldería.²⁵⁷

Fabricaremos un toldo,
como lo hacen tantos otros,
con unos cueros de potro,   45
que sea sala y sea cocina.
¡Tal vez no falte una china
que se apiade de nosotros!

Allá no hay que trabajar,
vive uno como un señor.   50
De cuando en cuando, un malón,
y si de él sale con vida,
lo pasa echao panza arriba
mirando dar güelta el sol.²⁵⁸

Y ya que a juerza de golpes   55
la suerte nos dejó aflús,²⁵⁹
puede que allá veamos luz
y se acaben nuestras penas.
Todas las tierras son güenas:
vámosnós, amigo Cruz. . . .   60

²⁵⁴ Tradúzcase: "the Government's power does not extend as far as the Indians."
²⁵⁵ Gamas: "deer"; avestruces: "ostriches." Los otros nombrados son distintas clases de armadillos.
²⁵⁶ Tradúzcase: "and the ostrich that escapes from my bolas has to be as clever as a gaucho."
²⁵⁷ Tradúzcase: "the day we slip into some Indian camp."
²⁵⁸ Tradúzcase: "one can spend his time lying on his back, watching the circling of the sun."
²⁵⁹ Indigente, sin nada.

—Ruempo—dijo,—la guitarra,
pa no volverla a templar;
ninguno la ha de tocar,
por siguro tenganló,
5 pues naides ha de cantar
cuando este gaucho cantó.

Y daré fin a mis coplas
con aire de relación.
Nunca falta un preguntón
10 más curioso que mujer,
y tal vez quiera saber
cómo jue la conclusión.

Cruz y Fierro, de una estancia
una tropilla se arriaron;
15 por delante se la echaron,[260]
como criollos entendidos,
y pronto, sin ser sentidos,
por la frontera cruzaron.

Y cuando la habían pasao,
20 una madrugada clara
le dijo Cruz que mirara

las últimas poblaciones,
y a Fierro dos lagrimones
le rodaron por la cara.

Y siguiendo el fiel del rumbo   25
se entraron en el desierto.
No sé si los habrán muerto
en alguna correría,[261]
pero espero que algún día
sabré de ellos algo cierto.   30

Y ya con estas noticias
mi relación acabé.
Por ser ciertas las conté
todas las desgracias dichas:
es un telar de desdichas[262]   35
cada gaucho que usté ve.

Pero ponga su esperanza
en el Dios que lo formó;
y aquí me despido yo,
que referí ansí a mi modo   40
males que conocen todos
pero que naides contó.

LA VUELTA DE MARTÍN FIERRO
(1879)

XXXI

....No pudiendo vivir juntos
por su estado de pobreza,
resolvieron separarse
y que cada cual se juera
5 a procurarse un refugio
que aliviara su miseria.
Y antes de desparramarse

para empezar vida nueva,
en aquella soledá
Martín Fierro, con prudencia,   10
a sus hijos y al de Cruz
les habló de esta manera:

XXXII

Un padre que da consejos
más que padre es un amigo;

---

260 Tradúzcase: "drove off a herd of horses and kept it in front of them."
261 El fiel del rumbo: "the right direction"; correría: "raid."
262 Un conjunto de desgracias entrelazadas.

ansí como tal les digo
que vivan con precaución:
naides sabe en qué rincón
se oculta el que es su enemigo.

5 Yo nunca tuve otra escuela
que una vida desgraciada:
no estrañen si en la jugada
alguna vez me equivoco,
pues debe saber muy poco
10 aquel que no aprendió nada.

Hay hombres que de su cencia
tienen la cabeza llena;
hay sabios de todas menas,[263]
mas digo, sin ser muy ducho:
15 es mejor que aprender mucho
el aprender cosas güenas.

No aprovechan los trabajos
si no han de enseñarnos nada;
el hombre, de una mirada,
20 todo ha de verlo al momento:
el primer conocimiento
es conocer cuándo enfada. . . .

Al que es amigo, jamás
lo dejen en la estacada,[264]
25 pero no le pidan nada
ni lo aguarden todo de él:
siempre el amigo más fiel
es una conducta honrada.

Ni el miedo ni la codicia
30 es güeno que a uno le asalten;
ansí, no se sobresalten
por los bienes que perezcan;
al rico nunca le ofrezcan
y al pobre jamás le falten.

Bien lo pasa, hasta entre 35
pampas,
el que respeta a la gente;
el hombre ha de ser prudente
para librarse de enojos:
cauteloso entre los flojos,[265]
moderado entre valientes. 40

El trabajar es la ley,
porque es preciso alquirir;
no se espongan a sufrir
una triste situación:
sangra mucho el corazón 45
del que tiene que pedir.

Debe trabajar el hombre
para ganarse su pan;
pues la miseria, en su afán
de perseguir de mil modos, 50
llama a la puerta de todos
y entra en la del haragán.

A ningún hombre amenacen,
porque naides se acobarda;
poco en conocerlo tarda 55
quien amenaza imprudente:
que hay un peligro presente
y otro peligro se aguarda.

Para vencer un peligro,
salvar de cualquier abismo, 60
por esperencia lo afirmo,
más que el sable y que la lanza
suele servir la confianza
que el hombre tiene en sí mismo.

Nace el hombre con la astucia 65
que ha de servirle de guía;
sin ella sucumbiría,

263 De todas clases.
264 Es decir, no se debe dejar a un amigo cuando se halla en peligro.
265 Cobardes.

pero, sigún mi esperencia,
se vuelve en unos prudencia
y en los otros picardía....

Los hermanos sean unidos
5 porque ésa es la ley primera;
tengan unión verdadera
en cualquier tiempo que sea,
porque, si entre ellos pelean,
los devoran los de ajuera.

10 Respeten a los ancianos:
el burlarlos no es hazaña;
si andan entre gente estraña
deben ser muy precavidos,
pues por igual es tenido
15 quien con malos se acompaña.

La cigüeña, cuando es vieja,
pierde la vista, y procuran
cuidarla en su edá madura
todas sus hijas pequeñas:
20 apriendan de las cigüeñas
este ejemplo de ternura....

Procuren de no perder
ni el tiempo ni la vergüenza;
como todo hombre que piensa,
25 procedan siempre con juicio;
y sepan que ningún vicio
acaba donde comienza....

Si entriegan su corazón
a alguna mujer querida,
30 no le hagan una partida²⁶⁶
que la ofienda a la mujer:
siempre los ha de perder
una mujer ofendida.

Procuren, si son cantores,
35 el cantar con sentimiento,
ni tiemplen el estrumento

²⁶⁶ Mala partida.

por sólo el gusto de hablar,
y acostúmbrensé a cantar
en cosas de jundamento.

Y les doy estos consejos   40
que me ha costado alquirirlos,
porque deseo dirigirlos;
pero no alcanza mi cencia
hasta darles la prudencia
que precisan pa seguirlos.   45

Estas cosas y otras muchas
medité en mis soledades;
sepan que no hay falsedades
ni error en estos consejos:
es de la boca del viejo   50
de ande salen las verdades.

XXXIII

Después a los cuatro vientos
los cuatro se dirigieron;
una promesa se hicieron
que todos debían cumplir;   55
mas no la puedo decir,
pues secreto prometieron.

Les alvierto solamente
y esto a ninguno le asombre,
pues muchas veces el hombre   60
tiene que hacer de ese modo:
convinieron entre todos
en mudar allí de nombre.

Sin ninguna intención mala
lo hicieron, no tengo duda;   65
pero, es la verdá desnuda,
siempre suele suceder:
aquel que su nombre muda
tiene culpas que esconder.

Y ya dejo el estrumento   70
con que he divertido a ustedes;

todos conocerlo pueden
que tuve costancia suma:
este es un botón de pluma[267]
que no hay quien lo desen-
riede. . . .

5 Vive el águila en su nido,
el tigre vive en su selva,
el zorro en la cueva ajena,
y, en su destino incostante,
sólo el gaucho vive errante
10 donde la suerte lo lleva.

Es el pobre en su orfandá
de la fortuna el desecho,
porque naides toma a pechos
el defender a su raza:
15 debe el gaucho tener casa,
escuela, iglesia y derechos.

Y han de concluir algún día
estos enriedos malditos;
la obra no la facilito
20 porque aumentan el fandango
los que están, como el chimango,
sobre el cuero y dando gritos.[268]

Mas Dios ha de permitir
que esto llegue a mejorar;
25 pero se ha de recordar,
para hacer bien el trabajo,
que el juego,[269] pa calentar,
debe ir siempre por abajo. . . .

Permítanmé descansar,
30 ¡pues he trabajado tanto!
en este punto me planto
y a continuar me resisto:

estos son treinta y tres cantos,
que es la mesma edá de Cristo.

Y guarden estas palabras   35
que les digo al terminar:
en mi obra he de continuar
hasta dársela concluida,
si el ingenio o si la vida
no me llegan a faltar.   40

Y si la vida me falta,
ténganlá todos por cierto
que el gaucho, hasta en el
  desierto,
sentirá en tal ocasión
tristeza en el corazón   45
al saber que yo estoy muerto.

Pues son mis dichas desdichas
las de todos mis hermanos;
ellos guardarán ufanos
en su corazón mi historia: 50
me tendrán en su memoria
para siempre mis paisanos.

Es la memoria un gran don,
calidá muy meritoria;
y aquellos que en esta historia 55
sospechen que les doy palo,
sepan que olvidar lo malo
también es tener memoria.

Mas naides se crea ofendido
pues a ninguno incomodo,   60
y si canto de este modo,
por encontrarlo oportuno,
no es para mal de ninguno
sino para bien de todos.

---

[267] Es decir, tejido con plumas, para decorar riendas, estribos, etc.; es difícil de desenredar.
[268] Facilito: "I don't consider easy"; fandango: "row, fight"; chimango: "South American bird (that screeches while devouring its prey)."
[269] Fuego.

Rafael Obligado

(1851–1920)

La poesía de Rafael Obligado se distingue de la de Hilario
Ascasubi, Estanislao del Campo y José Hernández, por su estilo y por
su tono de irrealidad. Al contrario de éstos, Obligado no se sirvió
del dialecto gauchesco, prefiriendo un lenguaje culto y altisonante;
utilizó la tercera, no la primera persona y de varios modos evitó el
realismo. Igual que el novelista Ricardo Güiraldes, poetizó la
sombra del gaucho, una vez fuerte y poderoso, pero ahora sólo una
leyenda, un recuerdo.

Nacido en Buenos Aires de familia adinerada, pudo dedicarse
por entero a su vocación, la literatura. Recibió su educación en la
capital y cooperó luego en el desarrollo y ampliación de los estudios
humanísticos de la Universidad Nacional de su país, ayudando al
establecimiento de la Facultad de Filosofía y Letras y de la primera
cátedra de literatura argentina, que fue el primero en ocupar. Los
argentinos lo han considerado su poeta nacional por la glorificación
nacionalista y la preocupación por el folklore y costumbres de su
tierra.

Obligado publicó sólo un libro poético con el genérico título de
Poesías (1885). Estas composiciones pueden dividirse en tres cate-
gorías: las exaltadoras de los héroes nacionales en las guerras de la
independencia; las que pintan escenas de la naturaleza y el amor
humano; y las que tratan de leyendas románticas argentinas. En
este grupo hay tres poemas dedicados al tema de Santos Vega, titulados "El alma del payador," "La prenda del payador" y "La muerte
del payador," a los que se agregó un cuarto, "El himno del payador,"
en la segunda edición de las *Poesías* (1906). Como Martín Fierro y
Juan Moreira, Santos Vega fue un gaucho cantor o payador legendario y suministró materia a varios escritores, entre ellos, Eduardo
Gutiérrez, Bartolomé Mitre y Ascasubi.

Según la leyenda que Obligado recoge, Santos Vega era el mejor
payador y sólo pudo ser vencido por el Diablo encarnado en la

figura de Juan Sin Ropa. Se piensa que éste no es simplemente el diablo de la tradición popular gauchesca, sino el símbolo del progreso y la civilización moderna, introducidos con la inmigración europea, que poco a poco iba acabando con el gaucho. De todas maneras, después de su muerte, Santos Vega siguió errando por las pampas como sombra fantasmal y así se perpetuó en la superstición local.

Obligado, llamado el "cantor del Paraná" por su poesía que celebra la naturaleza argentina, fue un romántico rezagado. En una disputa universitaria con su colega Calixto Oyuela defendió las teorías románticas frente a las neoclásicas, recordando los debates de Domingo Faustino Sarmiento y Andrés Bello. Por eso Obligado se acogió al mester de gauchería de la primera época romántica, el que se desarrolla más o menos entre 1830 y 1860, representado por Esteban Echeverría y otros, rehusando seguir las tendencias realistas aparecidas desde entonces que habían dado un nuevo giro a lo gauchesco. El estilo romántico de Obligado no es, sin embargo, descuidado o retórico: las décimas de sus poemas sobre Santos Vega son un modelo de precisión lírica.

POESÍAS

(1885)

LA MUERTE DEL PAYADOR

Bajo el ombú corpulento
de las tórtolas amado,
porque su nido han labrado
allí al amparo del viento;
5 en el amplísimo asiento
que la raíz desparrama,
donde en las siestas la llama
de nuestro sol no se allega,
dormido está Santos Vega,
10 aquel de la larga fama.

En los ramajes vecinos
ha colgado, silenciosa,
la guitarra melodiosa
de los cantos argentinos.

Al pasar los campesinos   15
ante Vega se detienen;
en silencio se convienen
a guardarle allí dormido;
y hacen señas no hagan ruido
los que están a los que vienen.   20

El más viejo se adelanta
del grupo inmóvil, y llega
a palpar a Santos Vega,
moviendo apenas la planta.
Una morocha que encanta   25
por su aire suelto y travieso,
causa eléctrico embeleso
porque, gentil y bizarra,
se aproxima a la guitarra
y en las cuerdas pone un beso.   30

Turba entonces el sagrado
silencio que a Vega cerca,
un jinete que se acerca
a la carrera lanzado;
5 retumba el desierto hollado
por el casco volador;
y aunque el grupo, en su estupor,
contenerlo pretendía,
llega, salta, lo desvía,
10 y sacude al payador.

No bien el rostro sombrío
de aquel hombre mudos vieron,
horrorizados, sintieron
temblar las carnes de frío.
15 Miró en torno con bravío
y desenvuelto ademán,
y dijo:—Entre los que están
no tengo ningún amigo,
pero, al fin, para testigo
20 lo mismo es Pedro que Juan.[1]

Alzó Vega la alta frente,
y lo contempló un instante,
enseñando en el semblante
cierto hastío indiferente.
25 —Por fin—dijo fríamente
el recién llegado,—estamos
juntos los dos, y encontramos
la ocasión, que éstos provocan,
de saber cómo se chocan[2]
30 las canciones que cantamos.

Así diciendo, enseñó
una guitarra en sus manos,

y en los raigones cercanos,
preludiando se sentó.
Vega entonces sonrió,   35
y al volverse al instrumento,
la morocha hasta su asiento
ya su guitarra traía,
con un gesto que decía:
"La he besado hace un momento."   40

Juan Sin Ropa[3] (se llamaba
Juan Sin Ropa el forastero)
comenzó por un ligero
dulce acorde que encantaba,
y con voz que modulaba   45
blandamente los sonidos,
cantó tristes nunca oídos,
cantó cielos[4] no escuchados,
que llevaba, derramados,
la embriaguez a los sentidos.   50

Santos Vega oyó suspenso
al cantor; y toda inquieta,
sintió su alma de poeta
con un aleteo inmenso,
luego en un preludio intenso,   55
hirió las cuerdas sonoras,
y cantó de las auroras
y las tardes pampeanas,
endechas americanas
más dulces que aquellas horas.   60

Al dar Vega fin al canto,
ya una triste noche oscura
desplegaba en la llanura
las tinieblas de su manto.

---

[1] Es indifente la clase de testigo.
[2] Se enfrentan, compiten.
[3] Según la tradición popular, Juan Sin Ropa es el Diablo, que aquí representa el progreso y la civilización a que el gaucho tenía que adaptarse o desaparecer por completo.
[4] Tristes y cielos son tipos de canciones populares entre los gauchos.

Juan Sin Ropa se alzó en tanto,
bajo el árbol se empinó,
un verde gajo tocó,
y tembló la muchedumbre,
5 porque, echando roja lumbre,
aquel gajo se inflamó.

Chispearon sus miradas,
y torciendo el talle esbelto,
fue a sentarse, medio envuelto,
10 por las rojas llamaradas.
¡Oh, qué voces levantadas
las que entonces se escucharon!
¡Cuántos ecos despertaron
en la Pampa misteriosa,
15 a esa música grandiosa
que los vientos se llevaron!

Era aquélla esa canción
que en el alma sólo vibra,
modulada en cada fibra
20 secreta del corazón;
el orgullo, la ambición,
los más íntimos anhelos,
los desmayos y los vuelos
del espíritu genial,
25 que va, en pos del ideal,
como el cóndor a los cielos.

Era el grito poderoso
del progreso, dado al viento;
el solemne llamamiento
30 al combate más glorioso.
Era, en medio del reposo
de la Pampa ayer dormida,
la visión ennoblecida
del trabajo, antes no honrado;

la promesa del arado   35
que abre cauces a la vida.

Como en mágico espejismo,
al compás de ese concierto,
mil ciudades el desierto
levantaba de sí mismo.   40
Y a la par que en el abismo
una edad se desmorona,
al conjuro, en la ancha zona
derramábase la Europa,[5]
que sin duda Juan Sin Ropa   45
era la ciencia en persona.

Oyó Vega embebecido
aquel himno prodigioso,
e inclinado el rostro hermoso
dijo: "Sé que me has vencido." 50
El semblante humedecido
por nobles gotas de llanto,
volvió a la joven, su encanto,
y en los ojos de su amada
clavó una larga mirada,   55
y entonó su postrer canto.

—Adiós, luz del alma mía,
adiós, flor de mis llanuras,
manantial de las dulzuras
que mi espíritu bebía;   60
adiós, mi única alegría,
dulce afán de mi existir;
Santos Vega se va a hundir
en lo inmenso de esos llanos . . .
¡Lo han vencido! ¡Llegó, her-   65
manos,
el momento de morir!

5 Quiere decir que Europa, esto es, sus habitantes y su cultura, se extendía por la pampa, trayendo el progreso y la civilización. Alude a las inmigraciones de europeos a Argentina, especialmente italianos, que acabaron con las tradiciones gauchescas.

Aun sus lágrimas cayeron
en la guitarra copiosas,
y las cuerdas temblorosas
a cada gota gimieron;
5 pero súbito cundieron
del gajo ardiente las llamas,
y trocado entre las ramas
en serpiente, Juan Sin Ropa,
arrojó de la alta copa
10 brillante lluvia de escamas.

Ni aun cenizas en el suelo
de Santos Vega quedaron,
y los años dispersaron
los testigos de aquel duelo;
pero un viejo y noble abuelo,   15
así el cuento terminó:
"Y si cantando murió
aquel que vivió cantando,
fue, decía suspirando,
porque el diablo lo venció."   20

Jorge Isaacs

(1837-95)

Nació en Cali, Colombia, hijo de un judío converso proveniente de Jamaica y madre de origen español. Pasó los primeros años de su vida en las haciendas La Manuelita y El Paraíso que su padre poseía cerca de la ciudad, familiarizándose allí con el paisaje de su tierra. En 1848 fue enviado a Bogotá para realizar los estudios secundarios en el colegio del Espíritu Santo. Quiso empezar la carrera de Medicina; pero los apuros económicos de la familia le hicieron regresar al pequeño rincón provinciano. Se casó en 1859 con Felisa González Umaña, que le proporcionó un matrimonio feliz. Intervino en la guerra civil de 1860 en favor del gobierno. Poco después, muerto el padre, se hizo cargo de los negocios de la casa; pero la suerte le favoreció muy poco, sufriendo graves dificultades económicas por más que repetidas veces intentó hacer fortuna. En 1864, de nuevo en Bogotá, se asoció al grupo literario El Mosaico, que publicaba una revista del mismo nombre y acogía a cuantos quisieran contribuir al progreso cultural de Colombia sin discriminación de matices políticos. Nombrado inspector del Camino de Buenaventura en una región malsana del valle del Cauca, comenzó en sus ratos libres a redactar *María* en 1865.

De 1870 a 1873 desempeñó el cargo de cónsul de su país en Chile. En 1876 fue designado Superintendente de Instrucción Pública en Popayán. Participó en la guerra civil de 1877 y tres años más tarde se rebeló contra el gobierno antioqueño, narrando después las incidencias del levantamiento y derrota en su libro *La revolución radical en Antioquia* (1880). Agregado como secretario a la comisión científica para explorar el litoral del Atlántico en 1881, recorrió muchos ríos del país, entre ellos, el majestuoso Magdalena. Fruto de tales expediciones fue el *Estudio sobre las tribus indígenas del Departamento del Magdalena* (1881). Contrajo el paludismo y, establecido luego en Ibagué, allí murió cristianamente de resultas de la molesta enfermedad.

Isaacs escribió algunos informes oficiales, apuntes para dos novelas históricas que nunca terminó y algunos poemas recogidos en su casi totalidad bajo el génerico título de *Poesías* (1864). Predomina en ellas el tono descriptivo y puede percibirse a veces gran influencia de la Biblia como en "Río Moro." Compuso, además, un elogio poético de Antioquia, *La tierra de Córdoba* y un extenso poema *Saulo* (1881) que es lo más ambicioso y mejor logrado de su producción de poeta. Pero hoy es sólo recordado por una obra, *María* (1867), la novela que más leyeron los hispanoamericanos del siglo XIX.

María es la historia de un amor inocente al que la muerte comunica un halo de tragedia. Efraín regresa a la casa paterna en el valle del Cauca después de haber pasado unos años estudiando en Bogotá. Allí encuentra a su hermosa prima María y entre los dos nace un casto idilio, hecho de pequeños celos, enorme pureza y muchas alegrías. Pero María sufre una enfermedad hereditaria que la emoción del matrimonio podría agravar fatalmente y los padres de Efraín deciden enviarlo a Londres para que estudie medicina y olvide a la joven. María muere y Efraín regresa lleno de dolor para visitar por última vez la tumba de su amada. Después se pierde con su caballo en la inmensidad de los campos.

Escrita en forma autobiográfica, la novela contiene innegables elementos de la vida de su autor. Los nombres judíos hacen referencia a familiares de Isaacs. Como Efraín, aquél vivió en el Cauca, estudió en Bogotá, pensó seguir Medicina y tuvo problemas económicos. No han aclarado todavía los biógrafos si existió una pasión semejante en la realidad del escritor colombiano, aunque hablan de un temprano amor por una muchacha que resultó hermanastra suya y de la que tuvo que ser separado.

María se incluye entre las novelas sentimentales y en ella están muy claras las huellas de los modelos europeos: *Paul et Virginie*, *Atala*, *Graziella*. Esto no implica ningún demérito. Isaacs se inspiró en ellos, pero no los copió. Volvió a pensar con singular emoción los sentimientos amorosos, describiéndolos con sutileza y originalidad. Dio mayor acogida a los elementos realistas, situando la historia en un plano más verosímil y por lo tanto más conmovedor. Confirió al amor un mayor grado de pureza y encanto, transfigurándolo en una especie de místico secreto.

Por otro lado, Isaacs reconstruyó con gran exactitud y lirismo su región a la que tanto quería. El paisaje del Cauca irá eternamente ligado al nombre de *María*. Desde los ríos a los minúsculos regatos, desde las fieras a los pajarillos, todo ha sido descrito con acierto inigualado y con el cariño de quien se ha criado allí. Se reviven también las costumbres de la hacienda: el cultivo del café, la caza, las tertulias con los amigos, la vida cotidiana, los rezos, las lecturas. Y no falta la evocación de los esclavos negros, con su tristeza que es nostalgia de África, ni la gracia maliciosa de las mulatas.

La construcción de la novela se basa en el predominio de un ritmo lento muy propio de quien recuerda cosas definitivamente idas, deleitándose en su memoria. Brota de ello una profunda emotividad que se complace en detenerse en el análisis del sentimiento más leve o en el detalle casi imperceptible del pliegue de un vestido o en el olor de una flor olvidada. En el estilo se destacan la viveza de los diálogos, el uso de presentimientos fatídicos para crear un clima trágico, la incorporación de numerosos americanismos y la inserción de canciones populares.

MARÍA

(1867)

LXIII

Dos meses después de la muerte de María, el diez de septiembre, oía yo a Emma el final de aquella relación, que ella había tardado en hacerme el mayor tiempo que le había sido posible.[1] Era de noche ya y Juan[2] dormía sobre mis rodillas, costumbre que había contraído desde mi regreso, porque acaso adivinaba instintivamente que yo 5 procuraría reemplazarle en parte el amor y los maternales cuidados de María.

Emma me entregó la llave del armario en que estaban guardados en la casa de la sierra[3] los vestidos de María y todo aquello que más especialmente había ella recomendado se guardara para mí. 10

---

[1] Efraín, al regresar de Londres se entera de la muerte de María, lo que le causa una profunda crisis emocional. Mientras convalece de la misma, su hermana Emma le cuenta las últimas horas de la infeliz amante. En los capítulos que siguen, que son los finales de la novela, el protagonista evoca su visita a los lugares de su idilio y a la tumba de María.

[2] Niño de la familia a quien María trataba con predilección.

[3] La casa en que habían transcurrido los amores de María y Efraín. En este momento la familia se halla en la provincia de Cali, cuya capital tiene el mismo nombre.

A la madrugada del día que siguió a esta noche me puse en camino para Santa***,[4] en donde hacía dos semanas que permanecía mi padre, después de haber dejado prevenido todo lo necesario para mi regreso a Europa, el cual debía emprender el dieciocho de aquel mes.

5 El doce, a las cuatro de la tarde, me despedía de mi padre, a quien había hecho creer que deseaba pasar la noche en la hacienda de Carlos,[5] para de esa manera estar más temprano en Cali al día siguiente. Cuando abracé a mi padre tenía él en las manos un paquete sellado y entregándomelo me dijo:

10 —A Kingston;[6] contiene la última voluntad de Salomón y la dote de su hija. Si mi interés por ti—agregó con voz que la emoción hacía trémula—me hizo alejarte de ella[7] y precipitar tal vez su muerte . . . , tú sabrás disculparme. ¿Quién debe hacerlo sino tú?

Oído que hubo la respuesta que profundamente conmovido di a 15 esa excusa paternal tan tierna como humildemente dada, me estrechó de nuevo entre sus brazos. Aun persiste en mi oído su acento al pronunciar aquel adiós.

Saliendo a la llanura de *** después de haber vadeado el Amaime, esperé a Juan Angel[8] para indicarle que tomase el camino 20 de la sierra. Miróme como asustado con la orden que recibía; pero viéndome doblar hacia la derecha, me siguió tan de cerca como le fue posible y poco después lo perdí de vista.

Ya empezaba a oír el ruido de las corrientes del Zabaletas;[9] divisaba las copas de los sauces. Detúveme en el asomadero de la colina. Dos 25 años antes, en una tarde como aquella, que entonces armonizaba con mi felicidad y ahora era indiferente a mi dolor, había divisado desde allí mismo las luces de aquel hogar donde con amorosa ansiedad era esperado. María estaba allí . . . ; ya esa casa cerrada[10] y sus contornos solitarios y silenciosos; entonces el amor que nacía, 30 y ya el amor sin esperanza. Allí, a pocos pasos del sendero que la grama empezaba a borrar, veía la ancha piedra que nos sirvió de asiento tantas veces en aquellas felices tardes de lectura. Estaba, al

---

[4] Isaacs dejó de especificar los nombres exactos de algunos lugares.
[5] Rival y luego amigo de Efraín.
[6] Kingston, capital de Jamaica, de donde procedía María, cuyo padre es Salomón.
[7] El padre de Efraín lo había enviado a Londres para estudiar medicina y alejarlo de María, que estaba enferma.
[8] Amaime, río de la región. Juan Angel es criado de Efraín.
[9] Otro río de la misma región.
[10] Debe entenderse: ahora la casa estaba cerrada.

fin, inmediato al huerto confidente de mis amores: las palomas y
los tordos aleteaban piando y gimiendo en los follajes de los
naranjos; el viento arrastraba hojas secas sobre el empedrado de
la gradería.[11]

Salté del caballo abandonándolo a su voluntad, y sin fuerza ni 5
voz para llamar, me senté en uno de esos escalones, desde donde
tantas veces su voz agasajadora y sus ojos amantes me dijeron adioses.

Rato después, casi de noche ya, sentí pasos cerca de mí: era una
anciana esclava, que, habiendo visto mi caballo suelto en el pesebre,
salía a saber quién era su dueño. Seguíala trabajosamente Mayo:[12] 10
la vista de ese animal, amigo de mi niñez, cariñoso compañero de
mis días de felicidad, arrancó gemidos a mi pecho: presentándome
su cabeza para recibir su agasajo, lamía el polvo de mis botas; y
sentándose a mis pies, aulló dolorosamente.

La esclava trajo las llaves de la casa, y al mismo tiempo me avisó 15
que Braulio y Tránsito[13] estaban en la montaña. Entré al salón, y
dando algunos pasos en él, sin que mis ojos nublados pudiesen
distinguir los objetos, caí en el sofá donde con ella me había
sentado siempre; donde por vez primera le hablé de mi amor.

Cuando levanté el rostro me rodeaba ya una completa oscuridad. 20
Abrí la puerta del aposento de mi madre, y mis espuelas resonaron
lúgubremente en aquel recinto frío y oloroso a tumba. Entonces una
fuerza nueva en mi dolor me hizo precipitar al oratorio. Iba a
pedírsela a Dios . . . ¡ni Él podía querer ya devolvérmela en la tierra!
Iba a buscarla allí donde mis brazos la habían estrechado, donde por 25
primera vez mis labios descansaron sobre su frente . . . La luz de la
luna, que se levantaba penetrando por la celosía entreabierta, me
dejó ver lo único que debía encontrar; ¡el paño fúnebre medio
rodado de la mesa donde su ataúd descansó: los restos de los cirios
que habían alumbrado el túmulo . . . el silencio sordo a mis gemidos, 30
la eternidad ante mi dolor!

Vi luz en el aposento de mi madre: era Juan Angel, que acababa
de poner una bujía en una de las mesas; la tomé, mandándole con
un ademán que me dejase solo, y me dirigí a la alcoba de María.
Algo de sus perfumes había allí. Velando las últimas prendas de su 35

---

[11] Tradúzcase: "stone staircase."
[12] Perro de la casa.
[13] Braulio y Tránsito son esposos y trabajan en la hacienda. Eran primos, cuya
boda se describe en un capítulo anterior.

amor, su espíritu debía estarme esperando. El crucifijo aun sobre la mesa; las flores, marchitas, sobre su peana; el lecho donde había muerto, desmantelado ya; teñidas todavía algunas copas con las últimas pociones que le habían dado. Abrí el armario: todos los
5 aromas de los días de nuestro amor se exhalaron combinados en él. Mis manos y mis labios palparon aquellos vestidos, tan conocidos para mí. Abrí el cajón que Emma me había indicado; el cofre precioso estaba en él. Un grito se escapó de mi pecho, y una sombra me cubrió los ojos al desenrollarse entre mis manos aquellas trenzas
10 que parecían sensibles a mis besos.

Una hora después . . . ¡Dios mío!, tú lo sabes, yo había recorrido el huerto llamándola, pidiéndosela a los follajes que nos habían dado sombra, y al desierto que en sus ecos solamente me devolvía su nombre. A orilla del abismo cubierto por los rosales, en cuyo
15 fondo informe y oscuro blanqueaban las nieblas y tronaba el río, un pensamiento criminal estancó por un instante mis lágrimas y enfrió mi frente . . .

Alguien de quien me ocultaban los rosales pronunció mi nombre cerca de mí: era Tránsito. Al aproximárseme debió producirle
20 espanto mi rostro, pues por unos momentos permaneció asombrada. La respuesta que le di a la súplica que me hizo para que dejase aquel sitio le reveló, quizá, en su amargura, todo el desprecio que en tales instantes tenía yo por la vida. La pobre muchacha se puso a llorar sin insistir por el momento; pero reanimada, balbució con
25 la voz doliente de una esclava quejosa:

—¿Tampoco quiere ver a Braulio ni a mi hijo?

—No llores, Tránsito, y perdóname—le dije—: ¿Dónde están?

Ella estrechó una de mis manos sin haber enjugado todavía sus lágrimas, y me condujo al corredor del jardín, en donde su marido
30 me esperaba. Después que Braulio recibió mi abrazo, Tránsito puso en mis rodillas un precioso niño de seis meses, y arrodillada a mis pies sonreía a su hijo y me miraba, complacida, acariciar el fruto de sus inocentes amores.

LXIV

¡Inolvidable y última noche pasada en el hogar donde corrieron
35 los años de mi niñez y los días felices de mi juventud! Como el ave impelida por el huracán a las pampas abrasadas intenta en vano sesgar su vuelo hacia el umbroso bosque nativo, y, ajados ya los plumajes, regresa a él después de la tormenta, y busca inútilmente

el nido de sus amores revoloteando en torno del árbol destrozado, así mi alma abatida va en las horas de mi sueño a vagar en torno del que fue el hogar de mis padres. Frondosos naranjos, gentiles y verdes sauces que conmigo crecisteis, ¡cómo os habréis envejecido!; rosas y azucenas de María, ¿quién las amará si existen?; aromas del 5 lozano huerto, ¡no volveré a aspiraros!; susurradores vientos, rumoroso río ... ¡no volveré a oíros!

La medianoche me halló levantado en mi cuarto. Todo estaba allí como yo lo había dejado; solamente las manos de María habían removido lo indispensable, engalanando la estancia para mi regreso: 10 marchitas y carcomidas por los insectos, permanecían en el florero las últimas azucenas que ella había puesto. Ante esa mesa abrí el paquete de las cartas que me había devuelto al morir. Aquellas líneas borradas por mis lágrimas y trazadas por mí cuando tan lejos estaba de creer que serían mis últimas palabras dirigidas a ella; aquellos 15 pliegos ajados en su seno, fueron desplegados y leídos uno a uno; y buscando entre las cartas de María la contestación de cada una de las que yo le había escrito, compaginé ese diálogo de inmortal amor dictado por la esperanza e interrumpido por la muerte.

Teniendo entre mis manos las trenzas de María, y recostado en el 20 sofá en que Emma le había oído sus postreras confidencias, sonaron las dos en el reloj; él había medido las horas de aquella noche angustiosa, víspera de mi viaje; él debía medir también las de la última que pasé en la morada de mis mayores.

Soñé que María era ya mi esposa; este castísimo delirio había sido 25 y debía continuar siendo el único deleite de mi alma: vestía un traje blanco y vaporoso, y llevaba un delantal azul como si hubiese sido formado de un jirón de cielo: era aquel delantal que tantas veces le ayudé a llenar de flores, y que ella sabía atar tan linda y descuidadamente a su cintura inquieta: aquel en que había yo en- 30 contrado envueltos sus cabellos; entreabrió cuidadosamente la puerta de mi cuarto, y procurando no hacer el más leve ruido con sus ropajes, se arrodilló sobre la alfombra, al pie del sofá; después de mirarme medio sonriente, cual si temiera que mi sueño fuese fingido, tocó mi frente con sus labios, suave como un terciopelo de 35 los lirios de Páez:[14] menos temerosa ya de mi engaño, dejóme aspirar un momento su aliento tibio y fragante; pero entonces esperé inútilmente que oprimiera mis labios con los suyos: sentóse en la

---

[14] Páez, municipio de Colombia en el Departamento del Cauca.

alfombra, y mientras leía alguna de las páginas dispersas en ella,
tenía sobre la mejilla una de mis manos, que pendía sobre los
almohadones; sintiendo ella animada esa mano, volvió hacia mí su
mirada llena de amor, sonriendo como ella sola podía sonreír;
5 atraje sobre mi pecho su cabeza, y reclinada así buscaba mis ojos
mientras le orlaba yo la frente con sus trenzas sedosas o aspiraba con
deleite su perfume de albahaca.

Un grito, grito mío, interrumpió aquel sueño: la realidad lo
turbaba celosa, como si aquel instante hubiese sido un siglo de dicha.
10 La lámpara se había consumido; por la ventana penetraba el viento
frío de la madrugada; mis manos estaban yertas y oprimían aquellas
trenzas, único despojo de su belleza, única verdad de mi sueño.

LXV

En la tarde de ese día, durante el cual había visitado yo todos los
sitios que me eran queridos, y que no debía volver a ver, me pre-
15 paraba para emprender viaje a la ciudad, pasando por el cementerio
de la parroquia, donde estaba la tumba de María. Juan Angel y
Braulio se habían adelantado a esperarme en él, y José,[15] su mujer y
sus hijas me rodeaban ya para recibir mi despedida. Invitados por
mí, siguieron al oratorio, y todos de rodillas, todos llorando,
20 oramos por el alma de aquella a quien tanto habíamos amado. José
interrumpió el silencio que siguió a esa oración solemne para
recitar una súplica a la protectora de los peregrinos y navegantes.

Ya en el corredor, Tránsito y Lucía,[16] después de recibir mi adiós,
sollozaban cubierto el rostro y sentadas en el pavimento; la señora
25 Luisa había desaparecido; José, volviendo a un lado la faz para
ocultarme sus lágrimas, me esperaba teniendo el caballo del cabestro
al pie de la gradería; Mayo, meneando la cola y tendido en el
gramal, espiaba todos mis movimientos, como cuando en sus días
de vigor salíamos a caza de perdices.
30 Faltóme la voz para decir una postrera palabra cariñosa a José y
a sus hijas; ellos tampoco la habrían tenido para responderme.

A pocas cuadras de la casa me detuve antes de emprender la
bajada, a ver una vez más aquella mansión querida y sus contornos.
De las horas de felicidad que en ella había pasado, sólo llevaba
35 conmigo el recuerdo; de María, los dones que me había dejado al
borde de su tumba.

15 Viejo criado al cargo de las faenas agrícolas.
16 Hija de José.

Llegó Mayo, entonces fatigado, y se detuvo a la orilla del torrente que nos separaba: dos veces intentó vadearlo y en ambas hubo de retroceder; sentóse sobre el césped, y aulló tan lastimosamente como si sus alaridos tuviesen algo de humano; como si con ellos quisiera recordarme cuánto me había amado, y reconvenirme porque lo 5 abandonaba en su vejez.

A la hora y media me desmontaba ante la portada de una especie de huerto, aislado en la llanura y cercado de palenque, que era el cementerio de la aldea. Braulio, recibiendo el caballo y participando de la emoción que descubría en mi rostro, empujó una hoja de la 10 puerta y no dio un paso más. Atravesé por en medio de las malezas y de las cruces de leño y de guadúa[17] que se levantaban sobre ellas; el sol, al ponerse, lograba cruzar el ramaje enmarañado de la selva vecina con algunos rayos que amarilleaban sobre los zarzales y los follajes de los árboles que sombreaban las tumbas. Al dar la vuelta 15 a un grupo de corpulentos tamarindos,[18] quedé enfrente de un pedestal blanco y manchado por las lluvias, sobre el cual se elevaba una cruz de hierro. Acerquéme. En una plancha negra que las adormideras medio ocultaban ya, empecé a leer: "María ..."

A aquel monólogo terrible del alma ante la muerte, del alma que 20 la interroga, que la maldice ..., que le ruega, que la llama ..., demasiado elocuente respuesta dio esa tumba fría y sorda, que mis brazos oprimían y mis lágrimas bañaban.

El ruido de unos pasos sobre la hojarasca me hizo levantar la frente del pedestal: Braulio se acercó a mí, y entregándome una 25 corona de rosas y azucenas, obsequio de las hijas de José, permaneció en el mismo sitio como para indicarme que era hora de partir. Púseme en pie para colgarla de la cruz, y volví a abrazarme de los pies de ella para darle a María y a su sepulcro un último adiós ...

Había ya montado, y Braulio estrechaba en sus manos una de las 30 mías, cuando el revuelo de un ave[19] que al pasar sobre nuestras cabezas dio un graznido siniestro y conocido para mí, interrumpió nuestra despedida; la vi volar hacia la cruz de hierro, y, posada ya en uno de sus brazos, aleteó repitiendo su espantoso canto.

Estremecido, partí a galope por en medio de la pampa solitaria, 35 cuyo vasto horizonte ennegrecía la noche.

[17] Guadúa: "bamboo."
[18] Tamarindo: "tamarind (tropical tree)."
[19] Esta ave de mal agüero, un cuervo, aparece varias veces en las páginas de *María*, siendo un elemento romántico de gran efecto.

Juan Zorrilla de San Martín

(1855–1931)

Nacido en Montevideo de familia modesta enriquecida con
negocios agropecuarios, Juan Zorrilla de San Martín se educó en el
colegio que los jesuitas poseían en la ciudad argentina de Santa Fe.
Estudió la carrera de Derecho en la universidad de Santiago de
Chile, regresando a su tierra natal en 1878. Ese mismo año se casó y
fundó un periódico, *El bien público*, de orientación católica y
conservadora. Exiliado en Buenos Aires entre 1885 y 1887 por
haberse opuesto al presidente Máximo Santos, allí comenzó la
redacción de su obra fundamental, *Tabaré* (1886).

A su vuelta del destierro ocupó importantes puestos políticos y
diplomáticos: formó parte de la Cámara de Diputados; representó
al Uruguay en los actos del Tercer Centenario del Descubrimiento
organizados por España, permaneciendo en este país de 1891 a 1894,
y, como embajador en Francia, residió en París desde esa última
fecha hasta 1897, en que fue destituido. Tras un período oscuro y
difícil, recobró fama y honores: fue nombrado catedrático de la
universidad y se convirtió en una especie de poeta nacional. Murió
en 1931 rodeado de admiración y respeto.

La obra de Zorrilla consta de numerosos ensayos, artículos de
periódico, discursos, poesías y cartas. Romántico, conservador y
católico, el escritor uruguayo mantuvo siempre una postura muy
tradicionalista, exaltando valores como la patria, la religión, el
nacionalismo americano y la herencia colonial. A pesar de haber
asistido al triunfo del modernismo, jamás modificó sus convicciones
ideológicas ni literarias, pudiendo ser considerado como el último
gran romántico de Hispanoamérica.

De su producción suelen destacarse tres títulos, *La leyenda patria*
(1879), *Tabaré* y *La epopeya de Artigas* (1900). *La leyenda patria*,
extenso poema compuesto por ocasión de la inauguración de un
monumento a la Independencia en Montevideo, versa sobre la
aparición de la idea de nacionalidad en la guerra del Uruguay

contra Brasil y propone como programa del futuro la libertad y el trabajo. En cierto modo contiene el mismo tema que se desarrolla en *La epopeya de Artigas,* amplio estudio histórico sobre José Artigas (1764-1850), fundador del país.

Tabaré debe clasificarse como leyenda poética, género literario muy en boga durante el romanticismo. Se mezcla, en efecto, un episodio enteramente imaginado con un ligero fondo histórico, las guerras entre indios y españoles por la posesión de las regiones del Plata. Está compuesto el poema en versos asonantados heptasílabos y endecasílabos, divididos en estrofas de cuatro sin estructura fija. Consta de una introducción y tres libros de los cuales el primero contiene sólo dos cantos y los otros dos seis cada uno.

Su argumento es el siguiente. Los charrúas, tribu guaraní del Uruguay, han derrotado a los españoles que en su precipitada huida dejan abandonada a una mujer, Magdalena. Convertida en propiedad del cacique Caracé, tiene un hijo a quien bautiza con el nombre de Tabaré y enseña las creencias cristianas, muriendo poco después de soledad y tristeza. A varios años del suceso, Tabaré y otros indios son hechos prisioneros por los españoles y trasladados al fuerte de San Salvador.

Aquél se enamora allí de Blanca, hermana del capitán Gonzalo de Orgaz, y logra suscitar un sentimiento semejante en ella, si bien sólo se expresa en gestos y miradas. El misionero, Padre Esteban, favorece tales amores; pero Tabaré levanta sospechas por su conducta y es expulsado de la villa. En un nuevo ataque de los charrúas mandados ahora por Yamandú, consiguen raptar a la muchacha, de la que Tabaré se convierte inmediatamente en protector, impidiendo que nadie la toque. Los españoles salen en su busca y al encontrarla en brazos del infortunado mestizo, interpretan el hecho torcidamente y lo asesinan con gran dolor de Blanca.

En la introducción y en otras ocasiones a lo largo de la obra, Zorrilla ha expuesto la razón de su poema: sacar del olvido histórico una raza definitivamente desaparecida, tanto por un sentimiento cristiano de compasión hacia el vencido como por afinidad con gentes que habitaron el mismo territorio. Quiere, pues, rescatar y actualizar en la imaginación moderna a aquellos indios, "héroes sin redención y sin historia, / sin tumbas y sin lágrimas," porque los ha visto vagar como sombras en la noche, pidiendo una voz que expresara sus angustias y porque quizá signifiquen mucho para el Uruguay. Naturalmente el poeta ha escogido para esa resurrección el momento de enfrentamiento de indios y españoles. No hay odio hacia el vencedor, como en otros románticos, sino admiración por la gesta civilizadora de España. La solución ideal habría sido el mestizaje, la fusión de razas.

Por esta actitud idealista ante el indio desaparecido, *Tabaré* es un poema indianista, el último escrito y sin duda el mejor logrado de Hispanoamérica. Como en otras producciones de este tipo, el léxico es muy romántico y se incorporan a él abundantes palabras indígenas para crear el ambiente. Son muy frecuentes las exclamaciones e interrogaciones. Se debe señalar también el intento de Zorrilla por renovar las imágenes que a veces por su colorido presagian el modernismo: llama por ejemplo al río Uruguay "serpiente azul de escamas luminosas."

TABARÉ

(1886)

INTRODUCCIÓN

I

Levantaré la losa de una tumba
e, internándome en ella,
encenderé en el fondo el pensamiento
que alumbrará la soledad inmensa.

5   Dadme la lira, y vamos: la de hierro,
la más pesada y negra;
ésa, la de apoyarse en las rodillas,
y sostenerse con la mano trémula

mientras la azota el viento temeroso
10   que silba en las tormentas,
y al golpe del granizo restallando
sus acordes difunde en las tinieblas;

la de cantar, sentado entre las ruinas,
como el ave agorera;
15   la que, arrojada al fondo del abismo,
del fondo del abismo nos contesta.

Al desgranarse las potentes notas
de sus heridas cuerdas,
despertarán los ecos que han dormido
sueño de siglos en la obscura huesa;

y formarán la estrofa que revele   5
lo que la muerte piensa:
resurrección de voces extinguidas,
extraño acorde que en mi mente suena.

II

Vosotros, los que amáis los imposibles,
los que vivís la vida de la idea,   10
los que sabéis de ignotas muchedumbres,
que los espacios infinitos pueblan,

y de esos seres que entran en las almas
y mensajes obscuros les revelan,
desabrochan las flores en el campo   15
y encienden en el cielo las estrellas;

los que escucháis quejidos y palabras
en el triste rumor de la hoja seca,
y algo más que la idea del invierno
próximo y frío a vuestra mente llega,   20

al mirar que los vientos otoñales
los árboles desnudan, y los dejan
ateridos, inmóviles, deformes,
como esqueletos de hermosuras muertas;

seguidme, hasta saber de esas historias   25
que el mar, y el cielo, y el dolor nos cuentan;
que narran el ombú de nuestras lomas,
el verde canelón[1] de las riberas,

la palma centenaria, el camalote,
el ñandubay, los talas y las ceibas;[2]   30

---

[1] Ombú, canelón: árboles típicos de la Argentina y del Uruguay.
[2] Camalote: planta acuática con grandes hojas que flotan sobre el agua. En los ríos forma islas flotantes. Tala, ñandubay y ceiba (ceibo): otros tantos árboles indígenas.

la historia de la sangre de un desierto,
la triste historia de una raza muerta.

Y vosotros aun más, bardos amigos,
trovadores galanos de mi tierra,
5   vírgenes de mi patria y de mi raza,
que templáis el laúd de los poetas;

seguidme juntos, a escuchar las notas
de una elegía que en la patria nuestra
el bosque entona cuando queda solo,
10   y todo duerme entre sus ramas quietas.

Crecen laureles, hijos de la noche,
que esperan liras, para asirse a ellas,
allá en la obscuridad en que aun palpita
el grito del desierto y de la selva. . . .

LIBRO PRIMERO

CANTO SEGUNDO[3]

I

15   ¡Cayó la flor al río!
Los temblorosos círculos concéntricos
balancearon los verdes camalotes,
y en el silencio del juncal murieron.

Las aguas se han cerrado;
20   las algas despertaron de su sueño,
y a la flor abrazaron, que moría,
falta de luz, en el profundo légamo . . .

Las grietas del sepulcro
han engendrado un lirio amarillento;
25   tiene el perfume de la flor caída,
su mismo palidez . . . ¡La flor ha muerto!

Así el himno sonaba
de los lejanos ecos;

3 En este canto el poeta narra el nacimiento de Tabaré y la muerte de su madre,
la española Magdalena.

así cantaba el urutí en las ceibas,
y se quejaba en el sauzal el viento.[4]

II

Siempre llorar la vieron los charrúas;[5]
  siempre mirar al cielo,
y más allá . . . Miraba lo invisible,
con los ojos azules y serenos.

El cacique a su lado está tendido.
  Lo domina el misterio.
Hay luz en la mirada de la esclava,
luz que alumbra sus lágrimas de fuego,

y ahuyenta al indio, al derramar en ellas
  ese blanco reflejo
de que se forma el nimbo de los mártires,
la diáfana sonrisa de los cielos.

Siempre llorar la vieron los charrúas,
  y así pasaba el tiempo.
Vedla sola en la playa. En esa lágrima
rueda por sus mejillas un recuerdo.

Sus labios las sonrisas olvidaron.
  Sólo salen de entre ellos
las plegarias, vestidas de elegías,
como coros de vírgenes de un templo.

III

Un niño llora. Sus vagidos se oyen,
  del bosque en el secreto,
unidos a las voces de los pájaros
que cantan en las ramas de los ceibos.

Le llaman *Tabaré*.[6] Nació una noche,
  bajo el obscuro techo
en que el indio guardaba a la cautiva
a quien el niño exprime el dulce seno.

---

4 Urutí, pajarillo de variados colores: sauzal: "grove of willow trees (*sauces*)."
5 Tribu india de origen guaraní.
6 Voz tupi o guaraní que significa el que vive solo.

Le llaman *Tabaré*. Nació en el bosque
de Caracé el guerrero;
ha brotado, en las grietas del sepulcro,
un lirio amarillento.

5 "Risa de mi dolor, hijo del alma
alma de mis recuerdos,"
lo llamaba gimiendo la cautiva
al apretarlo en su calor materno,

y al entonar los cánticos cristianos
10 para arrullar su sueño;
los cantos de Belén,[7] que al fin escucha
la soledad callada del desierto.

Los escuchan con fe las alboradas,
los balbucean los ecos,
15 y, en las tardes que salen de los bosques,
anda con ellos sollozando el viento.

Son los cantos cristianos, impregnados
de inocencia y misterio,
que acaso aquella tierra escuchó un día,
20 como se siente el beso de un ensueño.

IV

El indio niño en las pupilas tiene
el azulado cerco
que entre sus hojas pálidas ostenta
la flor del cardo en pos de un aguacero.

25 Los charrúas, que acuden a mirarlo,
clavan sus ojos negros
en los ojos azules de aquel niño
que se reclina en el materno seno,

y lo oyen y lo miran asombrados
30 como a un pájaro nuevo
que, llamado, al pasar, por los zorzales,[8]
ensaya entre las ramas sus gorjeos.

7 Belén: "Bethlehem."
8 Zorzales: "thrushes."

Mira el niño a la madre. Ésta llorando
    lo mira y mira al cielo,
y envía en su mirada al infinito
un amor que en el mundo es extranjero.

Y quiere al árbol, porque da su sombra   5
    a aquel pequeño cuerpo;
y es para ella más azul el aire,
más diáfano el ambiente y más sereno.

La tarde, al descender sobre su alma,
    desciende como el beso   10
de la hermana mayor sobre la frente
del hermanito huérfano;

y tiene ya más alas su plegaria,
    su llanto más consuelo,
y más risa la luz de las estrellas,   15
y el ruido de los sauces más misterio. . . .

V

¿Adónde va la madre silenciosa?
    Camina, a paso lento,
con el hijo en los brazos. Llega al río.
Es la hermosa mujer del Evangelio.[9]   20

¡E invoca a Dios en su misterio augusto!
    Se conmueve el desierto,
y el indio niño siente en la cabeza
de su bautismo el fecundante riego.

La madre le ha entregado, sollozando,   25
    el gran legado eterno.
El Uruguay,[10] al ofrecerle el agua,
canta con el juncal un himno nuevo. . . .

VIII

"Duerme, hijo mío. Mira: entre las ramas
    está dormido el viento,   30

[9] Referencia al escondimiento de Moisés.
[10] Río grande al oeste del país del mismo nombre.

el tigre en el flotante camalote,
y en el nido los pájaros pequeños.

Ya no se ven los montes de las islas;
también están durmiendo.
5   Han salido las nutrias de sus cuevas;
se oye apenas la voz del teru-tero."[11] ...

Las tribus embriagadas
aullaban a lo lejos.
El aire, con los roncos alaridos,
10   elaboraba quejas y lamentos.

Tras la salvaje orgía
vendrá el cacique ebrio;
vendrá a buscar a su cautiva blanca,
que a su hijo esconderá tras de los ceibos.

IX

15   Cayó la flor al río,
se ha marchitado, ha muerto.
Ha brotado en las grietas del sepulcro
un lirio amarillento.

La madre ya ha sentido
20   mucho frío en los huesos;
la madre tiene, en torno de los ojos,
amoratado cerco;

y en el alma la angustia,
y el temblor en los miembros,
25   y en los brazos el niño que sonríe,
y en los labios un cántico y un ruego.

"Duerme, hijo mío. Mira: entre las ramas
está dormido el viento,
el tigre en el flotante camalote,
30   y en el nido los pájaros pequeños."

Los párpados del niño se cerraban.
Las sonrisas, entre ellos

11 Nutria: "water rat." Teru-tero, ave de plumaje iridiscente.

asomaban apenas, como asoman
las últimas estrellas a lo lejos.

Los párpados caían de la madre
que, con esfuerzo lento,
pugnaba en vano porque no llegaran
de su pupila al agrandado hueco.[12]

Pugnaba por mirar al indio niño
una vez más al menos;
pero el niño, para ella, poco a poco,
en un nimbo sutil se iba perdiendo.

Parecía alejarse, desprenderse,
resbalar de sus brazos, y, por verlo,
las pupilas inertes de la madre
se dilataban en supremo esfuerzo.

XI

¿Sentís la risa? Caracé el cacique
  ha vuelto ebrio, muy ebrio.
Su esclava estaba pálida, muy pálida.
Hijo y madre ya duermen los dos sueños.

5

10

15

[12] Tradúzcase: "struggled in vain to keep her eyelids from closing over her wide, vacant stare."

Ricardo Palma

(1833–1919)

Ricardo Palma nació en Lima, de familia modesta, y tras realizar estudios elementales en varias escuelas, siguió las Humanidades en el famoso Convictorio de San Carlos. Desde 1848, año de introducción del romanticismo en el Perú, participó en numerosas actividades literarias y políticas junto con otros compañeros que forman la llamada generación bohemia. Se vio tentado incluso por el teatro, llegando a estrenar con cierto éxito algunas obras. Nombrado oficial de marina en 1852, sirvió en el Rímac que naufragó en 1855 frente a las costas inhóspitas del país; Palma se contó entre los pocos que lograron sobrevivir al hambre y la fatiga.

Por haber participado en actividades contra el presidente Ramón Castilla, fue desterrado a Chile de 1860 a 1863. Viajó después por Europa, Estados Unidos y Brasil, colaborando a su regreso con el presidente José Balta desde el puesto de secretario particular de éste y senador por la provincia de Loreto. El brutal asesinato de su jefe y amigo le indujo a apartarse definitivamente de la política en 1872, dado el tono primitivo y sanguinario que ésta revestía en su patria. Se casó en 1876, teniendo varios hijos, entre ellos, Angélica, que ha dejado notas de interés sobre la vida y obra de su padre.

Al retirarse de Lima los chilenos, acabada la Guerra del Pacífico (1879–83), se nombró a Palma en 1883 bibliotecario de la Biblioteca Nacional, que aquéllos habían incendiado, con el encargo de rehacer en lo posible el fondo destruido. Desde 1888 fue el objeto constante de la animosidad de Manuel González Prada que criticó tanto su actuación como su obra: este hecho, que era una manifestación de la rebeldía juvenil contra los viejos, proporcionó muchas horas de amargura al ilustre escritor. En 1892 emprendió viaje a España, país al que admiraba por su cultura, pero que de cerca le decepcionó. La Academia Española, con una actitud muy típicamente conservadora, se negó a admitir en su *Diccionario* una serie de americanismos propuestos por el peruano. Después de una vida muy larga, murió en la misma Lima que tanto quería.

La obra de Palma es abundante y variada. De las piezas de teatro que estrenó sólo se decidió a publicar *Rodil* (1851), drama histórico sobre la defensa que este general español hizo de El Callao en 1825. Cultivó la poesía a la manera romántica expresando sentimientos de amor, melancolía, libertad y fe en el hombre en *Poesías* (1855), *Armonías, Libro de un desterrado* (1865) y *Pasionarias* (1870). Luego derivó hacia un tono más realista y satírico en *Verbos y gerundios* (1877). Al publicar en 1887 un nuevo tomo de *Poesías,* que recogía toda su producción poética hasta entonces, le añadió un prólogo, "La bohemia de mi tiempo," lleno de preciosos datos sobre sí mismo y su época.

Su labor como bibliotecario fue muy meritoria. Reunió muchos libros y editó diversos textos y manuscritos, dando a conocer a escritores olvidados. Por ejemplo, en *Don Juan del Valle y Caviedes, el poeta de la Ribera* (1873) sacó a luz pública los poemas de éste y trazó su semblanza, si bien un poco novelescamente, rescatándolo para la historia literaria. Merecen también recuerdo algunos trabajos filológicos e históricos como *Neologismos y americanismos* (1896) y *Anales de la Inquisición de Lima* (1863). Pero su gran obra, que le ha hecho sobrevivir, son las *Tradiciones peruanas,* que fue publicando en diez tomos entre 1872 y 1910.

La tradición como género literario es un invento de Palma, aunque tiene sus antecedentes en la literatura romántica de fondo histórico, novelas, leyendas y romances. Pero frente a los románticos que veían el pasado con seriedad e idealismo, el escritor limeño lo encara burlonamente, con una ironía simpatizante, desde una concepción burguesa de la vida, enlazando así con sus compatriotas satíricos Esteban de Terralla y Landa y Juan del Valle y Caviedes. Como éstos se ríe de la aristocracia criolla y pone de manifiesto los pecadillos de la sociedad colonial.

Aunque todavía no se ha dado una definición satisfactoria del género, se admite que la tradición es una mezcla de leyenda por lo que tiene de historia y fantasía; de costumbrismo por su reconstrucción de usos y modas; y de casticismo por su estilo popular, sabroso, lleno de refranes y locuciones típicas. Externamente se suele estructurar así: una introducción que describe el marco de acción y el ambiente; una digresión histórica que suministra datos relacionados con el momento del suceso; la anécdota o cuento en sí; y por último una moraleja que a veces se presenta en verso.

El pasado hacia el que Palma se vuelve es el de su ciudad natal; pero se siente poco atraído por el período incaico y de la conquista. Aunque ha dedicado a ellos algunas tradiciones, representan éstas un escaso porcentaje del total y desde luego no son las mejores. Es la Lima de los Virreyes, la del siglo XVII y sobre todo del XVIII, centro de lujo y diversiones, la que gusta al escritor: hacia esa Lima esplendorosa, aristocrática, decadente mira Palma con amor reconstructor de cronista y gracia satírica de mestizo burlón. No faltan tampoco las tradiciones centradas en la época de la Emancipación y la República.

Lo más deleitoso de Palma es el tono chispeante, pícaro, malicioso que se respira en las *Tradiciones,* especialmente las consagradas a las damas de la Colonia. El propósito es deleitar y entretener; para ello hace gala de una imaginación exuberante, tomando de la historia los datos divertidos y llamativos y sumando a ellos su fantasía. Como solía decir, "Me vino en mientes platear píldoras y dárselas a tragar al pueblo sin andarme con escrúpulos de monja boba. Algo, y aun algos, de mentira, y tal cual dosis de verdad, por infinitesimal que sea: mucho de esmero y pulimento en el lenguaje; y cata la receta para escribir *tradiciones.*"

TRADICIONES PERUANAS

(1872-1910)

AMOR DE MADRE

(CRÓNICA DE LA ÉPOCA DEL VIRREY "BRAZO DE PLATA")

Juzgamos conveniente alterar los nombres de los principales personajes de esta tradición, pecado venial que hemos cometido en *La emplazada* y alguna otra. Poco significan los nombres si se cuida de no falsear la verdad histórica; y bien barruntará el lector que
5 razón, y muy poderosa, habremos tenido para desbautizar prójimos.[1]

I

En agosto de 1690 hizo su entrada en Lima el excelentísimo señor don Melchor Portocarrero Lazo de la Vega, conde de la Monclova,

1 Tradúzcase: "to change people's names."

comendador de Zarza en la Orden de Alcántara y vigésimo tercio virrey del Perú por su majestad don Carlos II.[2] Además de su hija doña Josefa, y de su familia y servidumbre, acompañábanlo desde México, de cuyo gobierno fue trasladado a estos reinos, algunos soldados españoles. Distinguíase entre ellos, por su bizarro y marcial 5 aspecto, don Fernando de Vergara, hijodalgo extremeño, capitán de gentileshombres lanzas;[3] y contábase de él que entre las bellezas mexicanas no había dejado la reputación austera de monje benedictino. Pendenciero, jugador y amante de dar guerra a las mujeres, era más que difícil hacerle sentar la cabeza;[4] y el virrey, que le 10 profesaba paternal afecto, se propuso en Lima casarlo de su mano, por ver si resultaba verdad aquello de *estado muda costumbres.*

Evangelina Zamora, amén de[5] su juventud y belleza, tenía prendas que la hacían el partido más codiciable de la ciudad de los Reyes. Su bisabuelo había sido, después de Jerónimo de Aliaga, del alcalde 15 Ribera, de Martín de Alcántara y de Diego Maldonado el Rico, uno de los conquistadores más favorecidos por Pizarro con repartimientos en el valle del Rímac.[6] El emperador le acordó el uso del *Don,*[7] y algunos años después, los valiosos presentes que enviaba a la corona le alcanzaron la merced de un hábito de Santiago.[8] Con un siglo a 20 cuestas, rico y ennoblecido, pensó nuestro conquistador que no tenía ya misión sobre este valle de lágrimas, y en 1604 lio el petate, legando al mayorazgo,[9] en propiedades rústicas y urbanas, un caudal que se estimó entonces en un quinto de millón.

El abuelo y el padre de Evangelina acrecieron la herencia; y la 25 joven se halló huérfana a la edad de veinte años, bajo el amparo de un tutor y envidiada por su riqueza.

Entre la modesta hija del conde de la Monclova y la opulenta limeña se estableció, en breve, la más cordial amistad. Evangelina

---

[2] Rey de España entre 1665 y 1700, llamado El Hechizado por padecer una enfermedad mental.
[3] Hijodalgo extremeño: "nobleman from Extremadura." Gentileshombres lanzas, una de las organizaciones militares de la época.
[4] Sentar la cabeza: "to settle down."
[5] Amén de: "aside from."
[6] Repartimiento: "allotment of territory." En el valle del Río Rímac Francisco Pizarro fundó Lima.
[7] Esto es, lo nombró caballero, pues sólo éstos tenían derecho al "don."
[8] Tradúzcase: "the honor of wearing the habit of the Knights of Santiago de Compostela." Esta orden militar fue fundada en León en 1161.
[9] Tradúzcase: "kicked the bucket, willing to his oldest son . . ."

tuvo así motivo para encontrarse frecuentemente en palacio en sociedad con el capitán de gentileshombres, que a fuer de galante no desperdició coyuntura para hacer su corte a la doncella;[10] la que al fin, sin confesar la inclinación amorosa que el hidalgo extremeño
5 había sabido hacer brotar en su pecho, escuchó con secreta complacencia la propuesta de matrimonio con don Fernando. El intermediario era el virrey nada menos, y una joven bien doctrinada no podía inferir desaire a tan encumbrado padrino.

Durante los cinco primeros años de matrimonio, el capitán Ver-
10 gara olvidó su antigua vida de disipación. Su esposa y sus hijos constituían toda su felicidad: era, digámoslo así, un marido ejemplar.

Pero un día fatal hizo el diablo que don Fernando acompañase a su mujer a una fiesta de familia, y que en ella hubiera una sala, donde no sólo se jugaba la clásica malilla abarrotada,[11] sino que,
15 alrededor de una mesa con tapete verde, se hallaban congregados muchos devotos de los cubículos. La pasión del juego estaba sólo adormecida en el alma del capitán, y no es extraño que a la vista de los dados[12] se despertase con mayor fuerza. Jugó, y con tan aviesa fortuna, que perdió en esa noche veinte mil pesos.

20 Desde esa hora, el esposo modelo cambió por completo su manera de ser, y volvió a la febricitante existencia del jugador. Mostrándosele la suerte cada día más rebelde, tuvo que mermar la hacienda de su mujer y de sus hijos para hacer frente a las pérdidas, y lanzarse en ese abismo sin fondo que se llama el desquite.[13]

25 Entre sus compañeros de vicio había un joven marqués a quien los dados favorecían con tenacidad, y don Fernando tomó a capricho luchar contra tan loca fortuna. Muchas noches lo llevaba a cenar a la casa de Evangelina y, terminada la cena, los dos amigos se encerraban en una habitación a descamisarse, palabra que en el tecni-
30 cismo de los jugadores tiene una repugnante exactitud.

Decididamente, el jugador y el loco son una misma entidad. Si algo empequeñece, a mi juicio, la figura histórica del emperador Augusto es que, según Suetonio, después de cenar jugaba a pares y nones.[14]

---

10 Tradúzcase: "who, like a gallant suitor, lost no opportunity to woo the maiden."
11 Un juego de naipes.
12 Mesa con tapete verde: "gaming table"; cubículos, dados: "dice."
13 Desquite: "recovery of loss, retaliation."
14 Suetonio (siglo II), historiador latino. Pares y nones ("odd or even"), otro juego de naipes.

En vano Evangelina se esforzaba para apartar del precipicio al desenfrenado jugador. Lágrimas y ternezas, enojos y reconciliaciones fueron inútiles. La mujer honrada no tiene otras armas que emplear sobre el corazón del hombre amado.

Una noche la infeliz esposa se encontraba ya recogida en su lecho, 5 cuando la despertó don Fernando pidiéndole el anillo nupcial. Era éste un brilliante de crecidísimo valor. Evangelina se sobresaltó; pero su marido calló su zozobra, diciéndola que trataba sólo de satisfacer la curiosidad de unos amigos que dudaban del mérito de la preciosa alhaja. 10

¿Qué había pasado en la habitación donde se encontraban los rivales de tapete? Don Fernando perdía una gran suma, y no teniendo ya prenda que jugar, se acordó del espléndido anillo de su esposa.

La desgracia es inexorable. La valiosa alhaja lucía pocos minutos 15 más tarde en el dedo anular del ganancioso marqués.

Don Fernando se estremeció de vergüenza y remordimiento. Despidióse el marqués, y Vergara lo acompañaba a la sala; pero al llegar a ésta, volvió la cabeza hacia una mampara que comunicaba al dormitorio de Evangelina, y al través de los cristales vióla sollozando 20 de rodillas ante una imagen de María.

Un vértigo horrible se apoderó del espíritu de don Fernando, y rápido como el tigre, se abalanzó sobre el marqués y le dio tres puñaladas por la espalda.

El desventurado huyó hacia el dormitorio, y cayó exánime delante 25 del lecho de Evangelina.

II

El conde de la Monclova, muy joven a la sazón, mandaba una compañía en la batalla de Arras, dada en 1654. Su denuedo lo arrastró a lo más reñido de la pelea, y fue retirado del campo casi moribundo. Restablecióse al fin, pero con pérdida del brazo derecho, que hubo 30 necesidad de amputarle. Él lo substituyó con otro plateado, y de aquí vino el apodo con que en México y en Lima lo bautizaron.

El virrey *Brazo de plata,* en cuyo escudo de armas se leía este mote, *Ave Maria gratia plena,*[15] sucedió en gobierno del Perú al ilustre don Melchor de Navarra y Rocafull. «Con igual prestigio que su an- 35 tecesor, aunque con menos dotes administrativas—dice Lorente—, de costumbres puras, religioso, conciliador y moderado, el conde de

[15] Tradúzcase: "Hail Mary, full of grace!"

la Monclova, edificaba al pueblo con su ejemplo, y los necesitados le hallaron siempre pronto a dar de limosna sus sueldos y las rentas de su casa.»

En los quince años y cuatro meses que duró el gobierno de *Brazo*
5 *de plata,* período a que ni hasta entonces ni después llegó ningún virrey, disfrutó el país de completa paz; la administración fue ordenada, y se edificaron en Lima magníficas casas. Verdad que el tesoro público no anduvo muy floreciente; pero por causas extrañas a la política. Las procesiones y fiestas religiosas de entonces recordaban,
10 por su magnificencia y lujo, los tiempos del conde de Lemos. Los portales, con sus ochenta y cinco arcos, cuya fábrica se hizo con gasto de veinticinco mil pesos, el Cabildo y la galería de palacio fueron obra de esa época.

En 1694 nació en Lima un monstruo con dos cabezas y rostros
15 hermosos, dos corazones, cuatro brazos y dos pechos unidos por un cartílago. De la cintura a los pies poco tenía de fenomenal, y el enciclopédico limeño don Pedro de Peralta[16] escribió con el título de *Desvíos de la naturaleza* un curioso libro, en que, a la vez que hace una descripción anatómica del monstruo, se empeña en probar que
20 estaba dotado de dos almas.

Muerto Carlos el Hechizado en 1700, Felipe V, que lo sucedió, recompensó al conde de la Monclova haciéndolo grande[17] de España.

Enfermo, octogenario y cansado del mando, el virrey *Brazo de plata* instaba a la corte para que se le reemplazase. Sin ver logrado
25 este deseo, falleció el conde de la Monclova el 22 de septiembre de 1702, siendo sepultado en la Catedral; y su sucesor, el marqués de Casteldos Ríus, no llegó a Lima sino en julio de 1707.

Doña Josefa, la hija del conde de la Monclova, siguió habitando en palacio después de la muerte del virrey; mas una noche, concertada
30 ya con su confesor, el padre Alonso Mesía, se descolgó por una ventana y tomó asilo en las monjas de Santa Catalina, profesando con el hábito de Santa Rosa,[18] cuyo monasterio se hallaba en fábrica. En mayo de 1710 se trasladó doña Josefa Portocarrero Lazo de la Vega al nuevo convento, del que fue la primera abadesa.

16 Pedro de Peralta Barnuevo (1663-1743), peruano muy erudito, poeta, dramaturgo y científico.
17 Felipe V (1683-1746), primero de la dinastía de los Borbones en España. Grande: "grandee." Carlos V había divido a la alta nobleza española en grandes y títulos.
18 Santa Rosa de Lima (1586-1617), primera mujer canonizada en América.

III

Cuatro meses después de su prisión, la Real Audiencia condenaba a muerte a don Fernando de Vergara. Éste desde el primer momento había declarado que mató al marqués con alevosía, en un arranque de desesperación de jugador arruinado. Ante tan franca confesión no quedaba al tribunal más que aplicar la pena. 5

Evangelina puso en juego todo resorte para libertar a su marido de una muerte infamante; y en tal desconsuelo, llegó el día designado para el suplicio del criminal. Entonces la abnegada y valerosa Evangelina resolvió hacer, por amor al nombre de sus hijos, un sacrificio sin ejemplo. 10

Vestida de duelo se presentó en el salón de palacio en momentos de hallarse el virrey conde de la Monclova en acuerdo con los oidores, y expuso: que don Fernando había asesinado al marqués, amparado por la ley; que ella era adúltera, y que, sorprendida por el esposo, huyó de sus iras, recibiendo su cómplice justa muerte del 15 ultrajado marido.

La frecuencia de las visitas del marqués a la casa de Evangelina, el anillo de ésta como gaje de amor[19] en la mano del cadáver, las heridas por la espalda, la circunstancia de habérsele hallado al muerto al pie del lecho de la señora, y otros pequeños detalles eran motivos 20 bastantes para que el virrey, dando crédito a la revelación, mandase suspender la sentencia.

El juez de la causa se constituyó en la cárcel[20] para que don Fernando ratificara la declaración de su esposa. Mas apenas terminó el escribano la lectura, cuando Vergara, presa de mil encontrados 25 sentimientos, lanzó una espantosa carcajada.

¡El infeliz se había vuelto loco!

Pocos años después, la muerte cernía sus alas sobre el casto lecho de la noble esposa, y un austero sacerdote prodigaba a la moribunda los consuelos de la religión. 30

Los cuatro hijos de Evangelina esperaban arrodillados la postrera bendición maternal. Entonces la abnegada víctima, forzada por su confesor, les reveló el tremendo secreto:—El mundo olvidará—les dijo—el nombre de la mujer que os dio la vida; pero habría sido implacable para con vosotros si vuestro padre hubiese subido los 35

---

[19] Gaje de amor: "pledge of love."
[20] Tradúzcase: "The judge reconvened the trial in prison."

escalones del cadalso.[21] Dios, que lee en el cristal de mi conciencia, sabe que ante la sociedad perdí mi honra porque no os llamasen un día los hijos del ajusticiado.[22]

LA CAMISA[23] DE MARGARITA

Probable es que algunos de mis lectores hayan oído decir a las
5 viejas de Lima, cuando quieren ponderar lo subido de precio de un artículo:

—¡Qué! Si esto es más caro que la camisa de Margarita Pareja.

Habríame quedado con la curiosidad de saber quién fue esa Margarita, cuya camisa anda en lenguas,[24] si en *La América*, de Madrid,
10 no hubiera tropezado con un artículo firmado por don Ildefonso Antonio Bermejo (autor de un notable libro sobre el Paraguay), quien, aunque muy a la ligera, habla de la niña y de su camisa, me puso en vía de desenredar el ovillo, alcanzando a sacar en limpio la historia que van ustedes a leer.

I

15 Margarita Pareja era (por los años de 1765) la hija más mimada de don Raimundo Pareja, caballero de Santiago y colector general del Callao.[25]

La muchacha era una de esas limeñitas que, por su belleza, cautivan al mismo diablo y lo hacen persignarse y tirar piedras. Lucía un
20 par de ojos negros que eran como dos torpedos cargados de dinamita y que hacían explosión sobre las entretelas del alma de los galanes limeños.

Llegó por entonces de España un arrogante mancebo, hijo de la coronada villa del oso y del madroño,[26] llamado don Luis Alcázar.
25 Tenía éste en Lima un tío solterón y acaudalado, aragonés rancio y linajudo, y que gastaba más orgullo que los hijos del rey Fruela.[27]

Por supuesto que, mientras le llegaba la ocasión de heredar al tío,

---

21 Tradúzcase: "the steps to the scaffold."
22 Ajusticiado: "executed criminal."
23 Camisa: "chemise (a woman's shirt-like undergarment)."
24 Tradúzcase: "is talked about."
25 Puerto del Perú.
26 Es decir, Madrid. En su escudo de armas un oso se apoya contra un madroño, cierta clase de árbol.
27 Tradúzcase: "a rich old bachelor, an antiquated and highborn Aragonese, who was prouder than the sons of King Fruela." Fruela, Rey de Asturias en el siglo VIII.

vivía nuestro don Luis tan pelado como una rata y pasando la pena negra.[28] Con decir que hasta sus trapicheos eran al fiado[29] y para pagar cuando mejorase de fortuna, creo que digo lo preciso. En la procesión de Santa Rosa conoció Alcázar a la linda Margarita. La muchacha le llenó el ojo y le flechó el corazón. La echó 5 flores, y aunque ella no le contestó ni sí ni no, dio a entender con sonrisitas y demás armas del arsenal femenino que el galán era plato muy de su gusto. La verdad, como si me estuviera confesando, es que se enamoraron hasta la raíz del pelo.

Como los amantes olvidan que existe la aritmética, creyó don Luis 10 que para el logro de sus amores no sería obstáculo su presente pobreza, y fue al padre de Margarita, y, sin muchos perfiles,[30] le pidió la mano de su hija.

A don Raimundo no le cayó en gracia la petición,[31] y cortésmente despidió al postulante, diciéndole que Margarita era aún muy niña 15 para tomar marido; pues a pesar de sus diez y ocho mayos, todavía jugaba a las muñecas.

Pero no era ésta la verdadera madre del ternero.[32] La negativa nacía de que don Raimundo no quería ser suegro de un pobretón; y así hubo de decirlo en confianza a sus amigos, uno de los que[33] fue 20 con el chisme a don Honorato, que así se llamaba el tío aragonés. Éste, que era más altivo que el Cid,[34] trinó de rabia[35] y dijo:

—¡Cómo se entiende! ¡Desairar a mi sobrino! Muchos se darían con un canto en el pecho por emparentar con el muchacho,[36] que no lo hay más gallardo en todo Lima. ¡Hábráse visto insolencia de la 25 laya! Pero ¿adónde ha de ir conmigo ese colectorcillo de mala muerte?[37]

Margarita, que se anticipaba a su siglo, pues era nerviosa como una damisela de hoy, gimoteó, y se arrancó el pelo, y tuvo pataleta,[38]

[28] Tradúzcase: "as poor as a rat and suffering great hardship."
[29] Tradúzcase: "even his scheming was conducted on credit."
[30] Tradúzcase: "without beating around the bush (unceremoniously)."
[31] Tradúzcase: "Don Raimundo did not like the request."
[32] Tradúzcase: "the real reason."
[33] De los cuales.
[34] Rodrigo Díaz de Bivar (1040?–99), héroe de la epopeya española.
[35] Se enfureció.
[36] Tradúzcase: "What does this mean? Turn down my nephew. Many would be delighted to become related to the boy by marriage."
[37] Tradúzcase: "that second-rate little tax collector."
[38] Tradúzcase: "as nervous as a young lady of today, whined, pulled her hair, and had a fit."

y si no amenazó con envenenarse, fue porque todavía no se habían inventado los fósforos.[39]

Margarita perdía colores y carnes, se desmejoraba a vista de ojos, hablaba de meterse monja, y no hacía nada en concierto.

5   —¡O de Luis o de Dios!—gritaba cada vez que los nervios se le sublevaban, lo que acontecía una hora sí y otra también.

Alarmóse el caballero santiagués, llamó físicos y curanderas, y todos declararon que la niña tiraba a tísica,[40] y que la única *melecina*[41] salvadora no se vendía en la botica.

10   O casarla con el varón de su gusto, o encerrarla en el cajón con palma y corona.[42] Tal fue el *ultimatum* médico.

Don Raimundo (¡al fin, padre!), olvidándose de coger capa y bastón, se encaminó como loco a casa de don Honorato y le dijo:

—Vengo a que consienta usted en que mañana mismo se case su 15 sobrino con Margarita; porque, si no, la muchacha se nos va por la posta.[43]

—No puede ser—contestó con desabrimiento el tío—. Mi sobrino es un pobretón, y lo que usted debe buscar para su hija es un hombre que varee la plata.[44]

20   El diálogo fue borrascoso. Mientras más rogaba don Raimundo, más se subía el aragonés a la parra,[45] y ya aquél iba a retirarse desahuciado cuando don Luis, terciando en la cuestión, dijo:

—Pero, tío, no es de cristianos que matemos a quien no tiene la culpa.

25   —¿Tú te das por satisfecho?

—De todo corazón, tío y señor.

—Pues bien, muchacho: consiento en darte gusto; pero con una condición, y es ésa: don Raimundo me ha de jurar ante la Hostia consagrada que no regalará un ochavo a su hija ni la dejará un real 30 en la herencia.[46]

Aquí se entabló un nuevo y más agitado litigio.

---

[39] Era costumbre envenenarse comiendo el fósforo de las cerillas.
[40] Físicos: "physicians"; curanderas: "quacks, healers"; tiraba a tísica: "was susceptible to tuberculosis."
[41] Medicina.
[42] Enterrar con palma a una joven significa enterrarla soltera.
[43] Por la posta: "posthaste, immediately."
[44] Tradúzcase: "who measures his money by the yard."
[45] Tradúzcase: "the more the Aragonese became stubborn."
[46] Ochavos, reales y duros son monedas.

—Pero, hombre—arguyó don Raimundo—mi hija tiene veinte mil duros de dote.

—Renunciamos a la dote. La niña vendrá a casa de su marido nada más que con lo encapillado.⁴⁷

—Concédame usted entonces obsequiarla los muebles y el ajuar de 5 novia.

—Ni un alfiler. Si no acomoda, dejarlo y que se muera la chica.

—Sea usted razonable, don Honorato. Mi hija necesita llevar siquiera una camisa para reemplazar la puesta.

—Bien: paso por esa funda para que no me acuse de obstinado. 10 Consiento en que le regale la camisa de novia, y san se acabó.⁴⁸

Al día siguiente don Raimundo y don Honorato se dirigieron muy de mañana a San Francisco, arrodillándose para oír misa, y, según lo pactado, en el momento en que el sacerdote elevaba la Hostia divina, dijo el padre de Margarita: 15

—Juro no dar a mi hija más que la camisa de novia. Así Dios me condene si perjurare.

II

Y don Raimundo Pareja cumplió *ad pedem litteræ*⁴⁹ su juramento; porque ni en vida ni en muerte dio después a su hija cosa que valiera un maravedí.   20

Los encajes de Flandes que adornaban la camisa de la novia costaron dos mil setecientos duros, según lo afirma Bermejo, quien parece copió este dato de las *Relaciones secretas* de Ulloa y don Jorge Juan.⁵⁰

Ítem,⁵¹ el cordoncillo que ajustaba al cuello era una cadeneta de 25 brillantes, valorizada en trienta mil morlacos.⁵²

Los recién casados hicieron creer al tío aragonés que la camisa a lo más valdría una onza; porque don Honorato era tan testarudo que, a saber lo cierto, habría forzado al sobrino a divorciarse.

Convengamos en que fue muy merecida la fama que alcanzó la 30 camisa nupcial de Margarita Pareja.

47 Tradúzcase: "with the clothes she is wearing on her back."
48 Tradúzcase: "and that's all."
49 Tradúzcase: "to the letter."
50 Antonio de Ulloa y Jorge Juan, viajeros y autores de dos crónicas sobre la América del siglo XVIII.
51 Además.
52 Maravedíes, morlacos y onzas son monedas antiguas.

LA PANTORRILLA DEL COMANDANTE

I

FRAGMENTO DE CARTA DEL TERCER JEFE DEL "IMPERIAL ALEJANDRO"
AL SEGUNDO COMANDANTE DEL BATALLÓN "GERONA"[53]

Cuzco, 3 de diciembre de 1822

Mi querido paisano y compañero: Aprovecho para escribirte la
oportunidad de ir el capitán don Pedro Uriondo con pliegos del
virrey para el general Valdés.

Uriondo es el malagueño más entretenido que madre andaluza
5 ha echado al mundo. Te lo recomiendo muy mucho. Tiene la manía
de proponer apuestas por todo y sobre todo, y lo particular es que
siempre las gana. ¡Por Dios!, hermano, no vayas a incurrir en la
debilidad de aceptarle apuesta alguna, y haz esta prevención cari-
tativa a tus amigos. Uriondo se jacta de que jamás ha perdido
10 apuesta, y dice verdad. Con que así, abre el ojo y no te dejes atrapar . . .

Siempre tuyo,

JUAN ECHERRY

II

CARTA DEL SEGUNDO COMANDANTE DEL "GERONA"
A SU AMIGO DEL "IMPERIAL ALEJANDRO"

Sama, 28 de diciembre de 1822

Mi inolvidable camarada y pariente: Te escribo sobre un tambor
en el momento de alistarse el batallón para emprender marcha a
15 Tacna, donde tengo por seguro que vamos a copar al gaucho Martínez, antes de que se junte con las tropas de Alvarado, a quien
después nos proponemos hacer bailar el zorongo. El diablo se va a
llevar de esta hecha a los insurgentes. Ya es tiempo de que cargue
Satanás con lo suyo, y de que las charreteras[54] de coronel luzcan
20 sobre los hombros de este tu invariable amigo.

Te doy las gracias por haberme proporcionado la amistad del

---

53 Imperial Alejandro y Gerona son dos regimientos militares, de los cuales
son miembros los dos amigos que se escriben aquí.
54 Copar: "to surprise, catch"; zorongo: "Andalusian dance"; charreteras:
"epaulets."

capitán Uriondo. Es un muchacho que vale en oro lo que pesa, y en los pocos días que le hemos tenido en el cuartel general ha sido la niña bonita de la oficialidad. ¡Y lo bien que canta el diantre del mozo![55] ¡Y vaya si sabe hacer hablar a las cuerdas de una guitarra! Mañana saldrá de regreso para el Cuzco con comunicaciones del 5 general para el virrey.

Siento decirte que sus laureles como ganador de apuestas van marchitos. Sostuvo esta mañana que el aire de vacilación que tengo al andar dependía, no del balazo que me plantaron en el Alto Perú, cuando lo de Guaqui,[56] sino de un lunar, grueso como un grano de 10 arroz, que, según él afirmaba, como si me lo hubiera visto y palpado, debía yo tener en la parte baja de la pierna izquierda. Agregó, con un aplomo digno del físico de mi batallón, que ese lunar era cabeza de vena y que, andando los tiempos, si no me lo hacía quemar con piedra infernal, me sobrevendrían ataques mortales al corazón. Yo, 15 que conozco los alifafes de mi agujereado cuerpo y que no soy lunarejo, solté el trapo a reír.[57] Picóse un tanto Uriondo, y apostó seis onzas a que me convencía de la existencia del lunar. Aceptarle equivalía a robarle la plata, y me negué: pero, insistiendo él tercamente en su afirmación, terciaron el capitán Murrieta, que fue 20 alférez de cosacos desmontados[58] en el Callao; nuestro paisano Goytisolo, que es ahora capitán de la quinta; el teniente Silgado, que fue de húsares y sirve hoy en dragones; el padre Marieluz, que está de capellán[59] de tropa, y otros oficiales, diciéndome todos:

—¡Vamos, comandante, gánese esas peluconas[60] que le caen de las 25 nubes!

Ponte en mi caso. ¿Qué habrías tú hecho? Lo que yo hice, seguramente: enseñar la pierna desnuda, para que todos viesen que en ella no había ni sombra de lunar. Uriondo se puso más rojo que un camarón sancochado,[61] y tuvo que confesar que se había equivocado. 30 Y me pasó las seis onzas, que se me hizo cargo de conciencia aceptar;

---

55 Niña bonita: "favorite"; diantre del mozo: "devil of a fellow."
56 En un principio la actual Bolivia se llamaba el Alto Perú. Guaqui, pueblo de Bolivia en las orillas del lago Titicaca y lugar de una batalla.
57 Tradúzcase: "Knowing the chronic complaints of my perforated body and that I am not covered with moles, I burst out laughing."
58 Tradúzcase: "ensign of the Cossack footsoldiers."
59 Quinta: "recruits, replacements"; húsar: "hussar"; dragón: "dragoon"; capellán: "chaplain."
60 Peluconas: "double doubloons."
61 Camarón sancochado: "boiled shrimp."

pero que, al fin, tuve que guardarlas, pues él insistió en declarar que las había perdido en toda regla.

Contra tu consejo, tuve la debilidad (que de tal la calificaste) de aceptarle una apuesta a tu conmigo desventurado malagueño, que-
5 dándome, más que el provecho de las seis amarillas, la gloria de haber sido el primero en vencer al que tú considerabas invencible.

Tocan en este momento llamada y tropa.[62]

Dios te guarde de una bala traidora, y a mí ... lo mesmo.

DOMINGO ECHIZARRAGA

III

CARTA DEL TERCER JEFE DEL "IMPERIAL ALEJANDRO"

AL SEGUNDO COMANDANTE DEL "GERONA"

Cuzco, enero 10 de 1823

Compañero: Me ... fundiste.[63]

10 El capitán Uriondo había apostado conmigo treinta onzas a que te hacía enseñar la pantorrilla el día de Inocentes.[64]

Desde ayer hay, por culpa tuya, treinta peluconas de menos en el exiguo caudal de tu amigo, que te perdona el candor y te absuelve de la desobediencia al consejo.

JUAN ECHERRY

IV

15 Y yo el infrascrito garantizo, con toda la seriedad que a un tradicionista incumbe, la autenticidad de las firmas de Echerry y Echizarraga.

RICARDO PALMA

---

[62] Tradúzcase: "They are now sounding the call to arms."

[63] Tradúzcase: "You ruined me."

[64] El 28 de diciembre, parecido a "April Fools' Day."

El realismo y el naturalismo

La tendencia realista y naturalista es tan antigua como la misma literatura: siempre ha existido en los escritores un impulso a observar y describir con fidelidad algunos aspectos de la vida, sean lugáres, costumbres o modos de ser, propendiendo ocasionalmente a sorprender el detalle bajo, hiriente, infrasocial de tales cosas. Concretamente en la cultura hispánica el realismo es una de sus constantes más acusadas que va desde la objetividad histórico-geográfica del *Poema del Cid* al gusto por lo tremendo, lo horrible y lo sórdido de la novela picaresca, de los satíricos peruanos o de algunos cuadros de Francisco de Goya (1746–1828).

Como movimiento literario con fines y métodos conscientes, el realismo se desarrolló primero en Francia y luego en otros países a lo largo del siglo XIX, de manera particular entre 1850 y 1880. Inicialmente fue un producto del romanticismo, del que tomó la descripción de costumbres, el amor por el color local y el énfasis en el hombre como individuo. Bajo estos supuestos creó Honoré de Balzac (1799–1850) en su *Comédie humaine* un ambicioso y exacto panorama de la sociedad francesa, y Stendhal (1783–1842) dio origen al realismo psicológico mediante análisis implacables y fríos de la conducta de los personajes en *Le Rouge et le Noir*.

Posteriormente Gustave Flaubert (1821–80), entusiasmado por los resultados prácticos del positivismo en la medicina y en las ciencias, se propuso aplicar a la novela sus métodos: descripción de hechos observables materialmente; documentación rigurosa y paciente; objetividad en el análisis y las conclusiones. El último paso en esta evolución fue dado por Émile Zola (1840–1902), creador del naturalismo; a los principios anteriores se sumaron otros como el determinismo psicológico, la lucha por la sobrevivencia y la importancia de la herencia en el condicionamiento del carácter, modelados en gran parte según *The Origin of Species* de Darwin.

Los realistas en general habían intentado reflejar en sus obras problemas sociales y psicológicos. Zola acentuó cuanto en ello había de bajo: se complugo en la descripción de ambientes sórdidos, llenos de miseria moral y física, y en el crudo tratamiento de temas prohibidos, como el sexo. En tales ambientes situaba al hombre para probar que, dada una herencia negativa como prostitución o alcoholismo y dado un medio deletéreo, tenía que ser necesariamente vicioso, sin que ninguna fuerza moral fuese capaz de impedirlo. No se puede señalar con precisión cuándo comenzaron estos movimientos en Hispanoamérica. Ya hacia 1838 Esteban Echeverría había escrito *El matadero,* verdadera manifestación naturalista por sus tintas crueles y repugnantes; pero no ha de olvidarse que la tradición picaresca estaba llena de detalles de este tipo. Toda la literatura romántica, por otro lado, había acogido en abundancia escenas costumbristas y testimonios de la realidad nativa. Pero si se piensa en un realismo deliberado, basado en su mayoría en modelos europeos, la fecha de 1860 es un punto aproximado de arranque.

El éxito del realismo fue inmenso: puro o mezclado con el naturalismo y aun con el modernismo pervivió hasta bien entrado el siglo XX. No obstante, a medida que surgieron otras corrientes, decayó bastante quedando reducido a escritores de segunda categoría. Al igual que en Europa, fueron la novela y el teatro los géneros más afectados. Por el contrario, a causa de su naturaleza esencialmente imaginativa, la poesía apenas sintió su influjo, manteniéndose romántica o evolucionando hacia formas estéticas como las modernistas.

LA NOVELA

La novela realista hispanoamericana es en su técnica y también en muchos de sus temas un reflejo de los grandes modelos europeos. Imitando a Balzac, hubo novelistas que trazaron extensos cuadros de sus respectivas sociedades: tal el chileno Alberto Blest Gana, el representante más egregio del realismo en este continente; asimismo su compatriota Luis Orrego Luco (1866–1948) en su serie *Recuerdos del tiempo viejo,* reconstrucción de la vida chilena entre 1875 y 1930, y el argentino Carlos María Ocantos (1860–1949) en el conjunto de veinte "novelas argentinas," fino análisis de su país visto a través de la repercusión del dinero en las costumbres y la conducta.

Más extensa que la de Balzac fue la influencia de Zola debido al contenido altamente explosivo de su obra, muy adecuado para regiones donde los miserables y desheredados eran los más. Eugenio Cambaceres (1843–88) y José Miró (1867–96) representaron el naturalismo en Argentina: el primero, hombre de fortuna y positivista de ideas, describió muchos caracteres anormales con una violencia extremada; Miró dejó en *La bolsa* un agudo estudio social del mundo financiero bonaerense. El ecuatoriano Luis A. Martínez (1869–1909) recreó en *A la costa* el duro espectáculo de la miseria y la explotación, tomando como base el éxodo de los hombres de la altiplanicie hacia las fértiles tierras próximas al mar. En México Federico Gamboa (1864–1939) estudió la inutilidad de todo intento de recuperación por parte de gentes como el delincuente o la prostituta en *La llaga* y *Santa*.

De España y Rusia llegó a Hispanoamérica una forma mitigada de realismo y naturalismo: frente a la fría objetividad y la desesperanza materialista de los franceses, se volvió a creer en los valores espirituales, en la capacidad individual del hombre para elegir su destino, en el sentido humano del mundo. Benito Pérez Galdós (1843–1920) y Feodor Dostoievski (1821–81) fueron los principales inspiradores de la modalidad, más el primero que el segundo por la afinidad cultural que lo unía a las viejas colonias. Este realismo humanista se nota claramente, entre otros, en el chileno Baldomero Lillo (1867–1923) y su narrativa de la vida minera. También está presente en el mundo apicarado de los argentinos, Roberto J. Payró (1867–1928) y Manuel Gálvez (1882–1962), con quien el naturalismo hispanoamericano alcanzó su mejor expresión artística.

Aunque con raíces en la novela costumbrista romántica, de España vino también otra variante del realismo, el regionalismo, que tomó como campo de observación la vida estrecha y local de la provincia. Juan Valera (1824–1905) y José María de Pereda (1833–1906) fueron copiosamente imitados. El colombiano Tomás Carrasquilla (1858–1940), conservador y clásico a lo Pereda, escribió numerosas y excelentes novelas de esta clase, entre otras, *Frutos de mi tierra* y *Salve, Regina*. En la misma tendencia se incluyen los mexicanos Rafael Delgado (1853–1914) que atacó la manía extranjerizante en *Los parientes ricos* y Emilio Rabasa (1856–1930) que se hizo famoso por *El cuarto poder,* crítica violenta de la prensa venal.

Todas estas novelas, por mucho que hubieran recibido su impulso de escritores europeos en cuanto a la técnica, no dejaban de ir analizando y poniendo al descubierto problemas de la sociedad americana. No cabría afirmar, no obstante, que tales problemas eran específicamente americanos, pues con la diferencia de grado que se quiera la industrialización, la explotación económica, la mentalidad provinciana o las taras familiares son cosas comunes a todas las sociedades. Hubo, en cambio, dos direcciones que se ocuparon de asuntos exclusivamente americanos: la novela gauchesca y la novela indigenista.

La novela gauchesca es cronológicamente posterior a la poesía del mismo nombre. El argentino Eduardo Gutiérrez (1853–90) se considera el primer novelista gauchesco: *Juan Moreira*, publicada en 1880, narra la historia de un gaucho que se hizo bandido y cometió los más atroces asesinatos a sangre fría, porque la sociedad le negó una vez la debida justicia. *Montaraz* (1900) de Martiniano Leguizamón (1858–1935) trata de los amores de un gaucho con la hija en un estanciero. El uruguayo Eduardo Acevedo Díaz (1851–1921), tras haber reconstruido el pasado de su patria en varias novelas, derivó al tema gauchesco en *Soledad* (1894), llena de episodios brutales, pero escrita en una prosa tersa y cuidada. Posteriormente, bajo la influencia del modernismo, dio el género sus mejores frutos por obra de escritores como Javier de Viana, Benito Lynch, Enrique Larreta, Ricardo Güiraldes y Carlos Reyles.

La novela indigenista no tiene otra relación con la novela indianista romántica que tratar del indio; en todo lo demás son diferentes: ésta era artificial, idealista, falsa, basada en un tipo prácticamente inexistente; aquélla es realista, social, profundamente verdadera. Denuncia la situación del aborigen, explotado por la aristocracia criolla poseedora de la tierra. Usa un lenguaje muy crudo, al que se incorporan muchas palabras indígenas. Fue su creadora la peruana Clorinda Matto de Turner (1854–1909) con *Aves sin nido* (1889), escrita bajo la influencia de las ideas de Manuel González Prada. Su éxito fue fulminante y luego ha pervivido en los países con grandes núcleos indios como el Perú, el Ecuador, Bolivia y México. Abraham Valdelomar, Alcides Arguedas, Ciro Alegría, Jorge Icaza y Gregorio López y Fuentes son sus mejores exponentes en el siglo XX.

EL TEATRO

Siendo el teatro un hecho eminentemente social, es comprensible que fuera el género menos favorecido de la literatura hispanoamericana a lo largo del siglo XIX. No había en estos países ni estabilidad política, ni organizaciones económicas solventes, ni siquiera una mínima homogeneidad espiritual entre el público, condiciones todas ellas imprescindibles para la existencia y florecimiento del arte dramático.

Naturalmente, a pesar de tales desventajas, hubo algún teatro, si bien de escasa calidad, que se desarrolló sobre todo en Buenos Aires y México, aunque no faltó tampoco en otras capitales como Bogotá, Santiago y Lima. Incluso se hicieron esfuerzos para mejorar la situación importando periódicamente compañías europeas, edificando nuevas salas como el Teatro de la Victoria en Buenos Aires (1838) y aun programando ambiciosos proyectos como la creación del Teatro Nacional de México, cuya dirección fue concedida por el Emperador Maximiliano a José Zorrilla, el famoso autor de *Don Juan Tenorio*.

Del teatro romántico apenas queda hoy nada que recordar: los mejores dramaturgos, el argentino Ventura de la Vega (1807–65) y la cubana Gertrudis Gómez de Avellaneda (1814–73) están incorporados a la literatura de la Madre Patria, pues escribieron y estrenaron en España donde vivían. Lo mismo había pasado en la época colonial con Juan Ruiz de Alarcón. El resto son dramas históricos justamente olvidados o comedias costumbristas sin fuerza moral alguna. Por su valor documental vale la pena citar algunas piezas de teatro argentino contra el dictador, como el *Rosas* de Pedro Echagüe (1821–89), violento ataque a la conducta personal de aquél, y *El gigante Amapolas* de Juan Bautista Alberdi (1810–84), que fue también gracioso escritor de costumbres.

Hacia 1860, con la aparición del realismo y la progresiva estabilización de los países hispanoamericanos, mejoró algo el panorama teatral. Los modelos imitados fueron entonces los grandes dramaturgos realistas: Henrik Ibsen (1828–1906) por los conflictos entre sociedad e individuo; Pérez Galdós por su espíritu anticlerical y socialista; Gerhart Hauptmann (1862–1946) por sus estudios naturalistas de herencia y ambiente; Gabriele D'Annunzio (1863–1938) por su violencia pasional y su decadentismo.

Lo mismo que a la poesía y la novela, el tema gauchesco alcanzó también al teatro. En realidad, ya a fines del siglo XVIII se había representado en Buenos Aires la primera obra de este tipo, *El amor de la estanciera;* pero de ella sólo se conservaban noticias. El éxito y triunfo definitivo sólo se alcanzó en 1884 con la adaptación dramática de la novela de Eduardo Gutiérrez, *Juan Moreira*. Siguió luego *Calandria* (1896) de Martiniano Leguizamón, menos violenta que las anteriores, apareciendo por último Florencio Sánchez, que comunicó a esta clase de teatro gran emoción y calidad literaria. Se cultivaron, por lo demás, otros muchos temas dentro de una gran variedad de técnicas. Siguiendo la línea naturalista de Sánchez, Otto Miguel Cione (n. 1875) en el Paraguay y Ernesto Herrera (1886–1917) en el Uruguay se interesaron en presentar tipos patológicos y casos de desintegración social en *El arlequín* y *El pan nuestro* respectivamente. Los problemas socio-morales de la burguesía argentina fueron tratados por César Iglesias Paz (1886–1922): *El complot del silencio,* por ejemplo, es una crítica de la absurda educación de las jovencitas de buena familia. En México destacó como dramaturgo José Peón y Contreras (1843–1907), que cultivó el drama histórico y la comedia neorromántica al modo del español José Echegaray (1832–1916) con grandes pasiones y tono declamatorio: muestras de uno y otra son *La hija del rey,* aventura de amor en torno a una supuesta hija de Felipe II que habría pasado a Nueva España, y *Soledad,* sobre amores imposibles e hijos ilegítimos.

Alberto Blest Gana

(1830–1920)

Nacido en Santiago de Chile, Alberto Blest Gana pertenecía a una distinguida familia de origen irlandés. Su padre, William Cunningham Blest, había llegado al país en 1826 para enseñar en la nueva Escuela de Medicina de la capital. Después de tres años de estudios en la Academia Militar, Alberto fue enviado por el gobierno a perfeccionar su formación en Francia, donde residió de 1847 a 1951. Allí tuvo ocasión de ponerse en contacto con la obra de Honoré de Balzac (1799–1850) a quien inmediatamente se propuso imitar: Blest Gana permanecería fiel toda su vida al realismo de aquél, impregnado de numerosos elementos románticos.

Regresó a Santiago en 1851 después del motín revolucionario del 20 de abril que conmovió a los chilenos y que el escritor describe en *Martín Rivas* (1862). Obtuvo un puesto en el Ministerio de la Guerra y llegó a ser gobernador de la provincia de Colchagua; pero no asumió nunca posturas militantes, prefiriendo consagrar su vida al quehacer literario. Como diplomático sirvió en los Estados Unidos, Inglaterra y principalmente Francia de 1870 a 1895, quedándose luego a vivir en París hasta su muerte.

Por el testimonio de un amigo se sabe que Blest Gana frecuentó de joven los salones elegantes de Santiago, destacando en ellos por su buen porte y amena conversación. No fue sin embargo un hombre de mundo a pesar de los importantes cargos que ocupó. De carácter tímido y concentrado, detestó la política de su tiempo por su brutalidad; se aisló de fiestas y bullicios sociales, aunque tuvieran pretextos literarios, y se refugió en el ámbito familiar adonde muy pocas y selectas personas tenían acceso. El escritor que tan admirables cuadros ha trazado de la sociedad chilena era más un discreto espectador que un apasionado protagonista de los sucesos.

La carrera literaria de Blest Gana fue bastante activa, si bien sufrió un largo período de interrupción entre 1863 y 1897. Se inició con *Una escena social* (1853), novela de corte realista sobre la aristocracia de Santiago, que provocó, como más tarde otras producciones del autor, una reacción en ciertos medios pacatos de la sociedad chilena por su excesiva crudeza. Tras *Engaños y desengaños* (1855), de tono romántico, aparecieron en 1858 *El primer amor*, estudio acertado de una mujer enamorada y resentida, sistemáticamente rechazada por el objeto de su pasión, y *La fascinación*, que se basa en la vida de una bailarina parisiense y sus aspiraciones al éxito y el dinero.

De las obras escritas por Blest Gana hasta 1863 destacan *La aritmética en el amor* (1860) y *Martín Rivas*, que pasa por ser su mejor novela. La primera de ellas, que obtuvo un premio ofrecido por la Universidad de Chile, muestra ya a un escritor maduro, dueño de sus recursos y consciente de sus fines. Afronta el tema de la mujer hermosa pero pobre, que hace valer su tipo para casarse con un hombre de fortuna al que naturalmente engañará más tarde. Como fondo de la intriga surge una rica descripción de los resortes económicos de la sociedad santiaguina y las luchas de intereses que hacen enfrentarse a los hombres como lobos.

Martín Rivas quiere ser, concentrada en un solo libro, la comedia humana de Chile. Así como Balzac en su serie de novelas agrupadas bajo el título de *Comédie humaine* había llevado a cabo una disección perfecta del París de su tiempo, Blest Gana se propuso aquí describir la vida de las clases sociales de Santiago en los años 1850 y 1851: los "rotos" o pobres, la "gente de medio pelo" o burguesía de discreto pasar, la "gente decente" o ricos.

Con minuciosa y exacta precisión va reconstruyendo tipos de época, calles ciudadanas con sus nombres propios y su fisonomía particular, costumbres diarias y modos de ganarse el pan hasta los más prosaicos, indicando incluso el sueldo que se recibe, las fiestas y celebraciones, las luchas políticas y su culminación en la revolución de abril de 1851. Por todo ello el escritor subtituló *Novela de costumbres político-sociales*.

El argumento romántico se pierde con frecuencia en la maraña de episodios accesorios y de personajes secundarios. Martín Rivas, de origen humilde, llega a Santiago con una carta de recomendación para el rico Dámaso Encina, quien debe su fortuna al padre de aquél. Inmediatamente los sentimientos de Martín se polarizan ante los hijos de su protector, en amor hacia la orgullosa Leonor y antipatía hacia el afrancesado Agustín. Merced a su trabajo como secretario de Encina y también a sus estudios en la Universidad, se abren para el recién venido todas las escalas sociales y traba amistad con aristócratas como Rafael San Luis. Gracias a su voluntad y su honestidad, después de vencer no pocas complicaciones y dificultades, Martín logra el triunfo social y la mano de Leonor.

Tras un largo silencio de más de treinta años, Blest Gana publicó en 1897 una ambiciosa novela histórica en dos tomos, *Durante la reconquista,* que tiene por fondo la guerra de independencia contra España. Brota de ella una hondo emoción radicada en el sentido heroico de las gentes humildes que el escritor trata de poner de relieve. En *Los trasplantados* (1904) culmina el sentido crítico del novelista al trazar la vida semi-picaresca del suramericano que vive en París sin poder asimilarse a una sociedad desdeñosa y altiva. La fecunda carrera literaria de Blest Gana se cerró definitivamente con *Gladys Fairfield* (1912), narración corta de escaso interés.

Blest Gana fue el creador de la novela realista chilena y uno de los primeros en introducir el género en Hispanoamérica, integrando lo que hasta entonces había sido simple observación de costumbres en un esquema narrativo ambicioso. Pero como todos los realistas del primer momento, conservó muchos elementos románticos que se manifiestan preferentemente en el exceso de apasionamiento de las tramas amorosas, en la escasa matización psicológica de los personajes y en el gusto por episodios teatrales.

Como Balzac, su principal maestro, transformó la novela en un estudio social lo más objetivo posible y como él se sintió preocupado por analizar los efectos de la situación económica sobre el individuo. Junto a ello se interesó también por el proceso de la pasión amorosa, sobre todo en las mujeres que como personajes novelescos aparecen siempre mucho mejor matizados que los hombres. Tuvo el acierto de haber dirigido su atención hacia la sociedad chilena de su tiempo, la suya, de la que permanece como el más certero fotógrafo. Esta sociedad no presentaba los rasgos de cinismo y descomposición que Balzac descubre en la parisiense, lo que impuso ciertas limitaciones al suramericano; sus tipos son más provincianos, menos complejos. En compensación, al igual que Charles Dickens, derramó sobre personajes y conflictos un halo de poesía y de ternura.

MARTÍN RIVAS

NOVELA DE COSTUMBRES POLÍTICO–SOCIALES

(1862)

I

A principios del mes de julio de 1850 atravesaba la puerta de calle de una hermosa casa de Santiago un joven de veinte y dos a veinte y tres años.

Su traje y sus maneras estaban muy distantes de asemejarse a las
5 maneras y al traje de nuestros elegantes de la capital. Todo en aquel joven revelaba al provinciano que viene por primera vez a Santiago.

Sus pantalones negros, *embotinados* por medio de anchas trabillas de becerro, a la usanza de los años de 1842 y 43; su levita de mangas cortas y angostas; su chaleco de raso negro con largos picos abiertos;
10 su sombrero de extraña forma y sus botines, abrochados sobre los tobillos por medio de cordones negros,[1] componían un traje que recordaba antiguas modas, que sólo los provincianos hacen ver de tiempo en tiempo por las calles de la capital.

El modo como aquel joven se acercó a un criado que se balanceaba,
15 mirándole, apoyado en el umbral de una puerta que daba al primer patio, manifestaba también la timidez del que penetra en un lugar desconocido y recela de la acogida que le espera.

Cuando el provinciano se halló bastante cerca del criado, que continuaba observándole, se detuvo e hizo un saludo, al que el otro
20 contestó con aire protector, inspirado tal vez por la triste catadura del joven.

—¿Será ésta la casa del señor don Dámaso Encina?—preguntó éste, con voz en la que parecía reprimirse apenas el disgusto que aquel saludo insolente pareció causarle.

25 —Aquí es—contestó el criado.

—¿Podría Ud. decirle que un caballero desea hablar con él?

A la palabra «caballero» el criado pareció rechazar una sonrisa burlona que se dibujaba en sus labios.

---

[1] Tradúzcase: "His black trousers fastened under his shoes with calfskin straps, in the style of the years 1842 and 1843; his frock coat with short, tight sleeves; his black satin vest with pointed lapels; his strangely shaped hat and his shoes, fitted around his ankles with black laces . . ."

—¿Y cómo se llama Ud.?—preguntó con voz seca.

—Martín Rivas—contestó el provinciano, tratando de dominar su impaciencia, que no dejó por esto de reflejarse en sus ojos.

—Espérese, pues—díjole el criado; y entró con paso lento a las habitaciones del interior. 5

Daban en ese instante las doce del día.

Nosotros aprovecharemos la ausencia del criado para dar a conocer más ampliamente al que acababa de decir llamarse Martín Rivas.

Era un joven de regular estatura y bien proporcionadas formas. Sus ojos negros, sin ser grandes, llamaban la atención por el aire de 10 melancolía que comunicaban a su rostro. Eran dos ojos de mirar apagado y pensativo, sombreados por grandes ojeras que guardaban armonía con la palidez de las mejillas. Un pequeño bigote negro, que cubría el labio superior, y la línea un poco saliente del inferior le daban el aspecto de la resolución, aspecto que contribuía a aumentar 15 lo erguido de la cabeza,[2] cubierta por una abundante cabellera color castaño, a juzgar por lo que se dejaba ver bajo el ala del sombrero. El conjunto de su persona tenía cierto aire de distinción que contrastaba con la pobreza del traje, y hacía ver que aquel joven, estando vestido con elegancia, podía pasar por un buen mozo a los ojos de 20 los que no hacen consistir únicamente la belleza física en lo rosado de la tez y en la regularidad perfecta de las facciones.

Martín se había quedado en el mismo lugar en que se detuvo para hablar con el criado, y dejó pasar dos minutos sin moverse, contemplando las paredes del patio pintadas al óleo y las ventanas que 25 ostentaban sus molduras doradas al través de las vidrieras. Mas luego pareció impacientarse con la tardanza del que esperaba, y sus ojos vagaron de un lugar a otro sin fijarse en nada.

Por fin se abrió una puerta y apareció el mismo criado con quien Martín acababa de hablar. 30

—Que pase para adentro—dijo al joven.

Martín siguió al criado hasta una puerta en la que éste se detuvo.

—Aquí está el patrón—dijo, señalándole la puerta.

El joven pasó el umbral y se encontró con un hombre que, por su aspecto, parecía hallarse, según la significativa expresión francesa, 35 entre dos edades.[3] Es decir que rayaba en la vejez sin haber entrado aún a ella. Su traje negro, su cuello bien almidonado, el lustre de sus

---

[2] Tradúzcase: "made more noticeable by the erectness of his head."
[3] Entre dos edades: "middle-aged."

botas de becerro, indicaban el hombre metódico, que somete su persona, como su vida, a reglas invariables. Su semblante nada revelaba: no había en él ninguno de esos rasgos característicos, tan prominentes en ciertas fisonomías, por los cuales un observador
5 adivina en gran parte el carácter de algunos individuos. Perfectamente afeitado y peinado, el rostro y el pelo de aquel hombre manifestaban que el aseo era una de sus reglas de conducta.

Al ver a Martín, se quitó una gorra con que se hallaba cubierto y se adelantó con una de esas miradas que equivalen a una pregunta.
10 El joven la interpretó así, e hizo un ligero saludo, diciendo:

—¿El señor don Encina?

—Yo, señor, un servidor de Ud.—contestó el preguntado.

Martín sacó del bolsillo de la levita una carta que puso en manos de don Dámaso con estas palabras:
15 —Tenga Ud. la bondad de leer esta carta.

—¡Ah, es Ud. Martín!—exclamó el señor Encina, al leer la firma, después de haber roto el sello sin apresurarse.—Y su padre de Ud. ¿cómo está?

—Ha muerto—contestó Martín con tristeza.
20 —¡Muerto!—repitió con asombro el caballero. Luego, como preocupado de una idea repentina, añadió:

—Siéntese, Martín; dispénseme que no le haya ofrecido asiento, ¿y esta carta . . . ?

—Tenga Ud. la bondad de leerla—contestó Martín.
25 Don Dámaso se acercó a una mesa de escritorio, puso sobre ella la carta, tomó unos anteojos que limpió cuidadosamente con su pañuelo y colocó sobre sus narices. Al sentarse, dirigió la vista sobre el joven.

—No puedo leer sin anteojos—le dijo, a manera de satisfacción por
30 el tiempo que había empleado en prepararse.

Luego principió la lectura de la carta, que decía lo siguiente:

Mi estimado y respetado señor:

Me siento gravemente enfermo y deseo, antes que Dios me llame a su divino tribunal, recomendarle a mi hijo, que en breve será el
35 único apoyo de mi desgraciada familia. Tengo muy cortos recursos, y he hecho mis últimas disposiciones, para que después de mi muerte puedan mi mujer y mis hijos aprovecharlas lo mejor posible. Con los intereses de mi pequeño caudal tendrá mi familia que subsistir

pobremente para poder dar a Martín lo necesario hasta que concluya en Santiago sus estudios de abogado. Según mis cálculos, sólo podrá recibir veinte pesos al mes, y como le sería imposible con tan módica suma satisfacer sus estrictas necesidades, me he acordado de Ud. y atrevido a pedirle el servicio de que le hospede en su casa hasta que 5 pueda por sí solo ganar su subsistencia. Este muchacho es mi única esperanza, y si Ud. le hace la gracia que para él humildemente solicito, tendrá Ud. las bendiciones de su santa madre en la tierra y las mías en el cielo, si Dios me concede su eterna gloria después de mi muerte. 10

Mande a su seguro servidor que sus plantas besa,[4]

JOSÉ RIVAS

Don Dámaso se quitó los anteojos con el mismo cuidado que había empleado para ponérselos, y los colocó en el mismo lugar que antes ocupaban. 15

—¿Ud. sabe lo que su padre me pide en esta carta?—preguntó, levantándose de su asiento.

—Sí, señor—contestó Martín.

—¿Y cómo se ha venido Ud. de Copiapó?[5]

—Sobre la cubierta del vapor[6]—contestó el joven como con 20 orgullo.

—Amigo—dijo el señor Encina—su padre era un buen hombre y le debo algunos servicios que me alegraré de pagarle en su hijo. Tengo en los altos[7] dos piezas desocupadas y están a la disposición de Ud. ¿Trae Ud. equipaje? 25

—Sí, señor.

—¿Dónde está?

—En la posada de Santo Domingo.

—El criado irá a traerlo; Ud. le dará las señas.

Martín se levantó de su asiento y don Dámaso llamó al criado. 30

—Anda con este caballero y traerás lo que él te dé—le dijo.

—Señor—dijo Martín—no hallo cómo dar a Ud. las gracias por su bondad.

---

[4] Tradúzcase: "Very sincerely yours."
[5] Centro minero en el norte de Chile.
[6] Tradúzcase: "As a deck passenger." Probablemente fue en barco desde Coquimbo o Caldera, puertos cerca de Copiapó, hasta Valparaíso.
[7] Los altos: "the top floor, attic."

—Bueno, Martín, bueno—contestó don Dámaso—está Ud. en su casa. Traiga Ud. su equipaje y arréglese allá arriba. Yo como a las cinco: véngase un poquito antes para presentarle a la señora. Martín dijo algunas palabras de agradecimiento y se retiró.

5 —Juana, Juana—gritó don Dámaso, tratando de hacer pasar su voz a una pieza vecina;—que me traigan los periódicos.

II

La casa en donde hemos visto presentarse a Martín Rivas estaba habitada por una familia compuesta de don Dámaso Encina, su mujer, una hija de diez y nueve años, un hijo de veintitrés, y tres 10 hijos menores, que por entonces recibían su educación en el colegio de los padres franceses.

Don Dámaso se había casado a los veinticuatro años con doña Engracia Núñez, más bien por especulación que por amor. Doña Engracia carecía de belleza; pero poseía una herencia de treinta mil 15 pesos, que inflamó la pasión del joven Encina hasta el punto de hacerle solicitar su mano. Don Dámaso era dependiente de una casa de comercio en Valparaíso y no tenía más bienes de fortuna que su escaso sueldo. Al día siguiente de su matrimonio podía girar con treinta mil pesos. Su ambición desde ese momento no tuvo límites.
20 Enviado por asuntos de la casa en que servía, don Dámaso llegó a Copiapó un mes después de casarse. Su buena suerte quiso que, al cobrar un documento de muy poco valor que su patrón le había endosado, Encina se encontrase con un hombre de bien que le dijo lo siguiente:

25 —Ud. puede ejecutarme; no tengo con qué pagar. Mas si en lugar de cobrarme quiere Ud. arriesgar algunos medios,[8] le firmaré a Ud. un documento por valor doble que el de esa letra y cederé a Ud. la mitad de una mina que poseo y que estoy seguro hará un gran alcance[9] en un mes de trabajo.

30 Don Dámaso era hombre de reposo[10] y se volvió a su casa sin haber dado ninguna respuesta en pro ni en contra. Consultóse con varias personas, y todas ellas le dijeron que don José Rivas, su deudo, era un loco que había perdido toda su fortuna persiguiendo una veta imaginaria.

8 Tradúzcase: "to take a slight risk."
9 Tradúzcase: "will make a rich strike."
10 Hombre de reposo: "cautious man."

Encina pesó los informes y las palabras de Rivas, cuya buena fe
había dejado en su ánimo una impresión favorable.

—Veremos la mina—le dijo al día siguiente.

Pusiéronse en marcha y llegaron al lugar a donde se dirigían,
conversando de minas. Don Dámaso Encina veía flotar ante sus ojos, 5
durante aquella conversación, las vetas, los mantos, los farellones,
los panizos,[11] como otros tantos depósitos de inagotable riqueza, sin
comprender la diferencia que existe en el significado de aquellas
voces. Don José Rivas tenía toda la elocuencia del minero a quien
acompaña la fe después de haber perdido su caudal, y a su voz veía 10
Encina brillar la plata hasta en las piedras del camino.

Mas a pesar de esta preocupación, tuvo don Dámaso suficiente
tiempo de arreglar en su imaginación la propuesta que debía hacer
a Rivas en caso que la mina le agradase. Después de examinarla, y
dejándose llevar de su inspiración, Encina comenzó su ataque.   15

—Yo no entiendo nada de esto—dijo;—pero no me desagradan
las minas en general. Cédame Ud. doce barras y obtengo de mi
patrón nuevos plazos para su deuda y quita de algunos intereses.
Trabajaremos la mina a medias y haremos un contratito en el cual
Ud. se obligue a pagarme el uno y medio por los capitales que yo 20
invierta en la explotación y a preferirme[12] cuando Ud. quiera vender
su parte o algunas barras.

Don José se hallaba amenazado de ir a la cárcel, dejando en el más
completo abandono a su mujer y a su hijo Martín, de un año de
edad. Antes de aceptar aquella propuesta hizo, sin embargo, algunas 25
objeciones inútiles, porque Encina se mantuvo en los términos de
su proposición, y fue preciso firmar el contrato bajo las bases que
éste había propuesto.

Desde entonces don Dámaso se estableció en Copiapó como agente
de la casa de comercio de Valparaíso en la que había servido, y 30
administró por su cuenta algunos otros negocios que aumentaron su
capital. Durante un año la mina costeó sus gastos y don Dámaso
compró poco a poco a Rivas toda su parte, quedando éste en calidad
de administrador. Seis meses después de comprada le última barra,

---

11 Tradúzcase: "veins, pockets, projections, mineral beds."
12 Barra: "one of the twenty-four shares into which a mine was divided";
quita: "release, reduction"; a medias: dividing "the shares equally"; el uno y
medio: "one and one-half percent per month (twelve and one-half per year)";
preferirme: "give me the preference."

sobrevino un gran alcance, y pocos años más tarde, don Dámaso Encina compraba un valioso fundo de campo cerca de Santiago y la casa en que le hemos visto recibir al hijo del hombre a quien debía su riqueza.

5 Gracias a ésta, la familia de don Dámaso era considerada como una de las más aristocráticas de Santiago. Entre nosotros el dinero ha hecho desaparecer más preocupaciones de familia que en las viejas sociedades europeas. En éstas hay lo que llaman aristocracia de dinero, que jamás alcanza con su poder y su fausto a hacer olvidar 10 enteramente la oscuridad de la cuna, al paso que en Chile vemos que todo va cediendo su puesto a la riqueza, la que ha hecho palidecer con su brillo el orgulloso desdén con que antes eran tratados los advenedizos sociales. Dudamos mucho que éste sea un paso dado hacia la democracia, porque los que cifran su vanidad en los favores 15 ciegos de la fortuna, afectan ordinariamente una insolencia, con la que creen ocultar su nulidad, que les hace mirar con menosprecio a los que no pueden, como ellos, comprar la consideración con el lujo o con la fama de sus caudales.

La familia de don Dámaso Encina era noble en Santiago por 20 derecho pecuniario, y como tal, gozaba de los miramientos sociales por la causa que acabamos de apuntar. Se distinguía por el gusto hacia el lujo, que por entonces principiaba a apoderarse de nuestra sociedad, y aumentaba su prestigio con la solidez del crédito de don Dámaso, que tenía por principal negocio el de la usura en grande 25 escala, tan común entre los capitalistas chilenos.

Magnífico cuadro formaba aquel lujo a la belleza de Leonor, la hija predilecta de don Dámaso y de doña Engracia. Cualquiera que hubiese visto a aquella niña de diez y nueve años en una pobre habitación, habría acusado de caprichosa a la suerte por no haber 30 dado a tanta hermosura un marco correspondiente. Así es que al verla reclinada sobre un magnífico sofá forrado en brocatel celeste, al mirar reproducida su imagen en un lindo espejo al estilo de la edad media, y al observar su pie, de una pequeñez admirable, rozarse descuidado sobre una alfombra finísima, el mismo observador habría 35 admirado la prodigalidad de la naturaleza en tan feliz acuerdo con los favores del destino. Leonor resplandecía rodeada de ese lujo como un brillante entre el oro y pedrerías de un rico aderezo. El color un poco moreno de su cutis y la fuerza de expresión de sus grandes ojos verdes, guarnecidos de largas pestañas, los labios húmedos y rosados, la frente pequeña, limitada por abundantes y bien plantados cabellos negros, las arqueadas cejas y los dientes para los cuales parecía hecha a propósito la comparación tan usada con las perlas; todas sus facciones, en fin, con el óvalo delicado del rostro, formaban en su conjunto una belleza ideal de las que hacen bullir la imaginación de los jóvenes y revivir el cuadro de pasadas dichas en la de los viejos.

Don Dámaso y doña Engracia tenían por Leonor la predilección de casi todos los padres por el más hermoso de sus hijos. Y ella, mimada desde temprano, se había acostumbrado a mirar sus perfecciones como una arma de absoluto dominio entre los que la rodeaban, llevando su orgullo hasta oponer sus caprichos al carácter y autoridad de su madre.

Doña Engracia, con efecto, nacida voluntariosa y dominante, enorgullecida en su matrimonio por los treinta mil pesos, origen de la riqueza de que ahora disfrutaba la familia, se había visto poco a poco caer bajo el ascendiente de su hija, hasta el punto de mirar con indiferencia al resto de su familia y no salvar incólume de aquella silenciosa y prolongada lucha doméstica más que su amor a los perrillos falderos y su aversión hacia todo abrigo, hija de su temperamento sanguíneo.[13]

En la época en que principia esta historia, la familia Encina acababa de celebrar con un magnífico baile la llegada de Europa del joven Agustín, que había traído del viejo mundo gran acopio de ropa y alhajas, en cambio de los conocimientos que no se había cuidado de adquirir en su viaje. Su pelo rizado, la gracia de su persona y su perfecta elegancia hacían olvidar lo vacío de su cabeza y los treinta mil pesos invertidos en hacer pasear la persona del joven Agustín por los enlosados de las principales ciudades europeas.

Además de este joven y de Leonor, don Dámaso tenía otros hijos, de cuya descripción nos abstendremos por su poca importancia en esta historia.

La llegada de Agustín y algunos buenos negocios habían predispuesto el ánimo de don Dámaso hacia la benevolencia con que le hemos visto acoger a Martín Rivas y hospedarle en su casa. Estas circunstancias le habían hecho también olvidar su constante pre-

[13] Tradúzcase: "her aversion toward any kind of wrap, a result of her robust constitution."

ocupación de la higiene, con la que pretendía conservar su salud, y entregarse con entera libertad de espíritu a las ideas de política que, bajo la forma de un vehemente deseo de ocupar un lugar en el Senado, inflamaban el patriotismo de este capitalista.

5 Por esta razón, había pedido los periódicos después de la benévola acogida que acababa de hacer al joven provinciano.

III

Martín Rivas había abandonado la casa de sus padres en momentos de dolor y de luto para él y su familia. Con la muerte de su padre, no le quedaban en la tierra más personas queridas que 10 doña Catalina Salazar, su madre, y Matilde, su única hermana. Él y estas dos mujeres habían velado durante quince días a la cabecera de don José moribundo. En aquellos supremos instantes, en que el dolor parece estrechar los lazos que unen a las personas de una misma familia, los tres habían tenido igual valor y sostenídose 15 mutuamente por una energía fingida con la que cada cual disfrazaba su angustia a los otros dos.

Un día, don José conoció que su fin se acercaba y llamó a su mujer y a sus dos hijos.

—Éste es mi testamento—les dijo, mostrándoles el que había hecho 20 extender[14] el día anterior;—y aquí hay una carta que Martín llevará en persona a don Dámaso Encina que vive en Santiago.

Luego, tomando una mano a su hijo:

—De ti va a depender en adelante—le dijo—la suerte de tu madre y de tu hermana. Ve a Santiago y estudia con empeño; Dios premiará 25 tu constancia y tu trabajo.

Ocho días después de la muerte de don José, la separación de Martín renovó el dolor de la familia, en la que el llanto resignado había sucedido a la desesperación. Martín tomó pasaje en la cubierta del vapor, y llegó a Valparaíso, animado del deseo del estudio. Nada 30 de lo que vio en aquel puerto ni en la capital llamó su atención. Sólo pensaba en su madre y en su hermana, y le parecía oír en el aire las últimas y sencillas palabras de su padre. De altivo carácter y concentrada imaginación, Martín había vivido hasta entonces, aislado por su pobreza y separado de su familia, en casa de un viejo

---

14 Extender: "to draw up."

tío que residía en Coquimbo, donde el joven había hecho sus estudios mediante la protección de aquel pariente. Los únicos días de felicidad eran los que las vacaciones le permitían pasar al lado de su familia. En ese aislamiento todos sus afectos se habían concentrado en ésta, y al llegar a Santiago juró regresar de abogado a Copiapó y cambiar la suerte de los que cifraban en él sus esperanzas.

—Dios premiará mi constancia y mi trabajo—decía, repitiéndose las palabras llenas de fe con que su padre se había despedido.

Con tales ideas arreglaba Martín su modesto equipaje en las piezas de los altos de la hermosa casa de don Dámaso Encina.

A las cuatro de la tarde de ese mismo día, el primogénito de don Dámaso golpeaba a una puerta de las piezas de Leonor. El joven iba vestido con una levita azul abrochada sobre un pantalón claro que caía sobre un par de botas de charol, en cuyos tacos se veían dos espuelitas doradas. En su mano izquierda tenía una *huasca* con puño de marfil, y en la derecha un enorme cigarro habano consumido a medias.[15]

Golpeó, como dijimos, a la puerta, y oyó la voz de su hermana que preguntaba:

—¿Quién es?

—¿Puedo entrar?—preguntó Agustín entreabriendo la puerta.

No esperó la contestación y entró en la pieza con aire de elegancia suma.

Leonor se peinaba delante de un espejo, y volvió su rostro con una sonrisa hacia su hermano.

—¡Ah!—exclamó—ya vienes con tu cigarro.

—No me obligues a botarlo, hermanita—dijo el elegante:—es un *imperial* de a doscientos pesos el mil.

—Podías haberlo concluido antes de venir a verme.

—Así lo quise hacer, y me fui a conversar con mamá; pero ésta me despidió, so pretexto de que el humo la sofocaba.[16]

—¿Has andado a caballo?—preguntó Leonor.

—Sí, y en pago de tu complacencia para dejarme mi cigarro, te contaré algo que te agradará.

---

[15] Tradúzcase: "a pair of patent-leather shoes, with small gilt spurs on the heels. In his left hand he held a whip with an ivory handle and in the right an enormous Havana cigar, half smoked."

[16] Tradúzcase: "pretending that the smoke was suffocating her."

—¿Qué cosa?

—Anduve con Clemente Valencia.

—¿Y qué más?

5 —Me habló de ti con entusiasmo.

Leonor hizo con los labios una ligera señal de desprecio.

—Vamos—exclamó Agustín—no seas hipócrita. Clemente no te desagrada.

—Como muchos otros.

—Tal vez; pero hay pocos como él.

10 —¿Por qué?

—Porque tiene trescientos mil pesos.

—Sí; pero no es buen mozo.

—Nadie es feo con capital, hermanita.

Leonor se sonrió; mas habría sido imposible decir si fue de la
15 máxima de su hermano o de satisfacción por el arte con que había
arreglado una parte de sus cabellos.

—En estos tiempos, hijita—continuó el elegante, reclinándose en
una poltrona,—la plata es la mejor recomendación.

—O la belleza—replicó Leonor.

20 —Es decir que te gusta más Emilio Mendoza porque es buen mozo.

—Yo no digo tal cosa.

—Vamos, ábreme tu corazón; ya sabes que te adoro.

—Te lo abriría en vano; no amo a nadie.

—Estás intratable. Hablaremos de otra cosa. ¿Sabes que tenemos
25 un alojado?

—Así he sabido; un jovencito de Copiapó. ¿Qué tal es?

—Pobrísimo—dijo Agustín con un gesto de desprecio.

—Quiero decir de figura.

—No le he visto; será algún provinciano rubicundo y tostado por
30 el sol.

En este momento Leonor había concluido de peinarse, y se volvió
hacia su hermano.

—Estás *charmante*—la dijo Agustín, que aunque no había apren-
dido muy bien el francés en su viaje a Europa, usaba gran profusión
35 de galicismos y palabras sueltas de aquel idioma para hacer creer
que lo conocía perfectamente.

—Pero tengo que vestirme—replicó Leonor.

—Es decir que me despides. ¡Bueno! me voy....

XLIII[17]

Poco después que salió Leonor del salón en donde dejaba a doña Francisca y a Matilde, llegaron Rafael, don Fidel Elías y don Pedro San Luis.[18] Mientras que los dos últimos hablaban con la dueña de casa, Matilde y Rafael se retiraron al piano, al cual se sentó la niña y con 5 distraída mano principió a tocar mientras hablaba con su amante.

En esa conversación habitaron por un momento los castillos en el aire que los amantes dichosos edifican donde quiera que miren; repitiéronse lo que mil veces se habían jurado ya, y se quedaron, por fin, pensativos, en muda contemplación, absorto el espíritu, 10 enajenada de placer el alma, palpitando a compás los corazones[19] y perdida la imaginación en la felicidad inmensa que sentían.

Ese cielo limpio y sereno del amor feliz, esa atmósfera trasparente que los rodeaba, se turbaron de repente. Una criada entró en el salón y se acercó al piano. 15

—Señorita—dijo en voz baja al oído de Matilde—una señora desea hablar con Ud.

—¡Conmigo!—dijo la niña, despertando del dorado sueño en que se hallaba.

—Sí, señorita. 20

—¿Quién es? Pregúntale qué quiere.

La criada salió.

—¿Quién me tiene que buscar a mí?—dijo Matilde, engolfando otra vez su mirada en los enamorados ojos de Rafael.

La criada regresó poco después que Matilde acababa de pronunciar 25 aquellas palabras.

Matilde y Rafael la vieron venir y se volvieron hacia ella.

—Dice que se llama doña Bernarda Cordero de Molina.

[17] En este capítulo, tal vez el más dramático de la novela, Bernarda, vieja de medio pelo ("lower class"), entra en la casa elegante de los Encina y declara ante todos los concurrentes que Rafael San Luis, amigo aristocrático de Martín, es el padre de su nieto. Aunque enamorado de Matilde, sobrina de los Encina, tuvo amoríos con Adelaida, hija de Bernarda. Al saberlo, Matilde rechaza su mano. Más tarde Rafael muere en la revolución. Al final de la novela, Matilde se casa con Agustín, y, por supuesto, Martín se casa con Leonor.

[18] Francisa, hermana de Dámaso y madre de Matilde; Fidel Elías, marido de Francisa; Pedro San Luis, tío de Rafael.

[19] Tradúzcase: "their hearts beating in unison."

Hubiérase dicho que un rayo había herido de repente a San Luis. Se puso lívido, mientras Matilde repetía con admiración el nombre que había dicho la criada.

—Yo no conozco a tal señora—dijo, consultando con la vista a
5 Rafael.

Éste parecía petrificado sobre su silla. El golpe era tan inesperado y con tal prontitud acudieron a su imaginación todas las consecuencias de la visita anunciada, que la sorpresa y la turbación le embargaban la voz. Dotado, empero, de un ánimo resuelto, vio que
10 era preciso salir del trance por medio de algún golpe decisivo, y aparentando ese fastidio del que por algún importuno se ve precisado a dejar una ocupación agradable, dijo a Matilde:

—Mándele decir que vuelva otra vez.

La niña notó la palidez de San Luis y la turbación que pugnaba
15 por disimular.

—¿Qué tiene Ud.?—le preguntó con amante solicitud.

—¿Yo? Nada absolutamente.

—Pregunta a esa señora que qué es lo que quiere—dijo Matilde, volviéndose a la criada.

20 —Si dice, señorita, que tiene que hablar con su merced.

La niña volvió indecisa a consultar la vista de Rafael y éste repitió lo que había dicho.

—Que vuelva otra vez.

Dila que estoy ocupada, que vuelva después—repitió Matilde a la
25 criada.

Ésta salió del salón.

—Cuando menos será alguna viuda vergonzante—dijo la niña con una sonrisa.

—Puede ser—contestó el joven, tratando también de sonreírse. . . .
30 Abrióse por fin la puerta del salón y los espantados ojos de Rafael vieron entrar a doña Bernarda, haciendo saludos que a fuerza de rendidos eran grotescos.[20]

Matilde y los demás que allí había la miraron con curiosidad. La niña y su madre no pudieron prescindir de admirarse al ver el
35 traje singular con que la viuda de Molina se presentaba.

Preciso es advertir que doña Bernarda se había ataviado con el propósito de parecer una señora a las personas ante quienes había

---

20 Tradúzcase: "which, because of their excessive humility, were grotesque."

determinado presentarse. Sobre un vestido de vistosos colores, estrenado en el recién pasado dieciocho de septiembre, caía, dejando desnudos los hombres, un pañuelo de espumilla, bordado de colores, comprado a lance[21] a una criada de una señora vieja, que lo había llevado en sus mejores años. Sin sospechar que aquel traje olía, de a 5 legua, a gente de medio pelo,[22] doña Bernarda entró convencida de que le bastaría para dar a los que la viesen una alta idea de su persona. A esto agregaba sus amaneradas cortesías para que viesen, según pensaba en su interior, que conocía la buena crianza y no era la primera vez que se encontraba entre gentes. 10

—¿Quién será esta señora tan rara?—preguntó en voz baja Matilde a Rafael.

Éste se había puesto de pie y con semblante demudado y pálido, dirigía una extraña mirada a doña Bernarda.

—¿Cuál será doña Francisca Encina de Elías?—preguntó ésta. 15

—Yo, señora—contestó doña Francisca.

—Me alegro *del* conocerla, señorita; y este caballero será su marido ¿no? Aquélla es su hijita, no hay que preguntarlo; pintadita a su madre.[23] ¿Cómo está, don *Rafael?* A este caballero lo conozco, ¡cómo no!; hemos sido amigos. Vaya pues, me sentaré porque no dejo 20 de estar cansada.[24] ¡Los años, pues, misiá Panchita, ya van pintando.[25] La demás familia ¿buena?

—Buena—dijo doña Francisca, mirando con admiración a todos los circunstantes y sin explicarse la aparición de tan extraño personaje. 25

Los demás la contemplaban de hito en hito con igual admiración a la que en el rostro de la dueña de casa se pintaba.

—¿Que es loca?[26] preguntó Matilde a Rafael.

Al dirigirle la vista, notó tal angustia en las lívidas facciones del joven que instantáneamente sintió oprimírsele con inexplicable 30 miedo el corazón.

Doña Bernarda, entre tanto, viendo que nadie la dirigía la

---

[21] Pañuelo de espumilla: "crepe handkerchief"; a lance: "second hand."
[22] Tradúzcase: "that those clothes smacked, a league away, of lower-class people."
[23] Tradúzcase: "the very image of her mother."
[24] Tradúzcase: "I'm a little tired."
[25] Tradúzcase: "The years, Mrs. Panchita, are leaving their mark." Misiá (mi seá, señora), forma familiar usada entre gente de la clase más bien baja.
[26] Tradúzcase: "Do you think that she's crazy?"

palabra y temiendo dar prueba de mala crianza si permanecía en
silencio, lo rompió bien pronto.

—Yo pues, señora, le he de decir a lo que vengo. Para eso hice
llamar a su hijita, porque a mí no me gusta meter bulla. Entre gente
5 cortés las cosas se hacen callandito. La niña, pues, me mandó decir
con una criada que volviese otro día. Eso no era justo, pues; ya estaba
aquí yo y como soy vieja y mi casa está lejos, por poco no he echado
los bofes. Dejante que he *sudado el quilo*[27] en el camino ¿cómo me
iba a volver a la casa, así no más, con la cola entre las piernas y sin
10 hablar con nadie? ¿Que acaso vengo a pedir limosna? Gracias a Dios,
no nos falta con que comer. Conque me dije: ya es tiempo, antes que
se casen, y me vine, pues.

Aprovechó una pausa doña Francisca, en la que doña Bernarda
tomaba aliento, para preguntarla:

15 —¿Y a qué debo, señora, el honor de esta visita?

—El honor es para mí, señora, para que Ud. me mande. Se lo iba a
decir, pues; estaba resollando. Me dicen que Ud. va a casar a su
hijita. ¡Pero vean, si es pintada a su madre!

—Así es, señora—contestó doña Francisca.

20 —Y con ese caballero, ¿no es cierto?—repuso, señalando a Rafael,
doña Bernarda.

Rafael hubiera querido hundirse en la tierra con su desesperación
y su vergüenza.

—Señora—dijo con acento de despecho a doña Bernarda,—¿qué
25 pretende hacer Ud.?

—Aquí, a misiá Panchita se lo vengo a decir.

—No debería Ud. permitir que siga hablando sus locuras esta
mujer—dijo Rafael a doña Francisca.

—¡Locuras no!—exclamó con la vista colérica doña Bernarda:—
30 allá veremos, pues, si son locuras. Vea, señora—añadió, volviéndose a
doña Francisca,—dígale a la criada que llame a la muchacha que me
espera en la puerta con un niñito. Veremos si yo hablo locuras.

—Pero, señora—exclamó don Fidel, tomando un tono y ademán
autoritarios.—¿Qué significa todo esto?

35 —Está claro, pues, lo que significa—replicó doña Bernarda.—Uds.
van a casar a su niña con un hombre sin palabra. Van a verlo pues.[28]

---

27 Meter bulla: "to meddle"; callandito: "quietly." Tradúzcase: "I almost died
from running out of breath. Beside the fact that I sweated like a horse . . ."
28 Tradúzcase: "Well, you're going to see for yourselves."

Levantóse rápidamente de su asiento y se dirigió a la puerta.
—Peta, Peta—gritó;—ven acá y trae al niño.
Todos se miraron asombrados, menos Rafael que se apoyaba al piano con los puños crispados y colérico semblante.
Entró la criada de doña Bernarda trayendo un hermoso niño en 5 los brazos.
—Vaya, pues; aquí está el niño—exclamó doña Bernarda.—Que diga, pues, don Rafael si no es su hijo. Que diga que tiene palabra y que no ha engañado a una pobre niña honrada.
—Pero, señora . . . —dijo don Fidel.   10
—Aquí está la prueba, pues—repuso doña Bernarda. ¿No dice que yo hablo locuras? Aquí está la prueba. Niegue, pues, que este niño es suyo y que le dio palabra de casamiento a mi hija.
Profundo silencio sucedió a estas palabras. Todos fijaron su vista en San Luis, que se adelantó temblando de ira al medio del salón. 15
—He pagado con cuanto tengo a su hija—exclamó—y asegurado como puedo el porvenir de esta criatura: ¿qué más pide?
Matilde se dejó caer sobre un sofá, cubriéndose el rostro con las manos y volvieron a quedar todos en silencio.
—A ver pues, señora—dijo doña Bernarda—yo apelo a Ud., a ver 20 si le parece justo que porque una es pobre vengan, así no más, a burlarse de la gente honrada. ¿Qué diría Ud. si, lo que Dios no permita,[29] hicieran otro tanto con su hija? Aunque pobre, una tiene honor y si le dio palabra ¿por qué no la cumple, pues?
—Nada podemos hacer nosotros en esto, señora—dijo don Fidel, 25 mientras que don Pedro San Luis se acercaba a su sobrino y le decía:
—Me parece más prudente que te vayas; yo arreglaré esto en tu lugar.
Rafael tomó su sombrero y salió dando una mirada a Matilde que ahogaba sus sollozos con dificultad.   30
Don Pedro San Luis se acercó entonces a doña Bernarda.
—Señora—la dijo en voz baja—yo me encargo del porvenir de este niño y del de su hija: tenga Ud. la bondad de retirarse y de ir esta noche a mi casa; Ud. impondrá las condiciones.
Ora fuese que doña Bernarda diese más precio a la venganza que 35 por espacio de tantos días había calculado que a la promesa de don Pedro; ora que, posesionada de su papel,[30] quisiese humillar con su

[29] Tradúzcase: "God forbid!"
[30] Tradúzcase: "carried away by the role she was playing."

orgullo plebeyo el aristocrático estiramiento de los que con promesas
de dinero trataban de acallar su voz, miró un instante al que así le
hablaba y bajando después la vista, dijo con enternecido acento:
—Yo no le he pedido nada a Ud., caballero: vengo aquí porque
5 creo que esta señora y esta niña tienen buen corazón y no han de
querer dejar en la vergüenza a una pobre niña que ningún mal les
ha hecho y a este angelito de Dios, que quieren dejar guacho, ni
más ni menos. Más tarde don Rafael puede casarse con mi hija,
cuando se le pase la rabia³¹ y vea que no se ha portado como gente.
10   —Pero, señora—dijo don Fidel—me parece que Rafael es libre de
hacer lo que le parezca y Ud. debía entenderse con él.³²
    —Yo sé bien lo que hago cuando vengo aquí—replicó con voz
más enternecida aún doña Bernarda.—Lo que yo quiero saber—
añadió dirigiéndose a Matilde y a su madre—es si estas señoritas
15 consentirán en que mi pobre hija se quede deshonrada, cuando ellas
tienen honor y plata, no como una pobre, que no tiene más caudal
que su honor. . . .
    —Vea, señora—la dijo doña Francisca, en cuya romántica
imaginación habían producido un favorable efecto las razones
20 alegadas por doña Bernarda;—ahora no es posible decidir un asunto
de tanta importancia. Veremos a Rafael cuando se haya calmado y
mañana o pasado decidiremos. . . .
    Volvió doña Bernarda, ya deshecha en llanto, a reproducir sus
argumentos, manifestando que se hallaba dispuesta a seguir el
25 asunto hasta en sus últimas consecuencias, con lo cual salió, dejando
a los que la habían escuchado en la mayor consternación.

31 Tradúzcase: "when he gets over his anger."
32 Tradúzcase: "you ought to have settled matters with him."

Nota sobre el voseo

En la selección que sigue, *M'hijo el dotor*, se usa el *voseo*, forma característica del habla popular de varias regiones de Hispanoamérica. Hasta el siglo XVIII *vos* fue la fórmula de respeto frente al familiar *tú* en todos los territorios hispanos. Con la aparición de *usted*, *vos* desapareció en España en tanto que sustituyó a *tú* en varias partes de Sud y Centroamérica. Al empleo de *vos* por *tú* se llama *voseo*, que las gramáticas consideran un vulgarismo. El plural de *vos* es *ustedes*, pues *vosotros* con la segunda persona del plural del verbo fue también eliminado en gran parte de Hispanoamérica. Las formas del verbo correspondientes a *vos* en el presente son: *tomás, comés, vivís*, etc. El imperativo también lleva acento: *amá, tené, vení*, etc. En resumen:

ESPAÑA

	Singular	*Plural*
FAMILIAR:	tú	vosotros
RESPETO:	usted	ustedes

HISPANOAMÉRICA

FAMILIAR:	tú, vos	ustedes
RESPETO:	usted	ustedes

Florencio Sánchez

(1875–1910)

La importancia de Florencio Sánchez es capital en la historia literaria de Hispanoamérica. Contribuyó de manera eficacísima a la creación del teatro rioplatense; llevó a las tablas e hizo triunfar en ellas definitivamente el tema gauchesco; y fue responsable en gran medida por la introducción del realismo y naturalismo dramáticos, ayudando a difundir las ideas del escandinavo Henrik Ibsen (1828–1906).

Bajo la inspiración de éste, Sánchez trató grandes conflictos sociales, aunque localizándolos en su propio medio, como la oposición radical de las generaciones representadas por padres tradicionalistas e hijos revolucionarios, el contraste entre la ciudad civilizadora y el campo salvaje, la pugna entre libertad individual y constricción social. De Ibsen tomó también algunas técnicas: dedicar la obra a esclarecer un crimen previamente cometido, la abundancia de símbolos y el uso frecuente del apóstrofe.

Sánchez nació en Montevideo, pero repartió su vida entre el Uruguay y la Argentina. Recibió una educación elemental y por razón de su empleo en el cuerpo civil del Estado frecuentó el medio rural, llegando a familiarizarse con sus problemas y su ambiente. Se dio a conocer como periodista en Montevideo y desde allí saltó a Buenos Aires para animar el teatro del Río de la Plata y dedicarse a la vida de bohemio.

Desde muy joven fue aficionado a escribir. Lo hacía muy de prisa y con frecuencia movido por urgencias económicas. Se cuenta que pasaba noches enteras emborronando blocs de telegramas en algún café y que compuso *M'hijo el dotor* (1903) a fin de obtener dinero para casarse. Profesaba ideas políticas muy radicales, que le ocasionaron algunos disgustos con las autoridades. En Rosario, por ejemplo, convirtió el periódico local en órgano de propaganda rusa, por lo que la policía cerró sus oficinas y Sánchez perdió su puesto.

Como buen bohemio se entregó al alcohol hasta que los médicos tuvieron que prohibírselo por haber contraído la tuberculosis. En 1909 hizo un corto viaje por Europa con una ayuda insignificante del gobierno uruguayo, muriendo un año después en Milán. Se conocen las circunstancias de su fallecimiento gracias a las cartas escritas a la esposa del dramaturgo por un amigo que lo acompañaba constantemente.

Entre 1903 y 1909 Sánchez escribió veinte dramas que suelen clasificarse por la índole de sus conflictos en dramas de la ciudad y del campo. Es en estos últimos donde el talento del uruguayo brilla a mayor altura, destacando entre ellos *La gringa* (1904) que trata de los problemas surgidos entre gauchos y emigrantes italianos, *Barranca abajo* (1905) al que se ha llamado su tragedia más sombría y el mejor drama escrito en Hispanoamérica y *M'hijo el dotor*, el más conocido de todos.

Es éste un drama naturalista por su dialecto gauchesco, su argumento sin solución final, la crudeza con que se pinta a los protagonistas y la violencia del ambiente. El interés universal está asegurado por la pugna entre el conservadurismo del padre y las ideas radicales del hijo, entre la "barbarie" encarnada por el padre gaucho y la "civilización" representada por el hijo educado en la Universidad. El color local lo da el gaucho, tipo predilecto del dramaturgo uruguayo, convertido ahora en miembro respetado de la sociedad.

El argumento es el siguiente. Julio, hijo de los ricos estancieros Mariquita y Olegario, se ha ido a la ciudad para educarse. Ha llevado allí una vida disipada, entregándose a todos los vicios, falsificando cheques a su progenitor, participando en las manifestaciones políticas más radicales. Todo esto para él representaba los nuevos valores frente a la ética burguesa y conservadora de su familia.

De regreso en la estancia hace gala de sus ideas y de su desenfadada actitud. En una de las escenas más dramáticas de la obra llega a oponerse a su padre que le quiere forzar a arrodillarse y pedirle perdón por sus calaveradas. Allí comete su acción más ignoble: mantener relaciones sexuales con Jesusa, ahijada de Olegario, dejándola embarazada y negándose a casarse con ella, a pesar de los ruegos de éste, que en un rapto de dolor y amargura, apostrofa: "Oh pobre viejo. Pobre gaucho viejo. ¿Qué he hecho, Dios mío, para merecer esta maldición?"

Julio pretende, en cambio, casarse con Sara, hija de unos amigos de la familia, con quien también ha mantenido relaciones íntimas. Tras los esfuerzos de la madre y por celos hacia Eloy, rico pretendiente de Jesusa, Julio promete cumplir con su obligación matrimonial. Por primera vez duda de sus teorías de que la responsabilidad social y moral es algo pasado ya de moda. El futuro del joven matrimonio, sin embargo, parece incierto y no se espera ninguna solución final de felicidad y seguridad.

M'HIJO EL DOTOR[1]

(1903)

ACTO PRIMERO

En el patio de una estancia. Un ángulo de edificio viejo, tipo colonial, corroído por el tiempo; una puerta a la izquierda y dos al foro; al centro en segundo plano un copioso árbol, y rodeando su tronco una pajarera con pájaros. Verja a la derecha con un espacio franqueable[2] entre dos pilares.

ESCENA I

GURÍ.[3]—(*Chillando.*) ¡Señora!... ¡Madrina!... Ahí ha venido el hijo de doña Brígida, la puestera, en la yegua picaza y dice que si le empriesta el palote de amasar porque va a hacer pasteles hoy...[4]

MARIQUITA.—(*Asomándose a una de las ventanas del foro.*) ¿Te
5 querés callar, condenao?[5] ¿No ves que vas a despertar a m'hijo el dotor?... (*Desaparece.*)

GURÍ.—¡Es que el muchacho viene apurao, porque tiene que dir también a la pulpería!... ¡Ah!... y dice que si le da permiso p'atar

---

[1] Tradúzcase: "My son the Doctor (lawyer)."
[2] Angulo: "corner"; corroído: "dilapidated"; al foro, segundo plano: "upstage"; franqueable: "open."
[3] Gurí: 'Indian servant."
[4] Tradúzcase: "The son of Brígida, wife of the *puestero*, has arrived on his black and white mare and asks if he can borrow the stirring paddle because they're going to bake today." Puestero: el encargado de cuidar ganado en una sección de una estancia.
[5] Condenado. El habla gauchesca, notada en ciertas obras románticas, sigue usándose aquí.

la descornada vieja,[6] porque va a precisar más leche . . . ¿Qué le digo? . . .

MARIQUITA.—(*Sale precipitadamente y lo toma por el cuello, zamarreándolo.*)[7] ¡Acabarás de cacarear, maldito! . . .[8]

GURÍ.—¡Ay! . . . ¡ay! . . . ¡No me pellizque! . . . ¡Si yo no he hecho 5 nada! . . .

MARIQUITA.—(*Sin soltarlo.*) ¡Te viá enseñar! . . . ¡Trompudo! . . . ¡mal criado! . . .[9]

OLEGARIO.—(*Sale calmosamente e interviene.*) ¡Dejá esa pobre criatura! . . . ¡Parece mentira! . . . ¿Qué te ha hecho? . . . (*Al* GURÍ.) 10 ¡Camine usted a cebarme mate! . . .[10]

MARIQUITA.—Es que todos los días sucede lo mismo . . . Este canalla sabe que Julio está durmiendo y se pone a berrear como un condenao! . . . ¡Y lo hace de gusto! . . .

GURÍ.—(*Compungido.*) ¡No, señor! . . . ¡Es que no me acordaba!. . . 15

OLEGARIO.—(*Al* GURÍ.) ¡Camine a cebarme el mate, le he dicho!. . . (*Se va el* GURÍ.) ¡Qué ha de hacerlo de gusto el pobre tape![11] Bien sabés vos que es gritón[12] por naturaleza . . . (*Afectuoso.*) ¿Es que se ha levantao hoy mi vieja con el naranjo torcido?[13]

MARIQUITA.—(*Brusca.*) ¡Me he levantao como he levantao! . . . 20 Pero vos con defender y darle confianza al chinito ése, lo estás echando a perder.

OLEGARIO.—¡Vamos, vieja, no se enoje! . . . ¡Caramba! . . . Vaya, traiga su sillón y su sillita baja (MARIQUITA *vase y vuelve con los pedidos cuando se indica*) y nos pondremos a tomar el mate tran- 25 quilos. ¡Qué diantres! Está muy linda la mañanita pa ponerle cara fea. Espere, comadre, le vi'ayudar. (MARIQUITA *alcanza un sillón de hamaca y sale con una silla baja y avíos de costura, quedándose de pie. Ambos toman asiento. El* GURÍ *aparece con el mate que alcanza a*[14] OLEGARIO.) 30

---

6 Tradúzcase: "to tie up the old cow with the broken horn."

7 Zamarreándolo: "shaking him."

8 Tradúzcase: "Will you stop cackling, you damn fool."

9 Tradúzcase: "I'll show you! Big mouth! Ill-bred!"

10 Tradúzcase: "Go fix me a cup of maté (South American tea)!"

11 Tradúzcase: "What do you mean that poor Indian (guaraní) does it out of pleasure!"

12 Vos: tú (véase la sección "Nota sobre el voseo"); gritón: "shouter."

13 Tradúzcase: "the wrong side of bed (in a bad humor)."

14 ¡Qué diantres!: "What the devil!"; sillón de hamaca: "rocking chair"; avíos de costura: "sewing materials"; alcanza a: "hands to."

OLEGARIO.—(*A* MARIQUITA.) ¿Gusta servirse? . . .

MARIQUITA.—(*Ceremoniosa.*) ¡Está en buena mano! . . .[15]

OLEGARIO.—(*Jovial.*) ¿Me desaira, moza? . . . ¡No puede ser!
¡Vamos, aunque sea un chuponcito! . . . No ponga esa cara de mala
5 que nadie le va a creer. ¡Sabemos que es güenaza! . . .[16] ¡Sí viejita,
aunque más no sea! . . . ¿Se acuerda? Antes no era así . . . ¡no me
hacía esos desaires! Voy a pensar que está muy vieja . . . ¡Vamos, un
chuponcito! . . .

MARIQUITA.—¡Jesús, Olegario! . . . ¡Te has levantao con ganas
10 de alomar la paciencia! . . .[17] ¡No quiero mate! . . . (*Viendo al* GURÍ
que ríe solapadamente.) ¿De qué te reís vos? . . . (*A* OLEGARIO.) ¡Ahí
tenés lo que has conseguido! . . . ¡Que hasta los mocosos se rían de
una! . . .

OLEGARIO.—¡Vos te reís de tu madrina, canalla! . . . ¡ya! ¡po-
15 nete serio! . . . (GURÍ *sigue riendo.*) ¡Serio! ¡Serio, he dicho! ¡Mirá que
te pego! . . .

MARIQUITA.—¡Basta, hombre! . . . (*Al* GURÍ.) ¡Ya, fuera de acá! . . .
(*El* GURÍ *se aleja riendo a todo trapo.*) ¡Así me ha de respetar esa
chusma si los que deben dar el ejemplo lo hacen tan mal! . . . ¡La
20 culpa la tengo yo de permitir esas cosas! . . . (*Mete precipitada las
costuras en el costurero y se pincha la mano.*) ¡Ay, demonios! (*Se
chupa el dedo y arroja el costurero con estrépito al suelo.*) ¡Jesusa! . . .
¡Jesusa! . . . ¡Jesusa! . . .

OLEGARIO.—¡Chist! . . . ¡Chist! . . . ¡Callate, mujer! . . . ¿No ves
25 que vas a despertar a m'hijo el dotor? . . .

MARIQUITA.—(*Con rabia, dejándose caer sobre una silla.*) ¡Un
cuerno! . . .[18]

ESCENA II

JESUSA.—¡Mande, madrina! . . .

MARIQUITA.—¿Dónde te habías metido?

30 JESUSA.—Estaba en el corral cuando el ternero de la reyuna. . . .
¡Pobrecito! . . . Esa loca de la colorado que desterneramos el otro
día, no quiere salirse del corral y se ha puesto tan celosa . . . extraña
al hijo, ¿verdad? . . . que cuando ve otro ternerito, lo atropella. Al

---

15 Tradúzcase: "Will you have some?" "No, thanks."
16 Chuponcito: "swallow"; güenaza: "very good."
17 ¡Jesús!: "Gracious!"; amolar: "to try."
18 ¡Un cuerno!: "Good heavens!"

de la reyuna le ha dado una cornada al lado de la paleta,[19] ¡tremenda!
. . . yo le pongo todos los días ese remedio con olor a alquitrán
para que no le paren las moscas; ¿hago bien, padrino?

OLEGARIO.—¡Sí m'hijita! . . . ¡Hay que cuidar los intereses! . . .

MARIQUITA.—¡Buenos intereses! . . . Por jugar lo hace.[20] Todo
el día lo mismo; cuando no es un ternero es un chingolo que tiene
la pata rota y se la entablilla como si fuera una persona; cuando no
los guachitos, toda una majada criada en las casas con mamadera,
y mientras tanto, las camas destendidas[21] hasta medio día y los cuartos
sin barrer! . . .

JESUSA.—¡Pero, madrina! . . .

OLEGARIO.—¡Ave María, mujer! . . . ¡ni que tenga güen corazón
le querés permitir a la muchacha! . . .[22]

MARIQUITA.—No digo eso. Pero por cuidar animales, ni se
ha acordao de hacerle el chocolate a Julio . . . ¡Ahora no más se levanta
y no tiene nada con qué desayunarse! . . .

OLEGARIO.—¡Qué lástima! . . . ¡El príncipe no podrá pasar sin el
chocolate! . . . ¡Jesús! . . .

MARIQUITA.—¡Claro! ¡Si está acostumbrao! ¡Vos sabés que en la
ciudá! . . .

OLEGARIO.—¡Qué se ha de tomar chocolate en la ciudá! . . .
¡Gracias que lo prueben como nosotros en los bautizos y en los velorios!
. . . ¡Le llamarán chocolate al café con leche! . . . ¡Venir a darse
corte al campo, a desayunarse con chocolate aquí, es una botaratada!
. . .[23]

JESUSA.—¡Pero madrina! Si Robustiano . . .

MARIQUITA.—(Corrigiéndola.) Julio.

JESUSA.—Julio me ha dicho . . .

---

19 Tradúzcase: "I was in the corral when the wild cow's calf was there. Poor
thing! That crazy red cow, whose calf we took away the other day, doesn't want
to leave the corral and has become so jealous . . . she misses her son, doesn't
she? When she sees another little calf, she butts it. She gave the wild cow's calf
a tremendous gash, near the shoulder."
20 Tradúzcase: "She does it for fun."
21 Chingolo, ave sudamericana. Se la entablilla: "puts a splint on it"; guachitos:
"motherless calves"; majada: "flock of sheep"; mamadera: "nursing bottle";
destendidas: "unmade (beds)."
22 Tradúzcase: "you won't even let this girl show any sympathy."
23 Tradúzcase: "What do you mean they drink chocolate in the city! I'd be
surprised if they even drink it, as we do, at baptisms and wakes. They probably
call coffee with milk 'chocolate.' To come and put on airs in the country, to
breakfast here on chocolate is stupid!"

OLEGARIO.—¡Ah! . . . ¡No me acordaba! ¡Un mozo que se ha mudao hasta el nombre para que no le tomen olor a campesino, hace bien en tomar chocolate! . . .

MARIQUITA.—No seas malo, Olegario; vos sabés que él llevaba
5 los dos nombres: Robustiano y Julio . . . ahora se firma Julio R . . .

OLEGARIO.—¡Sí, sí, sí! . . .

JESUSA.—Este . . . quería decir que Julio me ha prevenido que no le gusta el chocolate; que si teníamos empeño en indigestarlo con esa porquería . . . El prefiere un churrasco²⁴ o un mate . . .

10 MARIQUITA.—¿Lo oís, Olegario?

OLEGARIO.—¿Lo oís, Mariquita? . . . Vos que estabas rezongando por el chocolate.

MARIQUITA.—¡Y vos que decías que nada quería saber con las cosas del campo! . . . ya lo ves . . . come churrasco . . .

ESCENA III

15 GURÍ.—¡Padrino! . . . ahí llega David con la tropilla e'la picaza. Las yeguas vienen disparando. ¿Quiere que monte su lobuno y le ayude? . . .²⁵

OLEGARIO.—¿Y quién ha mandao echar esa tropilla? . . . ¿No he dicho que no me la traigan al corral? . . .

20 GURÍ.—El niño Julio dijo que quería ensillar hoy el pangaré²⁶ viejo pa dir a la pulpería . . .

OLEGARIO.—¡Eso es! . . . ¡El niño Julio! . . . ¡Caminá! Saltá en pelo²⁷ y ayudale . . . (Vase el GURÍ.) y entren despacito, no sea que se me estropee algún animal . . . ¡El niño Julio! . . . ¡El niño Julio! . . .
25 ¡No hace más que jeringar la pacencia! . . .²⁸ ¡Haciéndome sudar las yeguas a mediodía! . . . ¡Claro! . . . ¡Como al niño Julio no le cuesta criarlas, deja que se maltraten los animales! . . . ¡El niño Julio! . . . (JESUSA se pone a limpiar la pajarera.)

MARIQUITA.—¡Pero Olegario! . . . ¿Qué te ha hecho el pobre
30 muchacho pa que le estés tomando tanta inquina? . . . ¡Parece que

---

²⁴ Churrasco: "broiled meat."
²⁵ Tradúzcase: "with the herd of the black and white lead mare. The mares are running away. Do you want me to ride your grey horse and help him?" Tropilla, conjunto de caballos amansados que obedecen a una yegua.
²⁶ Pangaré: "buff-colored horse."
²⁷ Tradúzcase: "Mount bareback."
²⁸ Tradúzcase: "to try my patience."

no fuera tu hijo! ... ¡Todo el día rezongando! ¡Todo el día hablando
mal de él! ... ¡Tras que apenas lo vemos un mes al año! ...²⁹

OLEGARIO.—¡Más le valiera que se quedara allá! ... ¡Si ha de
venir a avergonzarse de sus padres, a mostrarnos la mala educación
que apriende en el pueblo! ...   5

JESUSA.—Padrino, ¿en qué lo avergüenza? ... Julio tiene otras
costumbres ... en la ciudad se vive de otra manera ... pero por eso
no ha dejado de querernos ...

OLEGARIO.—¡Sí! ... A las malas mañas le llaman ahora costumbres ... Viene a mirarnos por encima del hombro, a tratarnos   10
como si fuera más que uno, a reírse en mis barbas, de lo que digo y
de lo que hago, como si fuera yo quien debe respetarlo, y no él
quien ... Y cuando se le dice algo empieza a inventar historias ...
¿Lo han visto anoche? ... El niño no quiere que lo reten y botaratea³⁰
con que es muy dueño de sus acciones ... ¡La figura del mocoso! ...   15
¡Había de ser yo el que le contestara así a mi padre! ... ¡El ruido
de mis muelas por el suelo! ...³¹ Me acuerdo de una ocasión en que
el finao Juan Antonio, mi hermano menor, se permitió decirle a tata³²
que ya era muy grande pa que lo retara ... ¡Ahí no más³³ se le fue
encima el viejo, y si no se lo sacamos de entre las manos, lo desmaya   20
a azotes! ...³⁴ ¡Sin embargo, ya ven cómo me trata el niño Julio! ...
¡En cuanto le observo algo, se ríe y se pone a discutirme con un airecito y una sonrisita! ... ¡Como si me tuviera lástima! ...

MARIQUITA.—¡Jesús, qué idea! ...

OLEGARIO.—¡Sí ... sí! ... Como si me tuviera lástima, como si   25
fuera algo más que yo ... como diciéndome: ¿qué sabés vos de estas cosas, viejo desgraciao? ... ¡Hijo'el páis! ... ¡Por ustedes no l'he
bajao los dientes ya! ... ¡Pero ánde irá el güey que no are! ...³⁵ Voy
sabiendo algunas cosas de su conducta en el pueblo, y si se comprue-
ban, ¡pobre de él! ¡Te aseguro que las va a pagar todas juntas! ...   30

---

²⁹ Tradúzcase: "Besides, we scarcely see him one month a year!"
³⁰ Botaratea: "comes forth with the nonsense that ..."
³¹ Tradúzcase: "That callow kid! If I had talked to my father that way ...
the clatter of my teeth on the floor!"
³² Finao (finado): "late, deceased"; tata: "dad."
³³ ¡Ahí no más!: "Right then and there!"
³⁴ Tradúzcase: "would have beaten him unconscious."
³⁵ Tradúzcase: "Son of a bitch! Because of you I haven't yet knocked out his
teeth! But what becomes of an ox that won't plow!"

MARIQUITA.—¡Todo eso que estás diciendo son ideas tuyas y chismes del galleguete pulpero! . . .[36] El muchacho es güeno, nos quiere. Lo que hay es que tiene otra educación. Si fuera un campero[37] como nosotros, no estaría pa ser dotor . . .

5 OLEGARIO.—Pero tendría mayor respeto a sus padres . . .

MARIQUITA.—¿Pa qué lo mandamos a estudiar, entonces? . . .

OLEGARIO.—¡Callate, Marica; hacé el favor! . . . (Interrumpiéndose y accionando hacia la derecha.) ¡Eso! . . . ¡Eso! ¡Muy bonito!. . . ¡Diviértanse, muchachos! . . . Estropeen no más la caballada . . . ¡No 10 han de ser ustedes los que sufran! . . . ¡Animal! . . . ¡por ahí no! . . . ¡torneá despacio esa yegua! . . . ¡no la castigues! . . . ¡Ah, ladrones! ¡Ya dejaron dir la tropilla! . . .[38] ¡Canallas! . . . ¡Burros! . . . ¡Ahí voy yo! . . . (Vase vociferando.)

ESCENA IV

JESUSA.—(Soplando un comedero de la jaula.)[39] ¿Por qué será, 15 madrina, que le está tomando tanta rabia a Julio? ¡Tan bueno que es padrino, tanto que lo quiere! . . .

MARIQUITA.—¡Qué sé yo! . . . Estoy muy disgustada! Debe ser la enfermedá . . . Desde que le empezaron a dar esas sofocaciones, se ha puesto muy lunático y por cualquier cosa se enoja . . . Bueno; 20 ¡Julio tiene un poquito de culpa! ¡A los padres nos da rabia que los hijos nos traten como a iguales! Anoche ha cruzado la pierna y se ha puesto después a palmearlo al viejo[40] cuando lo reprendía . . . Eso a cualquiera lo fastidia . . . Vos debías decirle, ¿sabés? . . . que no haga eso . . .

25 JESUSA.—¿Pero qué tenía de malo? . . . Me parece que esos modales son más cariñosos . . .[41] Y Julio lo dice: ¿por qué ha de tratar uno a su padre con menos confianza que a un extraño, que a un amigo?

MARIQUITA.—¡Qué querés, hijita! . . . A él le parece una falta 30 de respeto . . .

JESUSA.—Vea, madrina . . . He pensado que entre Julio y yo lo podríamos amansar . . . ¿Quiere que haga la prueba? . . . Bueno:

---

36 Tradúzcase: "gossip of that Spanish (Galician) storekeeper!"
37 Campero: "country person."
38 Tradúzcase: "Now you let the horses get away!"
39 Tradúzcase: "Blowing out a feeding cup in the cage."
40 Tradúzcase: "to pat the old man on the back."
41 Tradúzcase: "It seems to me that manners like that show affection."

en cuanto lo vea de mal humor, le salto encima, le tiro la barba, lo palmeo . . . ¡Así! . . . ¡así! . . . ¡Va a ver! . . . *(Extremosa.)*⁴² ¡Buen día, padrinito! . . . ¿le duele la cabeza, padrinito? . . . y lo beso y lo estrujo bastante . . . *(Vuelca el alpiste*⁴³ *sobre doña* MARIQUITA.)

MARIQUITA.—¡Muchacha! . . . ¡Cómo me has puesto! . . .   5

JESUSA.—¡Ah! ¡Disculpe, padrinito! . . . ¡Perdone, padrinito! ¡Un beso! ¡Otro! . . . ¡Otro beso! . . .

MARIQUITA.—*(Riendo.)* ¡Y te llevas un moquete por fastidiosa!⁴⁴

JESUSA.—*(Con afectada ingenuidad.)* ¿Y qué? . . . ¿No se manosea a los caballos para que se acostumbren a no patear?⁴⁵ ¡Con los   10 cristianos ha de ser más fácil! . . .

MARIQUITA.—Aunque sea mala la comparación, ¿eh? . . .

JESUSA.—¡Ja, ja, ja! . . . Lo verá. Si Julio hace otro tanto, lo volvemos loco al viejo a fuerza de cariños . . .

ESCENA XIII

OLEGARIO.—*(A* JULIO, *solemnemente.)* ¡Caballerito! . . . Tome   15 usted asiento.

JULIO.—¡Caramba! . . . ¡Qué solemnidad! . . . ¿Qué le pasa, viejo?

OLEGARIO.—¡Tome asiento, he dicho! . . .

JULIO.—Bien . . . me sentaré. *(Se acomoda en la silla con aire un tanto cómico.* OLEGARIO *se pasea sin mirarlo. Pausa.)* ¿De qué se   20 trata? . . . Supongo que va usted a decirme cosas muy graves.

OLEGARIO.—¡Ah! . . . ¿Conque se hace el ignorante? . . . ¿Conque nada sabe? . . . ¿Se creía usted, caballerito, que se puede pasar así no más la vida, haciendo canalladas? . . .

JULIO.—*(Serenándose.)* ¡Vamos! ¡No me acordaba que me toca   25 a mí ser razonable! . . . ¡Siéntese! . . . Sentémonos y hablemos claro. Haga el favor, siéntese. Si con estar de pie no va a tener mayor razón . . . Debo hacerle una pregunta previa. ¿Ese grave asunto ha sido la causa de que en un tiempo a esta parte⁴⁶ me venga tratando con tanta sequedad?   30

OLEGARIO.—Lo habías notao, ¿eh? ¿Y la conciencia no te acusaba de nada? . . . ¿Te parecía muy bien hecho después de todas

---

⁴² Extremosa: "Affectionately."
⁴³ Tradúzcase: "She spills the birdseed."
⁴⁴ Tradúzcase: "And you'll get a slap in the face for annoying him."
⁴⁵ Tradúzcase: "Aren't horses patted so that they'll learn not to kick?"
⁴⁶ Tradúzcase: "for some time now."

las trapisondas, seguir teniendo de estropajo al pobre viejo que te
he dao el ser, faltándole a todos los respetos, sobándolo y manoseán-
dolo como a un retobo de boleadores?...[47] ¡Decí!... ¿Hallabas muy
bonito eso?... ¿Tras de haber abusado de mi confianza, venirte
5 aquí a mortificarme la vida con tus insolencias, con tu desparpajo,
con tu falta de respeto?... ¡Hablá!... ¡Hablá, pues!...
JULIO.—¡Adelante, viejo! Siga diciendo simplezas.
OLEGARIO.—¿Lo ves? ¿Lo ves?... ¡Ni pizca de vergüenza te
queda!... ¡Acabá de una vez!... ¡Confesá que nada te importa de
10 estos pobres viejos que te han hecho media gente! ¡Andá, mal agradecido, perro! ¡Decí que no me debés nada, que no soy nada tuyo;
que no sirvo más que pa trabajar como un burro pa mantenerte los
vicios!...
JULIO.—(Impaciente.) ¿Llegaré a saber eso de mis vicios?
15 OLEGARIO.—¡Ah!... ¿Todavía te hacés el inocente?... ¡Tomá!...
¡leé!... ¡leé!... ¡lo que dice mi compadre! (JULIO toma la carta
y lee sonriente.) Te parece la cosa más natural, ¿no?... Hechos de
hombre honrao, ¿no?... Muy digno del apellido que llevás, ¿no?...
JULIO.—Tranquilícese, tata, y no dé esos gritos, que no está
20 tratando con un niño! Oiga...
OLEGARIO.—¡Hablá nomás! ¡Sí!... ¡Hablá nomás!... ¡Decí!...
¡Disculpate!...
JULIO.—¿Me dejará hablar?...
OLEGARIO.—¡Hum!... ¡Canalla!
25 JULIO.—Diga... ¿Con qué derecho, usted y su compadre se ponen
a espulgar en mi vida privada?...
OLEGARIO.—¿Con qué derecho?...
JULIO.—(Severo.) ¡Sí!, ¿con qué derecho? Soy hombre, soy
mayor de edad, y aunque no lo fuera, hace mucho que he entrado
30 en el uso de la razón y no necesito andadores[48] para marchar por
la vida... ¡Soy libre, pues!... ¡Siéntese, tata!... ¡Tenga paciencia!... (Continúa con naturalidad.) Usted y yo vivimos dos vidas
vinculadas por los lazos afectivos, pero completamente distintas.

---

[47] Tradúzcase: "after all your escapades, to continue to mistreat an old man
who gave you your life, failing to respect him, being fresh with him, pawing him
familiarly as you would a set of leather-covered bolas?" Las boleadoras consisten
generalmente en tres piedras, forradas de cuero, y atadas a un lazo. Se arrojan
a las patas de un animal para derribarlo.
[48] Andadores: "leading strings (to support a child learning to walk)."

Cada uno gobierna la suya; usted sobre mí no tiene más autoridad que la que mi cariño quiere concederle. (*Gesto violento de* OLEGARIO.) ¡Calma, calma! (*Afable.*) ¡Conste[49] que lo quiero mucho! ... Todo evoluciona, viejo; y estos tiempos han mandado archivar la moral, los hábitos, los estilos de la época en que usted se educó! ... Son 5 cosas rancias hoy. Usted llama manoseos a mis familiaridades más afectuosas.[50] Pretende, como los rígidos padres de antaño, que todas las mañanas al levantarme le bese la mano y le pida la bendición, en vez de preguntarle por la salud; que no hable, ni ría, ni llore sin su licencia; que oiga en sus palabras a un oráculo, no llamándole 10 al pan pan, y al vino vino,[51] si usted lo ha cristianado con otro nombre; que no sepa más de lo que usted sabe y me libre Dios de decirle que macanea;[52] que no fume en su presencia (*saca un cigarrillo y lo enciende*), en fin, que sus costumbres sean el molde de mis costumbres! ... ¿Pero no comprende, señor, que riéndome de 15 esas pamplinas, me aproximo más a usted, que soy más su amigo; que lo quiero más espontáneamente? Volviendo al asunto de mi conducta: ¿Cuál es mi gran delito? ... Creo que no he malgastado el tiempo; me voy formando una reputación, estudio, sé; ¿qué más quiere? ... ¿Que he hecho algunas deudas? ¿Que gasto más de lo 20 que usted quisiera que gastara? ... Cierto. Pero usted pretendía que todo un hombre con otras exigencias y otros compromisos siguiera manteniéndose con una escasísima mensualidad. Por lo demás, lo único que tengo que lamentar es que no haya sido de mis labios que conociera usted lo de mis deudas ... Pensaba confiárselo antes de 25 irme y pedirle fondos para cubrirlas ...

OLEGARIO.—¡Ah! ... ¡Aquí te quería! ... ¡Te he escuchado con calma nada más que para saber hasta dónde llegaba tu desvergüenza! ...

JULIO.—¡No sea grosero, padre! ... 30

OLEGARIO.—¿Con que sos libre? ... ¿Con que sos dueño de tu vida? ... ¿Con que nada te vincula a tus padres? ¿Y a qué salís ahora con que tengo que pagar todas tus trampas? ... ¿Es decir que sólo soy tu padre pa'mantenerte los vicios? ... ¡Ingrato! ... ¡Ah! ... ¡El pobre gaucho viejo! ... ¡Vení al mundo, clavá la pezuña contra 35

---

[49] Conste: "Let it be clear."
[50] Tradúzcase: "You call my affectionate familiarity 'pawing.'"
[51] Tradúzcase: "not calling a spade a spade."
[52] Macanea: "talks nonsense."

el suelo, afírmate pa' cinchar la vida, y cinchá, cinchá! . . . ¡Y después, cuando hayas repechao y estés arriba, sin tiempo pa secarte el sudor, vuelta a cinchar de la vida de los otros! . . .[53] Y todo ¿pa' qué? . . . ¡Pobre gaucho viejo! . . .

5   JULIO.—¡Tata! . . . ¡Tata! . . . ¡No se aflija así! . . . ¡Cálmese! . . . ¡Sea razonable! . . .

OLEGARIO.—(*Reaccionando.*) ¿Tata? . . . ¡No! . . . ¡Yo no soy tu tata . . . ya no soy nadie pa'vos! . . . ¡Andate! . . . ¡Sos libre! . . . ¡Sos dueño de tus acciones! . . . ¡Andate nomás! . . . Pero lejos . . .

10   ¡donde no te vuelva a ver! . . . ¡Pa'vergüenza me sobra con haber hecho un hijo de tu calaña! . . .

JULIO.—¡No, tata! . . . ¡No me voy! . . . ¡No quiero irme! . . . ¡Cálmese, que me aflije a mí también! . . . ¡Yo lo quiero, lo respeto! . . . Pensamos de distinto modo, ¿qué le hemos de hacer? . . .

15   ¡Vamos! . . . ¡No se excite así, mi pobre viejo! . . . (*Lo acaricia.*)

OLEGARIO.—¡Ya, hipócrita! . . . ¡No me toqués! ¡No te acerqués a mí! . . . ¡Ya fuera de aquí! . . . ¡Víbora! ¡No me vengás a babosear estas canas honradas! . . .

JULIO.—¡Tata! ¡Tata! . . .

20   OLEGARIO.—¡Fuera, he dicho! . . . ¡Retírese! . . . ¡Ya de esta casa!. . .

JULIO.—(*Altivo.*) ¡Vea, tata, lo que hace! . . .

OLEGARIO.—¡Ah! . . . ¿Tampoco querés irte? . . .

JULIO.—¡Basta! . . . Esto parece un plan preconcebido. ¡Gauchos soberbios! . . . ¡Me iré en seguida, pero entiéndalo bien: no he

25   provocado ni he querido esta situación, no he de ser yo quién se arrepienta! . . .

OLEGARIO.—¡Ni yo! . . . ¡Podés irte! . . . (*Ademán de* JULIO *de retirarse.*) ¡No! . . . Vení.., vení acá . . . Hasta hoy he sido tu padre y aunque no lo quieras, ¿entendés? ¡Todavía tengo derecho a cas-

30   tigarte! . . . (*Lo zamarrea.*) ¿Entendés? . . .

JULIO.—(*Irguiéndose.*) ¡Cuidado, padre! . . .

OLEGARIO.—¡Sí! ¡A castigarte! . . . (*Alza la mano;* JULIO *lo detiene con violencia y después de una brevísima lucha, lo despide de sí.*)

OLEGARIO.—(*Retrocediendo, tropieza con el rebenque que ha*

---

53 Tradúzcase: "You come into the world, plant your feet on the ground, prepare to get a tight grip on life, and hold on, hold on. And later when you've climbed the hill and are on top, not even having time to wipe off the sweat, you try to get a firm grip on the lives of others."

dejado en el suelo.) ¡Esto más! . . . ¡Ah, infame! . . . (*Trágico.*) ¡De rodillas! . . . ¡Ya! . . .

JULIO.—¡Eso no! . . . ¡Eso nunca! . . . ¡Cuidado, padre! . . .

OLEGARIO.—(*Enarbolando el rebenque por el mango.*) ¡De rodillas! . . .   5

JULIO.—¡Nunca! . . . (*Va hacia él.*)

OLEGARIO.—¡De rodillas! . . . De ro . . . (*Da un salto felino y le asesta un golpe en la cabeza.* JULIO *tambalea y cae de bruces.*)⁵⁴ ¡Sí . . . de rodillas! (MARIQUITA y JESUSA *corren y abrazan a* OLEGARIO. *Brevísima pausa.* OLEGARIO, *que respira afanosamente, mira a* JULIO   10 *y hace ademán de levantar de nuevo el rebenque.*)

⁵⁴ Tradúzcase: "Julio stumbles and falls headlong."

El modernismo

Suele considerarse 1888 como la fecha inicial del modernismo: en ese año apareció en Valparaíso de Chile un librito mitad en prosa mitad en verso que iba a revolucionar el panorama literario de los pueblos hispánicos, *Azul*, de Rubén Darío. Pero es claro que un movimiento cultural no surge de la nada: las tendencias que allí concentraba maravillosamente el poeta nicaragüense se habían dado ya dispersas, mezcladas con reliquias de las tendencias pasadas, en un grupo de autores a los que se llama primera generación o precursores del modernismo. Pertenecen a él Manuel Gutiérrez Nájera y Salvador Díaz Mirón en México; José Martí y Julián del Casal en Cuba; José Asunción Silva en Colombia; Manuel González Prada en el Perú. Darío emergía entre ellos como el fruto maduro, el coordinador de esfuerzos aislados, para hacer triunfar definitivamente lo que los otros presagiaban.

El modernismo se extendió inmediatamente por todas las naciones de habla española gracias a *Azul* y a los numerosos viajes de su autor por diversos lugares como España (1892) y Argentina, donde permaneció cinco años a partir de 1893. Se formaron tertulias y se publicaron abundantes revistas para sostener y propagar la nueva doctrina. Entre estas últimas sobresalieron la *Revista de América* (1894), fundada en Buenos Aires por Darío y Ricardo Jaimes Freyre; la *Revista Nacional de Literatura y Ciencias Sociales* (1895) de Montevideo, entre cuyos fundadores se contaba José Enrique Rodó; *Cosmópolis* (1894) de Caracas debida en parte a Rufino Blanco Fombona y, sobre todo, la *Revista Moderna de México*, la de más larga duración, fundada por Jesús E. Valenzuela, que sucedió a la *Revista Azul* de Gutiérrez Nájera y acogió en sus páginas a escritores de todo el continente.

Éste fue el momento de plenitud del movimiento o de la segunda generación modernista. Grandes poetas y prosistas florecieron por doquier; el boliviano Jaimes Freyre; los argentinos Leopoldo Lugones y Enrique Larreta; los mexicanos Amado Nervo y Enrique González Martínez; los uruguayos Carlos Reyles, Horacio Quiroga, Rodó y Julio Herrera y Reissig; el colombiano Guillermo Valencia; el venezolano Blanco Fombona; el peruano José Santos Chocano. Tan vigoroso y de tanta calidad era este compacto grupo que hasta la vieja metrópoli se rindió a ellos y aceptó por primera vez que las colonias dictasen la moda, trocando el proceso usual hasta entonces.

El fin del modernismo es situado por algunos en 1910, basándose en varias razones: en ese año publicó Darío su última gran obra, el *Canto a la Argentina,* y en ese año se inició la Revolución Mexicana que obligó a los literatos a bajar de la torre de marfil para enfrentarse otra vez con acuciantes problemas sociales y políticos. De ser así, el soneto de González Martínez "Tuércele el cuello al cisne" (1911) se ofrecería como el síntoma del acabamiento modernista, del cansancio de las gentes ante los valores formales y esteticistas, del deseo de retornar a una literatura más profunda. No faltan, sin embargo, críticos que prolongan el movimiento hasta 1916, año en que murió el gran inspirador y líder. Sea como fuera, es innegable que las consecuencias de aquella total renovación fueron mucho más duraderas y decisivas, extendiéndose por lo menos durante las tres primeras décadas del siglo XX.

Ha sido muy frecuente identificar el modernismo con la poesía en vez de considerarlo como una actitud general del espíritu que afectó a todos los órdenes de la vida y a todos los géneros literarios. Más aún, se ha llegado en ocasiones a reducirle a su mejor fruto, Rubén Darío, originando una evidente estrechez de miras que impide ver lo que realmente fue y significó aquel movimiento. Desde tan limitada perspectiva, cabe distinguir en él dos fases: una primera esteticista, encerrada en la torre de marfil, preocupada por la belleza y nada más; una segunda, que se designa por "mundonovismo" y representa la toma de conciencia con los problemas del Nuevo Mundo.

Pero si se adopta un punto de vista más amplio, se comprobará que nunca faltó entre los modernistas una preocupación por sus países, aunque en éste o aquél pueda no aparecer. González Prada, por ejemplo, había sometido a revisión toda la estructura social peruana y ya en 1886 había formulado un programa diferente con aquellas famosas palabras pronunciadas en el teatro Politeama de Lima: "los viejos a la tumba; los jóvenes a la obra." No estaba solo: José Martí propugnada lo mismo desde todos los lugares a donde le llevaba su obligado exilio: nueva educación, nueva industria, nueva literatura, nueva sociedad. Y el propio Darío escribió no pocos poemas de tema americano.

Aparece, pues, el modernismo como algo mucho más hondo y extenso que una simple renovación poética: un espíritu general de novedad, de modernidad, de cambio, al que cada hombre, cada género literario, cada nación respondió dentro de sus fuerzas y necesidades. Desde este principio general se explican todas sus notas y variantes: se opuso a todo lo que se creía caduco, respetando al contrario cuanto encerrase un valor fuese su origen el que fuera. Nuevos temas, nuevos modelos, nuevas dimensiones vinieron a llenar con un afán universalista el hueco que dejaban las cosas rechazadas.

Como ocurre en toda auténtica renovación literaria, el estilo fue la aguja que con más fina sensibilidad registró la transformación. La preocupación estilística se erigió en norma ética del escritor: todo era preferible a escribir mal. Se reaccionó violentamente contra la verbosidad y el sentimentalismo fácil en que había degenerado el romanticismo así como la crudeza del realismo y naturalismo que amenazaban sustituir el arte por el estudio de casos clínicos o sociales. Se clamó contra el casi general descuido de redacción que se manifestaba en la repetición de clichés, palabras gastadas o vulgares, viejas metáforas, desaliño en la construcción sintáctica y pobrezo del verso.

El ideal de la prosa y de la poesía pasó a ser el lograr una sintaxis llena de ritmo y vigor o unos versos impecables en los que la armonía, el color y la originalidad de las imágenes atrayesen todos los sentidos del lector. La elección de palabras se convirtió en una meticulosa tarea: no se admitía la que no fuera precisa, necesaria, insustituible y verdaderamente significante. El escribir bien era entonces la prueba irrecusable de aristocracia espiritual de que hacían alarde los modernistas frente a la mediocridad general.

El desarrollo histórico del modernismo coincidió con la agresividad creciente de Norteamérica en relación a sus vecinos del sur. Tal agresividad se había manifestado ya a lo largo del siglo XIX desde la declaración de la doctrina Monroe en 1823 en hechos como la guerra de México y en expresiones como "Manifest Destiny," "Elder Sister Policy," "Dollar Diplomacy," que escondían una política intervencionista. En 1889 tuvo lugar una maniobra diplomática de simpatía por parte de los Estados Unidos: la convocación de una conferencia de todos los países de América, que en realidad sentó las bases de una nueva forma de ingerencia, el panamericanismo. Las conferencias panamericanas se repitieron con cierta regularidad y a la tercera celebrada en Río de Janeiro en 1906 acudió un nutrido grupo de autores modernistas, entre ellos, Darío.

El panamericanismo con su aparente ideal de unión y convivencia no fue sino una justificación de la política norteamericana en el sur: bastan para probarlo unos hechos como la anexión de Puerto Rico en 1898, la separación de Panamá y Colombia con la cesión de derechos sobre el Canal en 1903, los sucesos de la Bahía de Magdalena en 1912 y en varias ocasiones el desembarco de tropas estadounidenses en México, Haití, Nicaragua y Honduras. Los escritores hispanoamericanos protestaron de tales acontecimientos, dando origen a una literatura antiyanqui.

Pero el suceso más importante por sus consecuencias culturales y políticas fue la guerra de Cuba o hispanoamericana en 1898. Para acabar con los restos de la influencia europea en el hemisferio americano, los Estados Unidos se decidieron a intervenir en la lucha por la independencia que Cuba y las Filipinas sostenían contra España e infligieron a ésta una rápida y completa derrota. El desastre del 98, como lo llaman los españoles, lanzó al viejo y glorioso poder colonial en un abismo de vergüenza, impotencia y desprestigio en tanto que abrió las puertas del dominio del mundo al gran coloso del norte.

Se dio entonces una curiosa reacción mental: las antiguas colonias, que habían pasado el siglo XIX criticando y aborreciendo a la Madre Patria, al verla caída, salieron en su defensa, exaltando sus grandes valores culturales, sus hazañas históricas y su concepción espiritualista de la vida. Se volvieron, en cambio, contra el vencedor antes admirado por su sentido democrático, contra los Estados Unidos, en cuyo poder fabuloso y en cuyo materialismo empezaron a ver la gran amenaza del futuro. Poetas como Darío y ensayistas como Rodó se refirieron una y otra vez al tema de la defensa de la civilización hispánica frente a la invasión del Norte, frente a la invasión de ideas opuestas a la esencia eterna de la Hispanidad.

LA POESÍA

El modernismo dio sus mejores frutos en poesía. Con una actitud universalista, los poetas modernistas buscaron el impulso innovador en muy diversas fuentes. De románticos como Victor Hugo y José Zorrilla aprendieron el ritmo amplio y sonoro así como múltiples variaciones y combinaciones métricas. De Gustavo Adolfo Bécquer imitaron el suave intimismo, la actitud dolorida ante la vida, la sencillez expresiva y algunos procedimientos impresionistas. El verso libre les vino de Walt Whitman y del portugués, Eugenio de Castro. Vieron en Edgar Allan Poe una sensibilidad hermana y, retornando al pasado, admiraron a clásicos españoles desde Gonzalo de Berceo y Jorge Manrique a Garcilaso de la Vega y Luis de Góngora.

Pero la principal inspiración les llegó de Francia, de los poetas parnasianos y simbolistas. El parnasianismo, según lo había expresado uno de sus creadores Théophile Gautier (1811-72) en el poema "L'Art" (1857), exigía una poesía fría, impersonal, de formas esculturales y rígidas, réplica del realismo novelesco. La frase "arte por el arte" fue su lema. Charles Leconte de Lisle (1818-94) y José María de Hérédia (1842-1905) llevaron estos postulados a un grado extremo. De ellos tomaron los modernistas el anhelo por la perfección de la forma y la preferencia por temas históricos o la evocación de pasadas edades.

El simbolismo, aunque manteniendo la voluntad parnasiana de estilo, representó en cierto modo un regreso al subjetivismo romántico: propugnaba la expresión de estados anímicos no con palabras claras que hablasen a la inteligencia, sino con medias palabras que se limitasen a sugerir vagamente, apelando a los sentidos y a la imaginación. Entre sus recursos para conseguirlo se cuentan el uso de metáforas y símbolos a veces muy oscuros y personales como ocurre en Stéphane Mallarmé (1842-98), que curiosamente era gran admirador de Góngora; la acentuación del valor musical de la poesía con todo lo que aporta de poder emotivo tal como Paul Verlaine (1844-96) resumía en la célebre frase "de la musique avant toute chose"; el empleo de sinestesias o correspondencias entre las diversas sensaciones que Charles Baudelaire (1821-

67) describió en el soneto "Les correspondances," y la correlación entre las artes y sus instrumentos creadores que permitió a Arthur Rimbaud (1854-91) atribuir color a los sonidos en su poema "Sonnet des Voyelles."

Esta actitud y estas técnicas fueron recogidas por los modernistas que también adoptaron algunos símbolos famosos, como el del cisne. La hermosa ave tenía una ascendencia clásica: había sido cantada ya por poetas españoles como Garcilaso de la Vega e inmortalizada por los pinceles de Leonardo da Vinci en relación con la leyenda griega de Júpiter y Leda. Los simbolistas franceses representaron en ella el ideal y la belleza imposibles en un mundo materialista y sórdido. De aquí arrancaron los modernistas, pero extendieron las posibilidades simbólicas del cisne: no fue sólo la belleza inmaculada encarnada en el albo plumaje, fue también la sensualidad del Júpiter que sedujo a Leda e incluso la angustiosa pregunta del mundo hispánico ante su destino de espiritualidad, viendo en el elegante cuello del ave un inmenso signo de interrogación.

Sería erróneo deducir por la existencia de tan numerosas fuentes que el modernismo no fue un movimiento original. Lo fue y en tal grado que Hispanoamérica dio con él una gran contribución autóctona a la cultura mundial, separándose definitivamente de la tutela artística ejercida hasta entonces por España y Francia. Las influencias citadas supusieron una incitación, un impulso a crear más que un intento de imitación fiel o rastrera. Como en toda gran corriente del espíritu, fueron aquéllas fertilizantes de una semilla propia que granó en una espléndida cosecha de originalidad y calidad artística.

Los temas más frecuentes de la poesía modernista son, en breve síntesis, los siguientes: evocación del pasado, especialmente la Grecia clásica, la mitología nórdica, la Francia de Versailles y los héroes reales o legendarios de España como el Cid y don Quijote; exotismo, que busca inspiración en ambientes del Lejano Oriente, sobre todo, la China y el Japón; sentimientos íntimos, que giran en torno al amor carnal, la imposibilidad del ideal, el cansancio vital y el miedo a la muerte; problemas de América, como la ingerencia estadounidense, el paisaje y costumbres patrias, la herencia colonial y los líderes del Continente desde Caupolicán a Bolívar.

El esfuerzo de renovación poética alcanzó también a la métrica. Se restauraron metros olvidados como el monorrimo empleado por

Berceo en el siglo XIII o poco usados como el endecasílabo dactílico o "de gaita gallega." Se introdujeron nuevos tipos como el eneasílabo francés y el exámetro latino. Se dio acentuación diferente a versos ya existentes como el dodecasílabo y el alejandrino. Se ensayaron nuevas combinaciones estróficas y se alteró la estructura de algunas antiguas, como la del soneto, que pudo componerse en alejandrinos en vez de endecasílabos.

OTROS GÉNEROS

El modernismo afectó también profundamente a la prosa. Tanto en la narración como en el ensayo la preocupación por el estilo fue primordial: no bastaba decir cosas, era necesario decirlas bien, con elegancia. Un moderado preciosismo sustituyó al sistema retórico realista demasiado apegado a un lenguaje común y familiar: adjetivos audaces y coloristas, metáforas originales, palabras exactas, manejo de recursos afectivos como la interrogación retórica, períodos amplios y musicales, uso en fin de todos los medios expresivos del idioma para captar tanto la imaginación como la inteligencia del lector.

El sumo cuidado del detalle hizo que dentro de la prosa narrativa los escritores prefiriesen el cuento a la novela. Por su brevedad, por el tono lírico y la mayor posibilidad que abre a la imaginación, aquél se prestaba mejor que ésta al alarde estilístico, a la perfección verbal. Todos los modernistas cultivaron el cuento con maestría: Gutiérrez Nájera, Nervo, Darío, Lugones, Martí y, el más importante por la abundancia y la diversidad, el uruguayo Horacio Quiroga. Fue decisiva para ellos la influencia de Poe, aunque no faltaron otras como las de Gautier y Alphonse Daudet (1840-97). Se trataron temas muy variados: casos patológicos, estudios de artistas geniales y bohemios que fracasan, misterio y fantasía, cuadros sociales vistos con cierta actitud desenfadada y cínica, deliciosas recreaciones de estampas infantiles y otros muchos. Con estos escritores nació prácticamente el cuento hispanoamericano: lo anterior habían sido ensayos más o menos felices.

A pesar de esa preferencia por el cuento, la novela no quedó abandonada. Se acogieron en ella asuntos provenientes del realismo, como lo gauchesco, o del romanticismo, como lo histórico y lo político. Frente al tratamiento eminentemente social de los realistas, los modernistas intentaron un enfoque predominantemente artístico de tales temas: esto los diferencia por completo. Sobresalieron en la novela gauchesca los uruguayos Javier de Viana y Carlos Reyles en tanto que en la histórica consiguió una obra no superada todavía el argentino Enrique Larreta con *La gloria de don Ramiro*. Los problemas políticos fueron el ingrediente primordial de la narrativa de Blanco Fombona, que destacó también como crítico e historiador. Por lo demás se incorporaron otras preocupaciones, otras actitudes ante la vida, otros puntos de vista. Manuel Díaz Rodríguez (Venezuela, 1868-1927), autor de unos notables *Cuentos de color* escritos con una técnica impresionista, se interesó por el estudio de un fenómeno muy fin de siglo, la abulia, en sus novelas *Sangre patricia* e *Ídolos rotos*, pero trasladándolo a su país y analizando cómo la realidad nativa influye en un personaje sin voluntad que ha vivido mucho tiempo en Europa. Rafael Arévalo Martínez (Guatemala, 1844-), además de novelas utópicas como *El mundo de los maharachías*, escribió un originalísimo cuento, *El hombre que parecía un caballo*, anticipo kafkiano de las posibles transformaciones animales del ser humano.

Si escasa en producción, la novela modernista fue fecunda en consecuencias: toda la narrativa posterior le es deudora de algunas conquistas fundamentales, entre ellas, la profundización de la visión realista hasta transformar en símbolos transcendentales personajes y conflictos; la emoción lírica ante el paisaje que ganó así una dimensión humanizadora; la disposición de la acción en cuadros aislados más que en sucesión épica de modo que pudieran reducir al mínimo los detalles; el estilo artístico. Estas cosas tan aparentes en Rómulo Gallegos, Ricardo Güiraldes, José Eustasio Rivera y otros habían sido un difícil triunfo de los modernistas.

Por lo que se refiere al ensayo, el género había tenido algunos cultivadores eminentes durante el siglo XIX. Hombres como Bello, Sarmiento y Montalvo, dotados a la vez de gran inteligencia y de una aguda conciencia lingüística, habían creado una herencia que no era posible olvidar, habían meditado no sólo sobre problemas locales, sino también sobre las grandes materias de la humanidad. Los modernistas, en consecuencia, tenían que seguir su lección, adaptándola a los tiempos. Y así lo hicieron. González Prada y Martí, en la línea de Sarmiento, se encargaron de examinar las circunstancias concretas de Hispanoamérica, su pobreza, su estructura social, su atraso. Rodó, en cambio, con visión más amplia como

Bello y Montalvo, prefirió penetrar en hechos más generales, más a nivel universal como era el enfrentamiento de dos modos de vida, de dos concepciones de la civilización, la hispánica y la sajona. En la dramaturgia el modernismo sólo se reflejó de manera secundaria y marginal. Siguiendo el esquema que había dado grandes éxitos en España a Eduardo Marquina (1879–1946), se cultivó en Hispanoamérica y sobre todo en las orillas del Plata el teatro poético. Se trataba de un teatro lírico, frecuentemente en verso, cuyos temas eran típicamente evasivos: reconstrucciones históricas, símbolos filosóficos y artísticos, conflictos abstractos del corazón o la inteligencia. Puro ejercicio literario, por lo tanto, sin otra finalidad que entretener y asombrar por las felices imágenes o la brillante escenificación.

Se destacaron en esta dirección los siguientes escritores argentinos: Enrique García Velloso (1880–1938); David Peña (1865–1928), que compuso una serie de dramas históricos sobre Argentina, entre los que sobresale *Facundo,* acerca del inolvidable caudillo estudiado por Sarmiento; y Paul Groussac (1848–1929), con su excelente interpretación de Rosas, *La divisa punzó.*

PRIMERA GENERACIÓN

Manuel Gutiérrez Nájera

(1859-95)

Bajo el pseudónimo de "El Duque Job" que adoptó Manuel Gutiérrez Nájera, quiso poner de relieve sus dos actitudes más características: la aristocracia espiritual y la paciencia ante el sufrimiento. Físicamente feo, se creía perseguido o al menos desechado por la sociedad y reaccionaba con el desprecio y aislamiento de quien se tenía por superior a los otros. Por otro lado, su profunda formación religiosa le ayudaba a no caer en extremos de desesperación o rebeldía, aceptando su desgracia física con bastante resignación. No siempre, sin embargo, lograba vencer sus conflictos íntimos tan noblemente y con frecuencia se refugiaba en la bebida para olvidarlos.

Nació Nájera en la ciudad de México en un hogar relativamente rico y culto. Destinado por la madre al sacerdocio, sus primeras lecturas fueron los místicos españoles y sus primeras experiencias, las prácticas religiosas. Aunque entibiada más adelante su fe, nunca perdió por completo la huella de su formación temprana. Se educó en un colegio francés en el que se familiarizó con la literatura de Francia, especialmente la parnasiana y simbolista.

Se casó con una joven de ascendencia francesa en 1888 y consagró su corta vida al periodismo; también sirvió a su país en algunos puestos públicos. En 1894 fundó con Carlos Díaz Dufóo la *Revista Azul*, uno de los primeros órganos difusores del modernismo. Como a Darío, le encantaba el color azul, que era según él no sólo un color, sino símbolo del misterio. Murió en 1895, víctima de sus excesos alcohólicos.

Prosista de extraordinaria calidad, dejó en los periódicos una colaboración abundante repartida en reseñas de libros, crónicas de espectáculos teatrales, impresiones de sus viajes por México e irónicos comentarios sobre la vida local. En la prensa publicó también entre 1893 y 1895 una serie de narraciones recogidas bajo el título de *Cuentos color de humo.* Bastante antes, en 1883, había editado los *Cuentos frágiles* con los que conquistó el mérito de haber introducido en Hispanoamérica el cuento parisiense, basado más en la fantasía que en la realidad, leve, gracioso y de estilo muy esmerado. En algunas de estas obras, como "La novela del tranvía," el humor se junta a lo triste en una combinación sobria e inolvidable.

La labor poética de Nájera sólo fue coleccionada y publicada en libro después de su muerte, en 1896, por su insigne maestro Justo Sierra. Hombre aquél de muchas lecturas, no siempre bien asimiladas, las refleja en sus versos en forma de influencia: escritores españoles como Bécquer, filósofos pesimistas como Nietzsche, poetas franceses y americanos como Gautier y Poe. Entre las composiciones inspiradas por un libro se destaca "Hamlet a Ofelia" que introdujo en el modernismo el motivo del atormentado príncipe.

En su evolución poética se distinguen dos etapas. En la primera predomina el espíritu romántico que expresa en sentimientos de melancolía o duda religiosa, así "Para entonces." En la segunda surge una actitud más resignada de la que es buena muestra "Pax animae" y la temática se amplía a asuntos diferentes como los griegos de "Odas breves."

Aunque bastante parco en sus innovaciones métricas, éstas no están del todo ausentes en Nájera: en "De blanco," por ejemplo, curiosa imitación de "Symphonie en blanc majeur" de Gautier, el acento se repite cada tres sílabas a partir de la segunda de algunos versos. Pero su personalidad dentro del modernismo se distingue por los nuevos efectos de color derivados sin duda del parnasianismo, por la introducción de asuntos muy imitados después, por la gracia con que hermanó melancolía íntima con musicalidad externa y por el resignado humor con que supo revestir su tristeza vital.

POESÍAS

(1896)

LA DUQUESA JOB[1]

En dulce charla de sobremesa,[2]
mientras devoro fresa tras fresa
y abajo ronca tu perro Bob,

te haré el retrato de la duquesa,
que adora a veces el duque Job....   5

Mi duquesita, la que me adora,
no tiene humos de gran señora:

[1] El Duque Job era el pseudónimo del poeta. Aquí describe a su esposa ideal, "the Duchess Job."
[2] Tradúzcase: "after-dinner conversation."

es la griseta de Paul de Kock.
No baila boston, y desconoce
de las carreras el alto goce,
y los placeres del *five o'clock*.³

5   Pero ni el sueño de algún poeta,
ni los querubes que vio Jacob,⁴
fueron tan bellos cual la coqueta
de ojitos verdes, rubia griseta
que adora a veces el duque Job....

10 Desde las puertas de la Sorpresa
hasta la esquina del Jockey Club,⁵
no hay española, yankee o francesa,
ni más bonita, ni más traviesa
que la duquesa del duque Job.

15 ¡Cómo resuena su taconeo
en las baldosas! ¡Con qué meneo
luce su talle de tentación!
¡Con qué airecito de aristocracia
mira a los hombres, y con qué
gracia
20 frunce los labios! ¡Mimí Pinsón!⁶

Si alguien la alcanza, si la re-
quiebra,
ella, ligera, como una cebra,

sigue camino del almacén;
pero ¡ay del tuno si alarga el
brazo!
Nadie le salva del sombrillazo⁷   25
que le descarga sobre la sien.

¡No hay en el mundo mujer
más linda
pie de andaluza, boca de guinda,
esprit rociado de Veuve Clicqot;
talle de avispa, cutis de ala,   30
ojos traviesos de colegiala⁸
como los ojos de *Louise Theó*!⁹

Agil, nerviosa, blanca, delgada,
media de seda bien estirada,
gola de encaje, corsé de ¡crac!,   35
nariz pequeña, garbosa, cuca,
y palpitantes sobre la nuca
rizos tan rubios como el coñac.¹⁰

Sus ojos verdes bailan el tango;
nada hay más bello que el arre- 40
mango
provocativo de su nariz.
Por ser tan joven y tan bonita,
cual mi sedosa, blanca gatita,
diera sus pajes la emperatriz.

³ Griseta: "uninhibited girl of the French working class." En sus novelas el
francés Paul de Kock (1794–1871) describe muchachas de esta clase. Boston: "Boston waltz (a slow dance)." Five o'clock: "late afternoon tea."

⁴ Según la Biblia, Jacob tuvo una visión en la que contempló una escala que
iba de la tierra al cielo por la cual caminaban ángeles o querubes. Véase Génesis,
XXVIII, 12.

⁵ La Sorpresa, conocido almacén de la ciudad de México. El Jockey Club era el
club de la aristocracia mexicana.

⁶ Personaje de la obra del poeta francés Alfred de Musset (1810–57).

⁷ Tuno: "rascal"; sombrillazo: "blow with a parasol."

⁸ Tradúzcase: "a mouth like a cherry, a personality as bubbling as Veuve Cli-
quot (champagne), a waist as slender as a wasp, a skin as soft as a bird's wing,
mischievous eyes of a schoolgirl . . ."

⁹ Louise Théo era una cantante muy popular de operetas francesas.

¹⁰ Tradúzcase: "her silk stockings stretched tight, a lace collar, a stiff corset, a
cute little turned-up nose, and, bouncing on the nape of her neck, curls as blond
as cognac."

¡Ah, tú no has visto cuando se
peina,
sobre sus hombros de rosa reina
caer los rizos en profusión!
¡Tú no has oído qué alegre canta,
5 mientras sus brazos y su garganta
de fresca espuma cubre el jabón!
¡Y los domingos! ¡Con qué
alegría
oye en su lecho bullir el día
y hasta las nueve quieta se está!
10 ¡Cuál se acurruca la perezosa,
bajo la colcha color de rosa,
mientras a misa la criada va! ...

Después ligera, del lecho
brinca,
¡Oh, quién la viera cuando se
hinca
15 blanca y esbelta sobre el colchón!
¿Qué valen junto de tanta gracia
las niñas ricas, la aristocracia,
ni mis amigas de cotillón?[11]

Toco; se viste; me abre, almor-
zamos;
20 con apetito los dos tomamos
un par de huevos y un buen beef-
steak,
media botella de rico vino,
y en coche, juntos, vamos camino
del pintoresco Chapultepec.[12]

25 Desde las puertas de la Sorpresa
hasta la esquina del Jockey Club,
no hay española, yankee o francesa,

ni más bonita ni más traviesa
que la duquesa del duque Job.

MARIPOSAS

Ora blancas cual copos de
nieve,
ora negras, azules, o rojas,
en miriadas[13] esmaltan el aire,
y en los pétalos frescos retozan.
Leves saltan del cáliz abierto,   5
como prófugas almas de rosas,
y con gracia gentil se columpian
en sus verdes hamacas de hojas.
Una chispa de luz les da vida
y una gota al caer las ahoga;   10
aparecen al claro del día,
y ya muertas las halla la sombra.

¿Quién conoce sus nidos
ocultos?
¿En qué sitio de noche reposan?
¡Las coquetas no tienen morada!   15
¡Las volubles no tienen alcoba!
Nacen, aman y brillan y mueren;
en el aire al morir se transforman,
y se van, sin dejarnos su huella,
cual de tenue llovizna las gotas.   20
Tal vez unas en flores se truecan,
y llamadas al cielo las otras,
con millones de alitas compactas
el arco iris espléndido forman.
Vagabundas, ¿en dónde está el 25
nido?
Sultanita, ¿qué harén te apri-
siona?

11 Cotillón: "cotillion (elegant ballroom dance)." Es decir, sus amigas aristocráticas.
12 Parque de la ciudad de México.
13 Miríadas.

¿A qué amante prefieres, coqueta?
¿En qué tumba dormís, mariposas?

¡Así vuelan y pasan y expiran
las quimeras de amor y de gloria,
5 esas alas brillantes del alma,
ora blancas, azules o rojas!
¿Quién conoce en qué sitio os
perdisteis,
ilusiones que sois mariposas?
¿Cuán ligero voló vuestro enjambre
10 al caer en el alma la sombra!
Tú, la blanca, ¿por qué ya no
vienes?
¿no eras fresco azahar de mi
novia?
Te formé con un grumo del cirio
que de niño llevé a la parroquia;
15 eras casta, creyente, sencilla,
y al posarte temblando en mi
boca,

murmurabas, heraldo de goces:
—¡Ya está cerca tu noche de
bodas!
¡Ya no viene la blanca, la
buena!
Ya no viene tampoco la roja,   20
la que en sangre teñí, beso vivo,
al morder unos labios de rosa;
ni la azul que me dijo: "¡Poeta!,"
ni la de oro, promesa de gloria.
¡Ha caído la tarde en el alma!   25
¡Es de noche . . . ya no hay mariposas!
Encended ese cirio amarillo.
Ya vendrán en tumulto las otras,
las que tienen las alas muy negras
y se acercan en fúnebre ronda.   30
¡Compañeras, la cera está ar-
diendo;
compañeras, la pieza está sola!
Si por mi alma os habéis enlutado
¡venid pronto, venid, mariposas!

DE BLANCO[14]

¿Qué cosa más blanca que cándido lirio?
¿Qué cosa más pura que místico cirio?
¿Qué cosa más casta que tierno azahar?
¿Qué cosa más virgen que leve neblina?
¿Qué cosa más santa que el ara divina de gótico altar?   5

De blancas palomas el aire se puebla,
con túnica blanca, tejida de niebla,
se envuelve a lo lejos feudal torreón;
erguida en el huerto la trémula acacia
al soplo del viento sacude con gracia su níveo pompón.[15]   10

[14] De blanco: "Whiteness." Debe compararse este poema con "Symphonie en
blanc majeur" (1852) del francés Théophile Gautier.
[15] Tradúzcase: "it gracefully shakes its snowy blossom."

¿No ves en el monte la nieve que albea?[16]
La torre muy blanca domina la aldea,
las tiernas ovejas triscando se van,
de cisnes intactos[17] el lago se llena,
5   columpia su copa la enhiesta azucena,[18]
y su ánfora inmensa levanta el volcán.

Entremos al templo: la hostia fulgura;[19]
de nieve parecen las canas del cura,
vestido con alba de lino sutil;[20]
10   cien niñas hermosas ocupan las bancas,
y todas vestidas con túnicas blancas
en ramos ofrecen las flores de abril.

Subamos al coro: la virgen propicia
escucha los rezos de casta novicia,
15   y el cristo de mármol expira en la cruz;
sin mancha se yerguen las velas de cera;
de encaje es la tenue cortina ligera
que ya transparenta del alba la luz.

Bajemos al campo: tumulto de plumas
20   parece el arroyo de blancas espumas
que quieren, cantando, correr y saltar;
la airosa mantilla de fresca neblina
terció la montaña; la vela latina[21]
de barca ligera se pierde en el mar.

25   Ya salta del lecho la joven hermosa,
y el agua refresca sus hombros de diosa,
sus brazos ebúrneos, su cuello gentil;
cantando y risueña se ciñe la enagua,
y trémulas brillan las gotas de agua
30   en su árabe peine de blanco marfil.

¡Oh mármol! ¡Oh nieves! ¡Oh inmensa blancura
que esparces doquiera tu casta hermosura!

16 Albea: "shines bright (white)."
17 Intactos: "pure, immaculate."
18 Tradúzcase: "the erect white lily swings its crown."
19 Tradúzcase: "the Host shines brilliantly."
20 Tradúzcase: "dressed in a white robe of fine linen (alb)."
21 Vela latina: "lateen (triangular) sail."

¡Oh tímida virgen! ¡O casta vestal!
Tú estás en la estatua de eterna belleza;
de tu hábito blando nació la pureza,
¡al ángel das alas, sudario al mortal!

Tú cubres al niño que llega a la vida,   5
coronas las sienes de fiel prometida,
al paje revistes de rico tisú.
¡Qué blancos son, reinas, los mantos de armiño!
¡Qué blanca es, ¡oh madres! la cuna del niño!
¡Qué blanca, mi amada, qué blanca eres tú!   10

En sueños ufanos de amores contemplo
alzarse muy blancas las torres de un templo
y oculto entre lirios abrirse un hogar;
y el velo de novia prenderse a tu frente,
cual nube de gasa que cae lentamente,   15
y viene a tus hombros su encaje a posar.

MIS ENLUTADAS[22]

Descienden taciturnas las tristezas
al fondo de mi alma,
y entumecidas, haraposas brujas,
con uñas negras
5   mi vida escarban.[23]

De sangre es el color de sus pupilas,
de nieve son sus lágrimas;
hondo pavor infunden . . . yo las
amo
por ser las solas
10   que me acompañan.

Aguárdolas ansioso si el trabajo
de ellas me separa,
y búscolas en medio del bullicio,

y son constantes,
y nunca tardan.   15

En las fiestas, a ratos se me
pierden
o se ponen la máscara,
pero luego las hallo, y así dicen:
—¡Ven con nosotras!
—¡Vamos a casa!   20

Suelen dejarme cuando son-
rïendo
mis pobres esperanzas,
como enfermitas ya convalecien-
tes,
salen alegres
a la ventana.   25

Corridas huyen, pero vuelven
luego

---

[22] Enlutadas: "women in mourning."
[23] Tradúzcase: "numb, ragged witches scratch at my life with black fingernails."

y por la puerta falsa
entran trayendo como nuevo
   huésped
alguna triste,
lívida hermana.

5   Ábrese a recibirlas la infinita
   tiniebla de mi alma,
y van prendiendo en ella mis
   recuerdos
cual tristes cirios
de cera pálida.

10   Entre esas luces, rígido, tendido,
mi espíritu descansa;
y las tristezas, revolando en torno,
   lentas salmodias
rezan y cantan.

15   Escudriñan del húmedo aposento
rincones y covachas,
el escondrijo do guardé cuitado[24]
   todas mis culpas,
todas mis faltas.

20   Y hurgando mudas, como ham-
   brientas lobas,
las encuentran, las sacan,
y volviendo a mi lecho mortüorio
   me las enseñan
y dicen: habla.

25   En lo profundo de mi ser bu-
   cean,
pescadoras de lágrimas,
y vuelven mudas con las negras
   conchas

en donde brillan
gotas heladas.

A veces me revuelvo contra 30
   ellas
y las muerdo con rabia,
como la niña desvalida y mártir
   muerde a la harpía
que la maltrata.

Pero en seguida, viéndose im- 35
   potente,
mi cólera se aplaca;
¿qué culpa tienen, pobres hijas
   mías,
si yo las hice
con sangre y alma?

Venid, tristezas de pupila tur- 40
   bia,
venid, mis enlutadas,
las que viajáis por la infinita sombra,
donde está todo
lo que se ama.

Vosotras no engañáis: venid, 45
   tristezas,
¡oh mis criaturas blancas
abandonadas por la madre impía,
   tan embustera,
por la esperanza!

Venid y habladme de las cosas 50
   idas,
de las tumbas que callan,
de muertos buenos y de ingratos
   vivos ...
voy con vosotras,
vamos a casa.

---

[24] Tradúzcase: "They pry into the nooks and crannies of my damp room, the hiding place where I, troubled, stored ..."

PARA ENTONCES

Quiero morir cuando decline
el día,
en alta mar y con la cara al cielo;
donde parezca un sueño la agonía,
y el alma, un ave que remonta el
vuelo.

5 No escuchar en los últimos
instantes,
ya con el cielo y con la mar a
solas,
más voces ni plegarias sollozan-
tes
que el majestuoso tumbo de las
olas.

Morir cuando la luz triste
retira
10 sus áureas redes de la onda verde,
y ser como ese sol que lento
expira:
algo muy luminoso que se pierde.

Morir, y joven: antes que
destruya
el tiempo aleve la gentil corona;
15 cuando la vida dice aún: "soy
tuya,"
¡aunque sepamos bien que nos
traiciona!

NON OMNIS MORIAR[25]

¡No moriré del todo, amiga
mía!
De mi ondulante espíritu disperso

algo, en la urna diáfana del
verso,
piadosa guardará la Poesía.

¡No moriré del todo! Cuando   5
herido
caiga a los golpes del dolor humano,
ligera tú, del campo entenebrido[26]
levantarás al moribundo hermano.

Tal vez entonces por la boca
inerme
que muda aspira la infinita 10
calma,
oigas la voz de todo lo que
duerme
con los ojos abiertos en mi alma.

Hondos recuerdos de fugaces
días,
ternezas tristes que suspiran solas;
pálidas, enfermizas alegrías   15
sollozando al compás de las
violas . . .

Todo lo que medroso oculta el
hombre
se escapará, vibrante, del poeta,
en áureo ritmo de oración secreta
que invoque en cada cláusula tu 20
nombre.

Y acaso adviertas que de modo
extraño
suenan mis versos en tu oído
atento,

---

25 No moriré del todo.
26 Entenebrido: "dark."

y en el cristal, que con mi soplo
   empaño,
mires aparecer mi pensamiento.

Al ver entonces lo que yo soñaba,
dirás de mi errabunda poesía:
5 —Era triste, vulgar lo que cantaba ...
mas, ¡qué canción tan bella la
   que oía!

Y porque alzo en tu recuerdo
   notas
del coro universal, vívido y almo;
y porque brillan lágrimas ignotas
en el amargo cáliz de mi salmo;   10

porque existe la Santa Poesía
y en ella irradias tú, mientras disperso
átomo de mi ser esconda el verso,
¡no moriré del todo, amiga mía!

José Martí

(1853–95)

José Martí, muerto en combate contra los españoles, es hoy un héroe nacional de Cuba, cuya memoria se ha perpetuado no sólo en hermosos monumentos erigidos por toda la isla sino también mediante la enseñanza de sus doctrinas en la escuela y la universidad. Como tantos otros escritores hispanoamericanos, se vio precisado a empuñar la espada y la pluma: aquélla para derrocar a los tiranos de su patria, ésta para despertar la conciencia de sus conciudadanos y para dar satisfacción a sus propias inquietudes estéticas.

Martí vino al mundo en La Habana, de padres españoles. Obsesionado desde muy pronto por la independencia de Cuba, participó en actividades subversivas contra el gobierno colonial, por lo que fue desterrado a España en 1870. En la metrópoli se dedicó o difundir sus ideas políticas en conversaciones amistosas y en dos folletos de gran interés: *El presidio político en Cuba* (1871) y *La república española ante la revolución cubana* (1873). Estudió en la Universidad de Zaragoza donde se recibió en Leyes, habiendo debido pasar allí días felices, pues siempre mostró una gran simpatía por Aragón.

Después de visitar Francia e Inglaterra, se estableció de 1874 a 1877 en México y Guatemala, dedicándose a la enseñanza y al periodismo. En este último país fue protagonista involuntario de un trágico suceso: una estudiante suya se enamoró de él apasionadamente y se suicidó cuando Martí volvió de México casado con su novia cubana. El poeta inmortalizó el hecho en una de sus composiciones más famosas, "La niña de Guatemala."

En 1878 regresó a Cuba por breve tiempo, dirigiéndose luego a Caracas, donde permaneció hasta 1880. De allí se trasladó a Nueva York, viviendo en esta ciudad de 1881 a 1895: trabajó para el *New York Sun* y, como sabía muy bien el inglés, dio clases en una escuela privada y fue traductor de una editorial estadounidense. Siempre activo en política, fundó desde el exilio el partido revolucionario cubano y, habiendo vuelto a la patria en 1895 dispuesto a organizar la resistencia contra los españoles, murió de un balazo en una escaramuza.

La obra poética de Martí se halla recogida en *Ismaelillo* (1882), *Versos sencillos* (1891) y dos colecciones póstumas, *Versos libres* y *Flores del destierro*. *Ismaelillo* está dedicado a su hijo y rezuma ternura paternal. Su novedad temática es evidente, pues habría que remontarse hasta Lope de Vega para encontrar poesía familiar de este tono. *Versos sencillos* reúne composiciones amorosas, algunas con fondo autobiográfico como "La niña de Guatemala," y otras de carácter sentimental y descriptivo. Martí introduce aquí algunas innovaciones métricas como romances con rima consonante, el monorrimo y el verso blanco. *Versos libres* y *Flores del destierro* ofrecen una mayor hondura emocional, expresándose con estilo incisivo, desnudo de adornos, las angustias íntimas del poeta, su nostalgia de la patria lejana o sus preocupaciones cívicas y sociales.

Es difícil clasificar a Martí como poeta modernista o romántico, según viene intentando hacer la crítica. El cubano es algo aparte, único, que no encaja bien en ningún movimiento. Opuso a la ampulosidad retórica del romanticismo un ideal de suprema sencillez, de sinceridad en la expresión de la emoción profunda. Y por este mismo ideal muy pocas veces desembocó en las exageraciones preciosistas del modernismo. En realidad, su poesía es la de un alma pura, que encuentra en el verso un medio de desahogo afectivo al margen de escuelas y modas. Y ha perdurado precisamente por ser el reflejo de una personalidad cándida y poderosa al mismo tiempo.

Cultivó Martí el teatro en su juventud, siguiendo por modelo a José Echegaray; pero ninguno de sus tres dramas posee méritos literarios dignos de recuerdo. Mayor importancia tiene su narrativa: aparte de una novela, *Amistad funesta* (1885) sobre un asunto de amor y celos, dejó una colección de cuentos infantiles publicada en Nueva York, *La edad de oro* (1889), de tono delicado y ligero, escrita con un estilo terso y elegante, que representa un importante jalón en el desarrollo del cuento modernista.

Pero en la prosa Martí destacó ante todo en la oratoria y el periodismo. Sus condiciones de orador eran enormes, tanto que según testigos presenciales conmovía fácilmente a su auditorio por el manejo de los recursos emotivos y mímicos. Sus artículos periodísticos son numerosísimos y variados: crítica literaria, comentarios sobre sucesos diarios como los disturbios obreros de Chicago a fines del siglo XIX, reflexiones sobre el estado de Cuba y de América en general, ideas estéticas, problemas educativos.

Dentro de tan amplia gama resulta siempre un pensador agudo que sabe poner el comentario acertado aun en el problema más nimio o en el hecho más insignificante. En relación a Hispanoamérica, por ejemplo, opina que es necesario desarrollar la agricultura y la industria como únicos recursos para conseguir la libertad económica y el progreso; critica a la universidad por mantener las viejas estructuras francesas en vez de modernizarse y adaptarse a las exigencias de los nuevos países; censura el militarismo y pide a los gobiernos suramericanos que sean buenos conocedores de la realidad que les rodea y que fomenten las reformas básicas. Frente a los Estados Unidos propugna una política de amistad, pero de independencia y fortaleza conseguidas mediante la unión de todos los integrantes de la comunidad ibérica.

Martí ha contribuido a renovar la prosa castellana y en este sentido sí que puede ser considerado modernista. Combina la densidad de pensamiento con el empleo de palabras claras y expresivas; busca el adorno de la frase con imágenes nuevas y atrayentes; muy inclinado a lo oratorio, ordena la sintaxis en un ritmo musical y amplio. Pero jamás resulta artificioso o vacío, terminando por condensar sus ideas en alguna sentencia restallante, que quede fija en el lector como especie de inolvidable aforismo: así, hablando de la educación, Martí condensa: "Quien no ayuda a levantar el espíritu de la masa ignorante, renuncia voluntariamente a su libertad," y refiriéndose a la economía, observa: "No hay más medio de asegurar la libertad en la patria y el decoro en el hombre que fomentar la riqueza pública."

ISMAELILLO[1]

(1882)

SOBRE MI HOMBRO

Ved: sentado lo llevo
Sobre mi hombro.

Oculto va, y visible
Para mí solo.
El me ciñe las sienes   5
Con su redondo

---

[1] Ismaelillo: "Little Ishmael." El Ismael bíblico era hijo de Abrahán y su esclava Agar, simbolizando así un paria social. Pero esta colección de poesías está dedicada al propio hijo de Martí.

Brazo, cuando a las fieras
Penas me postro.—
Cuando el cabello hirsuto
Yérguese y hosco,
5 Cual de interna tormenta
Símbolo torvo,
Como un beso que vuela
Siento en el tosco
Cráneo: su mano amansa
10 El bridón loco!—

Cuando en medio del recio
Camino lóbrego,
Sonrío, y desmayado
Del raro gozo,
La mano tiendo en busca   15
De amigo apoyo,—
Es que un beso invisible
Me da el hermoso
Niño que va sentado
Sobre mi hombro.   20

VERSOS SENCILLOS
(1891)

I

Yo soy un hombre sincero
De donde crece la palma,[2]
Y antes de morirme quiero
Echar mis versos del alma.

5 Yo vengo de todas partes,
Y hacia todas partes voy.
Arte soy entre las artes,
En los montes, monte soy.

Yo sé los nombres extraños
10 De las yerbas y las flores,
Y de mortales engaños,
Y de sublimes dolores.

Yo he visto en la noche oscura
Llover sobre mi cabeza
15 Los rayos de lumbre pura
De la divina belleza.

Alas nacer vi en los hombros
De las mujeres hermosas,
Y salir de los escombros,
20 Volando las mariposas.

He visto vivir a un hombre
Con el puñal al costado,
Sin decir jamás el nombre
De aquella que lo ha matado.

Rápida como un reflejo,   25
Dos veces vi el alma, dos:
Cuando murió el pobre viejo,
Cuando ella me dijo adiós.

Temblé una vez—en la reja,
A la entrada de la viña,—   30
Cuando la bárbara abeja
Picó en la frente a mi niña.

Gocé una vez, de tal suerte
Que gocé cual nunca:[3]—cuando
La sentencia de mi muerte   35
Leyó el alcaide llorando.

Oigo un suspiro a través
De las tierras y la mar,
Y no es un suspiro,—es
Que mi hijo va a despertar.   40

---

[2] Referencia a la palma real, árbol indígena de Cuba.
[3] Tradúzcase: "As I have never rejoiced before."

Si dicen que del joyero
Tome la joya mejor,
Tomo a un amigo sincero
Y pongo a un lado el amor.

5 Yo he visto al águila herida
Volar al azul sereno,
Y morir en su guarida
La vibora del veneno.

Yo sé bien que cuando el
      mundo
10 Cede, lívido, al descanso,
Sobre el silencio profundo
Murmura el arroyo manso.

Yo he puesto la mano osada,
De horror y júbilo yerta,
15 Sobre la estrella apagada
Que cayó frente a mi puerta.

Oculto en mi pecho bravo
La pena que me lo hiere:
El hijo de un pueblo esclavo[4]
20 Vive por él, calla y muere.

Todo es hermoso y constante,
Todo es música y razón,
Y todo, como el diamante,
Antes que luz es carbón.

25 Yo sé que el necio se entierra
Con gran lujo y con gran llanto,
Y que no hay fruta en la tierra
Como la del camposanto.

Callo, y entiendo, y me quito
30 La pompa del rimador:

Cuelgo de un árbol marchito
Mi muceta de doctor.[5]

IX

Quiero, a la sombra de un ala,[6]
Contar este cuento en flor:
La niña de Guatemala,[7]   35
La que se murió de amor.

Eran de lirios los ramos,
Y las orlas de reseda
Y de jazmín: la enterramos
En una caja de seda. . . .   40

Ella dio al desmemoriado
Una almohadilla de olor.[8]
El volvió, volvió casado:
Ella se murió de amor.

Iban cargándola en andas   45
Obispos y embajadores.
Detrás iba el pueblo en tandas,
Todo cargado de flores. . . .

Ella, por volverlo a ver,
Salió a verlo al mirador.   50
El volvió con su mujer.
Ella se murió de amor.

Como de bronce candente
Al beso de despedida
Era su frente, ¡la frente   55
Que más he amado en mi
      vida! . . .

Se entró de tarde en el río,
La sacó muerta el doctor.

[4] Referencia a sí mismo, hijo de Cuba entonces en poder de España.
[5] Mi muceta de doctor: "my doctoral hood." Martí se doctoró en Leyes.
[6] Tradúzcase: "in the shadow of a protecting wing."
[7] María García Granados, quien se suicidó cuando Martí volvió de México con su novia cubana.
[8] Desmemoriado: "the forgetful man"; almohadilla de olor: "sachet."

Dicen que murió de frío.
Yo sé que murió de amor.

Allí, en la bóveda helada,
La pusieron en dos bancos.
5 Besé su mano afilada,
Besé sus zapatos blancos.

Callado, al oscurecer,
Me llamó el enterrador.
¡Nunca más he vuelto a ver
10 A la que murió de amor!

X

El alma trémula y sola
Padece al anochecer.
Hay baile; vamos a ver
La bailarina española.

15 Han hecho bien en quitar
El banderón de la acera;
Porque si está la bandera,
No sé, yo no puedo entrar.

Ya llega la bailarina,
20 Soberbia y pálida llega.
¿Cómo dicen que es gallega?
Pues dicen mal: es divina.

Lleva un sombrero torero
Y una capa carmesí:
25 ¡Lo mismo que un alelí⁹
Que se pusiese un sombrero!

Se ve, de paso, la ceja,
Ceja de mora traidora,
Y la mirada, de mora,
30 Y como nieve la oreja.

Preludian, bajan la luz,
Y sale en bata y mantón,
La virgen de la Asunción
Bailando un baile andaluz.

Alza, retando, la frente: 35
Crúzase al hombro la manta,
En arco el brazo levanta,
Mueve despacio el pie ardiente.

Repica con los tacones
El tablado zalamera,   40
Como si la tabla fuera
Tablado de corazones.

Y va el convite creciendo
En las llamas de los ojos,
Y el manto de flecos rojos   45
Se va en el aire meciendo.

Súbito, de un salto arranca,
Húrtase, se quiebra, gira,
Abre en dos la cachemira.
Ofrece la bata blanca.¹⁰   50

El cuerpo cede y ondea;
La boca abierta provoca;
Es una rosa la boca,
Lentamente taconea.

Recoge, de un débil giro,   55
El manto de flecos rojos.
Se va, cerrando los ojos,
Se va, como en un suspiro . . .

Baila muy bien la española,
Es blanco y rojo el mantón.   60
¡Vuelve, fosca, a su rincón
El alma trémula y sola!

---

⁹ Sombrero torero: "bullfighter's hat"; capa carmesí: "crimson cape"; alelí: "stock (flower)."
¹⁰ Tradúzcase: "She withdraws, bows, turns. She opens wide the wool cloak, revealing the white smock."

XVI

En el alféizar calado
De la ventana moruna,[11]
Pálido como la luna,
Medita un enamorado.

5 Pálida, en su canapé
De seda tórtola y roja,
Eva, callada, deshoja
Una violeta en el té.

XXV

Yo pienso, cuando me alegro
Como un escolar sencillo,
En el canario amarillo,—
Que tiene el ojo tan negro.   20

Yo quiero, cuando me muera,
Sin patria, pero sin amo,
Tener en mi losa un ramo
De flores,—y una bandera.

XXIII

Yo quiero salir del mundo
10 Por la puerta natural.
En un carro de hojas verdes
A morir me han de llevar.

No me pongan en lo oscuro
A morir como un traidor.
15 Yo soy bueno, y como bueno
Moriré de cara al Sol.

XXXIX

Cultivo una rosa blanca,   25
En julio como en enero,
Para el amigo sincero
Que me da su mano franca.

Y para el cruel que me arranca
El corazón con que vivo,   30
Cardo ni ortiga cultivo;[12]
Cultivo la rosa blanca.

VERSOS LIBRES
(1913[13])

COPA CON ALAS

Una copa con alas, ¿quién la ha visto
Antes que yo? Yo ayer la vi. Subía
con lenta majestad, como quien vierte
Oleo sagrado;[14] y a sus dulces bordes
Mis regalados labios apretaba.   5
Ni una gota siquiera, ni una gota
Del bálsamo perdí que hubo en tu beso.

---

[11] Tradúzcase: "At the Moorish window's embrasure of open-work stone."
[12] Cardo: "thistle"; ortiga: "nettle." En algunas ediciones aparece la palabra oruga ("rocket weed, caterpillar") en vez de ortiga.
[13] Escritos en 1882.
[14] Oleo sagrado: "holy oil."

Tu cabeza de negra cabellera
¿Te acuerdas? con mi mano requería,
Porque de mí tus labios generosos
No se apartaran. Blanda como el beso
5   Que a ti me trasfundía, era la suave
Atmósfera en redor;[15] la vida entera
Sentí que a mí abrazándote, abrazaba.
Perdí el mundo de vista, y sus ruidos
Y su envidiosa y bárbara batalla.
10   Una copa en los aires ascendía
Y yo, en brazos no vistos reclinado
Tras ella, asido de sus dulces bordes,
Por el espacio azul me remontaba.

¡Oh amor, oh inmenso, oh acabado artista!
15   En rueda o riel funde el herrero el hierro;
Una flor o mujer o águila o ángel
En oro o plata el joyador cincela;
Tú sólo, sólo tú, sabes el modo
De reducir el Universo a un beso.

15 En redor: "roundabout."

Julián del Casal

(1863-93)

Julián del Casal fue un caso típico del "mal del siglo" que padecían muchos escritores de su tiempo: débil para enfrentarse a la vida, misógino, necesitado de afectos, minado por incurable enfermedad, veía todas las cosas a través de una melancolía casi psicopática, cuando no desde una completa indiferencia o desde un tremendo hastío. A veces llegaba más lejos hasta caer en un desolador nihilismo y sentir el ansia de la muerte que le librase de la desgracia de vivir. Por otro lado, muy modernista, hipersensible, odiaba la mediocridad del ambiente y para evitarla se refugiaba en la soledad creadora, en el arte arístocrático y en el ensueño evasivo.

Nació Casal en La Habana de familia modesta. Cuando tenía cinco años, perdió la madre, lo que quizá fuera causa de su carácter melancólico. Estudió con los jesuitas, pero se mostró rebelde a la mentalidad de sus educadores. Nunca terminó la carrera de derecho, iniciada en 1880, prefiriendo aceptar un empleo del estado que perdió más tarde por haber atacado en la prensa al Capitán General de la Isla. Vendió su escasa herencia y con el producto se costeó en 1888 un viaje a España, donde trabó amistad con algunos literatos famosos. No se atrevió a visitar París por miedo de que la realidad le decepcionase y destruyese la imagen ideal que se había formado de Francia y su cultura.

Regresó a su tierra natal en 1889, repartiendo desde entonces su vida entre el periodismo y la bohemia. Para evitar el contacto con la masa, solía encerrarse en su humilde cuarto que, siguiendo la moda, llenó de objetos japoneses y porcelanas chinas. En 1890 conoció a Juanita Borrero y entre los dos surgió un amor que no pasó de un intercambio de poesías. Casal, en sus versos amorosos, habla de un secreto íntimo que le impedía entregarse a las mujeres, sin duda, la tuberculosis que destruía su salud. Vio a Rubén Darío en 1892, cuando éste llegó a Cuba de paso para España: se embriagaron de vino y poesía, estableciendo una firme amistad. El diálogo entre los dos, en que el nicaragüense reprende al cubano su pesimismo, ha sido narrado en "Páginas de vida." Murió de una hemóptisis un año más tarde.

Casal comenzó su carrera literaria en *La Habana Elegante* donde colaboró con poemas desde 1885 y con una serie de bocetos costumbristas sobre la vida de la ciudad desde 1888. Aparecieron después sus colecciones de versos, *Hojas al viento* (1890), *Nieve* (1892) y, ya muerto el autor, *Bustos y rimas* (1893). Sus poesías completas se publicaron en La Habana en 1945. En su obra se concentran varias tendencias desde el romanticismo al simbolismo; pero por el cultivo de la forma perfecta y cierta frialdad objetiva que caracteriza muchos de sus poemas, Casal es sobre todo un parnasiano. Cabe afirmar, no obstante, que la temprana muerte le impidió asimilar completamente sus modelos y expresar su verdadera personalidad, su verdadero sentido de la vida, que habría cuajado sin duda en uno de los tonos más pesimistas y desesperados de la poesía castellana.

Hojas al viento, libro primerizo, revela influencias tan diversas como las de Bécquer, Núñez de Arce y Baudelaire. Predomina un acento elegíaco que tiene como ejes la melancolía amorosa y el sentimiento de soledad. *Nieve* es una obra plenamente parnasiana por la robustez del verso, el brillo colorista y la rotundidad del ritmo. El título encierra ya todo un símbolo: la nieve representa la pureza inmaculada de la creación artística y la elegante impasibilidad a que tendía el parnasianismo; pero también la fugacidad de la vida y el invierno afectivo, dos fenómenos que atraían la sensibilidad del cubano.

La colección se caracteriza por un tono descriptivo que alcanza excelentes realizaciones en las composiciones de tema mitológico, en las transposiciones literarias de pinturas famosas y en las evocaciones orientales de las que "Nostalgias" es buen ejemplo. No falta naturalmente la expresión de un sentir íntimo, dolorido y desesperado, que nunca abandona a Casal. Este sentir pasa a ser el motivo esencial de *Bustos y rimas,* su creación más original tanto por las innovaciones métricas como por la manifestación de su personalidad. El pesimismo alcanza un grado intenso, mostrándose en el gusto por lo infrahumano, el constante presagio de la muerte y el nihilismo.

Como otros modernistas, Casal se interesó por la renovación de la métrica. Utilizó frecuentemente el encabalgamiento, esto es, el apoyo sintáctico de un verso en otro que impide hacer una pausa entre ellos; empleó el eneasílabo poco común en español y el terceto monorrimo de raíz medieval. Acudió también a la repetición del primer verso al final de una estrofa como especie de eco o estribillo. Temáticamente dentro del movimiento su voz se distingue por la desesperación magníficamente expresada y la abundancia de asuntos orientales.

HOJAS AL VIENTO
(1890)

AUTOBIOGRAFÍA

Nací en Cuba. El sendero de la vida
firme atravieso, con ligero paso,
sin que encorve mi espalda vigorosa
la carga abrumadora de los años.

Al pasar por las verdes alamedas,   5
cogido tiernamente de la mano,
mientras cortaba las fragantes flores
o bebía la lumbre de los astros,
vi la Muerte, cual pérfido bandido,
abalanzarse rauda ante mi paso   10
y herir a mis amantes compañeros,
dejándome, en el mundo, solitario.

¡Cuán difícil me fue marchar sin guía!
¡Cuántos escollos ante mí se alzaron!
¡Cuán ásperas hallé todas las cuestas!   15
Y ¡cuán lóbregos todos los espacios!
¡Cuántas veces la estrella matutina
alumbró, con fulgores argentados,
la huella ensangrentada que mi planta
iba dejando en los desiertos campos,   20
recorridos en noches tormentosas,
entre el fragor horrísono del rayo,
bajo las gotas frías de la lluvia
y a la luz funeral de los relámpagos!

Mi juventud, herida ya de muerte,
empieza a agonizar entre mis brazos,
sin que la puedan reanimar mis besos,
sin que la puedan consolar mis cantos.
Y al ver, en su semblante cadavérico,
de sus pupilas el fulgor opaco
—igual al de un espejo desbruñido,—
siento que el corazón sube a mis labios,
cual si en mi pecho la rodilla hincara
joven titán de miembros acerados.[1]

Para olvidar entonces las tristezas
que, como nube de voraces pájaros
al fruto de oro entre las verdes ramas,
dejan mi corazón despedazado,
refúgiome del Arte en los misterios
o de la hermosa Aspasia[2] entre los brazos.

Guardo siempre, en el fondo de mi alma,
cual hostia blanca en cáliz cincelado,
la purísima fe de mis mayores,
que por ella, en los tiempos legendarios,
subieron a la pira del martirio,
con su firmeza heroica de cristianos,
la esperanza del cielo en las miradas
y el perdón generoso entre los labios.

Mi espíritu, voluble y enfermizo,
lleno de la nostalgia del pasado,
ora ansía el rumor de las batallas,
ora la paz de silencioso claustro,
hasta que pueda despojarse un día,
—como un mendigo del postrer andrajo—
del pesar que dejaron en su seno
los difuntos ensueños abortados.

[1] Orden: cual (como) si joven titán de miembros acerados hincara la rodilla en mi pecho.

[2] Aspasia (499-429 a. C.) era la amante de Pericles, estadista ateniense; en su casa se reunían célebres filósofos, como Sócrates. Para el poeta simboliza una mujer hermosa y culta.

Indiferente a todo lo visible,
ni el mal me atrae, ni ante el bien me extasío,
como si dentro de mi ser llevara
el cadáver de un Dios, ¡de mi entusiasmo!

Libre de abrumadoras ambiciones,   5
soporto de la vida el rudo fardo,
porque me alienta el formidable orgullo
de vivir, ni envidioso ni envidiado,
persiguiendo fantásticas visiones,
mientras se arrastran otros por el fango   10
para extraer un átomo de oro
de fondo pestilente de un pantano.

POST UMBRA[3]

Cuando yo duerma, solo y olvidado,
    dentro de oscura fosa,
por haber en tu lecho malgastado
    mi vida vigorosa;

cuando en mi corazón, que tuyo ha sido,   5
    se muevan los gusanos
lo mismo que en un tiempo se han movido
    los afectos humanos;

cuando sienta filtrarse por mis huesos
    gotas de lluvia helada,   10
y no me puedan reanimar tus besos
    ni tu ardiente mirada;

una noche, cansada de estar sola
    en tu alcoba elegante,
saldrás, con tu belleza de española,   15
    a buscar otro amante.

Al verte mis amigos licenciosos
    tan bella todavía,
te aclamarán, con himnos estruendosos,
    la diosa de la orgía.   20

---

[3] Tras la sombra, esto es, después de la muerte.

Quizá alguno, ¡oh, bella pecadora!,
mirando tus encantos,
te repita, con voz arrulladora,
mis armoniosos cantos;

5   aquéllos en que yo celebré un día
tus amores livianos,
tu dulce voz, tu femenil falsía,
tus ojos africanos.

Otro tal vez, dolido de mi suerte
10   y con mortal pavura,
recuerde que causaste tú mi muerte,
mi muerte prematura.

Recordará mi vida siempre inquieta,
mis ansias eternales,
15   mis sueños imposibles de poeta,
mis pasiones brutales.

Y, en nuevo amor tu corazón ardiendo,
caerás en otros brazos,
mientras se esté mi cuerpo deshaciendo
20   en hediondos pedazos.

Pero yo, resignado a tu falsía,
soportaré el martirio.
¿Quién pretende que dure más de un día
el aroma de un lirio?

NIEVE

(1892)

UNA MAJA[4]

Muerden su pelo negro, sedoso y rizo
los dientes nacarados de alta peineta,

---

[4] Se llamaba "maja" a la mujer española que pertenecía a la clase baja y hacía ostentación de gallardía y belleza. Solía vestirse de una manera muy llamativa. Francisco de Goya las inmortalizó en sus cuadros donde se inspira probablemente Casal.

y surge de sus dedos la castañeta
cual mariposa negra de entre el granizo.

Pañolón de Manila, fondo pajizo,[5]
que a su talle ondulante firme sujeta,
echa reflejos de ámbar, rosa y violeta
moldeando de sus carnes todo el hechizo.

Cual tímidas palomas por el follaje,
asoman sus chapines bajo su traje
hecho de blondas negras y verde raso,

y al choque de las copas de manzanilla[6]
rima con los tacones la seguidilla,[7]
perfumes enervantes dejando al paso.

KAKEMONO[8]

Hastiada de reinar con la hermosura
que te dio el cielo, por nativo dote,
pediste al arte su potente auxilio
para sentir el anhelado goce
de ostentar la hermosura de las hijas
del país de los anchos quitasoles
pintados de doradas mariposas
revoloteando entre azulinas flores.

Borrando de tu faz el fondo níveo
hiciste que adquiriera los colores
pálidos de los rayos de la Luna,
cuando atraviesan los sonoros bosques
de flexibles bambúes. Tus mejillas
pintaste con el tinte que se esconde
en el rojo cinabrio. Perfumaste
de almizcle conservado en negro cofre
tus formas virginales. Con oscura

5 Tradúzcase: "The large Spanish shawl, with a straw-colored background."
6 Vino blanco, de alto contenido alcohólico, que se fabrica en el sur de España.
7 Canto popular español. Casal imita en este soneto el ritmo de la seguidilla, dividiendo los versos en hemistiquios de siete y cinco sílabas.
8 Kakemono: "Japanese scroll painting." Se dice que la dama aquí descrita era María Cay, hija del canciller del consulado de China en Cuba y muy admirada de Casal y Rubén Darío.

pluma de golondrina puesta al borde
de ardiente pebetero, prolongaste
de tus cejas el arco. Acomodóse
tu cuerpo erguido en amarilla estera
5   y, ante el espejo oval, montado en cobre,
recogiste el raudal de tus cabellos
con agujas de oro y blancas flores.

Ornada tu belleza primitiva
por diestra mano, con extraños dones,
10   sumergiste tus miembros en el traje
de seda japonesa. Era de corte
imperial. Ostentaba ante los ojos
el azul de brillantes gradaciones
que tiene el cielo de la hermosa Yedo,[9]
15   el rojo que la luz deja en los bordes
del raudo Kisogawa[10] y la blancura
jaspeada de fulgentes tornasoles
que, a los granos de arroz en las espigas,
presta el sol con sus ígneos resplandores.
20   Recamaban tu regia vestidura
cigüeñas, mariposas y dragones
hechos con áureos hilos. En tu busto
ajustado por anchos ceñidores
de crespón, amarillos crisantemos
25   tu sierva colocó. Cogiendo entonces
el abanico de marfil calado
y plumas de avestruz, a los fulgores
de encendidas arañas venecianas,
mostraste tu hermosura en los salones,
30   inundando de férvida alegría
el alma de los tristes soñadores.

¡Cuán seductora estabas! ¡No más bella
surgió la Emperatriz de los nipones
en las pagodas de la santa Kioto[11]

[9] Antiguo nombre de Tokio.
[10] Río atravesado de pintorescos puentes, reproducido en muchas pinturas japonesas.
[11] Ciudad japonesa, que fue en un tiempo capital del país.

o en la fiesta brillante de las flores!
¡Jamás ante una imagen tan hermosa
quemaron los divinos sacerdotes
granos de incienso en el robusto lomo
de un elefante cincelado en bronce 5
por hábil escultor! ¡El Yoshivara[12]
en su recinto no albergó una noche
belleza que pudiera disputarle
el lauro a tu belleza! ¡En los jarrones,
biombos, platos, estuches y abanicos 10
no trazaron los clásicos pintores
figura femenina que reuniera
tal número de hermosas perfecciones!

NOSTALGIAS

I

Suspiro por las regiones
donde vuelan los alciones
   sobre el mar,
y el soplo helado del viento
5 parece en su movimiento
   sollozar;
donde la nieve que baja
del firmamento, amortaja[13]
   el verdor
10 de los campos olorosos
y de ríos caudalosos
   el rumor;
donde ostenta siempre el cielo,
a través de aéreo velo,
15   color gris;
es más hermosa la Luna
y cada estrella más que una
   flor de lis.

II

Otras veces sólo ansío
bogar en firme navío 20
   a existir
en algún país remoto,
sin pensar en el ignoto
   porvenir.
Ver otro cielo, otro monte, 25
otra playa, otro horizonte,
   otro mar,
otros pueblos, otras gentes
de maneras diferentes
   de pensar. 30
¡Ah!, si yo un día pudiera,
con qué júbilo partiera
   para Argel[14]
donde tiene la hermosura
el color y la frescura 35
   de un clavel.

[12] Yoshivara: "geisha quarter."
[13] Tradúzcase: "covers with a shroud."
[14] Argel: "Algiers."

Después fuera en caravana
por la llanura africana
    bajo el sol
que, con sus vivos destellos,
5 pone un tinte a los camellos
    tornasol.
Y cuando el día expirara,
mi árabe tienda plantara
    en mitad
10 de la llanura ardorosa
inundada de radiosa
    claridad.
Cambiando de rumbo luego,
dejara el país del fuego
15   para ir
hasta el imperio florido
en que el opio da el olvido
    del vivir.
Vegetara allí contento
20 de alto bambú corpulento
    junto al pie,[15]
o aspirando en rica estancia
la embriagadora fragancia
    que da el té.
25 De la luna al claro brillo
iría al Río Amarillo[16]
    a esperar
la hora en que, el botón
    roto,
30 comienza la flor del loto
    a brillar.
O mi vista deslumbrara

tanta maravilla rara[17]
    que el buril
de artista, ignorado y pobre,   35
graba en sándalo o en cobre
    o en marfil.
Cuando tornara el hastío
en el espíritu mío
    a reinar,   40
cruzando el inmenso piélago
fuera a taitiano archipiélago
    a encallar.[18]
A aquél en que vieja historia
asegura a mi memoria   45
    que se ve
el lago en que un hada
    peina
los cabellos de la reina
    Pomaré.[19]   50
Así errabundo viviera
sintiendo toda quimera
    rauda huir,
y hasta olvidando la hora
incierta y aterradora   55
    de morir.

III

Mas no parto. Si partiera
al instante yo quisiera
    regresar.
¡Ay! ¿Cuándo querrá el destino   60
que yo pueda en mi camino
    reposar?

---

15 Orden: Vegetara allí contento junto al pie de un alto bambú.
16 Río Amarillo: "Hwang Ho." Río que corre hacia la costa oriental de China.
17 Orden: O tanta maravilla rara deslumbrara mi vista.
18 Tradúzcase: "crossing the immense high seas, I would go to the Tahitian archipelago to run aground."
19 Dinastía monárquica de Tahití. El último rey de este nombre, Pomaré V, abdicó en 1880.

BUSTOS Y RIMAS
(1893)

SOURIMONO[20]

Como rosadas flechas de aljabas de oro
vuelan de los bambúes finos flamencos,
poblando de graznidos el bosque mudo,
rompiendo de la atmósfera los níveos velos.

El disco anaranjado del sol poniente   5
que sube tras la copa de arbusto seco,
finge un nimbo de oro que se desprende
del cráneo amarfilado de un bonzo yerto.[21]

Y las ramas erguidas de los juncales
cabecean al borde de los riachuelos,   10
como al soplo del aura sobre la playa
los mástiles sin velas de esquifes viejos.

RONDELES[22]

I

De mi vida misteriosa,
tétrica y desencantada,
oirás contar una cosa
que te deje el alma helada.

5 Tu faz de color de rosa
se quedará demacrada,
al oír la extraña cosa
que te deje el alma helada.

Mas sé para mí piadosa,
10 si de mi vida ignorada
cuando yo duerma en la fosa,

oyes contar una cosa
que te deje el alma helada.

II

Quizás sepas algún día
el secreto de mis males,   15
de mi honda melancolía
y de mis tedios mortales.

Las lágrimas a raudales
marchitarán tu alegría,
si a saber llegas un día   20
el secreto de mis males.

[20] Tarjetas japonesas que regalan en días de fiesta, sobre todo con motivo del Año Nuevo.
[21] Tradúzcase: "the ivory-like cranium of a motionless Buddhist monk."
[22] Rondel, composición poética corta de origen francés. Hay varias formas; en ésta se repite el mismo verso al final de cada estrofa.

III

Quisiera de mí alejarte,
porque me causa la muerte
con la tristeza de amarte
el dolor de comprenderte.

5   Mientras pueda contemplarte
me ha de deparar la suerte,

con la tristeza de amarte
el dolor de comprenderte.

Y sólo ansío olvidarte,
nunca oírte y nunca verte,   10
porque me causa la muerte
con la tristeza de amarte
el dolor de comprenderte.

RECUERDO DE LA INFANCIA

Una noche mi padre, siendo yo niño,
mirando que la pena me consumía,
con las frases que dicta sólo el cariño,
lanzó de mi destino la profecía,
5   una noche mi padre, siendo yo niño.

Lo que tomé yo entonces por un reproche
y, extendiendo mi cuello sobre mi hombro
me hizo pasar llorando toda la noche,
hoy inspira a mi alma terror y asombro
10   lo que tomé yo entonces por un reproche.

—Sumergida en profunda melancolía
como estrella en las brumas de la alborada,
gemirá para siempre—su voz decía—
por todos los senderos tu alma cansada,
15   sumergida en profunda melancolía.

Persiguiendo en la sombra vana quimera
que tan sólo tu mente de encantos viste,
te encontrará cada año la primavera
enfermo y solitario, doliente y triste,
20   persiguiendo en la sombra vana quimera.

Para ti la existencia no tendrá un goce
ni habrá para tus penas ningún remedio
y, unas veces sintiendo del mal el roce,
otras veces henchido de amargo tedio,
25   para ti la existencia no tendrá un goce.

Como una planta llena de estéril jugo
que ahoga de sus ramas la florescencia,

de tu propia alegría serás verdugo
y morirás ahogado por la impotencia
como una planta llena de estéril jugo.—

Como pájaros negros por azul lago,
nublaron sus pupilas mil pensamientos,   5
y, al morir en la sombra su acento vago,
vi pasar por su mente remordimientos
como pájaros negros por azul lago.

PÁGINAS DE VIDA

En la popa desierta del viejo barco
cubierto por un toldo de frías brumas,
mirando cada mástil doblarse en arco,
oyendo los fragores de las espumas;

mientras daba la nave, tumbo tras tumbo,   5
encima de las ondas alborotadas,
cual si ansiosa estuviera de emprender rumbo
hacia remotas aguas nunca surcadas:

sintiendo ya el delirio de los alcohólicos
en que ahogaba su llanto de despedida,   10
narrábame, en los tonos más melancólicos
las páginas secretas de nuestra vida.

—Yo soy como esas plantas que ignota mano[23]
siembra un día en el surco por donde marcha,
ya para que la anime luz de verano,   15
ya para que la hiele frío de escarcha.

Llevado por el soplo del torbellino
que cada día extraño suelo me arroja,
entre las rudas zarzas de mi camino,
si no dejo un capullo, dejo una hoja.   20

Mas como nada espero lograr del hombre,
y en la bondad divina mi ser confía,
aunque llevo en el alma penas sin nombre
no siento la nostalgia de la alegría.

[23] A bordo de un barco que va a zarpar de Cuba, Rubén Darío y Casal se
despiden; aquél habla primero. Darío pasó por la Habana en 1892.

¡Ígnea columna[24] sigue mi paso cierto!
¡Salvadora creencia mi ánimo salva!
Yo sé que tras las olas me aguarda el puerto.
Yo sé que tras la noche surgirá el alba.

5   Tú, en cambio, que doliente mi voz escuchas,
sólo el hastío llevas dentro del alma:
juzgándote vencido por nada luchas
y de ti se desprende siniestra calma.

Tienes en tu conciencia sinuosidades
10 donde se extraviaría mi pensamiento,
como al surcar del éter las soledades
el águila en las nubes del firmamento.

Sé que ves en el mundo cosas pequeñas
y que por algo grande siempre suspiras,
15 mas no hay nada tan bello como lo sueñas,
ni es la vida tan triste como la miras.

Si hubiéramos más tiempo juntos vivido
no nos fuera la ausencia tan dolorosa.
¡Tú cultivas tus males, yo el mío olvido!
20 ¡Tú lo ves todo en negro, yo todo en rosa!

Quisiera estar contigo largos instantes,
pero a tu ardiente súplica ceder no puedo:
¡hasta tus verdes ojos relampagueantes,
si me inspiran cariño, me infunden miedo!—

25 Genio errante, vagando de clima en clima,
sigue el rastro fulgente de un espejismo,
con el ansia de alzarse siempre a la cima,
mas también con el vértigo que da el abismo.

Cada vez que en él pienso la calma pierdo,
30 palidecen los tintes de mi semblante
y en mi alma se arraiga su fiel recuerdo
como en fosa sombría cardo punzante.

Doblegado en la tierra luego de hinojos,
miro cuanto a mi lado gozoso existe,

24 Ignea columna: "pillar of fire." Referencia bíblica: Exodo XIII, 21-22.

y pregunto, con lágrimas en los ojos:
¿Por qué has hecho, ¡oh, Dios mío!, mi alma tan triste?

NIHILISMO

Voz inefable que a mi estancia llega
en medio de las sombras de la noche,
por arrastrarme hacia la vida brega
con las dulces cadencias del reproche.

Yo la escucho vibrar en mis oídos,   5
como al pie de olorosa enredadera
los gorjeos que salen de los nidos
indiferente escucha herida fiera.

¿A qué llamarme al campo del combate
con la promesa de terrenos bienes,   10
si ya mi corazón por nada late
ni oigo la idea martillar mis sienes?

Reservad los laureles de la fama
para aquéllos que fueron mis hermanos;
yo, cual fruto caído de la rama,   15
aguardo los famélicos gusanos.

Nadie extrañe ásperas querellas:
mi vida, atormentada de rigores,
es un cielo que nunca tuvo estrellas,
es un árbol que nunca tuvo flores.   20

De todo lo que he amado en este mundo
guardo, como perenne recompensa,
dentro del corazón, tedio profundo,
dentro del pensamiento, sombra densa.

Amor, patria, familia, gloria, rango,   25
sueños de calurosa fantasía,
cual nelumbios abiertos entre el fango
sólo vivísteis en mi alma un día.

Hacia país desconocido abordo
por el embozo del desdén cubierto: 30
para todo gemido estoy ya sordo,
para toda sonrisa estoy ya muerto.

Siempre el destino mi labor humilla
o en males deja mi ambición trocada:
donde arroja mi mano una semilla
brota luego una flor emponzoñada.

5   Ni en retornar la vista hacia el pasado
goce encuentra mi espíritu abatido:
yo no quiero gozar como he gozado,
yo no quiero sufrir como he sufrido.

Nada del porvenir a mi alma asombra
10   y nada del presente juzgo bueno;
si miro al horizonte, todo es sombra,
si me inclino a la tierra, todo es cieno.

Y nunca alcanzaré en mi desventura
lo que un día mi alma ansiosa quiso:
15   después de atravesar la selva oscura
Beatriz[25] no ha de mostrarme el Paraíso.

Ansias de aniquilarme sólo siento
o de vivir en mi eternal pobreza
con mi fiel compañero, el descontento,
20   y mi pálida novia, la tristeza.

---

[25] Dante amó e inmortalizó en la *Divina Comedia* a Beatriz, dama florentina (1266-90). Ella es la que guía al poeta a través del Paraíso.

José Asunción Silva

(1865–96)

José Asunción Silva conserva al igual que otros modernistas de la primera hora numerosos rasgos románticos: su vida aparece como la de un hombre arrogante, orgulloso, que se suicida al ver el fracaso de sus ilusiones y el triunfo de la realidad sobre los sueños; en su obra abundan los elementos fúnebres, la melancolía y el pesimismo. Pero Silva ofrece también rasgos nuevos que justifican el incluirlo dentro del modernismo: carece de sentido social, prefiriendo un aristocrático aislamiento al contacto con el pueblo; no encuentra motivos de esperanza para su negativismo ni en el cielo ni en la tierra; emprende audacísimas innovaciones en las imágenes, la música y la estrofa de la poesía.

Nació Silva en Bogotá de familia distinguida y rica; en la casa paterna se reunía una tertulia de escritores a la que acudía, entre otros, Jorge Isaacs. El muchacho, que mostró precoces condiciones de poeta, ayudaba a su padre en la tienda de lujo que éste había instalado. En 1883 salió para Europa, visitando Inglaterra, Suiza y Francia; allí pasó años felices que le hicieron odiar el regreso a la vida bogotana, provinciana y aburrida. En 1889 murió su padre, dejando enormes deudas que Silva fue incapaz de pagar, a pesar de haber ensayado los más extravagantes proyectos para salvar a la familia de la ruina.

Aceptó entonces un cargo diplomático en Venezuela, en cuya capital conoció a escritores afines. Al volver en 1895 sufrió un naufragio y de resultas perdió el manuscrito de poemas y obras en prosa. Sea por esto, sea por la muerte de su hermana Elvira, se acentuó su hipocondría y se suicidó en 1896. Se cuenta que unos días antes con algún pretexto pidió a un amigo médico que le dibujara sobre la camisa el lugar exacto del corazón; así supo dónde debía apuntar la pistola. Con muerte tan prematura se perdió para Hispanoamérica un poeta que quizá hubiera alcanzado la talla de Rubén Darío.

La edición más conocida de sus poemas es la de Barcelona, 1908, con prólogo de Miguel de Unamuno, que resulta ya bastante incompleta. Posteriormente en 1944 y 1952 han visto la luz unas *Poesías completas* que incorporan muchos poemas inéditos, entre ellos, los recogidos bajo el título de "Gotas amargas"; Silva los había leído a amigos íntimos, pero no llegó a publicarlos por contener un atrevido tono sexual o una punzante sátira social.

Se han señalado varias influencias sobre el colombiano, pero las más importantes fueron las de Gustavo Adolfo Bécquer, Edgar Allan Poe y los simbolistas franceses. En cuanto a sus temas, es de notar una gran variedad que va desde aspectos de la vida diaria vistos con ironía a la expresión de una angustiada intimidad, todo ello envuelto en pesimismo. Pero lo más original de la aportación de Silva a la poesía castellana son sus experimentos con el ritmo y la música del verso donde logró algunas conquistas definitivas.

De su breve producción poética se destacan algunas composiciones que figuran entre las obras maestras de la literatura hispanoamericana. En "Crepúsculo" Silva trata de apresar la infancia lejana, en la que fue feliz soñando y leyendo con avidez cuentos de hadas: se sabe que fue lector asiduo de las historietas de Hans Christian Andersen y de los hermanos Grimm. "Los maderos de San Juan" se basa en una canción popular de cuna y podría considerarse como una nana triste: mientras mece a su nietecito, la abuela se pregunta con miedo por el destino del niño cuando crezca. Entre sus méritos se cuentan el ritmo y los efectos onomatopéyicos para imitar el ruido de la sierra y la madera que se corta.

En "Día de difuntos," donde está patente la influencia de "The Bells" de Poe, se expresa la soledad y el vacío del corazón del poeta, teniendo como fondo un ambiente nocturno y misterioso. Como Mariano José de Larra, Silva se siente un muerto entre los muertos porque ya no hay esperanza en su vida. Pero el más celebrado de todos sus poemas es el "Nocturno III." Chocó en primer lugar por lo atrevido de su ritmo, basado en "pies" o cantidad y no en el número silábico, que fue una gran revelación para los modernistas y muy imitado por todos hasta por el propio Rubén Darío; este ritmo puede representarse por el esquema: u na / nó che to da / llé na de mur / mú llos, de per / fú mes y de / mú si ca de / á las.

Habiendo dedicado su poema a la evocación de la memoria de su hermana muerta, a la que le unía un sincero afecto, pronto Silva fue acusado de un amor incestuoso. Se juntaba, pues, a la indudable calidad artística de la composición un cierto sensacionalismo que le garantizó éxito inmediato. El paisaje corresponde al de la quinta familiar en las afueras de Bogotá donde solían pasear los hermanos por la noche, contemplando la luna y las misteriosas sombras que a su luz formaban las cosas y ellos mismos. Partiendo de estas sombras que al alargarse se entrelazaban en íntimo abrazo, el poeta trae a su imaginación a la hermana definitivamente ausente, reconstruyendo su agonía, para resaltar después el abandono en que él ha quedado.

POESÍAS

(1908)

NOCTURNO III

Una noche,
una noche toda llena de murmullos, de perfumes y de músicas de alas;
una noche
en que ardían en la sombra nupcial y húmeda las luciérnagas
fantásticas,
a mi lado lentamente, contra mí ceñida toda, muda y pálida,   5
como si un presentimiento de amarguras infinitas
hasta el más secreto fondo de las fibras te agitara,
por la senda florecida que atraviesa la llanura
caminabas;
y la luna llena   10
por los cielos azulosos, infinitos y profundos esparcía su luz blanca;
y tu sombra
fina y lánguida,
y mi sombra,
por los rayos de la luna proyectadas,   15
sobre las arenas tristes
de la senda se juntaban;
y eran una,
y eran una,
y eran una sola sombra larga,   20
y eran una sola sombra larga,
y eran una sola sombra larga. . . .

Esta noche
solo; el alma
llena de las infinitas amarguras y agonías de tu muerte,
separado de ti misma por el tiempo, por la tumba y la distancia,
5   por el infinito negro
donde nuestra voz no alcanza,
mudo y solo
por la senda caminaba . . .
Y se oían los ladridos de los perros a la luna,
10   a la luna pálida,
y el chirrido
de las ranas . . .
Sentí frío. Era el frío que tenían en tu alcoba
tus mejillas y tus sienes y tus manos adoradas,
15   entre las blancuras níveas
de las mortuorias sábanas.
Era el frío del sepulcro, era el hielo de la muerte,
era el frío de la nada.
Y mi sombra,
20 por los rayos de la luna proyectada,
iba sola,
iba sola,
iba sola por la estepa solitaria;
y tu sombra esbelta y ágil,
25   fina y lánguida,
como en esa noche tibia de la muerta primavera,
como en esa noche llena de murmullos, de perfumes y de músicas de
alas,
se acercó y marchó con ella,
se acercó y marchó con ella,
30 se acercó y marchó con ella . . . ¡Oh las sombras enlazadas!
¡Oh las sombras de los cuerpos que se juntan con las sombras de las
almas!
¡Oh las sombras que se buscan en las noches de tristezas y de
lágrimas!

ESTRELLAS FIJAS

Cuando ya de la vida
el alma tenga, con el cuerpo, rota,

y duerma en el sepulcro
esa noche más larga que las otras,

    mis ojos, que en recuerdo
del infinito eterno de las cosas,
guardaron sólo, como de un ensueño,   5
la tibia luz de tus miradas hondas,

al ir descomponiéndose
entre la obscura fosa,
verán, en lo ignorado de la muerte,
tus ojos . . . destacándose en la sombra.   10

    ¿ . . . ?

    ¿Por qué de los cálidos besos
de las dulces idolatradas
en noches jamás olvidadas
nos matan los locos excesos?

    ¿Son sabios los místicos rezos   5
y las humildes madrugadas
en las celdas sólo adornadas
con una cruz y cuatro huesos?

    ¡No, soñadores de infinito!
De la carne el supremo grito   10
hondas vibraciones encierra;

    dejadla gozar de la vida
antes de caer, corrompida,
en las negruras de la tierra.

ARS[1]

El verso es vaso santo; poned en él tan sólo
un pensamiento puro,
en cuyo fondo bullan hirvientes las imágenes
como burbujas de oro de un viejo vino obscuro.

Allí verted las flores que la continua lucha   5
ajó del mundo frío,

[1] Ars: "art."

recuerdos deliciosos de tiempos que no vuelven,
y nardos empapados en gotas de rocío.

Para que la existencia mísera se embalsame
cual de una ciencia ignota,
quemándose en el fuego del alma enternecida
de aquel supremo bálsamo ¡basta una sola gota!

RISA Y LLANTO

Juntos los dos reímos cierto día . . .
¡ay, y reímos tanto
que toda aquella risa bulliciosa
se tornó pronto en llanto!

¡Después, juntos los dos, alguna noche
lloramos mucho, tanto,
que quedó como huella de las lágrimas
un misterioso encanto!

Nacen hondos suspiros, de la orgía
entre las copas cálidas;
y en el agua salobre de los mares
se forjan perlas pálidas.

LOS MADEROS DE SAN JUAN

. . . Y aserrín
aserrán,[2]
los maderos
de San Juan
piden queso,
piden pan;
los de Roque,
Alfandoque;
los de Rique,
Alfeñique;
los de Trique,
Triquitrán.
¡Triqui, triqui, triqui, tran!
¡Triqui, triqui, triqui, tran! . . .

---

[2] Una de las palabras inventadas aquí para efectos onomatopéyicos. Parecida a aserrín, imita el ruido de la sierra que corta los troncos.

Y en las rodillas duras y firmes de la abuela
con movimiento rítmico se balancea el niño,
y entrambos agitados y trémulos están . . .
La abuela se sonríe con maternal cariño,
mas cruza por su espíritu como un temor extraño   5
por lo que en el futuro, de angustia y desengaño,
los días ignorados del nieto guardarán . . .[3]

    Los maderos
    de San Juan
    piden queso,   10
    piden pan;
    ¡Triqui, triqui, triqui, tran!

¡Esas arrugas hondas recuerdan una historia
de largos sufrimientos y silenciosa angustia!,
y sus cabellos blancos como la nieve están;   15
. . . de un gran dolor el sello marcó la frente mustia,
y son sus ojos turbios espejos que empañaron
los años, y que a tiempo las formas reflejaron
de seres y de cosas que nunca volverán . . .

    . . . Los de Roque,   20
    Alfandoque . . .
    ¡Triqui, triqui, triqui, tran!

Mañana, cuando duerma la abuela, yerta y muda,
lejos del mundo vivo, bajo la oscura tierra,
donde otros en la sombra desde hace tiempo están,   25
del nieto a la memoria, con grave voz que encierra
todo el poema triste de la remota infancia,
pasando por las sombras del tiempo y la distancia,
de aquella voz querida las notas volverán . . .

    . . . Los de Rique,   30
    Alfeñique . . .
    ¡Triqui, triqui, triqui, tran! . . .

En tanto, en las rodillas cansadas de la abuela
con movimiento rítmico se balancea el niño,

---

[3] Entre las estrofas de la vieja canción de cuna Silva inserta las escritas por él,
como la presente.

y entrambos agitados y trémulos están . . .
La abuela se sonríe con maternal cariño,
mas cruza por su espíritu como un temor extraño
por lo que en el futuro, de angustia y desengaño,
5   lo días ignorados del nieto guardarán . . .

. . . Los maderos
de San Juan
piden queso,
piden pan;
10   los de Roque,
Alfandoque;
los de Rique,
Alfeñique;
los de Trique,
15   Triquitrán,
¡Triqui, triqui, triqui, tran!

CREPÚSCULO

Junto de la cuna aún no está encendida
la lámpara tibia que alegra y reposa,
y se filtra opaca por entre cortinas
de la tarde triste la luz azulosa.

5   Los niños cansados suspenden sus juegos,
de la calle vienen extraños ruidos,
en estos momentos, en todos los cuartos,
se van despertando los duendes dormidos.

La sombra que sube por los cortinajes,
10   para los hermosos oyentes pueriles,
se puebla y se llena con los personajes
de los tenebrosos cuentos infantiles.

Flota en ella el pobre Rin Rin Renacuajo,
corre y huye el triste Ratoncito Pérez,
15   y la entenebrece la forma del trágico
Barba Azul,[4] que mata sus siete mujeres.

4 Rin Rin Renacuajo, personaje de los *Cuentos pintados* del colombiano Rafael
Pombo (1832-1912), que escribió fábulas y versos infantiles, entre otras cosas.
Ratoncito Pérez; animalito goloso que, en los cuentos infantiles, se ahoga en una
olla. Barba Azul: "Blue Beard."

En unas distancias enormes e ignotas,
que por los rincones obscuros suscita,
andan por los prados el Gato con Botas,
y el lobo que marcha con Caperucita.[5]

Y, ágil caballero, cruzando la selva,   5
do vibra el ladrido fúnebre de un gozque,
a escape tendido va el Príncipe Rubio
a ver a la Hermosa Durmiente del Bosque.[6]

Del infantil grupo se levanta leve
argentada y pura una vocecilla   10
que comienza: "Entonces se fueron al baile
y dejaron sola a Cenicentilla.[7]

Se quedó la pobre triste en la cocina,
de llanto, de pena nublados los ojos,
mirando los juegos extraños que hacían   15
en las sombras negras los carbones rojos.

Pero vino el hada, que era su madrina,
le trajo un vestido de encaje y crespones,
le hizo un coche de oro de una calabaza,
convirtió en caballos unos seis ratones,   20

le dio un ramo enorme de magnolias húmedas,
unos zapatitos de vidrio, brillantes,
y de un solo golpe de la vara mágica
las cenizas grises convirtió en diamantes."

Con atento oído las niñas la escuchan,   25
las muñecas duermen en la blanca alfombra,
medio abandonadas, y en el aposento
la luz disminuye, se aumenta la sombra.

¡Fantásticos cuentos de duendes y hadas,
llenos de paisajes y de sugestiones,   30
que abrís a lo lejos amplias perspectivas
a las infantiles imaginaciones!

[5] Gato con Botas: "Puss in Boots"; Caperucita: "Little Red Riding Hood."
[6] Príncipe Rubio: "Prince Charming"; Hermosa Durmiente del Bosque: "Sleeping Beauty."
[7] Cenicentilla: "Cinderella."

¡Cuentos que nacisteis en ignotos tiempos
y que vais volando por entre lo obscuro,
desde los potentes arios primitivos,
hasta las enclenques razas del futuro!

5   ¡Cuentos que repiten sencillas nodrizas
muy paso[8] a los niños cuando no se duermen
y que en sí atesoran del sueño poético
el íntimo encanto, la esencia y el germen!

¡Cuentos más durables que las convicciones
10   de graves filósofos y sabias escuelas,
y que rodeasteis con vuestras ficciones
las cunas doradas de las bisabuelas!

¡Fantásticos cuentos de duendes y hadas,
que pobláis los sueños confusos del niño!
15   El tiempo os sepulta por siempre en el alma
y el hombre os evoca con hondo cariño.

UN POEMA

Soñaba en ese entonces en forjar un poema,
de arte nervioso y nuevo, obra audaz y suprema.

Escogí entre un asunto grotesco y otro trágico,
llamé a todos los ritmos con un conjuro mágico,

5   y los ritmos indóciles vinieron acercándose,
juntándose en las sombras, huyéndose y buscándose,

ritmos sonoros, ritmos potentes, ritmos graves,
unos cual choque de armas, otros cual canto de aves;

de Oriente hasta Occidente, desde el Sur hasta el Norte
10   de metros y de formas se presentó la còrte.

Tascando frenos áureos bajo las riendas frágiles
cruzaron los tercetos, como corceles ágiles;

abriéndose ancho paso por entre aquella grey,
vestido de oro y púrpura llegó el soneto rey.

---

[8] Paso: "softly" o "gently."

Y allí cantaron todos. Entre la algarabía
me fascinó el espíritu por su coquetería

alguna estrofa aguda, que excitó mi deseo,
con el retintín claro de su campanilleo.

Y la escogí entre todas. Por regalo nupcial   5
le di unas rimas ricas, de plata y de cristal.

En ella conté un cuento que, huyendo lo servil,
tomó un carácter trágico, fantástico y sutil;

era la historia triste, desprestigiada y cierta
de una mujer hermosa, idolatrada y muerta;   10

y para que sintieran la amargura, ex profeso,[9]
junté sílabas dulces, como el sabor de un beso;

bordé las frases de oro, les di música extraña,
como de mandolinas que un laúd acompaña;

dejé en una luz vaga las hondas lejanías   15
llenas de nieblas húmedas y de melancolías,

y por el fondo oscuro, como en mundana fiesta,
cruzan ágiles máscaras al compás de la orquesta,

envueltas en palabras que ocultan como un velo,
y con caretas negras de raso y terciopelo,   20

cruzar hice en el fondo las vagas sugestiones
de sentimientos místicos y humanas tentaciones.

Complacido en mis versos, con orgullo de artista,
les di olor de heliotropos y color de amatista.

Le mostré mi poema a un crítico estupendo.   25
Lo leyó cuatro veces, y me dijo: "¡No entiendo!"

. . . ? . . .

Estrellas que entre lo sombrío
de lo ignorado y de lo inmenso
asemejáis en el vacío
jirones pálidos de incienso;

[9] Ex profeso: "deliberately, on purpose."

nebulosas que ardéis tan lejos
en el infinito que aterra
que sólo alcanzan los reflejos
de vuestra luz hasta la tierra;
5 astros que en abismos ignotos
derramáis resplandores vagos,
constelaciones que en remotos
tiempos adoraron los magos;
millones de mundos lejanos,
10 flores de fantástico broche,
islas claras en los oceanos
sin fin ni fondo de la noche;
¡estrellas, luces pensativas!
¡Estrellas, pupilas inciertas!
15 ¿Por qué os calláis si estáis vivas,
y por qué alumbráis si estáis muertas?

DIA DE DIFUNTOS[10]

La luz vaga . . . opaco el día . . .
La llovizna cae y moja
con sus hilos penetrantes la ciudad desierta y fría;
por el aire, tenebrosa, ignorada mano arroja
5 un obscuro velo opaco de letal melancolía,
y no hay nadie que en lo íntimo no se aquiete y se recoja,
al mirar las nieblas grises de la atmósfera sombría,
y al oír en las alturas
melancólicas y obscuras
10 los acentos dejativos
y tristísimos e inciertos
con que suenan las campanas,
las campanas plañideras que les hablan a los vivos
de los muertos.

15 Y hay algo de angustioso y de incierto
que mezcla a ese sonido su sonido,
e inarmónico vibra en el concierto
que alzan los bronces al tocar a muerto[11]

---

10 Día de difuntos (2 de noviembre): "All Souls' Day." En algunas partes del mundo hispánico tocan las campanas de la iglesia durante todo el día.
11 Tocar a muerto: "to toll."

por todos los que han sido.
Es la voz de una campana
que va marcando la hora,
hoy lo mismo que mañana,
rítmica, igual y sonora;   5
una campana se queja
y la otra campana llora,
ésta tiene voz de vieja
y ésa de niña que ora.
Las campanas más grandes que dan un doble recio   10
suenan con acento de místico desprecio;
mas la campana que da la hora
ríe, no llora;
tiene en su timbre seco sutiles ironías;
su voz parece que habla de goces, de alegrías,   15
de placeres, de citas, de fiestas y de bailes,
de las preocupaciones que llenan nuestros días;
es una voz del siglo[12] entre un coro de frailes,
y con sus notas se ríe
escéptica y burladora   20
de la campana que ruega,
de la campana que implora,
y de cuanto aquel coro conmemora;
y es que con su retintín
ella midió el dolor humano   25
y marcó del dolor el fin.
Por eso se ríe del grave esquilón
que suena allá arriba con fúnebre son;
por eso interrumpe los tristes conciertos
con que el bronce santo llora por los muertos.   30
No la oigáis, oh bronces, no la oigáis, campanas,
que con la voz grave de ese clamoreo
rogáis por los seres que duermen ahora
lejos de la vida, libres del deseo,
lejos de las rudas batallas humanas;   35
seguid en el aire vuestro bamboleo,
¡no la oigáis, campanas! . . .
Contra lo imposible, ¿qué puede el deseo?

---

[12] Voz del siglo: "worldly voice."

Allá arriba suena,
rítmica y serena,
esa voz de oro,
y sin que lo impidan sus graves hermanas
5 que rezan en coro,
la campana del reloj
suena, suena, suena ahora
y dice que ella marcó,
con su vibración sonora,
10 de los olvidos la hora;
que después de la velada
que pasó cada difunto
en una sala enlutada
y con la familia junto
15 en dolorosa actitud,
mientras la luz de los cirios
alumbraba el ataúd
y las coronas de lirios;
que después de la tristura,
20 de los gritos de dolor,
de las frases de amargura,
del llanto desgarrador,
marcó ella misma el momento
en que con la languidez
25 del luto, huyó el pensamiento
del muerto, y el sentimiento,
seis meses más tarde . . . o diez.

Y hoy, día de los muertos . . . ahora que flota
en las nieblas grises la melancolía,
30 en que la llovizna cae gota a gota
y con sus tristezas los nervios embota,
y envuelve en un manto la ciudad sombría;
ella, que ha marcado la hora y el día
en que a cada casa lúgubre y vacía
35 tras el luto breve volvió la alegría;
ella, que ha marcado la hora del baile
en que al año justo un vestido aéreo
estrena la niña, cuya madre duerme
olvidada y sola en el cementerio;

suena indiferente a la voz de fraile
del esquilón grave a su canto serio;
ella, que ha medido la hora precisa
en que a cada boca que el dolor sellaba
como por encanto volvió la sonrisa,   5
esa precursora de la carcajada;
ella, que ha marcado la hora en que el viudo
habló de suicidio y pidió el arsénico,
cuando aún en la alcoba recién perfumada
flotaba el aroma del ácido fénico;   10
y ha marcado luego la hora en que mudo
por las emociones con que el gozo agobia,
para que lo unieran con sagrado nudo
a la misma iglesia fue con otra novia;
¡ella no comprende nada del misterio   15
de aquellas quejumbres que pueblan el aire,
y lo ve en la vida todo jocoserio;[13]
y sigue marcando con el mismo modo,
el mismo entusiasmo y el mismo desgaire[14]
la huida del tiempo que lo borra todo!   20

   Y eso es lo angustioso y lo incierto
que flota en el sonido;
ésa es la nota irónica que vibra en el concierto
que alzan los bronces al tocar a muerto
por todos los que han sido.   25
Es la voz fina y sutil
de vibraciones de cristal
que con acento juvenil,
indiferente al bien y al mal,
mide lo mismo la hora vil   30
que la sublime y la fatal,
y resuena en las alturas
melancólicas y obscuras
sin tener en su tañido
claro, rítmico y sonoro,   35
los acentos dejativos

---

13 Jocoserio: "seriocomic, half serious, half ludicrous."
14 Desgaire: "indifference."

y tristísimos e inciertos
de aquel misterioso coro
con que suenan las campanas . . .
¡las campanas plañideras,
5   que les hablan a los vivos
de los muertos!

GOTAS AMARGAS

(1944, 1952)

LA RESPUESTA DE LA TIERRA

Era un poeta lírico, grandioso y sibilino[15]
que le hablaba a la tierra una tarde de invierno,
frente de una posada y al volver de un camino:
—Oh madre, oh tierra!—díjole,—en tu girar eterno
5   nuestra existencia efímera tal parece que ignoras.
Nosotros esperamos un cielo o un infierno,
sufrimos o gozamos en nuestras breves horas,
e indiferente y muda, tú, madre sin entrañas,
de acuerdo con los hombres no sufres y no lloras.
10   ¿No sabes el secreto misterioso que entrañas?
¿Por qué las noches negras, las diáfanas auroras?
Las sombras vagarosas y tenues de unas cañas
que se reflejan lívidas en los estanques yertos,
¿no son como conciencias fantásticas y extrañas
15   que les copian sus vidas en espejos inciertos?
¿Qué somos? ¿A dó vamos? ¿Por qué hasta aquí vivimos?
¿Conocen los secretos del más allá los muertos?
¿Por qué la vida inútil y triste recibimos?
¿Hay un oasis húmedo después de estos desiertos?
20   ¿Por qué nacemos, madre, dime, por qué morimos?
¿Por qué? Mi angustia sacia y a mi ansiedad contesta.
Yo, sacerdote tuyo, arrodillado y trémulo,
en estas soledades aguardo la respuesta.

La tierra, como siempre, displicente y callada,
25   al gran poeta lírico no le contestó nada.

---

15 Sibilino: "sibylline, prophetic." Relativo a la sibila; entre los antiguos, mujer
dotada de espíritu profético.

EL MAL DEL SIGLO

EL PACIENTE:
Doctor, un desaliento de la vida
que en lo íntimo de mí se arraiga y nace,
el mal del siglo ... el mismo mal de Werther,
de Rolla, de Manfredo y de Leopardi.[16]   5
Un cansancio de todo, un absoluto
desprecio por lo humano ... un incesante
renegar de lo vil de la existencia
digno de mi maestro Schopenhauer;[17]
un malestar profundo que se aumenta   10
con todas las torturas del análisis ...

EL MEDICO:
—Eso es cuestión de régimen: camine
de mañanita; duerma largo; báñese;
beba bien; coma bien; cuídese mucho: 15
¡Lo que usted tiene es hambre! ...

IDILIO

Ella lo idolatraba, y él la adoraba.
—¿Se casaron al fin?
—No, señor: ella se casó con otro.
—Y ¿murió de sufrir?
5 —No, señor: de un aborto.
—Y el pobre aquel infeliz
¿le puso a la vida fin?
No, señor: se casó seis meses antes
del matrimonio de ella, y es feliz.

EGALITÉ

Juan Lanas,[18] el mozo de esquina
es absolutamente igual

al emperador de la China:
los dos son un mismo animal.

Juan Lanas cubre su pelaje   5
con nuestra manta nacional;
el gran magnate lleva un traje
de seda verde excepcional.

Del uno cuidan cien dragones
de porcelana y de metal;   10
el otro cuenta sus jirones
triste y hambreado en un portal.

Pero si alguna mandarina
siguiendo el instinto sexual
al potentado se avecina   15
en el traje tradicional

[16] Werther, personaje de la obra del mismo título de Goethe, y Rolla, personaje creado por Alfred de Musset, se suicidaron. El príncipe Manfredo entregó su alma al diablo, según cuenta Lord Byron. Giacomo Leopardi (1798–1837), poeta italiano que se destacó por su pesimismo.
[17] Arthur Schopenhauer (1788–1860), filósofo alemán.
[18] Nombre popular para indicar un tipo cualquiera, insignificante.

que tenía nuestra madre Eva
en aquella tarde fatal
en que se comieron la breva
del árbol del bien y del mal,

5 y si al mismo Juan una Juana
se entrega de un modo brutal

y palpita la bestia humana
en un solo espasmo sexual,

Juan Lanas, el mozo de esquina,
es absolutamente igual   10
al emperador de la China:
los dos son un mismo animal.

Manuel González Prada

(1848–1918)

Algunos críticos no incluyen a Manuel González Prada dentro del modernismo porque prefirió comprometerse intensamente con la realidad ambiental en vez de evadirse por la bohemia o la torre de marfil y porque en su poesía raras veces cedió a la tentación de lo artificioso y preciosista. Sin embargo, siendo el modernismo no sólo un estilo, sino una actitud de renovación general, sería injusto no insertar en el movimiento al escritor peruano: quiso, en efecto, transformar todas las bases de la sociedad de su país y concretamente en literatura aportó algunas innovaciones nada desdeñables.

Nació González Prada en Lima, de familia rica y conservadora. Se educó en el Colegio Inglés de Valparaíso de Chile y en el limeño de San Carlos, mostrando desde muy pronto sus aficiones literarias y su rebeldía contra el medio aristocrático al que pertenecía. Intervino en la guerra del Pacífico contra Chile (1879–83) y se obligó por su propia promesa a no salir de casa mientras los vencedores pisaran suelo peruano: en su retiro meditó largamente sobre las causas de la derrota y maduró su formación. Volvió a la vida pública en 1884, haciéndose famoso cuatro años más tarde por el discurso del Teatro Politeama en el que definió con esta frase su ideal programático: "Los viejos a la tumba; los jóvenes a la obra."

En 1891 fundó el Partido Nacional que agrupaba elementos jóvenes y renovadores del país, partiendo luego para Europa donde permaneció hasta 1898. Visitó la Madre Patria, anudando firmes amistades con liberales y republicanos. No obstante, su simpatía por España no fue mucha, pues la veía dominada por la religión y la pereza. De vuelta en el Perú se puso al frente de la Unión Nacional, cuya presidencia declinó en 1902. Participó en los movimientos obreros y estudiantiles, lo que le costó serios disgustos con el gobierno y las clases dominantes. En 1912 fue nombrado director de la Biblioteca Nacional, muriendo repentinamente en 1918.

González Prada, maestro de jóvenes e inspirador de literatos, ha sido el educador del Perú moderno. A incitación suya realizaron su obra el fino pensador José Carlos Mariátegui (1891–1930) y Raúl Haya de la Torre (1895–), fundador del APRA (Alianza Popular Revolucionaria Americana), movimiento político en el que cobraron cuerpo las doctrinas sociales de Prada. Bajo la sugestión de sus ideas sobre el indio, Clorinda Matto de Turner escribió *Aves sin nido* (1889), de donde arranca la novela indigenista, y no fue tampoco ajeno a sus predicaciones el preclaro poeta César Vallejo. Quizá, pues, la mayor gloria de González Prada haya sido formar una escuela, un sistema, una tradición que le han perpetuado de modo vital.

González Prada fue un notable pensador que expuso sus doctrinas en numerosos artículos y discursos. Educado dentro del positivismo como tantos otros modernistas, admiró la ciencia y rechazó la metafísica. Se opuso a la religión por considerarla una fuente de supersticiones y de manera concreta atacó al catolicismo peruano por sus tácticas acomodaticias y su alianza con los poderosos, propugnando la separación de la Iglesia y el Estado así como la supresión de la enseñanza religiosa.

Política y socialmente fue un rebelde que se alzó contra la corrupción de las altas clases del país, a las que culpaba de todos los males nacionales; pero, a la vez, criticó la indolencia del pueblo que no hacía nada por sacudirse el dominio de sus dirigentes. Propuso como solución un régimen socialista basado en la unión obrero-estudiantil, de carácter esencialmente técnico y que hiciera de la honestidad su principio básico. De sus ideas, las que tuvieron más repercusión fueron las referentes a los indios. Para él son éstos el verdadero substrato del Perú sobre los que hay que edificar el futuro. Urge, pues, recuperarlos mediante la educación y las mejoras sociales, acabando definitivamente con la explotación feudal a que estaban sometidos.

La obra poética de González Prada, una gran parte de la cual sólo se publicó póstumamente, se compone de varios libros. *Minúsculas* (1901) puede considerarse el más típicamente modernista por el predominio de efectos coloristas y musicales así como por sus temas ligeros. *Presbiterianas* (1909) rezuma todo el agudo anticlericalismo característico del escritor. *Exóticas* (1911) es el más audaz en innovaciones métricas. *Trozos de vida* (1933), el más íntimo y profundo, resume los pensamientos y dolores del poeta poco antes de morir. En *Baladas peruanas* (1935) se cantan la miseria del indio, el contraste entre el alma dramática española y la tristeza nativa o la injusticia social. Poemas como "El mitayo" le han asegurado una honda pervivencia en la literatura. *Grafitos* (1937) muestra la cara humorística del autor en tanto que *Libertarias* (1938) contiene su poesía política y social.

Como poeta, partió de los románticos; pero los superó mediante el conocimiento de los escritores modernos, especialmente franceses e ingleses. Su riqueza temática es enorme, pasando del amor a la descripción paisajística, de la sátira profunda al ataque social, de evocaciones de ambientes refinados a la percepción de la miseria del indio. En cualquier caso propugnó siempre una poesía sincera y arraigada en los problemas del hombre de su tiempo.

Junto a estas novedades temáticas, se preocupó también por la renovación métrica. Es introductor de algunas estrofas ajenas hasta entonces al español. De la poesía francesa adaptó el rondel con sus variantes, el triolet y la villanela. De Inglaterra tomó las espenserianas, así llamadas por haber sido inventadas por Edmund Spenser en su *Faerie Queene*, forma que volvieron a usar los románticos, como Lord Byron. De Italia también importó algunas formas.

MINÚSCULAS

(1901)

RONDEL[1]

¿Adónde vamos? Tristes navegantes
Dejamos ¡ay! el puerto de la cuna,
Y persiguiendo amores y fortuna,
Erramos por las olas inconstantes,
En noche sin estrellas y sin luna.   5

Huir la infancia venturosa vemos,
A la ferviente juventud llegamos,
Y a la caduca ancianidad corremos . . .
¿Adónde vamos?

[1] Esta clase de rondel consiste en quince versos divididos en tres estrofas. Las palabras del comienzo se repiten como estribillo.

¿Por qué gemimos, con el rumbo incierto,
Sin arribar al anhelado puerto?
¿Por qué sin tregua ni quietud luchamos?
¿Qué vemos al final de la jornada?
5   ¿La eterna vida o la infecunda nada?
¿Adónde vamos?

TRIOLETS[2]

Los bienes y las glorias de la
    vida
o nunca vienen o nos llegan tarde.
Lucen de cerca, pasan de corrida,
los bienes y las glorias de la vida.
5 ¡Triste del hombre que en la
    edad florida
coger las flores del vivir aguarde!
Los bienes y las glorias de la vida
o nunca vienen o nos llegan tarde.

* * *

Desde el instante del nacer,
    soñamos;
10 y sólo despertamos, si morimos.
Entre visiones y fantasmas vamos:
desde el instante del nacer, so-
    ñamos.
El bien seguro, por el mal de-
    jamos;
y hambrientos de vivir, jamás
    vivimos:
15 desde el instante del nacer, so-
    ñamos;
y sólo despertamos, si morimos.

* * *

Tus ojos de lirio dijeron que sí,
tus labios de rosa dijeron que no.

Al verme a tu lado, muriendo
    por ti,
tus ojos de lirio dijeron que sí.   20
Auroras de gozo rayaron en
    mí;
mas pronto la noche de luto
    volvió:
tus ojos de lirio dijeron que sí,
tus labios de rosa dijeron que
    no.

* * *

Para verme con los muertos,   25
ya no voy al camposanto.
Busco plazas, no desiertos,
para verme con los muertos.
¡Corazones hay tan yertos!
¡Almas hay que hieden tanto!   30
Para verme con los muertos,
ya no voy al camposanto.

* * *

Algo me dicen tus ojos;
mas lo que dicen no sé.
Entre misterio y sonrojos,   35
algo me dicen tus ojos.
¿Vibran desdenes y enojos,
o hablan de amor y de fe?
Algo me dicen tus ojos;
mas lo que dicen no sé.   40

2 Triolet, composición de ocho versos que riman abaaabab, repitiéndose el primero y el segundo.

PRESBITERIANAS[3]

(1909)

EPIGRAMAS

La confesión repetida
Es la llave de la gloria.
—¿De la gloria solamente?
—Y también de las alcobas.

* * *

5 Oh teológico saber,
Oh gigantesco balón.

¡Ay de ti si la Razón
Te clava un solo alfiler!

* * *

—Padre, ¿qué es el celibato?
—¿En quiénes, hijo?—En vo- 10
sotros.
—El celibato en nosotros
Es casarse por un rato
Con la mujer de los otros.

EXÓTICAS

(1911)

EPISODIO
(Polirritmo sin rima)[4]

Feroces picotazos, estridentes aleteos,[5]
con salvajes graznidos de victoria y muerte.

Revolotean[6] blancas plumas
y el verde campo alfombran con tapiz de armiño;
en un azul de amor, de paz y gloria,   5
bullen alas negras y picos rojos.

Sucumbe la paloma, triunfa el ave de rapiña;
mas, luminoso, imperturbable, se destaca el firmamento,
y sigue en las entrañas de la eterna Madre
la gestación perenne de la vida.   10

---

3 Perteneciente al presbiterio o sacerdocio.
4 Tradúzcase: "Many rhythms without rhyme."
5 Tradúzcase: "Fierce blows of a bird's beak, noisy flapping of wings."
6 Tradúzcase: "flutter down to earth."

BALADAS PERUANAS

(1935)

EL MITAYO[7]

—Hijo, parto: la mañana
reverbera en el volcán;
dame el báculo de chonta,[8]
las sandalias de jaguar.

5 —Padre, tienes las sandalias,
tienes el báculo ya:
mas ¿por qué me ves y lloras?
¿A qué regiones te vas?

—La injusta ley de los Blancos
10 me arrebata del hogar:
voy al trabajo y al hambre,
voy a la mina fatal.

—Tú que partes hoy en día,
dime ¿cuándo volverás?
15 —Cuando el llama de las punas[9]
ame el desierto arenal.

—¿Cuándo el llama de las
punas

las arenas amará?
—Cuando el tigre de los bosques
beba en las aguas del mar.   20

—¿Cuándo el tigre de los
bosques
en los mares beberá?
—Cuando del huevo de un
cóndor
nazca la sierpe mortal.

—¿Cuándo del huevo de un 25
cóndor
una sierpe nacerá?
—Cuando el pecho de los Blancos
se conmueva de piedad.

—¿Cuándo el pecho de los
Blancos
piadoso y tierno será?   30
—Hijo, el pecho de los Blancos
no se conmueve jamás.

GRAFITOS[10]

(1937)

Aunque chillen los pedantes
y arruguen todos el ceño,
lo declaro yo: Cervantes[11]
suele producirme sueño.

5   El *Quijote* se volviera

obra divina en verdad,
si otro Cervantes pudiera
reducirle a la mitad.

       * * *

---

7 Mitayo: "Indian serving his *mita* (forced labor)."
8 Tradúzcase: "staff of hardwood palm."
9 Tradúzcase: "When the llama of the highlands."
10 Epigramas.
11 Miguel de Cervantes Saavedra (1547–1616), autor del *Quijote*.

Esa caduca institución linfática,
a pesar de su lema estrafalario,[12]
no sabe definirnos la Gramática
ni logra componer el Diccionario.

* * *

5 Los hombres protestamos
de parentesco alguno con el
mono,
y en Darwin[13] descargamos
toda la hiel de un señoril encono;
los hombres protestamos;
10 pero ¿sabemos si protesta el
mono?

* * *

Ese Dios que nunca siente
el clamor de cuantos gimen
es el cómplice del crimen
o el testigo indiferente.

* * *

¿En tu presencia, el hombre, 15
oh Creador,
acusado será o acusador?

* * *

Las mujeres honradas
y hasta impecables,
quieren ser respetadas,
no respetables. 20

* * *

Ella me dice *no;* mas yo pensando
en cómo me lo dice, digo
¿cuándo?

* * *

Vida, cuento narrado por un
tonto,
posees un gran bien: concluyes
pronto.

---

[12] Se refiere a la Real Academia Española. Linfática: "lymphatic, lazy." Lema
estrafalario: "extravagant motto." Este lema es: "Limpia, fija y da esplendor."
[13] Charles Robert Darwin (1809–82), autor de la teoría del origen de las especies.

SEGUNDA GENERACIÓN

Rubén Darío

(1867-1916)

Resulta asombroso cómo Rubén Darío pudo saltar a la gloria y al renombre internacional desde el ambiente primitivo y alejado de la cultura de un pueblecito nicaragüense. De allí salió, sin embargo, a conquistar el mundo con una de las obras literarias más audaces, más sólidas, más originales y renovadoras de la lengua española. Igual que en sus épocas respectivas Garcilaso de la Vega y Luis de Góngora, a quienes admiraba profundamente, el poeta centroamericano imprimió un rumbo nuevo a la lírica hispánica y transformó todos sus moldes, haciendo florecer tras él un nutrido grupo de discípulos que prosiguieron, ampliaron y superaron al fin su labor en un magnífico renacimiento de las letras de España e Iberoamérica.

Debido a tan prodigioso hecho se han deslizado a través de la inmensa bibliografía dedicada al nicaragüense algunos errores que persisten como lugares comunes, pues son producto de una actitud admirativa y contribuyen a crear la leyenda de Rubén. Se ha dicho que fue un genio espontáneo, que escribía automáticamente, sin pensar. Lo mejor de su obra, no obstante, es fruto de un trabajo paciente de selección y cultura. Se le presenta como creador del modernismo; pero, en realidad, le precede toda una primera generación de modernistas de entre los cuales surge como coordinador y difusor del movimiento, su más egregio representante, no como su inventor. También en su biografía se han exagerado su aislamiento, su tristeza y su bohemia.

Nació Rubén Darío en Metapa, hijo ilegítimo de Manuel García y Rosa Sarmiento. Se le impuso el nombre de Félix Rubén y más tarde tomó el apellido de Darío porque así llamaban a su padre. A pesar de vivir con un tío materno, apenas vio a su madre. Estos antecedentes contribuyeron a formar en él un carácter mezcla de retraimiento y orgullo. Recibió una educación rudimentaria, aprendiendo en una escuela dirigida por jesuitas algo de latín, griego y literatura española. Pero aficionado a la lectura compensó por su cuenta las fallas de sus educadores.

A los trece años publicó su primer poema en el periódico *El Ensayo* de León y pronto fue conocido como "el poeta niño." Poco después en San Salvador, adonde había ido en breve visita, adquirió fama por su oda "A Bolívar." Pero, siendo la formación de Rubén escasa y su experiencia de la vida mínima, estos primeros versos eran imitación de modelos franceses y españoles del romanticismo, Victor Hugo, José Zorrilla, José de Espronceda y Gustavo Adolfo Bécquer, o de modelos hispanoamericanos del neoclasicismo, como José Joaquín Olmedo. Nada revelaba al futuro genio, a no ser su facilidad imitativa y su capacidad de escribir abundantemente.

Entretanto comenzó a mezclarse en la política de Centroamérica, sin saber realmente cuáles eran sus propios ideales. Como muchos otros fogosos jóvenes latinoamericanos, se hizo liberal y abrazó la causa de la Unión Centroamericana, dejando no pocas composiciones sobre estos temas que hoy no guardan valor literario alguno. Lógicamente no le faltaron las contradicciones propias de la edad: un día atacaba a la iglesia y otro la elogiaba; a veces se creía filósofo; pero pronto se burlaba de su pretensión. También inició por entonces una precoz actividad sexual que iba a atormentarlo el resto de sus días.

En 1886 se produjo un hecho decisivo: el viaje de Rubén a Chile, donde tuvo ocasión de visitar grandes ciudades como Santiago y Valparaíso y de relacionarse con una sociedad elegante y cosmopolita. Trabó amistad con el hijo del presidente del país, Pedro Balmaceda, y fue recibido en los círculos literarios. Pudo de este modo entrar en contacto íntimo con la literatura europea y familiarizarse con los gustos afrancesados de la aristocracia criolla. Aunque tal ambiente era muy del agrado suyo, el joven provinciano no dejaba de sentirse un poco al margen del mismo, considerándose solo y pobre.

En Chile publicó un librito de versos, *Abrojos,* y participó en un certamen patrocinado por un millonario chileno, presentando el "Canto épico" a las glorias de Chile en que describía la guerra de este país contra el Perú y Bolivia (1879–1883). El premio fue repartido entre Rubén y Pedro Nolasco Préndez. En 1888 apareció en Valparaíso *Azul,* que contenía una serie de cuentos y poemas. Aquéllos y no éstos eran los que marcaban un rumbo nuevo en la literatura hispanoamericana. Se trataba de cuentos muy diferentes a los conocidos hasta entonces, de temas fantásticos e imaginativos, no realistas, escritos con nueva ligereza y gracia, con esmero y perfección de estilo. La poesía, en cambio, era tradicional, romántica o neoclásica, quizá porque Rubén, hombre tímido y cauteloso, no quería chocar demasiado con el gusto reinante, compensando las innovaciones en prosa con versos más o menos familiares.

Entre las numerosas críticas de *Azul* destacó en su tiempo la del novelista español Juan Valera, cuya opinión era muy respetada en el mundo hispánico. La crítica de Valera, aunque apuntaba algunos defectos y cierto galicismo mental, era elogiosa en extremo y saludaba en Rubén un nuevo estilo, preferentemente en prosa. El nicaragüense hizo una segunda edición de *Azul* en 1890 en la que ampliaba la parte poética con versos más atrevidos o modernistas. Así entraron a figurar los seis "Medallones" de escritores y el famoso soneto "Venus."

De Chile volvió a Centroamérica y en San Salvador dirigió el periódico *La Unión* (1889) para defender los ideales del presidente Francisco Menéndez. Conoció en aquellos días a Rafaela Contreras, guatemalteca aficionada a escribir, que se firmaba con el nombre de "Stella." Darío se casó con ella en 1891; pero quedó viudo dos años más tarde. En 1892 fue nombrado secretario de la delegación de Guatemala en los actos organizados en Madrid para celebrar el cuarto centenario del descubrimiento de América. De camino hacia la Madre Patria saludó en Cuba a Julián del Casal y luego en la capital española a los grandes de entonces, Emilio Castelar, Gaspar Nuñez de Arce, Juan Valera, Marcelino Menéndez y Pelayo y Salvador Rueda, con quien más adelante se enemistaría por afirmar éste su prioridad sobre Rubén en la renovación modernista.

En 1893 se casó otra vez; la muchacha se llamaba Rosario Murillo y se cuenta que fue obligado al matrimonio por la familia de ella, que lo amenazó de muerte si no lo efectuaba. En ese mismo año fue nombrado cónsul de Colombia en la Argentina y decidió dirigirse a Buenos Aires dando la vuelta por Nueva York y París. En Nueva York conoció a José Martí, que emocionado lo llamó "hijo mío," y en París asistió al triunfo del simbolismo. En Buenos Aires vivió una etapa decisiva hasta 1898: fue nombrado corresponsal de *La Nación* y *La Tribuna;* fundó con Ricardo Jaimes Freyre la *Revista de América* (1894) y pronto se convirtió en el líder de los jóvenes escritores animados de idénticos afanes de renovación literaria. Allí aparecieron en 1896 la segunda gran obra poética de Rubén, *Prosas profanas*, y un conjunto de ensayos críticos, *Los raros*, dedicados a escritores hispánicos y franceses.

Prosas profanas marcó el ápice del modernismo. Darío explicó a los críticos que no entendían tan extraño título que "prosas" significaba en la Edad Media "himno" y que "profanas" quería decir simplemente no sagrado. Precedía al libro un prólogo, "Palabras liminares," que constituye todo un manifiesto literario. Ataca en él la chatedad espiritual reinante y la vanidad insoportable de la mayoría de los escritores, proclamando la supremacía del arte aristocrático y minoritario. La torre de marfil surgía como un refugio para las miserias de la vida diaria y el ambiente mestizo en que le había tocado nacer. En *Prosas profanas* se hallan algunos de los poemas más famosos de Rubén: "Era un aire suave," "Sonatina," "El cisne" y otros que evocan la Francia de los Luises, la Grecia mitológica, la España heroica y el misterioso oriente.

En 1898 *La Nación* lo envió como corresponsal a España para analizar el impacto del desastre colonial en la vida interna del país. Darío escribió una serie de crónicas recogidas bajo el título de *España contemporánea* (1901) que dan una impresión de optimismo y esperanza en el futuro; habla de la desaparición de las viejas glorias que había conocido en 1892 y elogia a los jóvenes que un día habrían de constituir la Generación del 98. Por entonces estableció relaciones con una muchacha avilesa, Francisca Sánchez, analfabeta y de carácter enérgico, que fue su fiel compañera durante muchos años. Con ella viajó por diversos países europeos en misión diplomática o como periodista, pero prefiriendo París para residencia habitual. Su alcoholismo y su angustia vital se agudizaron enormemente.

En 1905 se editó en Madrid la obra más madura y densa de Rubén, *Cantos de vida y esperanza*. Aunque todavía perviven en ella los temas modernistas, los cisnes, los países exóticos y el pasado, hay una mayor hondura, la hondura del que ha descubierto el paso del tiempo, la fugacidad de la vida y el destino fatal del hombre. En "Canción de otoño en primavera" se despedía de su juventud y paseaba su melancólica mirada por un ayer de rosas y de vino. Era la hora del pesimismo, de desnudar un alma atormentada por los deseos de la carne y los terrores del más allá. Por otro lado, se profundizaba la visión de lo hispánico, penetrando en el alto significado de la cultura de habla española como en "Un soneto a Cervantes" y previniendo contra el imperialismo norteamericano como en la oda "A Roosevelt." Cabe decir que Rubén Darío bajaba de su torre de marfil, de su actitud estética, para tomar contacto con el hombre de carne y hueso.

En 1906 asistió como delegado nicaragüense a la tercera Conferencia Panamericana, celebrada en Río de Janeiro. Fraternizó con los escritores brasileños y entusiasmado por los ideales panamericanos escribió su "Salutación al Águila" que levantó una violenta reacción contra el poeta. De regreso en París sacó a luz un libro de crítica, *Opiniones,* en que buscaba el lado humano del escritor más que el estético y por primera vez prestaba atención a la literatura rusa. En 1907 publicó su último libro de versos, *El canto errante,* que marca una inevitable decadencia. A pesar de que se le nombró embajador de su país en Madrid (1908), pasó por momentos de apuros económicos, pues su sueldo era ridículo y los gastos muy elevados. Fue *La Nación* quien acudió en su auxilio, encargándole para conmemorar el centenario de la Independencia el "Canto a la Argentina" (1910) por el que le pagó espléndidamente; éste, con su magnífico elogio a la latinidad, fue el último gran poema de Rubén.

En 1911 se asoció con los hermanos Alfredo y Armando Guido para fundar en París la revista *Mundial.* Con objeto de asegurar el éxito comercial, hizo un viaje por varios países, conociendo en Uruguay a la desdichada poetisa Delmira Agustini. Enfermo y cansado dejó Europa en 1914, visitó algunas universidades norteamericanas para recitar sus poemas y se estableció en Guatemala con la ayuda del dictador Manuel Estrada Cabrera, que lo halagó y humilló al mismo tiempo. Fue al fin a morir a su tierra natal, en la ciudad de León, bajo el cuidado de la mujer abandonada, Rosario Murillo. En la catedral de León reposan hoy los restos mortales del mayor poeta de Hispanoamérica.

Todo el quehacer poético de Rubén Darío representa una reacción contra la poesía vigente, realista y pobre de expresión en su mayor parte. Para ello acentuó el ángulo estético, devolviendo al oficio de poeta su dignidad artística y convirtiendo el arte en meta primordial del escritor a la vez que en el gran refugio contra la mediocridad de la vida; eligió temas poco frecuentados como los mitológicos y orientales, basándose en algunos poetas españoles como Góngora y, sobre todo, en parnasianos y simbolistas franceses; acentuó el valor plástico y musical de las palabras, aportando nuevas metáforas, colorido y sonoridad; revitalizó, en fin, versos antiguos, entre ellos, la cuaderna vía; aclimató el alejandrino, intentó el hexámetro latino y devolvió a la métrica española su riqueza y variedad.

AZUL
(1888, 1890)

EL PÁJARO AZUL

París es teatro divertido y terrible. Entre los concurrentes al Café Plombier, buenos y decididos muchachos—pintores, escultores, escritores, poetas; sí, ¡todos buscando el viejo laurel verde!—ninguno más querido que aquel pobre Garcín, triste casi siempre, buen bebedor de ajenjo, soñador que nunca se emborrachaba, y, como 5 bohemio intachable, bravo improvisador.

En el cuartucho destartalado de nuestras alegres reuniones, guardaba el yeso de las paredes, entre los esbozos y rasgos de futuros Delacroix,[1] versos, estrofas enteras escritas en la letra echada y gruesa[2] de nuestro *pájaro azul*.   10

El pájaro azul era el pobre Garcín. ¿No sabéis por qué se llamaba así? Nosotros le bautizamos con ese nombre.

Ello no fue un simple capricho. Aquel excelente muchacho tenía el vino triste.[3] Cuando le preguntábamos por qué, cuando todos reíamos como insensatos o como chicuelos, él arrugaba el ceño y 15 miraba fijamente el cielo raso, y nos respondía sonriendo con cierta amargura:

—Camaradas: habéis de saber que tengo un pájaro azul en el cerebro; por consiguiente . . .

Sucedía también que gustaba de ir a las campiñas nuevas, al entrar 20 la primavera. El aire del bosque hacía bien a sus pulmones, según nos decía el poeta.

De sus excursiones solía traer ramos de violetas y gruesos cuadernillos de madrigales, escritos al ruido de las hojas y bajo el ancho

---

[1] Eugène Delacroix (1798–1863), célebre pintor francés de la escuela romántica.
[2] Letra echada y gruesa: "thick, slanting letters."
[3] Vino triste: "sad expression."

cielo sin nubes. Las violetas eran para Niní, su vecina, una muchacha fresca y rosada, que tenía los ojos muy azules.

Los versos eran para nosotros. Nosotros los leíamos y los aplaudíamos. Todos teníamos una alabanza para Garcín. Era un ingenio
5 que debía brillar. El tiempo vendría. ¡Oh, el pájaro azul volaría muy alto! ¡Bravo! ¡Bien! ¡Eh, mozo, más ajenjo!

Principios de Garcín:
De las flores, las lindas campánulas.
Entre las piedras preciosas, el zafiro.
10 De las inmensidades, el cielo y el amor; es decir, las pupilas de Niní.

Y repetía el poeta: creo que siempre es preferible la neurosis a la estupidez.

A veces Garcín estaba más triste que de costumbre.
15 Andaba por los bulevares; veía pasar indiferente los lujosos carruajes, los elegantes, las hermosas mujeres. Frente al escaparate de un joyero sonreía; pero cuando pasaba cerca de un almacén de libros, se llegaba a las vidrieras, husmeaba y, al ver las lujosas ediciones, se declaraba decididamente envidioso, arrugaba la frente;
20 para desahogarse, volvía el rostro hacia el cielo y suspiraba. Corría al café en busca de nosotros, conmovido, exaltado, pedía su vaso de ajenjo, y nos decía:

—Sí, dentro de la jaula de mi cerebro está preso un pájaro azul que quiere su libertad . . .

25 Hubo algunos que llegaron a creer en un descalabro de razón.

Un alienista a quien se le dio la noticia de lo que pasaba calificó el caso como una monomanía especial. Sus estudios patológicos no dejaban lugar a duda.

Decididamente el desgraciado Garcín estaba loco.
30 Un día recibió de su padre, un viejo provinciano de Normandía,[4] comerciante en trapos, una carta que decía lo siguiente, poco más o menos:

"Sé tus locuras en París. Mientras permanezcas de ese modo, no tendrás de mí un solo *sou*. Ven a llevar los libros de mi almacén, y
35 cuando hayas quemado, gandul,[5] tus manuscritos de tonterías, tendrás mi dinero."

4 Normandía: "Normandy." La región noroeste de Francia.
5 Sou: "cent"; gandul: "loafer, tramp."

Esta carta se leyó en el Café Plombier.

—¿Y te irás?

—¿No te irás?

—¿Aceptas?

—¿Desdeñas?   5

¡Bravo Garcín! Rompió la carta, y soltando el trapo a la vena,[6]
improvisó unas cuantas estrofas, que acababan, si mal no recuerdo:

> ¡Sí, seré siempre un gandul,
> lo cual aplaudo y celebro,
> mientras sea mi cerebro   10
> jaula del pájaro azul!

Desde entonces Garcín cambió de carácter, se volvió charlador, se
dio un baño de alegría, compró levita nueva y comenzó un poema
en tercetos, titulado, pues es claro: El pájaro azul.
Cada noche se leía en nuestra tertulia algo nuevo de la obra.   15
Aquello era excelente, sublime, disparatado.

Allí había un cielo muy hermoso, una campiña muy fresca, países
brotados como por la magia del pincel de Corot,[7] rostros de niños
asomados entre flores, los ojos de Niní húmedos y grandes; y por
añadidura, el buen Dios que envía volando, volando, sobre todo   20
aquello, un pájaro azul que, sin saber cómo ni cuándo, anida dentro
del cerebro del poeta, en donde queda aprisionado. Cuando el
pájaro quiere volar y abre las alas y se da contra las paredes del
cráneo, se alzan los ojos al cielo, se arruga la frente y se bebe ajenjo
con poca agua, fumando además, por remate, un cigarrillo de papel. 25
He ahí el poema.

Una noche llegó Garcín riendo mucho y, sin embargo, muy triste.
La bella vecina había sido conducida al cementerio.

—¡Una noticia! ¡Una noticia! Canto último de mi poema. Niní
ha muerto. Viene la primavera y Niní se va. Ahorro de violetas para 30
la campiña. Ahora falta el epílogo del poema. Los editores no se
dignan siquiera leer mis versos. Vosotros muy pronto tendréis que
dispersaros. Ley del tiempo. El epílogo debe de titularse así: De cómo
el pájaro azul alza el vuelo al cielo azul.

---

[6] Tradúzcase: "bursting forth with poetic inspiration."
[7] Camille Corot (1796–1875), paisajista francés.

¡Plena primavera! ¡Los árboles florecidos, las nubes rosadas en el
alba y pálidas por la tarde; el aire suave que mueve las hojas y hace
aletear las cintas de paja con especial ruido![8] Garcín no ha ido al
campo.

5   Hele ahí, viene con traje nuevo, a nuestro amado Café Plombier,
pálido, con una sonrisa triste.

—¡Amigos míos, un abrazo! Abrazadme todos, así, fuerte; decidme
adiós, con todo el corazón, con toda el alma . . . El pájaro azul
vuela . . .

10   Y el pobre Garcín lloró, nos estrechó, nos apretó las manos con
todas sus fuerzas y se fue.

Todos dijimos:

—Garcín, el hijo pródigo, busca a su padre, el viejo normando.
¡Musas, adiós; adiós, gracias! ¡Nuestro poeta se decide a medir trapos!

15 ¡Eh! ¡Una copa por Garcín!

Pálidos, asustados, entristecidos, al día siguiente todos los pa-
rroquianos del Café Plombier, que metíamos tanta bulla[9] en aquel
cuartucho destartalado, nos hallábamos en la habitación de Garcín.
El estaba en su lecho, sobre las sábanas ensangrentadas, con el cráneo
20 roto de un balazo. Sobre la almohada había fragmentos de masa
cerebral . . . ¡Horrible!

Cuando, repuestos de la impresión, pudimos llorar ante el cadáver
de nuestro amigo, encontramos que tenía consigo el famoso poema.
En la última página había escritas estas palabras:

25   *Hoy, en plena primavera, dejo abierta la puerta de la jaula al
pobre pájaro azul.*

¡Ay, Garcín, cuántos llevan en el cerebro tu misma enfermedad!

WALT WHITMAN[10]

En su país de hierro vive el gran viejo,
bello como un patriarca, sereno y santo.
Tiene en la arruga olímpica de su entrecejo
algo que impera y vence con noble encanto.
5   Su alma del infinito parece espejo;

---

8 Tradúzcase: "and makes the sheaths of the grains flutter with a special sound."
9 Tradúzcase: "all we customers of the Café Plombier who used to make such a
racket . . ."
10 El poeta norteamericano Walt Whitman (1819-92) gozó de mucha popularidad en Hispanoamérica y ejerció influencia sobre algunos modernistas.

son sus cansados hombros dignos del manto;
y con arpa labrada de un roble añejo
como un profeta nuevo canta su canto.
Sacerdote, que alienta soplo divino,
anuncia en el futuro, tiempo mejor.   5
Dice al águila: "¡Vuela!"; "¡Boga!," al marino,
y "¡Trabaja!," al robusto trabajador.
¡Así va ese poeta por su camino
con su soberbio rostro de emperador!

PROSAS PROFANAS

(1896)

PALABRAS LIMINARES[11]

¿Hay en mi sangre alguna gota de sangre de África, o de indio
chorotega o nagrandano?[12] Pudiera ser, a despecho de mis manos de
marqués; mas he aquí que veréis en mis versos princesas, reyes, cosas
imperiales, visiones de países lejanos o imposibles; ¡qué queréis!,
yo detesto la vida y el tiempo en que me tocó nacer; y a un presidente 5
de República no podré saludarle en el idioma en que te cantaría a
ti, ¡oh Halagabal!,[13] de cuya corte—oro, seda, mármol—me acuerdo
en sueños . . .
   (Si hay poesía en nuestra América, ella está en las viejas cosas: en
Palenque y Utatlán,[14] en el indio legendario, y en el inca, sensual y 10
fino, y en el gran Moctezuma de la silla de oro. Lo demás es tuyo,
demócrata Walt Whitman.)
   Buenos Aires: Cosmópolis.
   ¡Y mañana! . . .

¿Y la cuestión métrica? ¿Y el ritmo?   15
   Como cada palabra tiene un alma, hay en cada verso, además de la
armonía verbal, una melodía ideal. La música es sólo de la idea,
muchas veces. . . .

---

[11] Puede ser juego de palabras: preliminares y limar.
[12] Tribus indias de Nicaragua.
[13] Heliogábolo (218–22), emperador romano famoso por su crueldad.
[14] Palenque, ruinas mayas en México. Utatlán fue una ciudad india de Guatemala.

Y la primera ley, creador: crear. Bufe el eunuco.[15] Cuando una
musa te dé un hijo, queden las otras ocho encinta.

ERA UN AIRE SUAVE

Era un aire suave, de pausados giros;
el hada Armonía ritmaba sus vuelos;
e iban frases vagas y tenues suspiros
entre los sollozos de los violoncelos. . . .

5 La marquesa Eulalia risas y desvíos
daba a un tiempo mismo para dos rivales:
el vizconde rubio de los desafíos
y el abate joven de los madrigales.[16]

 Cerca, coronado con hojas de viña,
10 reía en su máscara Término barbudo,
y, como un efebo que fuese una niña,
mostraba una Diana su mármol desnudo. . . .[17]

 Al oír las quejas de sus caballeros
ríe, ríe, ríe la divina Eulalia,
15 pues son su tesoro las flechas de Eros,
el cinto de Cipria, la rueca de Onfalia.[18]

 ¡Ay de quien sus mieles y frases recoja!
¡Ay de quien del canto de su amor se fíe!
Con sus ojos lindos y su boca roja,
20 la divina Eulalia ríe, ríe, ríe.

 Tiene azules ojos, es maligna y bella;
cuando mira vierte viva luz extraña:
se asoma a sus húmedas pupilas de estrella
el alma del rubio cristal de Champaña.[19]

25 Es noche de fiesta, y el baile de trajes[20]
ostenta su gloria de triunfos mundanos.
La divina Eulalia, vestida de encajes,
una flor destroza con sus tersas manos.

---

15 Tradúzcase: "Let the eunuch snort."
16 Tradúzcase: "the blond viscount given to duels and the young abbé given to
madrigals."
17 Término: dios romano que protege los límites; su busto se colocaba en los
jardines. Efebo: "youth." Diana, hija de Júpiter, era diosa de los cazadores.
18 Eros: dios griego del amor. Cipria (Cipris, Ciprina), uno de los nombres de
Venus, diosa de la belleza. Onfalia, reina de Lidia, se casó con Hércules.
19 Provincia francesa famosa por su vino del mismo nombre.
20 Baile de trajes: "fancy-dress ball."

El teclado armónico de su risa fina
a la alegre música de un pájaro iguala,
con los staccati[21] de una bailarina
y las locas fugas de una colegiala.

   ¡Amoroso pájaro que trinos exhala   5
bajo el ala a veces ocultando el pico;
que desdenes rudos lanza bajo el ala,
bajo el ala aleve del leve abanico!

   Cuando a medianoche sus notas arranque
y en arpegios áureos gima Filomela,[22]   10
y el ebúrneo cisne, sobre el quieto estanque
como blanca góndola imprima su estela,

   la marquesa alegre llegará al boscaje,
boscaje que cubre la amable glorieta
donde han de estrecharla los brazos de un paje,   15
que siendo su paje será su poeta.

   Al compás de un canto de artista de Italia
que en la brisa errante la orquesta deslíe,
junto a los rivales la divina Eulalia,
la divina Eulalia ríe, ríe, ríe.   20

   ¿Fue acaso en el tiempo del rey Luis de Francia,
sol con corte de astros, en campos de azur?
¿Cuando los alcázares llenó de fragancia
la regia y pomposa rosa Pompadour?[23]

   ¿Fue cuando la bella su falda cogía   25
con dedos de ninfa, bailando el minué,
y de los compases el ritmo seguía
sobre el tacón rojo, lindo y leve el pie?

   ¿O cuando pastoras de floridos valles
ornaban con cintas sus albos corderos,   30
y oían, divinas Tirsis de Versalles,[24]
las declaraciones de sus caballeros?

[21] Sonidos cortos de la música o de los golpes de los tacones de una bailarina.
[22] Según la mitología, la hija del rey de Atenas, convertida en ruiseñor.
[23] Luis de Francia, Luis XIV, llamado el Rey Sol, reinó en Francia de 1643 a 1715. La Marquesa de Pompadour era la favorita de Luis XV, que reinó de 1715 a 1774.
[24] La pastora Tirsis figura en la Egloga VII de Virgilio (70-19 a. C.), el poeta latino. El nombre de Tirsis se usaba mucho entre las damas del palacio de Versalles que se fingían pastoras.

¿Fue en ese buen tiempo de duques pastores,
de amantes princesas y tiernos galanes,
cuando entre sonrisas y perlas y flores
iban las casacas de los chambelanes?
5 ¿Fue acaso en el Norte o en el Mediodía?
Yo el tiempo y el día y el país ignoro,
pero sé que Eulalia ríe todavía,
¡y es cruel y eterna su risa de oro!

SONATINA

La princesa está triste . . . ¿qué tendrá la princesa?[25]
Los suspiros se escapan de su boca de fresa,
que ha perdido la risa, que ha perdido el color.
La princesa está pálida en su silla de oro,
5 está mudo el teclado de su clave sonoro;
y en un vaso olvidada se desmaya una flor.

El jardín puebla el triunfo de los pavos reales.
Parlanchina, la dueña dice cosas banales,
y, vestido de rojo, piruetea el bufón.
10 La princesa no ríe, la princesa no siente;
la princesa persigue por el cielo de Oriente
la libélula vaga de una vaga ilusión.

¿Piensa acaso en el príncipe de Golconda[26] o de China,
o en el que ha detenido su carroza argentina
15 para ver de sus ojos la dulzura de luz?
¿O en el rey de las Islas de las Rosas fragantes,
o en el que es soberano de los claros diamantes,
o en el dueño orgulloso de las perlas de Ormuz?[27]

¡Ay! La pobre princesa de la boca de rosa
20 quiere ser golondrina, quiere ser mariposa,
tener alas ligeras, bajo el cielo volar,
ir al sol por la escala luminosa de un rayo,
saludar a los lirios con los versos de mayo,
o perderse en el viento sobre el trueno del mar.

25 Ya no quiere el palacio, ni la rueca de plata,
ni el halcón encantado, ni el bufón escarlata,
ni los cisnes unánimes en el lago de azur.

---

25 Tradúzcase: "what can be the matter with the princess?"
26 Antigua ciudad muy rica de la India.
27 Isla y puerto, célebre por sus perlas, en el Golfo Pérsico.

Y están tristes las flores por la flor de la corte;
los jazmines de Oriente, los nelumbos[28] del Norte,
de Occidente las dalias y las rosas del Sur.
¡Pobrecita princesa de los ojos azules!
Está presa en sus oros, está presa en sus tules,   5
en la jaula de mármol del palacio real,
el palacio soberbio que vigilan los guardas,
que custodian cien negros con sus cien alabardas,
un lebrel que no duerme y un dragón colosal.
  ¡Oh quién fuera hipsipila que dejó la crisálida![29]   10
(La princesa está triste. La princesa está pálida)
¡Oh visión adorada de oro, rosa y marfil!
¡Quién volara a la tierra donde un príncipe existe
(La princesa está pálida. La princesa está triste)
más brillante que el alba, más hermoso que abril!   15
  —¡Calla, calla, princesa—dice el hada madrina—,
en caballo con alas, hacia acá se encamina,
en el cinto la espada y en la mano el azor,
el feliz caballero que te adora sin verte,
y que llega de lejos, vencedor de la Muerte,   20
a encenderte los labios con su beso de amor!

EL CISNE[30]

Fue en una hora divina para el género humano.
El Cisne antes cantaba sólo para morir.
Cuando se oyó el acento del Cisne wagneriano
fue en medio de una aurora, fue para revivir.
  Sobre las tempestades del humano oceano   5
se oye el canto del Cisne; no se cesa de oír,
dominando el martillo del viejo Thor germano
o las trompas que cantan la espada de Argantir.[31]

[28] Unánimes: "all alike"; nelumbo (nelumbio): "(species of) lotus."
[29] Tradúzcase: "Oh to be a butterfly, freed from the cocoon!"
[30] El cisne llegó a ser símbolo predilecto de los modernistas por varias razones. Ave bella, elegante y aristocrática, tiene el cuello en forma de signo de interrogación, lo que se interpretó como una pregunta sobre el misterio de la vida. Hay también en él una nota erótica: en forma de cisne Zeus sedujo a Leda, de cuya unión nació Elena de Troya. En *Lohengrin*, ópera de Wagner presentada en París en 1887, un cisne artificial atraviesa las tablas.
[31] Según la mitología nórdica, Thor, dios del trueno y de la guerra, fabricaba truenos con su martillo. Argantir, guerrero mitológico de Islandia, poseía la espada que todo primogénito hereda de su padre.

¡Oh Cisne! ¡Oh sacro pájaro! Si antes la blanca Helena
del huevo azul de Leda brotó de gracia llena,
siendo de la Hermosura la princesa inmortal,
    bajo tus blancas alas la nueva Poesía
5   concibe en una gloria de luz y de armonía
la Helena eterna y pura que encarna el ideal.

SINFONÍA EN GRIS MAYOR[32]

El mar como un vasto cristal azogado
refleja la lámina de un cielo de zinc;
lejanas bandadas de pájaros manchan
el fondo bruñido de pálido gris.

5   El sol como un vidrio redondo y opaco
con paso de enfermo camina al cenit;
el viento marino descansa en la sombra
teniendo de almohada su negro clarín.

Las ondas que mueven su vientre de plomo
10 debajo del muelle parecen gemir.
Sentado en un cable, fumando su pipa,
está un marinero pensando en las playas
de un vago, lejano, brumoso país.

Es viejo ese lobo. Tostaron su cara
15 los rayos de fuego del sol del Brasil;
los recios tifones del mar de la China
le han visto bebiendo su frasco de gin.

La espuma impregnada de yodo y salitre
ha tiempo conoce su roja nariz,
20 sus crespos cabellos, sus biceps de atleta,
su gorra de lona, su blusa de dril.

En medio del humo que forma el tabaco
ve el viejo el lejano, brumoso país,
adonde una tarde caliente y dorada
25 tendidas las velas partió el bergantín . . .
La siesta del trópico. El lobo se duerme.
Ya todo lo envuelve la gama del gris.
Parece que un suave y enorme esfumino[33]
del curvo horizonte borrara el confín.

---

32 Con frecuencia se compara este poema con "Symphonie en blanc majeur"
(1852) del francés Théophile Gautier.
33 Esfumino: "stump, crayon (to soften colors)."

La siesta del trópico. La vieja cigarra
ensaya su ronca guitarra senil,
y el grillo preludia un solo monótono
en la única cuerda que está en su violín.

CANTOS DE VIDA Y ESPERANZA

(1905)

YO SOY AQUEL...

Yo soy aquel que ayer no más decía
el verso azul y la canción profana,[34]
en cuya noche un ruiseñor había
que era alondra de luz por la mañana.
El dueño fui de mi jardín de sueño,   5
lleno de rosas y de cisnes vagos;
el dueño de las tórtolas, el dueño
de góndolas y liras en los lagos;
y muy siglo diez y ocho y muy antiguo
y muy moderno; audaz, cosmopolita;   10
con Hugo fuerte y con Verlaine ambiguo,[35]
y una sed de ilusiones infinita.
Yo supe de dolor desde mi infancia;
mi juventud... ¿fue juventud la mía?
Sus rosas aún me dejan la fragancia...   15
una fragancia de melancolía...
Potro sin freno se lanzó mi instinto,
mi juventud montó potro sin freno;
iba embriagada y con puñal al cinto;
si no cayó, fue porque Dios es bueno.   20
En mi jardín se vio una estatua bella;
se juzgó mármol y era carne viva;
una alma joven habitaba en ella,
sentimental, sensible, sensitiva.[36]

---

[34] Alusión a sus libros *Azul* y *Prosas profanas.*

[35] Escritores franceses, Victor Hugo (1802–85), romántico, tiene un tono épico, patente; Paul Verlaine (1844–96), simbolista, se deleita en los estados difusos, vagos.

[36] Sentimental, relativo al sentimiento; sensible, relativo al sentido; sensitiva, relativo a la sensibilidad.

Y tímida ante el mundo, de manera
que encerrada en silencio no salía,
sino cuando en la dulce primavera
era la hora de la melodía ...
5   Hora de ocaso y de discreto beso;
hora crepuscular y de retiro;
hora de madrigal y de embeleso,
de "te adoro," de "¡ay!" y de suspiro.
Y entonces era en la dulzaina un juego
10 de misteriosas gamas cristalinas,
un renovar de notas del Pan griego[37]
y un desgranar de músicas latinas.
Con aire tal y con ardor tan vivo,
que a la estatua nacían de repente
15 en el muslo viril patas de chivo
y dos cuernos de sátiro en la frente.
Como la Galatea gongorina[38]
me encantó la marquesa verleniana,
y así juntaba a la pasión divina
20 una sensual hiperestesia humana;
todo ansia, todo ardor, sensación pura
y vigor natural; y sin falsía,
y sin comedia y sin literatura ...
si hay una alma sincera, ésa es la mía.
25 La torre de marfil tentó mi anhelo;
quise encerrarme dentro de mí mismo,
y tuve hambre de espacio y sed de cielo
desde las sombras de mi propio abismo.
Como la esponja que la sal satura
30 en el jugo del mar, fue el dulce y tierno
corazón mío, henchido de amargura
por el mundo, la carne y el infierno.
Mas, por gracia de Dios, en mi conciencia
el Bien supo elegir la mejor parte;
35 y si hubo áspera hiel en mi existencia,
melificó toda acritud el Arte.

---

[37] Dios de la naturaleza que tocaba la flauta; se le representa con cuernos y patas de cabra.

[38] Famosa ninfa amada por el gigante Polifemo. Fue celebrada por el poeta español, Luis de Góngora (1561–1627), en su "Fábula de Polifemo y Galatea."

Mi intelecto libré de pensar bajo,
bañó el agua castalia[39] el alma mía,
peregrinó mi corazón y trajo
de la sagrada selva la armonía.

¡Oh, la selva sagrada! ¡Oh, la profunda   5
emanación del corazón divino
de la sagrada selva! ¡Oh, la fecunda
fuente cuya virtud vence al destino!

Bosque ideal que lo real complica,
allí el cuerpo arde y vive y Psiquis[40] vuela;   10
mientras abajo el sátiro fornica,
ebria de azul deslíe Filomela. . . .

Vida, luz y verdad, tal triple llama
produce la interior llama infinita.
El Arte puro como Cristo exclama: 15
Ego sum lux et veritas et vita![41]

Y la vida es misterio, la luz ciega
y la verdad inaccesible asombra;
la adusta perfección jamás se entrega,
y el secreto ideal duerme en la sombra.   20

Por eso ser sincero es ser potente;
de desnuda que está, brilla la estrella;
el agua dice el alma de la fuente
en la voz de cristal que fluye de ella.

Tal fue mi intento, hacer del alma pura   25
mía, una estrella, una fuente sonora,
con el horror de la literatura
y loco de crepúsculo y de aurora.

Del crepúsculo azul que da la pauta
que los celestes éxtasis inspira,   30
bruma y tono menor—¡toda la flauta!,
y Aurora, hija del Sol—¡toda la lira!

Pasó una piedra que lanzó una honda;
pasó una flecha que aguzó un violento.
La piedra de la honda fue a la onda,   35
y la flecha del odio fuese al viento.

---

[39] Castalia era una fuente del Parnaso que daba el don de la poesía a los que
bebían sus aguas.
[40] Según la mitología, una bella muchacha querida del Amor.
[41] Es decir, "Yo soy la luz, la verdad y la vida." Referencia bíblica: San Juan
IX, 5; XIV, 6.

La virtud está en ser tranquilo y fuerte;
con el fuego interior todo se abrasa;
se triunfa del rencor y de la muerte,
y hacia Belén . . .[42] ¡la caravana pasa!

CANCIÓN DE OTOÑO EN PRIMAVERA

Juventud, divino tesoro,
¡ya te vas para no volver!
Cuando quiero llorar, no lloro,
y a veces lloro sin querer . . .
5 Plural ha sido la celeste
historia de mi corazón.
Era una dulce niña, en este
mundo de duelo y aflicción.
Miraba como el alba pura;
10 sonreía como una flor.
Era su cabellera oscura
hecha de noche y de dolor.
Yo era tímido como un niño.
Ella, naturalmente, fue,
15 para mi amor hecho de armiño,
Herodías y Salomé . . .[43]
Juventud, divino tesoro,
¡ya te vas para no volver!
Cuando quiero llorar, no lloro,
20 y a veces lloro sin querer . . .
La otra fue más sensitiva
y más consoladora y más
halagadora y expresiva,
cual no pensé encontrar jamás.
25 Pues a su continua ternura
una pasión violenta unía.
En un peplo de gasa pura
una bacante se envolvía . . .[44]

En brazos tomó mi ensueño
y lo arrulló como a un bebé . . .   30
y lo mató, triste y pequeño,
falto de luz, falto de fe . . .
Juventud, divino tesoro,
¡te fuiste para no volver!
Cuando quiero llorar, no lloro,   35
y a veces lloro sin querer . . .
Otra juzgó que era mi boca
el estuche de su pasión;
y que me roería, loca,
con sus dientes el corazón,   40
poniendo en un amor de exceso
la mira de su voluntad,
mientras eran abrazo y beso
síntesis de la eternidad;
y de nuestra carne ligera   45
imaginar siempre un Edén,
sin pensar que la Primavera
y la carne acaban también . . .
Juventud, divino tesoro,
¡ya te vas para no volver!   50
Cuando quiero llorar, no lloro,
y a veces lloro sin querer.
¡Y las demás! En tantos climas,
en tantas tierras siempre son,
si no pretextos de mis rimas   55
fantasmas de mi corazón.

---

42 Belén: "Bethlehem."
43 Referencias bíblicas: después de dejar a su primer marido, Herodías se casó
con Herodes; hija suya fue Salomé, la que pidió la cabeza de Juan Bautista.
44 Tradúzcase: "A bacchante (female follower of Bacchus) was wrapped in a
peplum (skirt) of pure gauze."

En vano busqué a la princesa
que estaba triste de esperar.
La vida es dura. Amarga y
   pesa.
¡Ya no hay princesa que cantar!
5   Mas a pesar del tiempo terco,
mi sed de amor no tiene fin;

con el cabello gris, me acerco
a los rosales del jardín . . .
Juventud, divino tesoro,
¡ya te vas para no volver!   10
Cuando quiero llorar, no lloro,
y a veces lloro sin querer . . .
¡Mas es mía el Alba de oro!

UN SONETO A CERVANTES[45]

Horas de pesadumbre y de tristeza
pasa mi soledad. Pero Cervantes
es buen amigo. Endulza mis instantes
ásperos, y reposa mi cabeza.

Él es la vida y la naturaleza,   5
regala un yelmo de oros y diamantes
a mis sueños errantes.
Es para mí: suspira, ríe y reza.

Cristiano y amoroso y caballero,
parla como un arroyo cristalino.   10
¡Así le admiro y quiero,
viendo cómo el destino
hace que regocije al mundo entero
la tristeza inmortal de ser divino!

LO FATAL

Dichoso el árbol que es apenas sensitivo,
y más la piedra dura porque ésa ya no siente,
pues no hay dolor más grande que el dolor de ser vivo,
ni mayor pesadumbre que la vida consciente.

Ser, y no saber nada, y ser sin rumbo cierto,   5
y el temor de haber sido y un futuro terror . . .
Y el espanto seguro de estar mañana muerto,
y sufrir por la vida y por la sombra y por
   lo que no conocemos y apenas sospechamos,
y la carne que tienta con sus frescos racimos,   10
y la tumba que aguarda con sus fúnebres ramos,
¡y no saber adónde vamos,
ni de dónde venimos! . . .

---

[45] Miguel de Cervantes Saavedra (1547–1616), autor del *Quijote*.

MARCHA TRIUNFAL

¡Ya viene el cortejo![46]
¡Ya viene el cortejo! Ya se oyen los claros clarines.
La espada se anuncia con vivo reflejo;
ya viene, oro y hierro, el cortejo de los paladines.
5 Ya pasa debajo los arcos ornados de blancas Minervas y Martes,
los arcos triunfales en donde las Famas[47] erigen sus largas trompetas,
la gloria solemne de los estandartes
llevados por manos robustas de heroicos atletas.
Se escucha el ruido que forman las armas de los caballeros,
10 los frenos que mascan los fuertes caballos de guerra,
los cascos que hieren la tierra
y los timbaleros,
que el paso acompasan con ritmos marciales.
¡Tal pasan los fieros guerreros
15 debajo los arcos triunfales!
Los claros clarines de pronto levantan sus sones,
su canto sonoro,
su cálido coro,
que envuelve en un trueno de oro
20 la augusta soberbia de los pabellones.
Él dice la lucha, la herida venganza,
las ásperas crines,
los rudos penachos, la pica, la lanza,[48]
la sangre que riega de heroicos carmines
25 la tierra;
los negros mastines
que azuza la muerte, que rige la guerra.[49]
Los áureos sonidos
anuncian el advenimiento
30 triunfal de la Gloria;
dejando el picacho que guarda sus nidos,

---

[46] Cortejo: "parade in honor of triumphant heroes."
[47] Minerva, diosa de las artes y de la sabiduría; Marte, dios de la guerra; Fama, mensajera de Júpiter.
[48] Crin: "mane"; penacho: "crest, plume"; pica: "pike, goad"; lanza: "lance, spear."
[49] Tradúzcase: "the black mastiffs which death urges on, death which governs wars."

tendiendo sus alas enormes al viento,
los cóndores llegan. ¡Llegó la victoria!
  Ya pasa el cortejo.
  Señala el abuelo los héroes al niño:
ved cómo la barba del viejo   5
los bucles de oro circunda de armiño.
  Las bellas mujeres aprestan coronas de flores,
y bajo los pórticos vense sus rostros de rosa;
y la más hermosa
sonríe al más fiero de los vencedores.   10
  ¡Honor al que trae cautiva la extraña bandera;
honor al herido y honor a los fieles
soldados que muerte encontraron por mano extranjera!
¡Clarines! ¡Laureles!
  Las nobles espadas de tiempos gloriosos,   15
desde sus panoplias saludan las nuevas coronas y lauros:
Las viejas espadas de los granaderos, más fuertes que osos,
hermanos de aquellos lanceros que fueron centauros.
  Las trompas guerreras resuenan;
de voces, los aires se llenan . . .   20
  —A aquellas antiguas espadas,
a aquellos ilustres aceros,
que encarnan las glorias pasadas . . .
  Y al sol que hoy alumbra las nuevas victorias ganadas,
y al héroe que guía su grupo de jóvenes fieros,   25
al que ama la insignia del suelo materno,
al que ha desafiado, ceñido el acero y el arma en la mano,
los soles del rojo verano,
las nieves y vientos del gélido invierno,
la noche, la escarcha   30
y el odio y la muerte, por ser por la patria inmortal,
¡saludan con voces de bronce las trompas de guerra que tocan la
marcha triunfal! . . .

A ROOSEVELT[50]

¡Es con voz de la Biblia, o verso de Walt Whitman,
que habría que llegar hasta ti, Cazador!

[50] Theodore Roosevelt, presidente de los Estados Unidos de Norteamérica
desde 1901 a 1909. Era muy aficionado a la caza.

¡Primitivo y moderno, sencillo y complicado,
con un algo de Wáshington y cuatro de Nemrod![51]
    Eres los Estados Unidos,
eres el futuro invasor
5   de la América ingenua que tiene sangre indígena,
que aún reza a Jesucristo y aún habla en español.

Eres soberbio y fuerte ejemplar de tu raza;
eres culto, eres hábil; te opones a Tolstoy.[52]
Y domando caballos, o asesinando tigres,
10   eres un Alejandro-Nabucodonosor.[53]
(Eres un profesor de energía,
como dicen los locos de hoy.)

Crees que la vida es incendio,
que el progreso es erupción;
15   en donde pones la bala
el porvenir pones.
         No.

Los Estados Unidos son potentes y grandes.
Cuando ellos se estremecen hay un hondo temblor
20   que pasa por las vértebras enormes de los Andes.
Si clamáis, se oye como el rugir del león.
Ya Hugo a Grant le dijo: "Las estrellas son vuestras."[54]

(Apenas brilla, alzándose, el argentino sol
y la estrella chilena se levanta . . .) Sois ricos.
25   Juntáis al culto de Hércules el culto de Mammón;[55]
y alumbrando el camino de la fácil conquista,
la Libertad levanta su antorcha en Nueva York.

Mas la América nuestra, que tenía poetas
desde los viejos tiempos de Netzahualcoyotl,
30   que ha guardado las huellas de los pies del gran Baco,
que el alfabeto pánico en un tiempo aprendió;

---

[51] Rey y cazador legendario de Caldea, considerado símbolo del imperialismo.
[52] Alexei Tolstoy (1828–1910), novelista ruso.
[53] Alejandro (356–323 a. C.), guerrero de Macedonia que conquistó el Asia; Nabucodonosor (605–562 a. C.), rey de Babilonia y gran conquistador.
[54] Cuando el presidente Ulysses S. Grant visitó París en 1877, Víctor Hugo escribió una serie de artículos de protesta.
[55] Según la mitología griega, Hércules simbolizaba la fuerza física; según la fenicia, Mammón simbolizaba la riqueza material.

que consultó los astros, que conoció la Atlántida,
cuyo nombre nos llega resonando en Platón,[56]
que desde los remotos momentos de su vida
vive de luz, de fuego, de perfume, de amor,
la América del gran Moctezuma, del Inca,   5
la América fragante de Cristóbal Colón,
la América católica, la América española,
la América en que dijo el noble Guatemoc:[57]
"Yo no estoy en un lecho de rosas"; esa América
que tiembla de huracanes y que vive de Amor;   10
hombres de ojos sajones y alma bárbara, vive.
Y sueña. Y ama, y vibra; y es la hija del Sol.
Tened cuidado. ¡Vive la América española!
Hay mil cachorros sueltos del León Español.
Se necesitaría, Roosevelt, ser por Dios mismo,   15
el Riflero terrible y el fuerte Cazador,
para poder tenernos en vuestras férreas garras.

Y, pues contáis con todo, falta una cosa: ¡Dios!

SALUTACIÓN DEL OPTIMISTA

Inclitas razas ubérrimas, sangre de Hispania fecunda,
espíritus fraternos, luminosas almas, ¡salve![58]
Porque llega el momento en que habrán de cantar nuevos himnos,
lenguas de gloria. Un vasto rumor llena los ámbitos;
mágicas ondas de vida van renaciendo de pronto;   5
retrocede el olvido, retrocede engañada la muerte;
se anuncia un reino nuevo, feliz sibila sueña
y en la caja pandórica de que tantas desgracias surgieron

---

[56] Netzahualcoyotl, rey y poeta mexicano del siglo XV. Baco, dios griego del vino, aprendió el alfabeto pánico de las Musas. Alfabeto pánico: "alphabet of Pan." En dos de sus diálogos, Platón se refiere a Atlántida como lugar de una raza poderosa y un estado ideal. Según la leyenda griega, era una isla que se hundió en el océano.

[57] Guatemoc (Guatemozín, Cuauhtemoc, etc.) era sobrino de Moctezuma, rey azteca al llegar los conquistadors a principios del siglo XVI. Guatemoc ocupó el trono de su tío y fue torturado por los españoles para hacerle revelar el sitio de los tesoros imperiales. Durante la tortura, en la que le aplicaron fuego a los pies, pronunció sus famosas palabras. El Inca: título dado a los reyes de los indios incas.

[58] Hispania: "Iberian Peninsula"; ¡salve!: "hail to thee!" Se compara el ritmo de algunos de estos versos con el de "Evangeline" de Henry Wadsworth Longfellow (1807-82), poeta norteamericano popular en Hispanoamérica.

encontramos de súbito, talismánica,[59] pura, riente,
cual pudiera decirla en sus versos Virgilio divino,
la divina reina de luz, ¡la celeste Esperanza! . . .
Un continente y otro renovando las viejas prosapias,
5   en espíritu unidos, en espíritu y ansias y lengua,
ven llegar el momento en que habrán de cantar nuevos himnos.
La latina estirpe verá la gran alba futura
en un trueno de música gloriosa; millones de labios
saludarán la espléndida luz que vendrá del Oriente,
10   Oriente augusto en donde todo lo cambia y renueva
la eternidad de Dios, la actividad infinita.
Y así sea esperanza la visión permanente en nosotros.
¡Inclitas razas ubérrimas, sangre de Hispania fecunda!

EL CANTO ERRANTE

(1907)

SALUTACIÓN AL ÁGUILA

Bien vengas, mágica Águila de alas enormes y fuertes
a extender sobre el Sur tu gran sombra continental,
a traer en tus garras, anilladas de rojos brillantes,
una palma de gloria, del color de la inmensa esperanza,
5   y en tu pico la oliva de una vasta y fecunda paz.
Bien vengas, oh mágica Águila, que amara tanto Walt Whitman,
quien te hubiera cantado en esta olímpica jira,
Águila que has llevado tu noble y magnífico símbolo
desde el trono de Júpiter, hasta el gran continente del Norte.
10   Ciertamente, has estado en las rudas conquistas del orbe.
Ciertamente, has tenido que llevar los antiguos rayos.[60]
Si tus alas abiertas la visión de la paz perpetúan,
en tu pico y en tus uñas está la necesaria guerra.
¡Precisión de la fuerza! ¡Majestad adquirida del trueno!
15   Necesidad de abrirle el gran vientre fecundo a la tierra
para que en ella brote la concreción del oro de la espiga,
y tenga el hombre el pan con que mueve su sangre.

---

[59] Caja pandórica: "Pandora's box." Según la mitología, al abrirla se escaparon
todos los males del mundo, pero quedó la Esperanza. Talismánico: "talismanic,
acting as a charm."
[60] El águila fue también el emblema de la Roma imperial y de los reyes de la
casa de Austria.

No es humana la paz con que sueñan ilusos profetas,
la actividad eterna hace precisa la lucha:
y desde tu etérea altura tú contemplas, divina Águila,
la agitación combativa de nuestro globo vibrante.
Es incidencia la historia. Nuestro destino supremo   5
está más allá del rumbo que marcan fugaces las épocas.
Y Palenque y la Atlántida no son más que momentos soberbios
con que puntúa Dios los versos de su augusto Poema....
E pluribus unum![61] ¡Gloria, victoria, trabajo!
Tráenos los secretos de las labores del Norte,   10
y que los hijos nuestros dejen de ser los retores[62] latinos,
y aprendan de los yanquis la constancia, el vigor, el carácter.

¡Dinos, Águila ilustre, la manera de hacer multitudes
que hagan Romas y Grecias con el jugo del mundo presente,
y que, potentes y sobrias, extiendan su luz y su imperio   15
y que, teniendo el Águila y el Bisonte y el Hierro y el Oro,
tengan un áureo día para darle las gracias a Dios!
Águila, existe el Cóndor. Es tu hermano en las grandes alturas.
Los Andes le conocen y saben que, cual tú, mira al Sol.
May this grand Union have no end!, dice el poeta.[63]   20
Puedan ambos juntarse, en plenitud, concordia y esfuerzo....

Por algo eres la antigua mensajera jupiterina,[64]
por algo has presenciado cataclismos y luchas de razas,
por algo estás presente en los sueños del Apocalipsis,[65]
por algo eres el ave que han buscado los fuertes imperios.   25

¡Salud, Águila! Extensa virtud a tus inmensos revuelos,
reina de los azures, ¡salud! ¡gloria! ¡victoria y encanto!
¡Que la Latina América reciba tu mágica influencia
y que renazca un nuevo Olimpo, lleno de dioses y héroes!

¡Adelante, siempre adelante! ¡Excelsior! ¡Vida! ¡Lumbre!   30
¡Que se cumpla lo prometido en los destinos terrenos,
y que vuestra obra inmensa las aprobaciones recoja
del mirar de los astros, y de lo que hay más allá!

[61] Tradúzcase: "Out of many, one!"
[62] Retores: "orators, rhetoricians."
[63] Referencia a Antonio Fontoura Xavier, amigo brasileño de Darío y autor de "Al águila americana," en que se inspira este poema.
[64] De Júpiter.
[65] Apocalipsis: "Apocalypse (last book of the *New Testament;* prophetic revelation)."

Ricardo Jaimes Freyre

(1868–1933)

Ricardo Jaimes Freyre se distingue entre los modernistas por su interés en temas germánicos. Fue el único que se inspiró en el frío paisaje, la árida desolación, los pálidos colores de los nevados países nórdicos. Prefirió a la mitología helénica la de los pueblos del norte europeo con los héroes de Valhalla y Wagner; pero, a pesar de todo, su estilo no es romántico, sino parnasiano. El título de su mejor libro de poemas, *Castalia bárbara* (1899), indica su deseo de integrar en un marco clásico el robusto esplendor de los bárbaros.

Aunque nacido en Bolivia, vivió largos años en la República Argentina. Como su distinguido padre, fue profesor, enseñando historia y literatura en la Universidad de Tucumán. Durante su estancia en Buenos Aires, intimó con Rubén Darío con quien fundó en 1894 la *Revista de América*, importante para la difusión del credo modernista. Reclamado por su país, asumió diversos puestos diplomáticos en los Estados Unidos y el Brasil, muriendo al fin en su patria de adopción, Argentina.

Jaimes Freyre publicó dos libros poéticos: *Castalia bárbara*, el más conocido, y *Los sueños son vida* (1917), de tono intimista. Fruto de su experiencia universitaria fueron *El Tucumán del siglo XVI* (1914) y otras obras históricas relativas a aquella provincia argentina. Uno de sus tratados más interesantes sigue siendo las *Leyes de la versificación castellana* (1912), en que presentó una teoría métrica muy original basada en la repetición de un ritmo acentual determinado. Alabó también el verso libre.

El deseo de Jaimes Freyre de experimentar nuevos sistemas métricos se ve en "Lo fugaz," poema escrito en una combinación irregular de versos de siete y once sílabas, o en "Las voces tristes," con rima asonante, que por la distribución de sus versos cortos y largos da en la página impresa la apariencia—así se ha dicho—de las estepas rusas.

El poeta boliviano es considerado modernista no sólo por sus renovaciones métricas, sino también por el esmero y cuidado con que compuso sus poemas, pocos en número, pero todos pequeñas joyas de perfección estilística. Sus metáforas e imágenes son vívidas y originales como aquellas de "Las voces tristes" en que compara un pino a un esqueleto. Modernista también es el tono melancólico que predomina en su obra, la melancolía de un hombre que ha descubierto el aburrimiento y sinsabores de la vida.

CASTALIA BÁRBARA[1]

(1899)

SIEMPRE

Peregrina paloma imaginaria
que enardeces los últimos amores,
alma de luz, de música y de flores,
peregrina paloma imaginaria,

vuela sobre la roca solitaria   5
que baña el mar glacial de los dolores;
haya, a tu paso, un haz de resplandores
sobre la adusta roca solitaria . . .

Vuela sobre la roca solitaria,
peregrina paloma, ala de nieve   10
como divina hostia, ala tan leve

como un copo de nieve; ala divina,
copo de nieve, lirio, hostia, neblina,
peregrina paloma imaginaria . . .

LUSTRAL[2]

Llamé una vez a la visión
y vino.

---

[1] Castalia, fuente del monte Parnaso en Grecia, consagrada a las Musas y cuyas aguas concedían el don de la poesía. Bárbara: "barbaric (from the north)."
[2] Agua usada por los antiguos en sus ritos purificadores.

Y era pálida y triste, y sus pupilas
ardían como hogueras de martirios.
Y era su boca como un ave negra
de negras alas.

5   En sus largos rizos
había espinas. En su frente arrugas.
Tiritaba.
          Y me dijo:
—¿Me amas aún?

10   Sobre sus negros labios
posé los labios míos;
en sus ojos de fuego hundí mis ojos
y acaricié la zarza de sus rizos.
Y uní mi pecho al suyo, y en su frente

15   apoyé mi cabeza.
          Y sentí el frío
que me llegaba al corazón. Y el fuego
en los ojos.
          Entonces

20   se emblanqueció mi vida como un lirio.

LAS VOCES TRISTES

Por las blancas estepas
se desliza el trineo;
los lejanos aullidos de los lobos
se unen al jadeante resoplar de los perros.

5   Nieva.
Parece que el espacio se envolviera en un velo,
tachonado de lirios
por las alas del cierzo.

El infinito blanco ...

10   sobre el vasto desierto,
flota una vaga sensación de angustia,
de supremo abandono, de profundo y sombrío desaliento.

Un pino solitario
dibújase a lo lejos,

en un fondo de brumas y de nieve,
como un largo esqueleto.

Entre los dos sudarios
de la tierra y el cielo,
avanza en el Naciente
el helado crepúsculo de invierno... 5

LOS SUEÑOS SON VIDA
(1917)

LO FUGAZ

La rosa temblorosa
se desprendió del tallo,
y la arrastró la brisa
sobre las aguas turbias del pantano.

Una onda fugitiva 5
le abrió su seno amargo,
y estrechando a la rosa temblorosa
la deshizo en sus brazos.

Flotaron sobre el agua
las hojas como miembros mutilados, 10
y confundidas con el lodo negro,
negras, aun más que el lodo, se tornaron.

Pero en las noches puras y serenas
se sentía vagar en el espacio
un leve olor de rosa 15
sobre las aguas turbias del pantano.

Leopoldo Lugones

(1874–1938)

Si algo caracteriza la obra de Leopoldo Lugones es la diversidad de temas y la calidad artística. Lo abarca todo, prosa y verso, política e historia, filigranas modernistas y densidades sociales, exotismos orientales y paisajes patrios, y todo dentro de la más alta perfección. Él es, ha dicho otro famoso argentino, Jorge Luis Borges, el escritor mejor dotado de su literatura nacional, el poeta más dueño de todos los recursos del idioma, el inspirador de la poesía contemporánea de su país por los asuntos y por la técnica.

Vio Lugones la luz en Río Seco, pueblecito argentino de la provincia de Córdoba. En esta provincia estudió, teniendo ocasión de confraternizar con Roberto Payró y José Ingenieros. Sus ideas radicales le impulsaron a fundar con ellos dos el Centro Socialista y a casarse en 1896 sin ceremonia religiosa. En ese mismo año se estableció en Buenos Aires donde conoció a Rubén Darío, que saludó en él una gran promesa. Nombrado inspector de Enseñanza Media, escribió un libro de matiz polémico, *La reforma educacional* (1903). A partir de entonces cedió su radicalismo para transformarse en una actitud moderada y democrática.

Por encargo del gobierno recorrió el territorio de Misiones, publicando como fruto de sus observaciones del viaje una historia de las reparticiones paraguayas bajo el título de *El imperio jesuítico* (1904), violentamente anticlerical. Como corresponsal de *La Nación* estuvo en Europa en 1905, 1911 y 1921. Durante la guerra asumió una posición de defensa de la causa aliada, aduciendo sus razones en *Mi beligerancia* (1917).

Poco a poco sus ideas cambiaron por tercera vez, pasando a convertirse en militaristas y dictatoriales: así las expuso, por ejemplo, con gran escándalo del auditorio en su discurso sobre la batalla de Ayacucho en 1924 y las recogió en *La patria fuerte* (1930). Se atribuyen tales cambios a la sinceridad de sus convicciones que, al verse traicionadas en la realidad, derivaban hacia otra meta. Quizá la desilusión política fue causa de su suicidio en 1938, hecho que conmovió y sorprendió a todos por ser Lugones hombre jovial y extrovertido.

Aparte de los libros citados, dejó en prosa varios otros. En *La guerra gaucha* (1905) evoca a través de veintidós relatos la gesta de la independencia con un sentido épico de libertad y heroísmo. En *Historia de Sarmiento* (1911) traza un retrato glorificador del famoso escritor y presidente argentino. En las dos obras la prosa de Lugones alcanza calidades insuperables. Escribió asimismo abundantes ensayos sobre Grecia, entre los que se destacan *Prometeo* (1910) y *Estudios helénicos* (1924). En éste se contiene una traducción de algunos capítulos de la *Ilíada* y *Odisea* en alejandrinos.

Dentro de la crítica literaria, *El payador* (1916) supuso una revalorización de *Martín Fierro*, poco estimado hasta entonces. Lugones entroncó el poema de José Hernández con la épica popular griega y medieval y vio en el gaucho la encarnación de la justicia y la libertad. Fue también notable narrador; en sus colecciones *Las fuerzas extrañas* (1906) y *Cuentos fatales* (1924) anticipó el relato fantástico, mezclando el exotismo oriental con la truculencia y la magia.

Como poeta se inició en 1897 con *Las montañas del oro*, libro ambicioso en el que al lado del tema erótico se cantan las grandes fuerzas de la naturaleza y los momentos de esplendor de la historia humana. Abandonando el tono épico y grandilocuente, Lugones buscó una nota más íntima y personal en *Los crepúsculos del jardín* (1905), mucho más variado métricamente que el anterior. Predomina en él un acento amororoso en un ambiente galante, sensual y con frecuencia decadente. En *Lunario sentimental* (1909) explotó la vena irónica, antirromántica, con un juego de gracia e ingenio a propósito del satélite terrestre. La importancia formal del libro fue enorme, pues el argentino intentó un deliberado prosaísmo, introduciendo palabras comunes o tomadas de las ciencias.

El libro fiel (1912), *El libro de los paisajes* (1917) y *Las horas doradas* (1922) constituyen una unidad cuyo motivo es el amor conyugal, disimulado a veces en escenarios exóticos y cortesanos, contrastado otras, las más, con la soledad, la angustia de vivir, el paso del tiempo y el miedo a la muerte. Argentina, la patria, inspiró al poeta otro grupo de obras en las que trató de penetrar en la historia, el paisaje y las costumbres. En *Odas seculares* (1910), escrito como homenaje en el centenario de la independencia, coexisten el héroe Belgrano y el humilde habitante de la pampa, la tradición cultural y la tierra salvaje. Un fondo popular de canciones y leyendas emerge de *Romancero* (1924) mientras *Poemas solariegos* (1928) y *Romances del Río Seco* (1938) poetizan la tradición folklórica, los tipos sencillos y pueblerinos, las costumbres ingenuas y primitivas, las razas olvidadas del gaucho y el indio.

Lugones participó de varias modas modernistas: afán de renovación métrica, exotismo, fiestas galantes, brillo de colores y sonoridad del ritmo; pero consiguió superarlas rompiendo sus limitaciones y encontrando nuevos rumbos. Temáticamente descubrió la importancia de lo social, casi sistemáticamente desdeñado por los otros, y en la faceta mundonovista prefirió una Argentina sencilla y olvidada, pero real, auténtica, a la fastuosa evocación de los Incas y los conquistadores. Formalmente complicó la metáfora, haciéndola difícil, casi vanguardista; pero descubrió asimismo el valor de lo sencillo, dando cabida en el léxico a un prosaísmo y a un cientifismo que luego serían muy imitados.

LOS CREPÚSCULOS DEL JARDÍN
(1905)

OCEÁNIDA[1]

El mar, lleno de urgencias masculinas,
bramaba alrededor de tu cintura,
y como brazo colosal, la oscura
ribera te amparaba. En tus retinas,

5   y en tus cabellos, y en tu astral blancura,
rieló con decadencias opalinas,
esa luz de las tardes mortecinas
que en el agua pacífica perdura.

Palpitando a los ritmos de tu seno,
10   hinchóse en una ola el mar sereno;
para hundirte en sus vértigos felinos

---

[1] Las oceánidas eran ninfras marinas, hijas del Océano y Tetis.

su voz te dijo una caricia vaga,
y al penetrar entre los muslos finos,
la onda se aguzó como una daga.

DELECTACIÓN MOROSA[2]

La tarde, con ligera pincelada
que iluminó la paz de nuestro asilo,
apuntó en su matiz crisoberilo
una sutil decoración morada.[3]

Surgió enorme la luna en la enramada;   5
las hojas agravaban su sigilo,
y una araña en la punta de su hilo,
tejía sobre el astro, hipnotizada.

Poblóse de murciélagos el combo
cielo, a manera de chinesco biombo;   10
tus rodillas exangües sobre el plinto[4]

manifestaban la delicia inerte,
y a nuestros pies un río de jacinto
corría sin rumor hacia la muerte.

EL LIBRO FIEL

(1912)

LA BLANCA SOLEDAD

Bajo la calma del sueño,
calma lunar de luminosa seda,
la noche
como si fuera
el blanco cuerpo del silencio,   5
dulcemente en la inmensidad se acuesta.
Y desata

---

[2] Tradúzcase: "Slow Delight."
[3] Pincelada: "brush stroke"; matiz crisoberilo: "chartreuse hue"; morada: "mauve."
[4] Combo cielo: "curving sky"; chinesco biombo: "Chinese folding screen"; plinto: "plinth, base of a pillar."

su cabellera,
en prodigioso follaje
de alamedas.

5   Nada vive sino el ojo
del reloj en la torre tétrica,
profundizando inútilmente el infinito
como un agujero abierto en la arena.
El infinito,
rodado por las ruedas
10   de los relojes,
como un carro que nunca llega.

La luna cava un blanco abismo
de quietud, en cuya cuenca
las cosas son cadáveres
15   y las sombras viven como ideas.
Y uno se pasma de lo próxima
que está la muerte en la blancura aquella.
De lo bello que es el mundo
poseído por la antigüedad de la luna llena.
20   Y el ansia tristísima de ser amado,
en el corazón doloroso tiembla.

Hay una ciudad en el aire,
una ciudad casi invisible suspensa,
cuyos vagos perfiles
25   sobre la clara noche transparentan,
como las rayas de agua en un pliego,
su cristalización poliédrica.[5]
Una ciudad tan lejana,
que angustia con su absurda presencia.

30   ¿Es una ciudad o un buque
en el que fuésemos abandonando la tierra,
callados y felices,
y con tal pureza,

---

[5] Suspensa: "suspended"; vagos perfiles: "blurred outlines"; rayas de agua en un pliego: "water-marks on a sheet of paper"; cristalización poliédrica: "polyhedrical (many sided) crystallization."

que sólo nuestras almas
en la blancura plenilunar vivieran?...
    Y de pronto cruza un vago
estremecimiento por la luz serena.
Las líneas se desvanecen,   5
la inmensidad cámbiase en blanca piedra,
y sólo permanece en la noche aciaga
la certidumbre de tu ausencia.

HISTORIA DE MI MUERTE

    Soñé la muerte y era muy sencillo:
una hebra de seda me envolvía,
y cada beso tuyo
con una vuelta menos me ceñía.
Y cada beso tuyo   5
era un día;
y el tiempo que mediaba entre dos besos,
una noche. La muerte es muy sencilla.

    Y poco a poco fue desenvolviéndose
la hebra fatal. Ya no la retenía   10
sino por sólo un cabo entre los dedos...
Cuando de pronto te pusiste fría,
y ya no me besaste...
Y solté el cabo, y se me fue la vida.

ROMANCERO
(1924)

LIED[6] DEL PÁJARO Y LA MUERTE

    Gorjea en su plenitud
el pajarillo amoroso,
y en mi pecho silencioso
se angustia una honda inquietud.

5   Canta, canta, sin cesar,
con trino tan claro y fuerte,

que puede darse la muerte
del exceso de cantar.

    Canta, canta su pasión
hasta morir dulce y blando...   10
Tú mueres mejor callando,
valeroso corazón.

6 Canción.

LIED DE LA BOCA FLORIDA

Al ofrecerte una rosa
el jardinero prolijo,
orgulloso de ella, dijo:
no existe otra más hermosa.
5 A pesar de su color,
su belleza y su fragancia,

respondí con arrogancia:
yo conozco una mejor.

Sonreíste tú a mi fiero
remoque de paladín...[7]   10
Y regresó a su jardín
cabizbajo el jardinero.

LA MUCHACHA FEA

Yo soy la muchacha fea,
y aquí a contárselo voy,
para que usté[8] no me crea
más fea de lo que soy.

5 Pues pienso sin ironía
que usté, señor, ha de ser
el que, al bajar del tranvía,
me miró la pierna ayer.

Pude así, ante su buen gusto,
10 eludir mi fealdad.
No sé si más de lo justo
le quedó curiosidad.

Pero, al tomar por la calle,
sin querer noté después
15 que el contorno de mi talle
le inspiró cierto interés.

Por la parte que me toca,
se lo voy a usté a decir:
No es fea ninguna boca
20 cuando sabe sonreír.

Si mis ojitos son feos,
hablan, en cambio, muy bien.

Más de uno tiene deseos
de preguntarles con quién...

Aunque el pesar no me rinda,   25
lo que me hace falta a mí
es que alguien me crea linda
para embellecerme así.

Pero yo soy la inventora
del *Institut de Beauté*...[9]   30
Vea usté, linda señora,
lo que así me debe usté.

El tonto de mi vecino
busca novia sin hallar.
Perlas le pide al Destino,   35
pero se asusta del mar.

Sus vanidosas ideas
le han secado el corazón.
De tanto miedo a las feas
se va a quedar solterón.   40

Si ángeles son las bonitas,
por marido al cielo azul
vayan esas señoritas
con cuatro alitas de tul.

---

[7] Tradúzcase: "You smiled at my arrogant sarcasm, that of a gallant knight."
[8] Usted.
[9] Salón de belleza.

Allá el bueno de San Pablo
su bendición les dará.
Las feas, que son el diablo,
quieren condenarse acá.
5 Porque les causan tristeza
y afligen su buena fe

la incuria y mala cabeza
de los mozos que una ve.
Conque, así, por su desvío,
sépalo al darles mi adiós: 10
Yo soy fea, señor mío,
pero usté vale por dos.

Amado Nervo

(1870–1919)

Amado Nervo ha sido uno de los modernistas más populares y queridos. A ello han contribuido los dos temas esenciales de su poesía, el amor y el sentimiento religioso. Apartándose más y más de los motivos exóticos y de los brillantes adornos que tanto agradaban a sus compañeros de generación, el mexicano buscó la expresión íntima, elegante y sencilla de su alma enamorada y mística. Exageró además, para mayor efecto, cierta actitud de infelicidad personal, de búsqueda de lo imposible, de melancólica insatisfacción y de delicada ternura ante la amada que logró cautivar fácilmente a los lectores.

Nació Nervo en Tepic, pequeña ciudad tropical de México. Estudió para sacerdote en el seminario de Zamora; pero quizá por razones económicas, quizá por su temperamento sensual, abandonó la carrera y en 1891 se fue a vivir como periodista en Mazatlán. Se instaló en la capital mexicana tres años después, relacionándose con el grupo de la *Revista Azul* que dirigía Manuel Gutiérrez Nájera. Pasó días difíciles de soledad y pobreza hasta que consiguió abrirse camino y darse a conocer.

Junto con Jesús E. Valenzuela fundó la *Revista Moderna* (1891–1911) que fue el órgano más importante del modernismo hispanoamericano. En 1900 se dirigió a París donde llevó una vida de bohemio, pero de fecundo trabajo. Allí conoció a Rubén Darío, a varios escritores franceses y también en 1901 a Ana Cecilia Luisa Dailliez, su gran amor, a la que consagró gran parte de sus poemas.

Ingresó en la diplomacia y fue destinado a Madrid como secretario de embajada en 1905. La capital española lo recibió magníficamente: el Ateneo le abrió sus puertas para que diese recitales de sus poesías; Miguel de Unamuno, a quien le unía una gran afinidad espiritual, le brindó su amistad; su nombre llegó a ser popular en todos los círculos. Al morir Ana Cecilia en 1912, sufrió una gran crisis espiritual. De regreso en México en 1918, se le envió a las embajadas de la Argentina, el Uruguay y el Paraguay. Murió en Montevideo, siendo sus restos trasladados triunfalmente a su patria.

Nervo es autor de una abundante obra en prosa, resultado de sus colaboraciones periodísticas. Cultivó extensamente la crítica literaria, destacando su estudio sobre Sor Juana Inés de la Cruz, y escribió numerosas narraciones a la manera modernista, breves, delicadas y de esmerado estilo. Pero en la historia literaria cuenta sobre todo por su poesía.

Su primer libro, *Místicas* (1898), le granjeó bien pronto la fama de místico que nunca le abandonó. En París se le llegó incluso a llamar "el monje de la poesía." Pero el misticismo de Nervo no debe entenderse en su sentido clásico, sino más bien como una vaga aspiración al más allá que nunca se satisface. Su Dios no es el Dios cristiano; es un ser misterioso e inasequible en cuya concepción se mezclan imágenes cristianas, orientales y panteístas.

La amada inmóvil, su obra de más resonancia, escrita en 1912, sólo se publicó en 1920, muerto ya el poeta. Constituye un homenaje a Ana Cecilia, una especie de diario íntimo de los anhelos y experiencias de Nervo en el amor, entre 1901 y 1912. No falta naturalmente el aspecto morboso, el deleite en la carne tentadora, tan del gusto modernista; pero por lo general predominan la contemplación estética de la belleza, la melancolía producida por el tiempo que se va y los deseos que no se alcanzan, el dolor de la muerte que destruye todo lo querido.

Esta doble temática de amor y religión se prosigue en *Serenidad* (1914) y *Elevación* (1917), muchas veces mezclándose en un solo poema como aspectos de una misma realidad. En estos libros se contienen algunas de las composiciones más conocidas del autor: "¿Cómo es?," disquisición sobre las distintas religiones; "Si eres bueno," aspiración indefinida hacia Dios; "Solidaridad," profesión de panteísmo; y "En paz," busca del nirvana budista.

Aunque innegablemente modernistas por sus motivos, actitudes y uso del verso libre, ninguno de los cuatro libros citados ofrece grandes novedades de forma. Nervo rehuye tanto el empleo de metros y estrofas no tradicionales como el de imágenes muy brillantes y exóticas, prefiriendo la expresión sencilla y directa. Mayores atrevimientos de estilo aparecen en otras obras de menor interés, *El éxodo y las flores del camino* (1902) y *Plenitud* (1918).

MÍSTICAS[1]
(1898)

DELICTA CARNIS[2]

Carne, carne maldita que me apartas del cielo,
carne tibia y rosada que me impeles al vicio;
ya rasgué mis espaldas con cilicio y flagelo
por vencer tus impulsos, y es en vano; ¡te anhelo
5   a pesar del flagelo y a pesar del cilicio!

Crucifico mi cuerpo con sagrados enojos
y se abraza a mis plantas Afrodita[3] la impura;
me sumerjo en la nieve, mas la templan sus ojos;
me revuelco en un tálamo de punzantes abrojos,
10   y sus labios lo truecan en deleite y ventura.

Y no encuentro esperanza, ni refugio ni asilo,
y en mis noches, pobladas de febriles quimeras,
me persigue la imagen de la Venus de Milo,
con sus lácteos muñones, con su rostro tranquilo
15   y las combas triunfales de sus amplias caderas . . .

¡Oh Señor Jesucristo, guíame por los rectos
derroteros del justo; ya no turben con locas
avideces la calma de mis puros afectos
ni el caliente alabastro de los senos erectos,
20   ni el marfil de los hombros ni el coral de las bocas!

SERENIDAD
(1914)

SOLIDARIDAD

Alondra, ¡vamos a cantar!
Cascada, ¡vamos a saltar!
Riachuelo, ¡vamos a correr!

[1] Se refiere a una actitud mística, espiritual.
[2] Delitos de la carne.
[3] Nombre griego de la diosa Venus, la cual está representada en la famosa estatua, la Venus de Milo.

Diamante, ¡vamos a brillar!
Águila, ¡vamos a volar!
Aurora, ¡vamos a nacer!
¡A cantar!
¡A saltar!   5
¡A correr!
¡A brillar!
¡A volar!
¡A nacer!

ELEVACIÓN

(1917)

EN PAZ

Muy cerca de mi ocaso, yo te bendigo, Vida,
porque nunca me diste ni esperanza fallida
ni trabajos injustos ni pena inmerecida;

porque veo al final de mi rudo camino
que yo fui el arquitecto de mi propio destino;   5
que si extraje las mieles o la hiel de las cosas,
fue porque en ellas puse hiel o mieles sabrosas:
cuando planté rosales, coseché siempre rosas.

... Cierto, a mis lozanías va a seguir invierno:
¡mas tú no me dijiste que mayo fuese eterno!   10
Hallé sin duda largas las noches de mis penas;
mas no me prometiste tú sólo noches buenas;
y en cambio tuve algunas santamente serenas ...

Amé, fui amado, el sol acarició mi faz.
¡Vida, nada me debes! ¡Vida, estamos en paz!   15

SI ERES BUENO

Si eres bueno, sabrás todas las cosas,
sin libros ... y no habrá para tu espíritu
nada ilógico, nada injusto, nada
negro, en la vastedad del universo.

El problema insoluble de los fines   5
y las causas primeras,

que ha fatigado a la Filosofía,
será para ti diáfano y sencillo.

El mundo adquirirá para tu mente
una divina transparencia, un claro
5   sentido, y todo tú serás envuelto
en una inmensa paz . . .

PLENITUD
(1918)

LLÉNALO DE AMOR

Siempre que haya un hueco en tu vida, llénalo de amor.
Adolescente, joven, viejo: siempre que haya un hueco en tu vida,
llénalo de amor.
En cuanto sepas que tienes delante de ti un tiempo baldío, ve a
buscar al amor.
No pienses: "Sufriré."
5 No pienses: "Me engañarán."
No pienses: "Dudaré."
Ve, simplemente, diáfanamente, regocijadamente, en busca del amor.
¿Qué índole de amor? No importa: todo amor está lleno de excelencia
y de nobleza.
Ama como puedas, ama a quien puedas, ama todo lo que puedas . . . ,
pero ama siempre.
10 No te preocupes de la finalidad de tu amor.
Él lleva en sí mismo su finalidad.
No te juzgues incompleto porque no responden a tus ternuras; el
amor lleva en sí su propia plenitud.
Siempre que haya un hueco en tu vida, llénalo de amor.

¿CÓMO ES?

¿Es Dios personal?
¿Es impersonal?
¿Tiene forma?
¿No tiene forma?
5 ¿Es esencia?
¿Es substancia?

¿Es uno?
¿Es múltiple?
¿Es la conciencia del Universo?
¿Es Voluntad sin conciencia y sin fin?
¿Es todo lo que existe?   5
¿Es distinto de todo lo que existe?
¿Es como el alma de la naturaleza?
¿Es una ley?
¿Es simplemente la armonía de las fuerzas?
¿Está en nosotros mismos?   10
¿Es nosotros mismos?
¿Está fuera de nosotros?
Alma mía, hace tiempo que tú ya no te preguntas estas cosas. Tiempo
   ha que estas cosas ya no te interesan.
Lo único que tú sabes es que Le amas . . .

EL ARQUERO DIVINO
(1919)
EL DÍA QUE ME QUIERAS

   El día que me quieras tendrá más luz que junio;
la noche que me quieras será de plenilunio,
con notas de Beethoven vibrando en cada rayo
sus inefables cosas,
y habrá juntas más rosas   5
que en todo el mes de mayo.

   Las fuentes cristalinas
irán por las laderas
saltando cantarinas,[4]
el día que me quieras.   10

   El día que me quieras, los sotos escondidos
resonarán arpegios nunca jamás oídos.
Éxtasis de tus ojos, todas las primaveras
que hubo y habrá en el mundo, serán cuando me quieras.

   Cogidas de la mano, cual rubias hermanitas,   15
luciendo golas cándidas, irán las margaritas

4 Cantarinas: "singing merrily."

por montes y praderas
delante de tus pasos, el día que me quieras . . .
Y si deshojas una, te dirá su inocente
postrer pétalo blanco: ¡Apasionadamente!

5   Al reventar el alba del día que me quieras,
tendrán todos los tréboles cuatro hojas agoreras,
y en el estanque, nido de gérmenes ignotos,
florecerán las místicas corolas de los lotos.

El día que me quieras será cada celaje
10   ala maravillosa, cada arrebol, miraje
de las *Mil y una noches*,[5] cada brisa un cantar,
cada árbol una lira, cada monte un altar.

El día que me quieras, para nosotros dos
cabrá en un solo beso la beatitud de Dios.

EL ESTANQUE DE LOS LOTOS

(1919)

LA SED

Inútil la fiebre que aviva tu paso;
no hay fuente que pueda saciar tu ansiedad,
por mucho que bebas . . .
                    El alma es un vaso
5   que sólo se llena con eternidad.

¡Qué mísero eres! Basta un soplo frío
para helarte . . . Cabes en un ataúd;
¡y en cambio a tus vuelos es corto el vacío,
y la luz muy tarda para tu inquietud!

10   ¿Quién pudo esconderte, misteriosa esencia,
entre las paredes de un vil cráneo? ¿Quién
es el carcelero que con la existencia
te cortó las alas? ¿Por qué tu conciencia,
si es luz de una hora, quiere el sumo Bien?

---

[5] Tradúzcase: "a scene from *The Arabian Nights.*"

Displicente marchas del orto al ocaso;
no hay fuente que pueda saciar tu ansiedad
por mucho que bebas . . . ¡El alma es un vaso
que sólo se llena con eternidad!

LA AMADA INMÓVIL

(1920[6])

¿LLORAR? ¿POR QUÉ?

Este es el libro de mi dolor:
lágrima a lágrima lo formé;
una vez hecho, te juro por
Cristo, que nunca más lloraré.
¿Llorar? ¿Por qué?   5

Serán mis rimas como el rielar
de una luz íntima, que dejaré
en cada verso; pero llorar,
¡eso ya nunca! ¿Por quién? ¿Por qué?

Serán un plácido florilegio   10
un haz de notas que regaré,
y habrá una risa por cada arpegio.
¿Pero una lágrima? ¡Qué sacrilegio!
Eso ya nunca. ¿Por quién? ¿Por qué?

GRATIA PLENA[7]

Todo en ella encantaba, todo en ella atraía:
su mirada, su gesto, su sonrisa, su andar . . .
El ingenio de Francia de su boca fluía.
Era *llena de gracia,* como el Avemaría;[8]
¡quien la vio no la pudo ya jamás olvidar!   5

Ingenua como el agua, diáfana como el día.
rubia y nevada como margarita sin par,
al influjo de su alma celeste, amanecía . . .

[6] Los poemas de esta colección fueron escritos en 1912, año en que murió Ana
Cecilia, "la amada inmóvil."
[7] *Gratia plena:* "Full of grace."
[8] La plegaria que empieza en inglés: "Hail, Mary, full of grace."

Era llena de gracia, como el Avemaría;
¡quien la vio no la pudo ya jamás olvidar!

Cierta dulce y amable dignidad la investía
de no sé qué prestigio[9] lejano y singular.
Más que muchas princesas, princesa parecía:
era llena de gracia como el Avemaría;
¡quien la vio no la pudo ya jamás olvidar!

Yo gocé el privilegio de encontrarla en mi vía
dolorosa; por ella tuvo fin mi anhelar,
y cadencias arcanas halló mi poesía.
Era llena de gracia como el Avemaría;
¡quien la vio no la pudo ya jamás olvidar!

¡Cuánto, cuánto la quise! Por diez años fue mía;
pero flores tan bellas nunca pueden durar.
Era llena de gracia, como el Avemaría,
y a la fuente de gracia, de donde procedía,
se volvió . . . como gota que se vuelve a la mar.

¿QUÉ MÁS ME DA?[10]

Con ella, todo; sin ella, ¡nada!
para qué viajes,
cielos, paisajes.
¡Qué importan soles en la jornada!
Qué más me da
la ciudad loca, la mar rizada,
el valle plácido, la cima helada,
¡si ya conmigo mi amor no está!
Qué más me da . . .

Venecias, Romas, Vienas, Parises:
bellos sin duda; pero copiados
en sus celestes pupilas grises,
¡en sus divinos ojos rasgados![11]
Venecias, Romas, Vienas, Parises,

---

9 Prestigio: "fascination, spell."
10 Tradúzcase: "What do I care?"
11 Copiados: "reflected"; ojos rasgados: "large eyes."

qué más me da
vuestra balumba[12] febril y vana,
si de mi brazo no va mi Ana,
¡si ya conmigo mi amor no está!
Qué más me da . . .   5

Un rinconcito que en cualquier parte me preste abrigo;
un apartado refugio amigo
donde pensar;
un libro austero que me conforte;
una esperanza que sea norte   10
de mi penar,
y un apacible morir sereno,
mientras más pronto más dulce y bueno:
¡qué mejor cosa puedo anhelar!

LA CITA

¿Has escuchado?
Tocan la puerta . . .
—La fiebre te hace
desvariar.
—Estoy citado   5
con una muerta,
y un día de estos ha de llamar . . .
Llevarme pronto me ha prometido;
a su promesa no ha de faltar . . .
Tocan la puerta. Qué, ¿no has oído?   10
—La fiebre te hace desvariar.

ME BESABA MUCHO

Me besaba mucho, como si temiera
irse muy temprano . . . Su cariño era
inquieto, nervioso.
Yo no comprendía
tan febril premura. Mi intención grosera   5
nunca vio muy lejos . . .
¡Ella presentía!

12 Balumba: "confusion, tumult."

Ella presentía que era corto el plazo,
que la vela herida por el latigazo
del viento, aguardaba ya... y en su ansiedad
quería dejarme su alma en cada abrazo,
5   poner en sus besos una eternidad.

SEIS MESES

¡Seis meses ya de muerta! Y en vano he pretendido
un beso, una palabra un hálito, un sonido...
y, a pesar de mi fe, cada día evidencio
que detrás de la tumba ya no hay más que silencio...

5   Si yo me hubiese muerto, ¡qué mar, qué cataclismos,
qué vórtices, qué nieblas, qué cimas ni qué abismos
burlaran mi deseo febril y omnipotente
de venir por las noches a besarte en la frente,
de bajar con la luz de un astro zahorí,[13]
10   a decirte al oído: "No te olvides de mí!"

Y tú, que me querías tal vez más que te amé,
callas inexorable, de suerte que no sé
sino dudar de todo, del alma, del destino,
¡y ponerme a llorar en medio del camino!
15   Pues con desolación infinita evidencio
que detrás de la tumba ya no hay más que silencio...

[13] Astro zahorí: "divining star."

José Santos Chocano

(1875-1934)

José Santos Chocano se caracteriza entre los modernistas de la segunda generación por su actitud agresivamente hispánica y antifrancesa: el mundonovismo alcanzó con él su más enérgica expresión. Temiendo que la imitación de la literatura de Francia provocase la despersonalización de América y el olvido de lo americano, se propuso por tarea enaltecer lo nativo, desde el paisaje a la historia, y reafirmó las raíces indígenas y españolas del continente. Realizó, pues, en cierto modo las palabras que Rubén Darío había impreso en el prólogo de *Prosas profanas* (1896): "Si hay poesía en nuestra América, ella está en las viejas cosas, en Palenque y Utatlán, en el indio legendario, y en el inca, sensual y fino, y en el gran Moctezuma de la silla de oro." Con toda razón se le puede, por lo tanto, otorgar el título que se dio a sí mismo de "Cantor de América autóctono y salvaje."

La vida de Santos Chocano fue violenta y contradictoria, llena de adventuras y peligros. Nacido en Lima, tuvo una infancia infeliz bajo la tutela de un padre alcoholizado y una madre resignada. Estudió en varios colegios de la capital y en la Universidad de San Marcos, pero con poco provecho. Siendo muy niño, había presenciado la derrota peruana por las armas chilenas (1879-83), por lo que, quizá, se interesó muy pronto en la política. Sólo tenía diecinueve años cuando fue condenado a muerte y luego indultado por el dictador Cáceres. Entre 1900 y 1905 desarrolló una gran actividad diplomática en Colombia, oponiéndose a los proyectos yanquis con respecto a aquellos territorios.

En 1906 se dirigió a España donde fue muy bien recibido y donde tuvo ocasión de conocer a dos grandes compañeros de movimiento, Rubén Darío y Amado Nervo. En Madrid publicó aquel mismo año su obra maestra, *Alma América*. Tuvo que huir de la Madre Patria, al verse implicado en un proceso por estafa de la que al parecer era inocente. De regreso en América, se instaló en Guatemala con la protección del dictador Manuel Estrada Cabrera desde 1908 a 1921. Intervino en la política mexicana, viajó por los Estados Unidos y llegó a concebir el proyecto de liberar Puerto Rico con soldados mexicanos. Al caer Estrada en 1920, fue hecho prisionero y condenado a muerte: se salvó esta vez gracias a la intervención de personalidades de todo el mundo, entre ellas, el Papa. En 1922 volvió al Perú y se convirtió en acérrimo defensor del dictador Augusto B. Leguía e incluso de la dictadura como sistema político, según se atrevió a exponer en *Idearium tropical* (1922). Esto le valió ser coronado como poeta nacional, pero tuvo el resultado de distanciarle de sus amigos. En una crisis nerviosa llegó a asesinar a un joven en 1925 y, aislado de todos, tuvo que desterrarse a Chile en 1928. Después de unos años de soledad y pobreza, allí murió asesinado a su vez en un tranvía por un hombre que había invertido y perdido su dinero en un loco proyecto de Chocano para encontrar un tesoro.

Santos Chocano dejó una obra bastante extensa, que se compone de varias piezas teatrales, algunos escritos en prosa y numerosos libros poéticos. Durante su primer encarcelamiento escribió *Iras santas* (1895), colección de poemas impresa en tinta roja, que refleja su odio a la política injusta y arbitraria. En *La epopeya del Morro* (1899) alabó el patriotismo peruano en la guerra contra Chile, en tanto que *El canto del siglo* (1901) constituye un elogio del mundo moderno y sus progresos. Las últimas colecciones poéticas importantes fueron *Primicias de oro de Indias* (1934) y la obra completa, *Oro de Indias* (1940-41), donde logró una visión colorista del trópico y penetró con simpatía e inteligencia en el mundo indio: así en "Notas del alma indígena" expresó su protesta contra la explotación del maltratado ser.

Su creación más lograda es *Alma América*, libro que se publicó con prólogos de escritores famosos, tales como Darío, Miguel de Unamuno y José Enrique Rodó. Dos son sus temas fundamentales: la naturaleza y la historia de América. La grandeza y majestuosidad del paisaje han sido descritas con insuperable maestría: el soneto "Los Andes," por ejemplo, capta de manera perfecta el aspecto imponente de la cordillera. En cuanto a la historia, a Chocano no le interesa demasiado lo propiamente indígena, aunque "Caupolicán" es una evocación típica del indio legendario y noble.

Prefiere asuntos de la conquista, llevado de su afán por unir los dos pueblos, de conciliar definitivamente las dos sangres, la incaica y la española, que él describió como propias en "Blasón." El poema "Los caballos de los conquistadores" pasa por la muestra más representativa de esta poesía brillante, sonora y marcial. Junto a estos dos asuntos, se destacan otros secundarios como el recuerdo del Perú lejano y querido o los ataques a los Estados Unidos, tal "La epopeya del Pacífico," donde el poeta profetiza que la "raza de los blondos cabellos" nunca construirá el Canal de Panamá. Mucho se ha discutido si Santos Chocano es o no modernista. En su soneto "Troquel" se negaba a sí mismo el título, afirmando "No cruzaré los bosques floridos del Parnaso," esto es, de la poesía parnasiana. Pero al antologizar sus versos en *Fiat lux* (1908) los clasifica en clásicos o de asunto greco-latino y erótico; románticos o de temas cívicos y personales; modernistas o con audacias métricas.

No es, pues, en las afirmaciones contradictorias del escritor, sino en su propia obra donde se halla la solución. Santos Chocano es modernista por lo que tiene de síntesis de escuelas diversas; por sus temas mundonovistas; por la sonoridad rítmica; por las renovaciones estróficas; por el uso de palabras llenas de color y fuerza expresiva. Lo que ocurre es que, en vez del exotismo y los símbolos artísticos de algunos compañeros, prefirió su América con su fauna, flora e historia.

ALMA AMÉRICA

(1906)

BLASÓN[1]

Soy el cantor de América autóctono[2] y salvaje;
mi lira tiene un alma, mi canto un ideal.
Mi verso no se mece colgado de un ramaje
con un vaivén pausado de hamaca tropical . . .

Cuando me siento Inca, le rindo vasallaje   5
al Sol, que me da el cetro de su poder real;
cuando me siento hispano y evoco el Coloniaje,
parecen mis estrofas trompetas de cristal . . .

---

[1] *Blasón*: "Coat-of-arms." Chocano describe las partes de su simbólico escudo.
[2] Autóctono: "autochthonous, aboriginal, native."

Mi fantasía viene de un abolengo moro:
los Andes son de plata, pero el León[3] de oro;
y las dos castas fundo con épico fragor.

La sangre es española e incaico es el latido;
5   ¡y de no ser poeta, quizás yo hubiese sido
un blanco aventurero o un indio emperador!

TROQUEL

No beberé en las linfas de la castalia fuente,[4]
ni cruzaré los bosques floridos del Parnaso,
ni tras las nueve hermanas[5] dirigiré mi paso;
pero, al cantar mis himnos, levantaré la frente.

5   Mi culto no es el culto de la pasada gente,
ni me es bastante el vuelo solemne del Pegaso:[6]
los trópicos avivan la flama en que me abraso;
y en mis oídos suena la voz de un Continente.

Yo beberé en las aguas de caudalosos ríos;
10   yo cruzaré otros bosques lozanos y bravíos;
yo buscaré a otra Musa que asombre al Universo.

Yo de una rima frágil haré mi carabela;
me sentaré en la popa; desataré la vela;
y zarparé a las Indias, como un Colón[7] del verso.

LOS ANDES

Cual se ve la escultórica serpiente
de Laoconte[8] en mármoles desnudos,
los Andes trenzan sus nerviosos nudos
en el cuerpo de todo un Continente.

[3] Antiguo reino de España y símbolo de ese país.
[4] Tradúzcase: "waters of the classic fountain of the Muses."
[5] Parnaso: "Mount Parnassus," monte donde habitaban los dioses griegos. Aquí se refiere a la poesía francesa parnasiana. Las nueve hermanas son las nueve Musas.
[6] Pegaso, hijo de Medusa y de la espuma del mar, era el alado caballo de las Musas.
[7] Colón: "Columbus."
[8] Alusión a una estatua conservada en el Vaticano, esculpida quizá en el siglo II a. C. Representa a Laoconte y sus hijos luchando con una serpiente. Se cuenta que aquél, como sacerdote de Apolo, advirtió a los troyanos que no aceptaran el caballo griego de madera. Enojada, Atena hizo que dos serpientes lo mataran a él y sus hijos.

Horror dantesco[9] estremecer se siente
por sobre ese tropel de héroes membrudos,
que se alzan con graníticos[10] escudos
y con cascos de plata refulgente.

La angustia de cada héroe es infinita,   5
porque quiere gritar, retiembla, salta,
se parte de dolor, . . . pero no grita;

y sólo deja, extático y sombrío,
rodar, desde su cúspide más alta,
la silenciosa lágrima de un río . . .   10

LA VISIÓN DEL CÓNDOR

Una vez bajó el cóndor de su altura
a pugnar con el boa, que, hecho un lazo,
dormía astutamente en el regazo
compasivo de trágica espesura.

El cóndor picoteó la escama dura;   5
y la sierpe, al sentir el picotazo,
fingió en el cesped el nervioso trazo
con que la tempestad firma en la anchura.[11]

El cóndor cogió al boa; y en un vuelo
sacudiólo con ímpetu bravío,   10
y lo dejó caer desde su cielo.

Inclinó la mirada al bosque umbrío;
y pudo ver que, en el lejano suelo,
en vez del boa, serpenteaba un río.

CAUPOLICÁN[12]

Ya todos los caciques probaron el madero.
—¿Quién falta?—Y la respuesta fue un arrogante:—¡Yo!

[9] Alusión a los horrores que el poeta italiano Dante (1265–1321) describe en su *Divina Comedia*.

[10] Graníticos: "granitic, hard, unyielding."

[11] Quiere decir que la escama del boa (generalmente, la boa) imitó al moverse el fulgor de un relámpago.

[12] Cacique de los indios araucanos de Chile y héroe legendario celebrado por el poeta Alonso de Ercilla. Según éste, Caupolicán llegó a ser jefe de la tribu por haber ganado en una competición que consistía en sostener un madero sobre los hombros el mayor número posible de horas.

—¡Yo!—dijo; y, en la forma de una visión de Homero,[13]
del fondo de los bosques Caupolicán surgió.

Echóse el tronco encima, con ademán ligero;
y estremecerse pudo, pero doblarse no.
5   Bajo sus pies, tres días crujir hizo el sendero;
y estuvo andando . . . andando . . . y andando se durmió.

Andando, así, dormido, vio en sueños al verdugo;
él muerto sobre un tronco, su raza con el yugo,
inútil todo esfuerzo y el mundo siempre igual.

10   Por eso, al tercer día de andar por valle y sierra,
el tronco alzó en los aires y lo clavó en la tierra
¡como si el tronco fuese su mismo pedestal!

LA EPOPEYA DEL PACÍFICO
(A LA MANERA YANQUI)

Los Estados Unidos, como argolla de bronce,
contra un clavo torturan de la América un pie;
y la América debe, ya que aspira a ser libre,
imitarles primero e igualarles después.
5   Imitemos, ¡oh Musa!, las crujientes estrofas
que en el Norte se mueven con la gracia de un tren;
y que giren las rimas como ruedas veloces;
y que caigan los versos como varas de riel . . .

Desconfiemos del Hombre de los ojos azules,
10   cuando quiera robarnos al calor del hogar
y con pieles de búfalo un tapiz nos regale[14]
y lo clave con discos de sonoro metal,
aunque nada es huirle,[15] si imitarle no quieren
los que ignoran, gastándose en belígero afán,
15   que el trabajo no es culpa de un Edén[16] ya perdido,
sino el único medio de llegarlo a gozar.

[13] Poeta griego de la antigüedad, autor de la *Ilíada* y la *Odisea*.
[14] En la primera estrofa, una alusión al poeta norteamericano, Walt Whitman (1819–92), y en la segunda, al presidente de los Estados Unidos de Norteamérica, Theodore Roosevelt (1858–1919), famoso cazador.
[15] Es decir, aunque de nada sirve huir de él.
[16] Edén: "Garden of Eden, paradise."

Pero nadie se duela de futuras conquistas:
nuestras selvas no saben de una raza mejor,
nuestros Andes ignoran lo que importa ser blanco,
nuestros ríos desdeñan lo que vale un sajón;
y, así, el día en que un pueblo de otra raza se atreva   5
a explorar nuestras patrias, dará un grito de horror,
porque miasma y la fiebre y el reptil y el pantano
le hundirán en la tierra, bajo el fuego del Sol.

No podrá ser la raza de los blondos cabellos
la que al fin rompa el Istmo . . . Lo tendrán que romper   10
veinte mil antillanos de cabezas obscuras,
que hervirán en las brechas cual sombrío tropel.
Raza de las Pirámides, raza de los asombros:
Faro en Alejandría, Templo en Jerusalén;[17]
¡raza que exprimió sangre sobre el Romano Circo   15
y que exprimió sudores sobre el Canal de Suez!

Cuando corten el nudo que Natura ha formado,
cuando entreabran las fauces del sediento Canal,
cuando al golpe de vara de un Moisés[18] en las rocas
solemnemente arrójese uno contra otro mar,   20
en el único instante del titánico encuentro,
un aplauso de júbilo esos mares darán,
que se eleve en los aires a manera de un brindis,
como chocan dos vasos de sonoro cristal . . .

El Canal será el golpe que abrir le haga los mares   25
y le quite las llaves del gran Río al Brasil;
porque nuestras montañas rendirán sus tributos
a las naves que lleguen hasta el puerto feliz,
cuando luego de Paita,[19] con enérgico trazo,
amazónica margen solicite el carril,   30
y el Pacífico se una con el épico Río,
y los trenes galopen sacudiendo su crin . . .

---

[17] El Canal de Panamá será construido por habitantes de las Antillas, esto es,
por negros, la misma raza que construyó las Pirámides de Egipto, el Templo de
Jerusalén, el Faro de Alejandría, el Canal de Suez y lidió en los circos romanos.
[18] Según la Biblia, Moisés hizo brotar agua de una roca, golpeándola con su
vara.
[19] El gran Río: referencia al Río Amazonas. Paita es un puerto peruano.

¡Oh, la turba que, entonces, de los puertos vibrantes
de la Europa latina llegará a esa región!
Barcelona, Havre, Génova, en millares de manos,
mirarán los pañuelos desplegando un adiós . . .
5   Y el latino que sienta del vivaz Mediodía[20]
ese Sol en la sangre parecido a este Sol,
poblará nuestros bosques y vendrá desde Europa
¡por el propio camino que le alista el sajón!

Vierte ¡oh Musa! tus cantos, como linfas que corren
10   y que fingen corriendo milagroso Jordán,[21]
donde América puede redimir sus pecados,
refrescar sus fatigas, sus miserias lavar;
y, después que en el baño quede exenta de culpa,
enjugarse las aguas y envolverse quizás
15   entre sábanas puras, que se tiendan al viento,
¡como blancas banderas de Trabajo y de Paz!

LOS CABALLOS DE LOS CONQUISTADORES

¡Los caballos eran fuertes!
¡Los caballos eran ágiles!
Sus pescuezos eran finos y sus ancas
relucientes y sus cascos musicales . . .
5   ¡Los caballos eran fuertes!
¡Los caballos eran ágiles!

¡No! No han sido los guerreros solamente,
de corazas y penachos y tizonas y estandartes,[22]
los que hicieron la conquista
10   de las selvas y los Andes:
los caballos andaluces, cuyos nervios
tienen chispas de la raza voladora de los árabes,
estamparon sus gloriosas herraduras
en los secos pedregales,
15   en los húmedos pantanos,
en los ríos resonantes,

20 Génova: "Genoa"; Mediodía: "the south."
21 El Río Jordán, donde fue bautizado Jesús.
22 Tradúzcase: "with armor and crests (plumes) and swords and banners."

en las nieves silenciosas,
en las pampas, en las sierras, en los bosques y en los valles . . .
¡Los caballos eran fuertes!
¡Los caballos eran ágiles!

Un caballo fue el primero,   5
en los tórridos manglares,
cuando el grupo de Balboa[23] caminaba
despertando las dormidas soledades,
que, de pronto,[24] dio el aviso
del Pacífico Oceano, porque   10
al olfato le trajeron
las salinas humedades;
y el caballo de Quesada,[25] que en la cumbre
se detuvo, viendo al fondo de los valles
el fuetazo de un torrente   15
como el gesto de una cólera salvaje,
saludó con un relincho
la sabana interminable . . .
y bajó, con fácil trote,
los peldaños de los Andes,   20
cual por unas milenarias escaleras
que crujían bajo el golpe de los cascos musicales . . .
¡Los caballos eran fuertes!
¡Los caballos eran ágiles!

¿Y aquel otro de ancho tórax,   25
que la testa pone en alto, cual queriendo ser más grande,
en que Hernán Cortés un día,
caballero sobre estribos rutilantes,
desde México hasta Honduras,[26]
mide leguas y semanas, entre rocas y boscajes?   30
¡Es más digno de los lauros,
que los potros que galopan en los cánticos triunfales

[23] El español Vasco Núñez de Balboa (1475–1517) cruzó el istmo de Panamá y descubrió el océano Pacífico.
[24] Un caballo dio el aviso.
[25] En 1538 el conquistador Gonzalo Jiménez de Quesada (1499–1579) descubrió la cascada o torrente de Tequendama y fundó Bogotá, actual capital de Colombia.
[26] En 1525 Hernán Cortés (1485–1547), conquistador de México, hizo una expedición a Honduras.

con que Píndaro[27] celebra las olímpicas disputas
entre vuelo de los carros y la fuga de los aires!
Y es más digno todavía
de las Odas inmortales,

5   el caballo con que Soto diestramente
y tejiendo sus cabriolas como él sabe,
causa asombro, pone espanto, roba fuerzas
y, entre el coro de los indios, sin que nadie
haga un gesto de reproche, llega al trono de Atahualpa[28]

10   y salpica con espumas las insignias imperiales . . .
¡Los caballos eran fuertes!
¡Los caballos eran ágiles!

    El caballo del beduino
que se traga soledades;

15   el caballo milagroso de San Jorge,
que tritura con sus cascos los dragones infernales;
el de César en las Galias;
el de Aníbal en los Alpes;[29]
el centauro de las clásicas leyendas,

20   mitad potro, mitad hombre, que galopa sin cansarse
y que sueña sin dormirse
y que flecha los luceros y que corre más que el aire;
todos tienen menos alma,
menos fuerza, menos sangre,

25   que los épicos caballos andaluces
en las tierras de la Atlántida[30] salvaje,
soportando las fatigas,
las espuelas y las hambres,
bajo el peso de las férreas armaduras

---

27 Píndaro (521-441 a. C.) fue poeta griego famoso por sus odas en honor de los atletas de los juegos olímpicos.

28 En 1532 Francisco Pizarro, conquistador del Perú, envió a Hernando de Soto (1496-1542) ante el último emperador inca, Atahualpa. De Soto presentó una función ecuestre en que, se dice, su caballo llegó tan cerca del inca que lo mojó con su sudor.

29 Beduino: "Bedouin, Arabian." San Jorge, mártir del siglo III, es representado sobre un caballo dando muerte a un dragón. Julio César (101-44 a. C.), general romano, conquistó Galia, territorio que comprendía parte de Francia. Aníbal (247-183 a. C.) era general cartaginés, primero en franquear los Alpes en caballos y elefantes.

30 Atlántida, lugar de una raza poderosa y un estado ideal. Según la leyenda griega, era una isla que se hundió en el océano.

y entre el fleco de los anchos estandartes,
cual desfile de heroísmos coronados
con la gloria de Babieca y el dolor de Rocinante . . .[31]
En mitad de los fragores
decisivos del combate, 5
los caballos con sus pechos
arrollaban a los indios y seguían adelante;
y, así, a veces, a los gritos de ¡Santiago![32]
entre el humo y el fulgor de los metales,
se veía que pasaba, como un sueño, 10
el caballo del Apóstol a galope por los aires . . .
¡Los caballos eran fuertes!
¡Los caballos eran ágiles!

Se diría una epopeya
de caballos singulares, 15
que a manera de hipogrifos desalados[33]
o cual río que se cuelga de los Andes,
llegan todos sudorosos,
empolvados, jadeantes,
de unas tierras nunca vistas 20
a otras tierras conquistables;
y, de súbito, espantados por un cuerno
que se hincha con soplido de huracanes,
dan nerviosos un relincho tan profundo
que parece que quisiera perpetuarse . . . 25
y, en las pampas sin confines,
ven las tristes lejanías, y remontan las edades,
y se sienten atraídos por los nuevos horizontes,
se aglomeran, piafan, soplan . . . y se pierden al escape:[34]
detrás de ellos una nube, 30
que es la nube de la gloria, se levanta por los aires . . .
¡Los caballos eran fuertes!
¡Los caballos eran ágiles!

[31] Babieca fue el caballo del Cid y Rocinante el de don Quijote.

[32] Santiago: "St. James the Apostle." Su nombre llegó a ser el grito guerrero de España durante la Reconquista: "¡Santiago y cierra España!" Se dice que el apóstol apareció entre las fuerzas de Cortés en la batalla de Otumba, julio de 1520.

[33] Tradúzcase: "wingless hippogriffs." Como el centauro, mitad hombre, mitad caballo, el hipogrifo era mitad grifo, mitad caballo. Grifo, animal fabuloso, mezcla de águila, caballo, león y pez.

[34] Tradúzcase: "gather together, stamp, snort, and disappear at full speed."

ORO DE INDIAS[35]

(1940-41)

NOTAS DEL ALMA INDÍGENA

OTRA VEZ SERÁ

Quiere casarse el joven indio
con cierta rústica beldad,
a la que vio la vez primera
en el sermón dominical.
5 Sueña él, por obra del buen cura,
partir con ella lecho y pan.
Ella sonríe dulcemente
a la ilusión matrimonial . . .
El joven indio acude al Amo,
10 con la esperanza de lograr
préstamo que haga realidades
las fantasías de su afán;
y el Amo, entonces, sordo al
    ruego,
consejos múltiples le da,
15 mas el dinero no, que en vano
se le promete reembolsar.
Ante la brusca negativa,
el joven indio vuelve en paz
a su trabajo, así diciéndose:
20   —Otra vez será . . .

Vuelve al trabajo el joven
    indio . . .
En lluvia y sol confiado está,
para ir al cura en son de bodas
cuando coseche su maizal.
25 La amada espera . . . espera . . .
    espera,
hila que hila sin cesar;

da a un huso vueltas en sus
    manos
y en sus suspiros a un afán . . .
Cuenta él los meses que le faltan
para ponerse a cosechar . . .   30
Mas lluvia y sol se han con-
    jurado:
¡qué despiadada sequedad!
No cae lluvia . . . Sopla un frío
viento de muerte . . . Empieza a
    helar . . .
El joven indio imperturbable   35
ve la cosecha salir mal;
y se consuela, así diciéndose:
        —Otra vez será . . .

La bella india rompe el hilo
de su paciencia; ya no está   40
en el rincón de la esperanza,
haciendo al huso vueltas dar . . .
¿Con algún hijo fue del Amo
que huyó la rústica beldad?
Desvanecida el joven indio   45
ve su ilusión matrimonial;
y, con orgullo, que de todos
su desgracia hace respetar,
piensa en que, al fin, para
    casarse
días mejores llegarán   50
y se sonríe, así diciéndose:
        —Otra vez será . . .

---

[35] Algunos poemas de esta colección aparecieron antes en *Primicias de oro de Indias*, que se publicó en 1934.

¡Oh, Raza altiva y desdeñosa,
bajo apariencias de humildad!
Nunca el fracaso la acobarda,
nunca el pavor la hace temblar,
5 nunca la cólera contrae
un solo músculo en su faz...
Una sutil filosofía
suele en su espíritu filtrar
la tenue luz de una esperanza
10 por entre toda oscuridad...
No hay un dolor que la anonade,
ni una catástrofe capaz
de remover trágicamente
su varonil serenidad...
15 La Raza espera... espera...
espera,
hila que hila sin cesar.

Es por la sangre de tal raza
que en todo trance soy igual...
Cuando yo vea que mi ensueño
20 no se hace alegre realidad,
cuando yo note que escasean
en mis manteles vino y pan,
cuando mi esfuerzo se quebrante,
cuando se trunque mi ideal,
25 cuando la lira entre mis manos
quiera negarse a resonar,
sin darme nunca por vencido,
ni arrepentirme de mi afán,
sólo diré tranquilamente:
30   —Otra vez será...

ASÍ SERÁ
El joven indio comparece
ante el ceñudo Capataz:
—Tu padre ha muerto; y, como
sabes
en contra tuya y en pie están
35 deudas, que tú con tu trabajo

tal vez nos llegues a pagar...
Desde mañana, como es justo,
rebajaremos tu jornal.—
El joven indio abre los ojos
llenos de trágica humedad;   40
y, con un gesto displicente
que no se puede penetrar,
dice, ensayando una sonrisa:
          —Así será...

Clarín de guerra pide sangre.   45
Truena la voz del Capitán:
—Indio: ¡a las filas! Blande tu
arma
hasta morir o hasta triunfar.
Tras la batalla, si es que mueres,
nadie de ti se acordará;   50
pero si, en cambio, el triunfo
alcanzas,
te haré en mis tierras trabajar...
No me preguntes por qué
luchas,
ni me preguntes dónde vas.—
Dócil el indio entra en las filas 55
como un autómata marcial;
y sólo dice, gravemente:
          —Así será...

Mujer del indio: en ti los ojos
un día pone blanco audaz.   60
Charco de sangre . . . Hombre
por tierra...
Junto al cadáver, un puñal...
Y luego el juez increpa al indio,
que se sonríe sin temblar:
—Quien como tú con hierro   65
mata,
con hierro muere. ¡Morirás!—
Pone un relámpago en sus ojos
turbios el indio; y, con la faz

vuelta a los cielos, dice apenas:
—Así será...

¡Oh raza firme como un árbol
que no se agobia al huracán,
5 que no se queja bajo el hacha
y que se impone al pedregal!
Raza que sufre su tormento
sin que se la oiga lamentar.
(¿Rompió en sollozos Atahualpa?
10 ¿Guatemozín[36]... ¿Caupolicán?...)
El "Dios lo quiere" de los moros
suena como este "Así será"...

¿Resignación? Antes orgullo
de quien se siente valer más

que la fortuna caprichosa   15
y que la humana crueldad...
Un filosófico desprecio
hacia el dolor acaso da
la herencia indígena a mi sangre,
pronta a fluir sin protestar;   20
y cada vez que la torpeza
de la Fortuna huye a mi afán,
y crueldades harto humanas
niéganle el paso a mi Ideal,
y hasta la Vida me asegura   25
que nada tengo que esperar,
dueño yo siempre de mí mismo
y superior al bien y al mal,
digo, encogiéndome de hombros:
—Así será...   30

36 Guatemozín, sobrino de Moctezuma y último emperador azteca, torturado por los españoles.

Julio Herrera y Reissig

(1875-1910)

El interés por la poesía de Julio Herrera y Reissig ha venido
creciendo de día en día debido a que la crítica más reciente ha
descubierto en ella las semillas del vanguardismo no sólo por el
empleo de metáforas herméticas y complejas sino también por la
tendencia a atrevidas renovaciones léxicas y sintácticas. Ocurre así
que un poeta poco popular y estimado en su tiempo ha visto
aumentar su prestigio como anticipador de las técnicas del creacionismo, ultraísmo y otros "ismos" de la postguerra de 1914. Todo
ello significa que, dentro de los modernistas, el uruguayo se destaca
por su postura minoritaria y una acentuación de la actitud estricta-
mente estética, proclamada pero no siempre cumplida por aquéllos.

Natural de Montevideo, Herrera y Reissig pertenecía a una
familia ilustre y muy conocida en la política, pues un tío suyo llegó
a presidente. Pero, arruinados los padres, el joven destinado a un
brillante porvenir conoció la pobreza, renunció a la política y se
entregó de lleno al arte. En 1899 fundó *La Revista* para propagar
los ideales modernistas y de 1902 a 1907 solía reunirse con sus amigos
en la Torre de los Panoramas. Así denominó la buhardilla, decorada
con grabados de Gustave Doré, de la humilde casa familiar situada
frente a la bahía de Montevideo. Allí se discutía a Poe, Baudelaire,
Nietzsche o se leían poemas propios.

Este grupo congregado en torno a Herrera y Reissig mantuvo una
rivalidad literaria con otro dirigido por el famoso cuentista Horacio
Quiroga. Convencido del valor de su obra, el poeta reiteró el odio
por lo vulgar y reafirmó su inmunidad ante la crítica empeñada en
no entenderle. En 1905 visitó Buenos Aires, siendo éste su único
viaje al extranjero. Se casó en 1908 con Julia de la Fuente, a quien
llamaba la novela de su vida y murió en 1910 de una crisis cardiaca.
Había nacido con un defecto del corazón que le obligó a tomar
morfina con cierta frecuencia.

La actividad creadora de Herrera y Reissig se desarrolló entre 1900 y 1910. Es de notar, sin embargo, que, por la reimpresión de sus poemas y los varios títulos usados en distintas ediciones es imposible establecer correctamente la cronología de las obras y fecharlas con exactitud.

Las pascuas del tiempo (1900) es una especie de danza de la muerte presidida por el tiempo, donde se pasa revista en tono festivo a las grandes figuras míticas e históricas. En *Los maitines de la noche* (1902) y *La torre de las esfinges* (1909) se erige en motivo básico el hastío vital, del que se intenta escapar a través de los paraísos artificiales. Se trata de libros llenos de extrañas visiones nocturnas, enigmas torturadores y símbolos oscuros que reflejan quizá las experiencias del morfinómano. Temas griegos, orientales y bíblicos se recogen en *Las clepsidras* (1910).

La visión idílica del campo que emerge de los tres permite agrupar como afines *Ciles alucinada* (1903), historia de celos pastoriles, *Sonetos vascos* (1906), imaginada estampa de las Vascongadas, y *Los éxtasis de la montaña* (1904, 1910), obra maestra del uruguayo con escenas de la vida aldeana en las que se evocan el pueblo, los tipos y el paisaje. En *Los parques abandonados* (1908) se canta el amor en sus inumerables matices, teniendo como fondo la naturaleza.

En dos artículos titulados "Psicología literaria" (1908) y "Conceptos" (1899) expuso Herrera y Reissig sus ideas artísticas, defendiendo la equivalencia de fondo y forma, el valor musical de la palabra y su propia independencia de escuelas. Empleó acertadamente los colores y sonidos, dándoles ocasionalmente contenidos simbólicos: la repetición de íes, por ejemplo, se asocia a estados de alegría. Le gustó usar metáforas difíciles y nuevas que recuerdan a Góngora y Mallarmé. No vaciló en crear neologismos como "primaverizar" y "carnavalear," ni retrocedió tampoco ante libertades sintácticas que creyera necesarias: así no duda en hacer transitivo al verbo "llover," por ejemplo. Tendió a la personificación de cosas, fenómenos naturales y aun paisajes: "la inocencia del día se lava en la fontana," o "La sotana del cura se pasea gravemente por la huerta."

LOS MAITINES DE LA NOCHE
(1902)

JULIO

Flota sobre el esplín de la campaña
Una jaqueca sudorosa y fría,
Y las ranas celebran en la umbría
Una función de ventriloquia extraña.

La Neurastenia gris de la montaña   5
Piensa, per singular telepatía,
Con la adusta y claustral monomanía
Del convento senil de la Bretaña.[1]

Resolviendo una suma de ilusiones,
Como un Jordán[2] de cándidos vellones   10
La majada eucarística se integra;

Y a lo lejos el cuervo pensativo
Sueña acaso en un Cosmos abstractivo
Como una luna pavorosa y negra.

LOS ÉXTASIS DE LA MONTAÑA
(1904)

EL DESPERTAR

Alisia y Cloris abren de par en par la puerta
Y torpes, con el dorso de la mano haragana,
Restréganse los húmedos ojos de lumbre incierta,
Por donde huyen los últimos sueños de la mañana . . .

La inocencia del día se lava en la fontana,   5
El arado en el surco vagaroso despierta
Y en torno de la casa rectoral, la sotana
Del cura se pasea gravemente en la huerta . . .

[1] Bretaña es una provincia francesa en la costa occidental.
[2] Río de Palestina, donde bautizaron a Jesús.

Todo suspira y ríe. La placidez remota
De la montaña sueña celestiales rutinas.
El esquilón repite siempre su misma nota

de grillo de las cándidas églogas matutinas.
5 Y hacia la aurora sesgan agudas golondrinas
Como flechas perdidas de la noche en derrota.

EL REGRESO

La tierra ofrece el ósculo de un saludo paterno.
Pasta un mulo la hierba mísera del camino
Y la montaña luce, al tardo sol de invierno,
Como una vieja aldeana, su delantal de lino.

5 Un cielo bondadoso y un céfiro tierno ...
La zagala descansa de codos bajo el pino,
Y densos los ganados, con paso paulatino,
Acuden a la música sacerdotal del cuerno.[3]

Trayendo sobre el hombro leña para la cena,
10 El pastor, cuya ausencia no dura más de un día,
Camina lentamente rumbo de la alquería.

Al verlo la familia le da la enhorabuena ...
Mientras el perro, en ímpetus de lealtad amena,[4]
Describe coleando círculos de alegría.

LOS PARQUES ABANDONADOS
(1908)

COLOR DE SUEÑO

Anoche vino a mí, de terciopelo,
Sangraba fuego de su herida abierta;
Era su palidez de pobre muerta,
Y sus náufragos ojos sin consuelo ...

5 Sobre su mustia frente descubierta,
Languidecía un fúnebre asfodelo.

---

3 El cuerno que toca el pastor para llamar al ganado.
4 Tradúzcase: "bursting with pleasant loyalty."

Y un perro aullaba, en la amplitud de hielo,
Al doble cuerno de una luna incierta . . .

Yacía el índice en su labio, fijo
Como por gracia de hechicero encanto,
Y luego que, movido por su llanto,   5

Quién era, al fin, la interrogué,—me dijo:
—Ya ni siquiera me conoces, hijo,
¡Si soy tu alma que ha sufrido tanto! . . .

ALMAS PÁLIDAS

Mi corazón era una selva huraña . . .
El suyo asaz discreto era una urna . . .
Soñamos . . . Y en la hora taciturna,
Vibró como un harmonium[5] la campaña.

La Excéntrica, la Esfinge, la Saturna,[6]   5
Acongojóse en su esquivez extraña;
Y torvo, yo miraba la montaña
Hipertrofiarse[7] de ilusión nocturna.

—¿Sufres, me dijo, de algún mal interno
O es que de sufrimiento haces alarde?   10
—¡Esplín!—la respondí—¡mi esplín eterno!

—¿Sufres?—la dije, al fin.—En tu ser arde
Algún secreto . . . ¡Cuéntame tu invierno!
—¡Nada!—Y llorando:—¡Cosas de la tarde!

[5] Harmonium: "harmonium, small reed organ."
[6] Esfinge, ser fabuloso, con cabeza y busto humano, alas, y cuerpo de león, de la mitología egipcia y griega. Saturna: "Death."
[7] Hipertrofiarse: "to hypertrophy, increase abnormally."

Enrique González Martínez

(1871–1952)

Aunque Enrique González Martínez compuso mucha poesía de enorme perfección y maestría técnica, hoy día es recordado sobre todo por su famoso poema que marcó un jalón importante en la historia literaria de Hispanoamérica. "Tuércele el cuello al cisne," aparecido primero en *Los senderos ocultos* (1911) y más tarde en *La muerte del cisne* (1915) con el título de "El símbolo," supuso una reacción violenta contra la retórica y superficialidad de la poesía vigente. En este soneto, que podría ser una contestación a "El cisne" (1896) de Rubén Darío, González Martínez propuso sustituir esta ave, símbolo modernista de la elegancia y la belleza, por el buho, pájaro de la sabiduría.

Las interpretaciones de "Tuércele el cuello al cisne" han variado. Algunos creyeron que en el poema el "ultimo modernista," como lo han llamado, se refería al propio Darío, lo que hubiera sido injusto, porque el nicaragüense en su última fase repudiaba también la frivolidad. Otros han pensado que se trataba no de matar la hermosa ave y cuanto representaba, sino de contestar la pregunta que formula su cuello semejante a un signo de interrogación. Sea como fuere, el poema captó el interés del público, ya cansado de la artificialidad modernista y ansioso de que la poesía volviera a tomar contacto con el pueblo y sus problemas.

Durante los diecisiete años que González Martínez practicó la medicina en Sinaloa y varias provincias de México, su tierra natal, escribió poesía como pasatiempo. En 1911 pasó a la Capital donde su carrera literaria comenzó a ser más activa. Allí se unió al grupo de jóvenes que había fundado en 1907 la progresista Sociedad de Conferencias, más tarde llamada el Ateneo de México. En 1920 lanzó su propia revista, *México Moderno*. Se dedicó al mismo tiempo a la enseñanza y ocupó diversos puestos profesionales y políticos. Después, como otros muchos escritores hispanoamericanos, fue nombrado representante diplomático en el extranjero por un gobierno que estimaba su talento, ocupando las embajadas de su país en la Argentina y España.

El escritor mexicano publicó varios libros de poesía. Dio primero a luz dos de tono serio y sincero, *Preludios* (1903) y *Lirismos* (1907). Pero sólo alcanzó la popularidad con *Silenter* (1909) y *Los senderos ocultos*. En *La muerte del cisne* siguió atacando a los imitadores de Darío. En su última obra, *El nuevo Narciso* (1952), muestra una gran preocupación por problemas fundamentales y una profunda serenidad vital.

Esta serenidad y la busca de la verdad más que de la belleza constituyen las notas características de la poesía de González Martínez. Súmase a ellas la melancolía, como en "El retorno imposible," tan insistente que llega a resultar monótona. Sus estudios de medicina explican un cierto panteísmo y el deseo de dotar de alma y vida espiritual a todas las formas de la naturaleza, según se ve en "Como hermana y hermano." Aunque ataca el modernismo, acepta el énfasis que puso éste en la perfección estilística; en "¿Te acuerdas de la tarde?" confiesa que una vez le fascinaron los sentidos exóticos, las flores y los perfumes. Pero supo sobreponerse a la tentación de lo sensorial buscando "el alma de cristal de la vida profunda."

SILENTER[1]

(1909)

IRÁS SOBRE LA VIDA DE LAS COSAS

Irás sobre la vida de las cosas
con noble lentitud; que todo lleve
a tu sensorio luz: blancor de nieve,
azul de linfas o rubor de rosas.

Que todo deje en ti como una huella   5
misteriosa grabada intensamente;
lo mismo el soliloquio de la fuente
que el flébil parpadeo[2] de la estrella.

---

[1] Silenter: "silently, quietly."
[2] Tradúzcase: "mournful twinkling."

Que asciendas a las cumbres solitarias
y allí como arpa eólica,[3] te azoten
los borrascosos vientos, y que broten
de tus cuerdas rugidos y plegarias.

5   Que esquives lo que ofusca y lo que asombra
al humano redil que abajo queda,
y que afines tu alma hasta que pueda
escuchar el silencio y ver la sombra.

Que te ames en ti mismo, de tal modo
10   compendiando tu ser cielo y abismo,
que sin desviar los ojos de ti mismo
puedan tus ojos contemplarlo todo.

Y que llegues, por fin, a la escondida
playa con tu minúsculo universo,
15   y que logres oír tu propio verso
en que palpita el alma de la vida.

LOS SENDEROS OCULTOS

(1911)

TUÉRCELE EL CUELLO AL CISNE

Tuércele el cuello al cisne de engañoso plumaje
que da su nota blanca al azul de la fuente;
él pasea su gracia no más, pero no siente
el alma de las cosas ni la voz del paisaje.

5   Huye de toda forma y de todo lenguaje
que no vayan acordes con el ritmo latente
de la vida profunda . . . y adora intensamente
la vida, y que la vida comprenda tu homenaje.

Mira al sapiente buho cómo tiende las alas
10   desde el Olimpo, deja el regazo de Palas[4]
y posa en aquel árbol el vuelo taciturno . . .

---

[3] Tradúzcase: "aeolian harp." Instrumento de cuerdas que produce sonidos musicales al ser herido por el viento.
[4] Tradúzcase: "the lap of Pallas Athena (Minerva)." Palas, diosa de la sabiduría cuyo símbolo es el buho. Olimpo, monte griego donde habitaban los dioses.

Él no tiene la gracia del cisne, mas su inquieta
pupila, que se clava en la sombra, interpreta
el misterioso libro del silencio nocturno.

COMO HERMANA Y HERMANO

Como hermana y hermano
vamos los dos cogidos de la mano...

En la quietud de la pradera hay una
blanca y radiosa claridad de luna,
y el paisaje nocturno es tan risueño   5
que con ser realidad parece sueño.
De pronto, en un recodo del camino,
oímos un cantar... Parece el trino
de un ave nunca oída,
un canto de otro mundo y de otra vida.   10
¿Oyes?—me dices—y a mi rostro juntas
tus pupilas preñadas de preguntas.
La dulce calma de la noche es tanta
que se escuchan latir los corazones.
Yo te digo: no temas, hay canciones   15
que no sabremos nunca quién las canta.

Como hermana y hermano
vamos los dos cogidos de la mano...

Besado por el soplo de la brisa,
el estanque cercano se divisa...   20
bañándose en las ondas hay un astro;
un cisne alarga el cuello lentamente
como blanca serpiente
que saliera de un huevo de alabastro.
Mientras miras el agua silenciosa,   25
como un vuelo fugaz de mariposa
sientes sobre la nuca el cosquilleo,
la pasajera onda de un deseo,
el espasmo sutil, el calofrío
de un beso ardiente cual si fuera mío.   30
Alzas a mí tu rostro amedrentado
y trémula murmuras:—¿me has besado?—

Tu breve mano oprime
mi mano: y yo a tu oído:—¿sabes?—esos
besos nunca sabrás quién los imprime.
Acaso, ni siquiera si son besos...

5   Como hermana y hermano
vamos los dos cogidos de la mano...

En un desfalleciente desvarío,
tu rostro apoyas en el pecho mío,
y sientes resbalar sobre tu frente
10   una lágrima ardiente.
Me clavas tus pupilas soñadoras
y tiernamente me preguntas:—¿Lloras?...
—Secos están mis ojos... Hasta el fondo
puedes mirar en ellos... Pero advierte
15   que hay lágrimas nocturnas—te respondo—
que no sabremos nunca quién las vierte...

Como hermana y hermano
vamos los dos cogidos de la mano...

¿TE ACUERDAS DE LA TARDE?

¿Te acuerdas de la tarde en que vieron mis ojos
de la vida profunda el alma de cristal?...
Yo amaba solamente los crepúsculos rojos,
las nubes y los campos, la ribera y el mar...

5   Mis ojos eran hechos para formas sensibles;
me embriagaba la línea, adoraba el color;
apartaba mi espíritu de sueños imposibles;
desdeñaba las sombras enemigas del sol.

Del jardín me atraían el jazmín y la rosa
10   (la sangre de la rosa, la nieve del jazmín),
sin saber que a mi lado pasaba temblorosa
hablándome en secreto el alma del jardín.

Halagaban mi oído las voces de las aves,
la balada del viento, el canto del pastor,
15   y yo formaba coro con las notas suaves,
y enmudecían ellas y enmudecía yo...

Jamás seguir lograba el fugitivo rastro
de lo que ya no existe, de lo que ya se fue . . .
Al fenecer la nota, al apagarse el astro,
¡oh, sombras, oh, silencio, dormitabais también!

¿Te acuerdas de la tarde en que vieron mis ojos   5
de la vida profunda el alma de cristal?
Yo amaba solamente los crepúsculos rojos,
las nubes y los campos, la ribera y el mar . . .

LA MUERTE DEL CISNE
(1915)

MAÑANA LOS POETAS

Mañana los poetas cantarán en divino
verso que no logramos entonar los de hoy;
nuevas constelaciones darán otro destino
a sus almas inquietas con un nuevo temblor.

Mañana los poetas seguirán su camino   5
absortos en ignota y extraña floración,
y al oír nuestro canto, con desdén repentino
echarán a los vientos nuestra vieja ilusión.

Y todo será inútil, y todo será en vano;
será el afán de siempre y el idéntico arcano   10
y la misma tiniebla dentro del corazón.

Y ante la eterna sombra que surge y se retira,
recogerán del polvo la abandonada lira
y cantarán con ella nuestra misma canción.

PARÁBOLAS Y OTROS POEMAS
(1918)

EL RETORNO IMPOSIBLE

Yo sueño con un viaje que nunca emprenderé,
un viaje de retorno, grave y reminiscente . . .

Atrás quedó la fuente
cantarina y jocunda, y aquella tarde fue
esquivo el torpe labio a la dulce corriente.
¡Ah, si tornar pudiera! Mas sé que inútilmente
5   sueño con ese viaje que nunca emprenderé.

Un pájaro en la fronda cantaba para mí . . .
Yo crucé por la senda de prisa, y no lo oí.

Un árbol me brindaba su paz . . . A la ventura,
pasé cabe la sombra sin probar su frescura.

10   Una piedra le dijo a mi dolor: descansa;
y desdeñé las voces de aquella piedra mansa.

Un sol reverberante brillaba para mí;
pero bajé los ojos al suelo, y no lo vi.

En el follaje espeso
15   se insinuaba el convite de un ósculo divino . . .
Yo seguí mi camino
y no recibí el beso.

Hay una voz que dice: retorna, todavía
el ocaso está lejos; vuelve tu rostro, guía
20   tus pasos al sendero que rememoras; tente
y refresca tus labios en la sagrada fuente;
ve, descansa al abrigo
de aquel follaje amigo;
oye la serenata del ave melodiosa,
25   y en la piedra que alivia de cansancios, reposa;
ve que la noche tarda
y oculto entre las hojas hay un beso que aguarda . . .

Mas ¿para qué, si al fin de la carrera
hay un beso más hondo que me espera,
30   y una fuente más pura,
y un ave más hermosa que canta en la espesura,
y otra piedra clemente
en que posar mañana la angustia de mi frente,
y un nuevo sol que lanza
35   desde la altiva cumbre su rayo de esperanza?

Y mi afán repentino
se para vacilante en mitad del camino,
y vuelvo atrás los ojos, y sin saber por qué
entre lo que recuerdo y entre lo que adivino,
bajo el alucinante misterio vespertino,   5
sueño con ese viaje que nunca emprenderé.

José Enrique Rodó

(1871–1917)

Se ha dicho que en el Nuevo Mundo no se ha creado ninguna verdadera escuela de filosofía, que toda la filosofía americana o tiene un carácter práctico o se reduce a un reflejo de Europa. Si el término "filosofía" se interpreta rígidamente, desde un punto de vista muy técnico, tal afirmación sería verdad. Pero lo sería igualmente para otros países, como España, donde el concepto de la vida se expresa más poética que científicamente. Si filosofía, en cambio, es una actitud más que una ciencia, entonces América ha dado filósofos, pensadores que han enriquecido la visión del hombre, entre ellos, José Enrique Rodó.

Pertenece Rodó a la generación uruguaya del 900 o de los modernistas, que está integrada por grandes escritores: el poeta Julio Herrera y Reissig, el dramaturgo Florencio Sánchez, el novelista Carlos Reyles, el cuentista Horacio Quiroga y el ensayista Carlos Vaz Ferreira. Dentro de tan brillante grupo, Rodó se yergue como el pensador de mayor densidad, que trató de conferir al aspecto superficial y verboso del modernismo una dimensión americana y una profundidad ideológica. Aceptó así del movimiento finisecular lo que tenía de renovador, rechazando lo decadentista y exótico, y lleno de amor a América, meditó sobre su pasado hispánico y sobre sus relaciones con los Estados Unidos, dejando un mensaje de esperanza y fe en el futuro.

Nació Rodó en Montevideo de padre catalán y madre criolla. Su familia, dedicada al comercio, gozaba de una situación económica desahogada, poseía una excelente biblioteca y se había relacionado con muchos literatos. La vocación literaria del niño se despertó con estos antecedentes sin esfuerzo. Comenzó sus estudios en el liceo Elbio Fernández, de orientación laica; pero hubo de suspenderlos, debido a reveses económicos y a la muerte del padre en 1885. Aceptó varios empleos oscuros, entre ellos, uno en un banco local.

En 1895 junto con otros amigos fundó la publicación quincenal *Revista Nacional de Literatura y Ciencias Sociales*, que duró hasta 1897; con ella se dio a conocer en el país y en el extranjero, pues mantuvo copiosa correspondencia con escritores como Clarín, Salvador Rueda y Miguel de Unamuno. Visitó a Rubén Darío en 1897, dedicándole después un excelente estudio a *Prosas profanas* que el poeta nicaragüense incorporó como prólogo de la segunda edición de la obra en 1901.

En aquel mismo año comenzó a participar activamente en la política del Uruguay, muy revuelta a causa de las luchas entre el partido oficial o colorados y la oposición o blancos. Se puso de parte de los primeros, pero por encima de unos y otros propugnó la legalidad, el orden y la democracia. En 1898 fue nombrado catedrático interino de literatura, cargo que ocupó hasta 1901. La derrota de España por los Estados Unidos en la guerra hispano-americana despertó agudamente su conciencia hispánica y de ahí nació su meditación americanista *Ariel* (1900) que le granjeó fama universal.

Colaboró en los esfuerzos llevados a cabo para unificar el partido colorado, lo que le valió ser elegido representante en el Parlamento (1902-5). Aunque fue reelegido, declinó el puesto, dedicándose a sus quehaceres literarios. Con motivo de una medida de los liberales para retirar el crucifijo de escuelas y hospitales, intervino en una polémica y recogió luego sus ideas en el folleto *Liberalismo y jacobinismo* (1906), donde plantea el verdadero significado espiritual de Cristo y predica la tolerancia religiosa.

Volvió a la política en 1908 como diputado, sirviendo dos mandatos hasta 1914: actuó en los proyectos de defensa de la propiedad literaria y de exención de impuestos al libro extranjero; mantuvo una actitud moderada en los debates sobre el problema obrero, postulando la conciliación de capital y trabajo; se opuso a la conversión del Uruguay en república federal al estilo suizo. Junto con Juan Zorrilla de San Martín fue enviado por su país a Chile como representante oficial en los actos del primer centenario de la independencia en 1910.

Durante la primera guerra mundial favoreció la causa de los aliados, renunciando a colaborar en periódicos germanófilos. Como corresponsal de la revista argentina *Caras y Caretas* pudo realizar una de las grandes ilusiones de su vida, visitar Europa adonde se dirigió en 1916. Pasó allí grandes apuros económicos, pues no se le pagaba a tiempo; pero soportó la pobreza con gran dignidad. En Madrid conoció personalmente a José Ortega y Gasset y Juan Ramón Jiménez. Cayó enfermo en Italia y murió ignorado y solo en el hospital de Palermo en 1917. Sus restos mortales fueron trasladados con gran solemnidad al Uruguay en 1920.

Si se excluyen la correspondencia y los discursos parlamentarios, la producción de Rodó no es muy extensa. Bajo el título general de *La vida nueva* publicó tres opúsculos: el primero en 1897 incluye *El que vendrá* y *La novela nueva* sobre las condiciones de la literatura de su tiempo; el segundo en 1899 contiene el estudio *Rubén Darío* donde fija definitivamente los valores del poeta y critica su refinamiento y poco americanismo. Quizá debido a esta crítica Darío se hizo cada vez más americano hasta dar la plenitud en *Cantos de vida y esperanza.*

El tercero de los opúsculos es *Ariel* que, nacido bajo el signo del desastre del 98, conoció un éxito inmenso. Llegó a ser un "best seller," pues dirigido a la juventud hispanoamericana, pronto fue su libro predilecto, el que mejor expresaba sus sentimientos. Está estructurado en forma de discurso de un viejo maestro a sus discípulos. El título es ya un símbolo en sí, pues Ariel encarna, según la concepción de Shakespeare en *The Tempest,* el espíritu de la gracia y la inteligencia frente a Calibán, el genio torpe todo sensualidad y materia.

La obra desarrolla seis temas principales: (1) La juventud es la esperanza, la fortaleza y la fuerza renovadora de los pueblos. A cada generación le toca el deber de cambiar su país y el mundo en general. (2) Es necesario educar al hombre humanísticamente, a la manera greco-romana o renacentista donde el ideal era desarrollar todas las potencias físicas y mentales. La especialización no exime de una formación integral. (3) Lo estético tiene gran importancia en la educación, pues la belleza y el bien son cualidades aliadas. (4) La verdadera democracia consiste en el triunfo de los mejores, no en una igualdad absurda e irrealizable. Entendida de esta manera no conduce a la mediocridad ni al utilitarismo. Hay que juzgar una democracia por las condiciones de su minoría, no de su mayoría. (5) El ideal es la base de la grandeza de los pueblos. (6) Los Estados Unidos, aunque dotados de grandes valores como el trabajo, son los máximos representantes de la mala democracia y el utilitarismo. Su materialismo les ha impedido una verdadera civilización; su sistema es educar mediocremente a todos, sin tener en cuenta que es necesario ofrecer a los genios una educación superior.

Es evidente que las ideas expresadas por Rodó tienen un sentido general, al margen de cualquier contingencia, puesto que se refieren a uno de los problemas básicos del hombre, su formación, no sólo individual sino en cuanto miembro de una sociedad y de una nación con determinadas formas de ser. Pero, como fruto de la guerra del 98, *Ariel* tiene un significado muy circunstancial al mismo tiempo. Se trata de la defensa de uno de los rasgos considerado tradicionalmente como característico del mundo hispánico o latino en general, el culto a la belleza y el ideal, oponiéndose a la concepción pragmática de los anglosajones. Por eso, cuando se publicó el libro, algunos los saludaron como el primer paso de reaproximación de Hispanoamérica a la Madre Patria.

Naturalmente con estos supuestos se abrió margen a la discusión de si Rodó escribió *Ariel* deliberadamente para atacar a los Estados Unidos o simplemente para rechazar el positivismo vigente, refiriéndose al país del norte sólo como ejemplo típico de los resultados de tal doctrina filosófica. Poco importa averiguar el propósito, pues lo cierto es que, a pesar de ser *Ariel* una obra fundamentalmente cultural y no política, llegó a concretar la opinión que de los Estados Unidos tiene toda Hispanoamérica y ayudó a atizar el fuego de la antipatía hacia los vecinos de lengua inglesa.

El problema de la transformación de la personalidad es el tema de *Motivos de Proteo* (1909), que llevó a Rodó muchos años de redacción y está concebido en forma de ensayos aislados o fragmentarios. Se analizan en él cuestiones psicológicas como la naturaleza de los individuos proteicos o de múltiples facetas y sus opuestos, los caracteres simples e inmutables. Se destacan los capítulos dedicados al estudio de la voluntad y la vocación. Desde un punto de vista técnico, es curioso señalar la inserción de numerosos apólogos y ejemplos históricos para ilustrar su doctrina. Básicamente muchos asuntos coinciden con *Ariel,* aunque son tratados menos apasionadamente.

Rodó cultivó también abundantemente la crítica histórica y literaria. De sus muchas colaboraciones en periódicos y revistas coleccionó en libro cuarenta y cinco artículos con el título de *El mirador de Próspero* (1913). Aplica criterios eclécticos, prefiriendo comprender antes que censurar, y muestra preferencia por temas y escritores hispanos, siguiendo en importancia los franceses. Son modelos en su género los dedicados a Juan Montalvo y Simón Bolívar.

ARIEL

(1900)

A la juventud de América

Aquella tarde, el viejo y venerado maestro, a quien solían llamar Próspero, por alusión al sabio mago de *La Tempestad* shakespiriana, se despedía de sus jóvenes discípulos, pasado un año de tareas, congregándolos una vez más a su alrededor.

5 Ya habían llegado ellos a la amplia sala de estudio, en la que un gusto delicado y severo esmerábase por todas partes en honrar la noble presencia de los libros, fieles compañeros de Próspero. Dominaba en la sala—como numen de su ambiente sereno—un bronce primoroso, que figuraba al Ariel de *La Tempestad*. Junto a este 10 bronce se sentaba habitualmente el maestro, y por ello le llamaban con el nombre del mago a quien sirve y favorece en el drama el fantástico personaje que había interpretado el escultor. Quizá en su enseñanza y su carácter había, para el nombre, una razón y un sentido más profundos.

15 Ariel, genio del aire, representa, en el simbolismo de la obra de Shakespeare, la parte noble y alada del espíritu. Ariel es el imperio de la razón y el sentimiento sobre los bajos estímulos de la irracionalidad; es el entusiasmo generoso, el móvil alto y desinteresado en la acción, la espiritualidad de la cultura, la vivacidad y la gracia de la 20 inteligencia,—el término ideal a que asciende la selección humana, rectificando en el hombre superior los tenaces vestigios de Calibán, símbolo de sensualidad y de torpeza, con el cincel perseverante de la vida.

La estatua, de real arte, reproducía al genio aéreo en el instante en 25 que, libertado por la magia de Próspero, va a lanzarse a los aires para desvanecerse en un lampo.[1] Desplegadas las alas; suelta y flotante la leve vestidura, que la caricia de la luz en el bronce damasquinaba de oro; erguida la amplia frente; entreabiertos los labios por serena

---

[1] En un lampo: "in a flash of light."

sonrisa, todo en la actitud de Ariel acusaba admirablemente el gracioso arranque del vuelo; y con inspiración dichosa, el arte que había dado firmeza escultural a su imagen, había acertado a conservar en ella, al mismo tiempo, la apariencia seráfica y la levedad ideal. 5

Próspero acarició, meditando, la frente de la estatua; dispuso luego al grupo juvenil en torno suyo; y con su firme voz,—voz *magistral*, que tenía para fijar la idea e insinuarse en las profundidades del espíritu, bien[2] la esclarecedora penetración del rayo de luz, bien el golpe incisivo del cincel en el mármol, bien el toque impregnante 10 del pincel en el lienzo o de la onda en la arena,—comenzó a decir, frente a una atención afectuosa:

Junto a la estatua que habéis visto presidir, cada tarde, nuestros coloquios de amigos, en los que he procurado despojar a la enseñanza de toda ingrata austeridad, voy a hablaros de nuevo, para que sea 15 nuestra despedida como el sello estampado en un convenio de sentimientos y de ideas.

Invoco a Ariel como mi numen. Quisiera ahora para mi palabra la más suave y persuasiva unción que ella haya tenido jamás. Pienso que hablar a la juventud sobre nobles y elevados motivos, cuales- 20 quiera que sean, es un género de oratoria sagrada. Pienso también que el espíritu de la juventud es un terreno generoso donde la simiente de una palabra oportuna suele rendir, en corto tiempo, los frutos de una inmortal vegetación. . . .

Por desdicha, es en los tiempos y las civilizaciones que han alcan- 25 zado una completa y refinada cultura donde el peligro de esa limitación[3] de los espíritus tiene una importancia más real y conduce a resultados más temibles.Quiere, en efecto, la ley de evolución, manifestándose en la sociedad como en la naturaleza por una creciente tendencia a la heterogeneidad, que, a medida que la cultura general 30 de las sociedades avanza, se limite correlativamente la extensión de las aptitudes individuales y haya de ceñirse el campo de acción de cada uno a una especialidad más restringida. Sin dejar de constituir una condición necesaria de progreso, ese desenvolvimiento del espíritu de especialización trae consigo desventajas visibles, que no se 35

[2] Bien . . . bien: "either . . . or."
[3] La especialización.

limitan a estrechar el horizonte de cada inteligencia, falseando necesariamente su concepto del mundo, sino que alcanzan y perjudican,
por la dispersión de las afecciones y los hábitos individuales, al sentimiento de la solidaridad. Augusto Comte[4] ha señalado bien este
5 peligro de las civilizaciones avanzadas. Un alto estado de perfeccio-
namiento social tiene para él un grave inconveniente en la facilidad
con que suscita la aparición de espíritus deformados y estrechos; de
espíritus 'muy capaces bajo un aspecto único y monstruosamente
ineptos bajo todos los otros.' El empequeñecimiento de un cerebro
10 humano por el comercio continuo de un solo género de ideas, por el
ejercicio indefinido de un solo modo de actividad, es para Comte un
resultado comparable a la mísera suerte del obrero a quien la división del trabajo de taller obliga a consumir en la invariable operación de un detalle mecánico todas las energías de su vida. En uno y
15 otro caso, el efecto moral es inspirar una desastrosa indiferencia por
el aspecto general de los intereses de la humanidad. Y aunque esta
especie de automatismo humano—agrega el pensador positivista—
no constituye felizmente sino la extrema influencia dispersiva del
principio de especialización, su realidad, ya muy frecuente, exige que
20 se atribuya a su apreciación una verdadera importancia.

No menos que a la solidez, daña esa influencia dispersiva a la
estética de la estructura social. La belleza incomparable de Atenas,
lo imperecedero del modelo legado por sus manos de diosa[5] a la admiración y el encanto de la humanidad, nacen de que aquella ciudad
25 de prodigios fundó su concepción de la vida en el concierto de todas
las facultades humanas, en la libre y acordada expansión de todas las
energías capaces de contribuir a la gloria y al poder de los hombres.
Atenas supo engrandecer a la vez el sentido de lo ideal y el de lo real,
la razón y el instinto, las fuerzas del espíritu y las del cuerpo. Cinceló
30 las cuatro faces del alma. Cada ateniense libre describe en derredor
de sí, para contener su acción, un círculo perfecto, en el que ningún
desordenado impulso quebrantará la graciosa proporción de la
línea. Es atleta y escultura viviente en el gimnasio, ciudadano en el
Pnix,[6] polemista y pensador en los pórticos. Ejercita su voluntad en
35 toda suerte de acción viril y su pensamiento en toda preocupación
fecunda. Por eso afirma Macaulay que un día de la vida pública del

---

4 Auguste Comte (1798-1857), filósofo francés, fundador del positivismo.
5 Referencia a Atena, diosa protectora de Atenas.
6 Pnix: "Pnyx." Fue el lugar público donde se reunían los atenienses.

Ática[7] es más brillante programa de enseñanza que los que hoy calculamos para nuestros modernos centros de instrucción. Y de aquel libre y único florecimiento de la plenitud de nuestra naturaleza, surgió el *milagro griego,*—una inimitable y encantadora mezcla de animación y de serenidad, una primavera del espíritu humano, una sonrisa de la historia.

En nuestros tiempos, la creciente complejidad de nuestra civilización privaría de toda seriedad al pensamiento de restaurar esa armonía, sólo posible entre los elementos de una graciosa sencillez. Pero dentro de la misma complejidad de nuestra cultura; dentro de la diferenciación progresiva de caracteres, de aptitudes, de méritos, que es la ineludible consecuencia del progreso en el desenvolvimiento social, cabe salvar una razonable participación de todos en ciertas ideas y sentimientos fundamentales que mantengan la unidad y el concierto de la vida,—en ciertos *intereses del alma,* ante los cuales la dignidad del ser racional no consiente la indiferencia de ninguno de nosotros.

Cuando el sentido de la utilidad material y el bienestar, domina en el carácter de las sociedades humanas con la energía que tiene en lo presente, los resultados del espíritu estrecho y la cultura unilateral son particularmente funestos a la difusión de aquellas preocupaciones puramente ideales que, siendo objeto de amor para quienes les consagran las energías más nobles y perseverantes de su vida, se convierten en una remota, y quizá no sospechada, región, para una inmensa parte de los otros. . . . Yo os ruego que os defendáis, en la milicia de la vida, contra la mutilación de vuestro espíritu por la tiranía de un objetivo único e interesado. No entreguéis nunca a la utilidad o a la pasión, sino una parte de vosotros. Aun dentro de la esclavitud material, hay la posibilidad de salvar la libertad interior: la de la razón y el sentimiento. No tratéis, pues, de justificar, por la absorción del trabajo o el combate, la esclavitud de vuestro espíritu. . . .

Toda igualdad de condiciones es en el orden de las sociedades, como toda homogeneidad en el de la Naturaleza, un equilibrio instable. Desde el momento en que haya realizado la democracia su obra de negación con el allanamiento de las superioridades injustas, la igualdad conquistada no puede significar para ella sino un punto

7 Thomas Babington Macaulay (1800–59), estadista, historiador y poeta inglés. Ática, estado griego del cual Atenas era el centro.

de partida. Resta la afirmación. Y lo afirmativo de la democracia y su gloria consistirán en suscitar, por eficaces estímulos, en su seno, la revelación y el dominio de las *verdaderas* superioridades humanas. Con relación a las condiciones de la vida de América, adquiere esta
5 necesidad de precisar el verdadero concepto de nuestro régimen social, un doble imperio.[8] El presuroso crecimiento de nuestras democracias por la incesante agregación de una enorme multitud cosmopolita; por la afluencia inmigratoria, que se incorpora a un núcleo aún débil para verificar un activo trabajo de asimilación y encauzar
10 el torrente humano con los medios que ofrecen la solidez secular de la estructura social, el orden político seguro y los elementos de una cultura que haya arraigado íntimamente,—nos expone en el porvenir a los peligros de la degeneración democrática, que ahoga bajo la fuerza ciega del número toda noción de calidad; que desvanece en la
15 conciencia de las sociedades todo justo sentimiento del orden; y que, librando su ordenación jerárquica a la torpeza del acaso, conduce forzosamente a hacer triunfar las más injustificades e innobles de las supremacías.

Es indudable que nuestro interés egoísta debería llevarnos,—a
20 falta de virtud,—a ser hospitalarios. Ha tiempo que la suprema necesidad de colmar el vacío moral del desierto, hizo decir a un publicista ilustre que, en América, *gobernar es poblar*.[9] Pero esta fórmula famosa encierra una verdad contra cuya estrecha interpretación es necesario prevenirse, porque conduciría a atribuir una incondi-
25 cional eficacia civilizadora al valor cuantitativo de la muchedumbre. Gobernar es poblar, asimilando, en primer término; educando y seleccionando, después. Si la aparición y el florecimiento, en la sociedad, de las más elevadas actividades humanas, de las que determinan la alta cultura, requieren como condición indispensable la
30 existencia de una población cuantiosa y densa, es precisamente porque esa importancia cuantitativa de la población, dando lugar a la más compleja división del trabajo, posibilita la formación de fuertes elementos dirigentes que hagan efectivo el dominio de la *calidad* sobre el *número*. La multitud, la masa anónima, no es nada por sí
35 misma. La multitud será un instrumento de barbarie o de civiliza-

---

8 Tradúzcase: "a double (twofold) imperativeness."
9 Publicista: "publicist, writer on public policy." Referencia a Juan Bautista Alberdi (1814-84), autor de *Bases y puntos de partida para la organización de la Confederación argentina* (1852).

ción según carezca o no del coeficiente de una alta dirección moral.
Hay una verdad profunda en el fondo de la paradoja de Emerson[10]
que exige que cada país del globo sea juzgado según la minoría y no
según la mayoría de sus habitantes. La civilización de un pueblo
adquiere su carácter, no de las manifestaciones de su prosperidad o 5
de su grandeza material, sino de las superiores maneras de pensar y
de sentir que dentro de ella son posibles; y ya observaba Comte, para
mostrar cómo en cuestiones de intelectualidad, de moralidad, de sentimiento, sería insensato pretender que la calidad pueda ser susti-
tuída en ningún caso por el número, que ni de la acumulación de 10
muchos espíritus vulgares se obtendrá jamás el equivalente de un
cerebro de genio, ni de la acumulación de muchas virtudes mediocres
el equivalente de un rasgo de abnegación o de heroísmo. . . .

Desconocer la obra de la democracia, en lo esencial, porque aún
no terminada, no ha llegado a conciliar definitivamente su empresa 15
de igualdad con una fuerte garantía social de selección, equivale a
desconocer la obra, paralela y concorde, de la ciencia, porque inter-
pretada con el criterio estrecho de una escuela, ha podido dañar
alguna vez al espíritu de religiosidad o al espíritu de poesía. . . .

La concepción utilitaria, como idea del destino humano, y la igual- 20
dad en lo mediocre, como norma de la proporción social, componen,
íntimamente relacionadas, la fórmula de lo que ha solido llamarse,
en Europa, el espíritu de *americanismo*. Es imposible meditar sobre
ambas inspiraciones de la conducta y la sociabilidad, y compararlas
con las que les son opuestas, sin que la asociación traiga, con insis- 25
tencia, a la mente, la imagen de esa democracia formidable y fecunda,
que, allá en el Norte, ostenta las manifestaciones de su prosperidad
y su poder, como una deslumbradora prueba que abona en favor de
la eficacia de sus instituciones y de la dirección de sus ideas. Si ha podido decirse del utilitarismo, que es el verbo del espíritu inglés, los 30
Estados Unidos pueden ser considerados la encarnación del verbo
utilitario. Y el Evangelio de este verbo, se difunde por todas partes
a favor de los milagros materiales del triunfo. Hispano-América ya
no es enteramente calificable, con relación a él, de tierra de gentiles.[11] La poderosa federación va realizando entre nosotros una 35
suerte de conquista moral. La admiración por su grandeza y por su

[10] Referencia a Ralph Waldo Emerson (1803–82) y su *Representative Men* (1850).
[11] Ya no es enteramente calificable: "can no longer be characterized completely."
Gentiles: "unbelievers, pagans."

fuerza es un sentimiento que avanza a grandes pasos en el espíritu de
nuestros hombres dirigentes, y aun más quizá, en el de las muchedumbres, fascinables[12] por la impresión de la victoria. Y de admirarla
se pasa por una transición facilísima a imitarla. La admiración y la
5 creencia son ya modos pasivos de imitación para el psicólogo. 'La
tendencia imitativa de nuestra naturaleza moral—decía Bagehot—
tiene su asiento en aquella parte del alma en que reside la credibili-
dad.'[13] El sentido y la experiencia vulgares serían suficientes para
establecer por sí solos esa sencilla relación. Se imita a aquél en cuya
10 superioridad o cuyo prestigio se cree. Es así como la visión de una
América deslatinizada por propia voluntad, sin la extorsión de la
conquista, y regenerada luego a imagen y semejanza del arquetipo
del Norte, flota ya sobre los sueños de muchos sinceros interesados
por nuestro porvenir, inspira la fruición con que ellos formulan a
15 cada paso los más sugestivos paralelos, y se manifiesta por constantes
propósitos de innovación y de reforma. Tenemos nuestra nordomanía.[14] Es necesario oponerle los límites que la razón y el sentimiento señalan de consuno.

No doy yo a tales límites el sentido de una absoluta negación.
20 Comprendo bien que se adquieran inspiraciones, luces, enseñanzas,
en el ejemplo de los fuertes; y no desconozco que una inteligente
atención fijada en lo exterior para reflejar de todas partes la imagen
de lo beneficioso y de lo útil es singularmente fecunda cuando se
trata de pueblos que aún forman y modelan su entidad nacional.
25 Comprendo bien que se aspire a rectificar, por la educación perseverante, aquellos trazos del carácter de una sociedad humana que
necesiten concordar con nuevas exigencias de la civilización y nuevas oportunidades de la vida, equilibrando así, por medio de una
influencia innovadora, las fuerzas de la herencia y la costumbre. Pero
30 no veo la gloria, ni en el propósito de desnaturalizar el carácter de
los pueblos,—su genio personal,—para imponerles la identificación
con un modelo extraño al que ellos sacrifiquen la originalidad irreemplazable de su espíritu; ni en la creencia ingenua de que eso pueda
obtenerse alguna vez por procedimientos artificiales e improvisados
35 de imitación. Ese irreflexivo traslado de lo que es natural y espon-

---

12 Fascinables: "that can be fascinated."
13 Referencia a Walter Bagehot (1826–77), economista inglés, y su Physics and
Politics (1869).
14 Nordomanía: "mania for the North."

táneo en una sociedad al seno de otra, donde no tenga raíces ni en la
naturaleza ni en la historia, equivalía para Michelet a la tentativa de
incorporar, por simple agregación, una cosa muerta a un organismo
vivo.[15] En sociabilidad, como en literatura, como en arte, la imitación inconsulta no hará nunca sino deformar las líneas del mo- 5
delo. . . .

Todo juicio severo que se formule de los americanos del Norte
debe empezar por rendirles, como se haría con altos adversarios, la
formalidad caballeresca de un saludo. Siento fácil mi espíritu para
cumplirla. Desconocer sus defectos no me parecería tan insensato 10
como negar sus cualidades. Nacidos—para emplear la paradoja
usada por Baudelaire a otro respecto—con la *experiencia innata*[16] de
la libertad, ellos se han mantenido fieles a la ley de su origen, y han
desenvuelto, con la precisión y la seguridad de una progresión mate-
mática, los principios fundamentales de su organización, dando a su 15
historia una consecuente unidad que, si bien ha excluido las adquisiciones de aptitudes y méritos distintos, tiene la belleza intelectual de
la lógica. La huella de sus pasos no se borrará jamás en los anales del
derecho humano; porque ellos han sido los primeros en hacer surgir
nuestro moderno concepto de la libertad, de las inseguridades del 20
ensayo y de las imaginaciones de la utopía, para convertirla en bronce
imperecedero y realidad viviente; porque han demostrado con su
ejemplo la posibilidad de extender a un inmenso organismo nacional
la inconmovible autoridad de una república; porque, con su organización federativa, han revelado—según la feliz expresión de Toc- 25
queville—la manera como se pueden conciliar con el brillo y el poder
de los estados grandes la felicidad y la paz de los pequeños.[17] Suyos
son algunos de los rasgos más audaces con que ha de destacarse en
la perspectiva del tiempo la obra de este siglo. Suya es la gloria de
haber revelado plenamente—acentuando la más firme nota de belleza 30
moral de nuestra civilización—la grandeza y el poder del trabajo;
esa fuerza bendita que la antigüedad abandonaba a la abyección de
la esclavitud, y que hoy identificamos con la más alta expresión de
la dignidad humana, fundada en la conciencia y la actividad del

---

[15] Referencia a *Le Peuple* (1846) del historiador francés, Jules Michelet (1798–
1874).
[16] Se refiere a Charles Baudelaire (1821–67), poeta simbolista francés.
[17] Alexis Clerel de Tocqueville (1805–59), viajero francés, autor de *La Démo-
cratie en Amérique* (1835–40).

propio mérito. Fuertes, tenaces, teniendo la inacción por oprobio, ellos han puesto en manos del *mechanic* de sus talleres y el *farmer* de sus campos, la clava hercúlea[18] del mito, y han dado al genio humano una nueva e inesperada belleza ciñéndole el mandil de cuero
5 del forjador. Cada uno de ellos avanza a conquistar la vida como el desierto los primitivos puritanos. . . .

Hay en ellos un instinto de curiosidad despierta e insaciable, una impaciente avidez de toda luz; y profesando el amor por la instrucción del pueblo con la obsesión de una monomanía gloriosa y
10 fecunda, han hecho de la escuela el quicio más seguro de su prosperidad, y del alma del niño la más cuidada entre las cosas leves y preciosas. Su cultura, que está lejos de ser refinada ni espiritual, tiene una eficacia admirable siempre que se dirige prácticamente a realizar una finalidad inmediata. No han incorporado a las adquisiciones de
15 la ciencia una sola ley general, un solo principio; pero la han hecho maga[19] por las maravillas de sus aplicaciones, la han agigantado en los dominios de la utilidad, y han dado al mundo, en la caldera de vapor y en el dinamo eléctrico, billones de esclavos invisibles que centuplican, para servir al Aladino[20] humano, el poder de la lámpara
20 maravillosa. El crecimiento de su grandeza y de su fuerza será objeto de perdurables asombros para el porvenir. . . . La libertad puritana, que les envía su luz desde el pasado, unió a esta luz el calor de una piedad que aún dura. Junto a la fábrica y la escuela, sus fuertes manos han alzado también, los templos de donde evaporan sus ple-
25 garias muchos millones de conciencias libres. Ellos han sabido salvar, en el naufragio de todas las idealidades, la idealidad más alta, guardando viva la tradición de un sentimiento religioso que, si no levanta sus vuelos en alas de un espiritualismo delicado y profundo, sostiene, en parte, entre las asperezas del tumulto utilitario, la rienda firme
30 del sentido moral. Han sabido, también, guardar, en medio a los refinamientos de la vida civilizada, el sello de cierta primitividad robusta. Tienen el culto pagano de la sàlud, de la destreza, de la fuerza; templan y afinan en el músculo el instrumento precioso de la voluntad; y obligados por su aspiración insaciable de dominio a

---

18 Se refiere al instrumento de que Hércules se sirvió al ejecutar sus doce trabajos.
19 Tradúzcase: "but they have done wonders (with it)."
20 Aladino: "Aladdin." "Aladino o la lámpara maravillosa" es el título de un cuento de la colección árabe *Las mil y una noches*.

JOSÉ ENRIQUE RODÓ 397

cultivar la energía de todas las actividades humanas, modelan el torso
del atleta para el corazón del hombre libre. Y del concierto de su
civilización, del acordado movimiento de su cultura, surge una dominante nota de optimismo, de confianza, de fe, que dilata los corazones impulsándolos al porvenir bajo la sugestión de una esperanza 5
terca y arrogante; la nota del *Excelsior* y el *Salmo de la vida*[21] con
que sus poetas han señalado el infalible bálsamo contra toda amargura en la filosofía del esfuerzo y de la acción.

Su grandeza titánica se impone así, aun a los más prevenidos por
las enormes desproporciones de su carácter o por las violencias re- 10
cientes de su historia. Y por mi parte, ya veis que, aunque no les amo,
les admiro. Les admiro, en primer término, por su formidable capacidad de *querer,* y me inclino ante 'la escuela de voluntad y de
trabajo' que—como de sus progenitores nacionales dijo Philarète
Chasles[22]—ellos han instituido. 15

En el principio la acción era.[23] Con estas célebres palabras del
Fausto podría empezar un futuro historiador de la poderosa república, el Génesis,[24] aún no concluido, de su existencia nacional. Su
genio podría definirse, como el universo de los dinamistas, *la fuerza
en movimiento.* Tiene, ante todo y sobre todo, la capacidad, el en- 20
tusiasmo, la vocación dichosa de la acción. La voluntad es el cincel
que ha esculpido a ese pueblo en dura piedra. Sus relieves característicos son dos manifestaciones del poder de la voluntad: la originalidad y la audacia. Su historia es, toda ella, el arrebato de una actividad
viril. Su personaje representativo se llama *Yo quiero,* como el 'super- 25
hombre' de Nietzsche.[25] Si algo le salva colectivamente de la vulgari-
dad, es ese extraordinario alarde de energía que lleva a todas partes
y con el que imprime cierto carácter de épica grandeza aun a las
luchas del interés y de la vida material. Así de los especuladores de
Chicago y de Minneapolis, ha dicho Paul Bourget que son a la 30
manera de combatientes heroicos en los cuales la aptitud para el
ataque y la defensa es comparable a la de un *grognard* del gran

21 Referencia a dos de los poemas más populares, "Excelsior" y "A Psalm of
Life," de Henry Wadsworth Longfellow (1807–82).
22 Philarète Chasles (1798–1873), crítico y novelista francés.
23 Expresión sacada de *Fausto,* poema del alemán Wolfgang Goethe (1749–1832).
24 Libro bíblico que narra la creación del mundo; por extensión, libro que narra
los orígenes de algo.
25 Friedrich Nietzsche (1844–1900), filósofo alemán que pensaba conseguir un
superhombre combinando la energía vital y la voluntad de poder.

Emperador.[26] Y esta energía suprema con la que el genio norteamericano parece obtener—hipnotizador audaz—el adormecimiento y la
sugestión de los hados, suele encontrarse aun en las particularidades
que se nos presentan como excepcionales y divergentes, de aquella
5 civilización. Nadie negará que Edgar Poe es una individualidad
anómala y rebelde dentro de su pueblo. Su alma escogida representa
una partícula inasimilable del alma nacional, que no en vano se
agitó entre las otras con la sensación de una soledad infinita. Y sin
embargo, la nota fundamental—que Baudelaire ha señalado pro-
10 fundamente[27]—en el carácter de los héroes de Poe, es, todavía, el
temple sobrehumano, la indómita resistencia de la voluntad. Cuando
ideó a Ligeia, la más misteriosa y adorable de sus criaturas, Poe
simbolizó en la luz inextinguible de sus ojos, el himno de triunfo de
la Voluntad sobre la Muerte. . . .
15   La vida norteamericana describe efectivamente ese círculo vicioso
que Pascal[28] señalaba en la anhelante persecución del bienestar,
cuando él no tiene su fin fuera de sí mismo. Su prosperidad es tan
grande como su imposibilidad de satisfacer a una mediana concepción del destino humano. Obra titánica, por la enorme tensión de
20 voluntad que representa, y por sus triunfos inauditos en todas las
esferas del engrandecimiento material, es indudable que aquella civilización produce en su conjunto una singular impresión de insufi-
ciencia y de vacío. Y es que si, con el derecho que da la historia de
treinta siglos de evolución presididos por la dignidad del espíritu
25 clásico y del espíritu cristiano, se pregunta cuál es en ella el principio
dirigente, cuál su *substratum* ideal, cuál el propósito ulterior a la
inmediata preocupación de los intereses positivos que estremecen
aquella masa formidable, sólo se encontrará, como fórmula del ideal
definitivo, la misma absoluta preocupación del triunfo material.
30 Huérfano de tradiciones muy hondas que le orienten, ese pueblo
no ha sabido sustituir la idealidad inspiradora del pasado con una
alta y desinteresada concepción del porvenir. Vive para la realidad

26 Paul Bourget (1852-1935), novelista y ensayista francés. *Grognard*, soldado
de la vieja guardia en tiempo de Napoleón, el gran Emperador.
27 Baudelaire escribió un magnífico ensayo sobre Edgar Allan Poe (1809-49),
narrador y poeta norteamericano, autor del cuento "Ligeia," que trata de la
muerte de una mujer hermosa.
28 Referencia a Blaise Pascal (1623-62), filósofo francés y autor de *Les Pensées*,
obra publicada después de su muerte.

inmediata, del presente, y por ello subordina toda su actividad al egoísmo del bienestar personal y colectivo. ....

Sensibilidad, inteligencia, costumbres,—todo está caracterizado, en el enorme pueblo, por una radical ineptitud de selección, que mantiene, junto al orden mecánico de su actividad material y de su 5 vida política, un profundo desorden en todo lo que pertenece al dominio de las facultades ideales. Fáciles son de seguir las manifestaciones de esa ineptitud, partiendo de las más exteriores y aparentes, para llegar después a otras más esenciales y más íntimas. Pródigo de sus riquezas—porque en su codicia no entra, según acertadamente se 10 ha dicho,[29] ninguna parte de Harpagon,[30]— el norteamericano ha logrado adquirir con ellas, plenamente, la satisfacción y la vanidad de la magnificencia suntuaria; pero no ha logrado adquirir la nota escogida del buen gusto. El arte verdadero sólo ha podido existir, en tal ambiente, a título de rebelión individual. Emerson, Poe, son 15 allí como los ejemplares de una fauna expulsada de su verdadero medio por el rigor de una catástrofe geológica. Habla Bourget, en *Outre-mer*, del acento concentrado y solemne con que la palabra *arte* vibra en los labios de los norteamericanos que ha halagado el favor de la fortuna; de esos recios y acrisolados héroes del *self-help*, 20 que aspiran a coronar, con la asimilación de todos los refinamientos humanos, la obra de su encumbramiento reñido.[31] Pero nunca les ha sido dado concebir esa divina actividad que nombran con énfasis, sino como un nuevo motivo de satisfacerse su inquietud invasora y como un trofeo de su vanidad. La ignoran, en lo que ella tiene de 25 desinteresado y de escogido; la ignoran, a despecho de la munificencia con que la fortuna individual suele emplearse en estimular la formación de un delicado sentido de belleza; a despecho de la esplendidez de los museos y las exposiciones con que se ufanan sus ciudades; a despecho de las montañas de mármol y de bronce que 30 han esculpido para las estatuas de sus plazas públicas. Y si con su nombre hubiera de caracterizarse alguna vez un gusto de arte, él no podría ser otro que el que envuelve la negación del arte mismo: la brutalidad del efecto rebuscado, el desconocimiento de todo suave y de toda manera exquisita, el culto de una falsa grandeza, el *sensa-* 35

---

[29] Referencia a *Outre-mer* (1895), obra de Bourget.
[30] Harpagón, el avaro, personaje del drama *L'Avare* (1668) de Molière (1622–73).
[31] Tradúzcase: "hard-won success."

cionismo que excluye la noble serenidad inconciliable con el apresuramiento de una vida febril.

La idealidad de lo hermoso no apasiona al descendiente de los austeros puritanos. Tampoco le apasiona la idealidad de lo ver-
5 dadero. Menosprecia todo ejercicio del pensamiento que prescinda de una inmediata finalidad, por vano e infecundo. No le lleva a la ciencia un desinteresado anhelo de verdad, ni se ha manifestado ningún caso capaz de amarla por sí misma. La investigación no es para él sino el antecedente de la aplicación utilitaria. Sus gloriosos
10 empeños por difundir los beneficios de la educación popular, están inspirados en el noble propósito de comunicar los elementos fundamentales del saber al mayor número; pero no nos revelan que, al mismo tiempo que ese acrecentamiento extensivo de la educación, se preocupe de seleccionarla y elevarla, para auxiliar el esfuerzo de
15 las superioridades que ambicionen erguirse sobre la general mediocridad. Así, el resultado de su porfiada guerra a la ignorancia, ha sido la semi-cultura universal y una profunda languidez de la alta cultura. En igual proporción que la ignorancia radical, disminuyen en el ambiente de esa gigantesca democracia, la superior sabiduría
20 y el genio. He ahí por qué la historia de su actividad pensadora es una progresión decreciente de brillo y de originalidad. . . .

Con relación a los sentimientos morales, el impulso mecánico del utilitarismo ha encontrado el resorte moderador de una fuerte tradición religiosa. Pero no por eso debe creerse que ha cedido la
25 dirección de la conducta a un verdadero principio de desinterés. La religiosidad de los americanos, como derivación extremada de la inglesa, no es más que una fuerza auxiliatoria de la legislación penal, que evacuaría su puesto el día que fuera posible dar a la moral utilitaria la autoridad religiosa que ambicionaba darle Stuart Mill.[32]
30 La más elevada cúspide de su moral es la moral de Franklin:[33]—Una filosofía de la conducta, que halla su término en lo mediocre de la honestidad, en la utilidad de la prudencia; de cuyo seno no surgirán jamás ni la santidad, ni el heroísmo. . . .

En el fondo de su declarado espíritu de rivalidad hacia Europa,
35 hay un menosprecio que es ingenuo, y hay la profunda convicción de que ellos están destinados a oscurecer, en breve plazo, su superiori-

---

[32] John Stuart Mill (1806-73), filósofo inglés, autor de *Utilitarianism* (1863).
[33] Referencia a Benjamin Franklin (1706-90), político, escritor y físico norteamericano.

dad espiritual y su gloria, cumpliéndose, una vez más, en las evoluciones de la civilización humana, la dura ley de los misterios antiguos en que el iniciado daba muerte al iniciador. Inútil sería tender a convencerles de que, aunque la contribución que han llevado a los progresos de la libertad y de la utilidad haya sido, indudablemente, 5 cuantiosa, y aunque debiera atribuírsele en justicia la significación de una obra universal, de una obra *humana*, ella es insuficiente para hacer transmudarse, en dirección al nuevo Capitolio,[34] el eje del mundo. . . .

La naturaleza no les ha concedido el genio de la propaganda ni 10 la vocación apostólica. Carecen de ese don superior de amabilidad— en alto sentido,—de ese extraordinario poder de simpatía, con que las razas que han sido dotadas de un cometido providencial de educación, saben hacer de su cultura algo parecido a la belleza de la Helena clásica,[35] en la que todos creían reconocer un rasgo propio. 15 Aquella civilización puede abundar, o abunda indudablemente, en sugestiones y en ejemplos fecundos; ella puede inspirar admiración, asombro, respeto; pero es difícil que cuando el extranjero divisa de alta mar su gigantesco símbolo, la Libertad de Bartholdi,[36] que yergue triunfalmente su antorcha sobre el puerto de Nueva York, se 20 despierte en su ánimo la emoción profunda y religiosa con que el viajero antiguo debía ver surgir, en las noches diáfanas del Ática, el toque luminoso que la lanza de oro de la Atenea del Acrópolis[37] dejaba notar a la distancia en la pureza del ambiente sereno. . . . .

[34] El Capitolo original era una colina de Roma donde se levantaba el templo de Júpiter. En Washington se construyó el segundo o nuevo.

[35] Helena de Troya.

[36] Referencia a Frédéric Auguste Bartholdi (1834–1904), escultor francés famoso por "La Libertad."

[37] Atenea (Atena) tenía su templo en la Acrópolis de esta ciudad. Generalmente Acrópolis se considera palabra femenina.

Vocabulario

Se han suprimido en este vocabulario las palabras familiares a cualquier estudiante con un conocimiento básico de español. No constan tampoco los siguientes tipos de palabras: (1) palabras con forma y significado semejante en español e inglés; (2) las formas verbales excepto el infinitivo; (3) adverbios en *-mente* cuando aparece el adjetivo correspondiente; (4) ciertos diminutivos, aumentativos y superlativos en *-ísimo;* (5) nombres propios muy conocidos; (6) palabras que aparecen una sola vez y han sido explicadas en nota.

Las abreviaturas usadas son: *m.* para el género masculino; *f.* para el femenino; *n.* para nombre; *pl.* para plural. No se indica género en los masculinos terminados en *-e, -ín, -o, -ón, -r,* ni en los femeninos terminados en *-a, -dad, -ez, -ión, -tad, -tud, -umbre.* La repetición de una palabra se señala mediante —.

A

abadesa abbess

abalanzar to rush forward; to hurl oneself

abandonar to abandon; to leave; to forsake

abandono abandonment; forlornness

abanico fan

abaratar to cheapen; to reduce in price

abarcar to embrace; to include; to take in

abatido discouraged; dejected

abatir to overthrow; to bring down

abeja bee

abertura opening

abismo abyss; ravine

abnegado self-denying

abogado lawyer

abogar to advocate

abolengo ancestry

abolir to abolish; to repeal

abonar to answer for; to indorse; to vouch for

abordar to board a ship

aborigen aboriginal; *n.* aborigine

aborrecer to abhor, hate

abortar to abort; to miscarry; to destroy

aborto abortion; miscarriage

abrasar to set afire; to burn

abrazar to embrace; to adopt

abrazo embrace

abrevar to wet; to soak

abrigar to take shelter; to wrap oneself up; to foster

abrigo shelter, protection; overcoat

abrir to open (the door); — **paso** to clear the way

abrochar to fasten; to button

abrojo thistle; *pl.* hidden rocks

abrumador overwhelming, crushing; wearisome
abstener to abstain, refrain from
abulia abulia, loss of will power
abundar to abound, be plentiful
aburrido boring
aburrimiento boredom, ennui
aburrir to bore; to tire; to annoy
abusar to abuse; to betray (a confidence); to misuse
abuso abuse; misuse
acabado perfect, faultless
acabamiento completion; end; death
acabar to finish, end; — con to put an end to, wipe out; — de to have just
acaecer to happen, occur
acallar to silence
acariciar to caress
acarrear to cause
acaso perhaps; *n.* chance; por si — (just) in case
acatar to respect
acaudalado rich, well-to-do
acaudillar to command, lead
accidental accidental; temporary
accidente accident; chance; rough place in terrain; incident; grammatical inflection
accionar to move; to gesture
acechar to lie in ambush; to spy on
acento accent; stress; emphasis; tone (of voice); speech
acentuación accentuation; emphasis
acentual accentual, formed by accent
acentuar to accentuate; to emphasize; to become aggravated
acera sidewalk; row of houses
acerado steel, made of steel
acercar to approach
acero steel; sword; weapon
acérrimo very strong *or* bitter
acertado apt; proper; wise; skillful
acertar to hit the mark; to succeed

aciago ill-fated
acierto ability, skill
aclamar to acclaim; to applaud
aclarar to clarify, explain
aclimatar to acclimate; to establish
acobardar to intimidate, frighten
acoger to receive; to welcome; to resort to
acogida reception; welcome
acometer to attack; to rush at
acomodado wealthy, well-to-do
acomodar to place; to arrange; to fit; to furnish, supply; to agree
acomodaticio accommodating; sycophantic, parasitic
acompasar to mark the rhythm of
acongojar to grieve
aconsejar to advise
acontecer to happen
acontecimiento happening, event
acopio supply
acordado agreed; done with deliberation
acordar to agree; to grant; —se to remember
acorde in accord; in tune; *n.* chord, harmony
acostar to lay down; —se to lie down; to go to bed
acrecentamiento increase, growth
acrecer to increase, grow, enlarge
acribillar to pierce, perforate
acrisolado honest, upright
acritud bitterness
actitud attitude, feeling, outlook
acto act, action; public function *or* ceremony; en el — immediately
actual present-day
actualidad timeliness; immediacy
actualizar to bring *or* make up-to-date
actuar to act; to take action
acuático aquatic
acuciante keen, sharp; urgent
acudir to attend; to respond to; to come (to the rescue); to go; to resort to

acuerdo accord; agreement; tribunal; **de — con** in accord *or* agreement with
acuñar to coin, mint
acurrucar to huddle up
acusar to accuse; to acknowledge; to show
adecuado adequate; suitable
adecuar to adapt, fit
adelantado governor
adelantar to advance, go forward *or* ahead
adelante forward, ahead; **en —** from now on; **más —** later
ademán *m.* gesture; look, manner
adentro inside; *n. pl.* innermost thoughts
aderezo setting
adherir to adhere, stick
adinerado rich, wealthy, well-to-do
adivinar to guess
admirado admiring
admirar to admire; to wonder at
admitir to admit; to accept; to permit
adorar to adore; to worship
adormecer to sleep, fall asleep
adormecimiento sleepiness
adormidera poppy
adorno adornment, ornament; trimming
adquirir to acquire; to take on
adquisición acquisition; attainment
adrede purposely
aducir to adduce, cite; to bring up
adulón flatterer; bootlicker
adusto austere, stern
advenedizo parvenu, nouveau riche
advenimiento advent, arrival
advertido clever, skillful
advertir to notice, observe; to advise, warn
aéreo airy, light
afable affable, pleasant
afán *m.* eagerness; anxiety, worry
afanar to strive, toil, work eagerly

afanoso hard, difficult
afección affection; **— cardiaca** heart trouble
afectivo affective; emotional
afecto affection, love; emotion
afeitar to shave
afianzar to secure, hold fast; to guarantee
afición affection, fondness; taste; inclination
aficionar to become fond of
afilado thin, sharp
afín like, similar
afinar to refine, polish; to tune
afinidad affinity; relationship
afligir to afflict, grieve, pain
afluencia abundance
afluente tributary (river)
aforismo aphorism, maxim, saying
afrancesado Francophile
afrontar to confront, face
afuera out, outside; *n. pl.* suburbs, outskirts
agarrar to catch; to seize, grab; to trap
agasajador fond, affectionate
agasajo fondling; friendly treatment
agigantar to make gigantic
ágil agile; fast; light
agitar to agitate; to excite; to stir, shake; to wave
agobiar to exhaust; to overwhelm, to crush; **—se** to bow
agonía agony; anguish; death struggle; end
agonizar to die
agorero auspicious; ill-omened; fortunetelling; *n.* fortuneteller
agostar to parch, burn
agotar to exhaust, use up
agradar to please
agradecido grateful; **mal —** ungrateful
agradecimiento gratitude; thanks
agrado pleasure; liking; **ser del — de** to be to the liking of

agravar to aggravate, make worse; to increase; to make heavier

agraviar to offend, wrong

agregar to add; to appoint

agrícola agricultural, farming

agrio sour; rough; disagreeable

agropecuario farming; pertaining to cattle and crops

agrupar to group, bring together in a group

agua water; — dulce fresh water

aguacero heavy shower

aguantar to endure, tolerate

aguardar to await, wait; to expect

agudeza acuteness, sharpness

agudización sharpening

agudizar to sharpen; to aggravate, make worse

agudo acute; sharp, pointed; keen; witty; high-pitched; brisk

agüero omen

aguijar to urge or spur on; to hurry

águila eagle

aguja needle; pin

agujero hole

aguzar to sharpen

ahí there, yonder; de — hence; — no más then and there; he — there is (are)

ahijado godchild

ahogar to choke; to drown

ahondar to penetrate; to go deep into; to sink

ahorrar to save; to spare

ahorro savings; economy

ahuyentar to drive or frighten away

airado angry

aire air; appearance

airoso airy; graceful; lively

aislamiento isolation; separation

aislar to isolate; to leave alone

ajar to rumple, crumple; to wither; to pull down (one's pride), abuse

ajenjo absinthe

ajeno foreign; another's; indifferent to

ají m. chili, red pepper

ajuar trousseau; bridal apparel

ajusticiado person executed or put to death

ala wing; brim (of hat)

alabanza praise

alabar to praise

alabarda halberd, short spear

alabastro alabaster

alado winged

alambre wire

alameda poplar grove; tree-lined walk

alarde boasting; show, display; hacer — to boast, brag

alargar to lengthen, extend, stretch out

alarido shout, scream, howl

alba dawn

albahaca sweet basil

albergar to lodge; to shelter

albergue lodging; shelter

albo white

alborada dawn

alborotar to disturb, agitate; to make a noise; to get rough (sea)

alboroto disturbance; tumult

alcaide warden

alcalde justice of the peace; sheriff

alcance reach; al — de within reach of

alcanzar to reach; to attain; to follow; to overtake

alcázar castle, fortress

alción Chinese swallow; kingfisher

alcoba bedroom

aldea village

aldeano rustic, country; n. villager

alegar to allege; to advance

alegrar to gladden, make happy

alegría gladness, joy

alejado withdrawn; isolated

alejandrino alexandrine, metrical line in Spanish of fourteen syllables

alejar to draw *or* move away; to separate

alentar to encourage, cheer; to breathe

aletear to flutter

aleteo fluttering; palpitation

aleve treacherous

alevosía treachery; perfidy

alfandoque a kind of candy *or* syrup

alfeñique sugar paste

alfiler pin; brooch

alfombra rug, carpet

alfombrar to carpet

alga alga, seaweed

algarabía clamor, din

algarrobo carob tree

algazara clamor, din

algo somewhat; *n.* something

alhaja jewel, gem

aliado allied; *n.* ally

alianza alliance; agreement

alienista *m. f.* alienist, psychiatrist

aliento breath; courage; strength

alimento food; nourishment

alistar to enlist; to get *or* make ready

alita small wing

aliviar to relieve; to soothe; to console

alivio relief

aljaba quiver (for arrows)

alma soul; heart

almacén *m.* store, shop

almidonar to starch

almizcle musk

almo creating; nourishing

almohada pillow

almohadón large pillow *or* cushion

almorzar to breakfast; to lunch

alocución allocution; address

alojado lodger; guest

alondra lark

alquería farmhouse

alquitrán *m.* tar, pitch

alrededor around; about

altanero haughty, arrogant

alterar to alter, change

altiplanicie *f.* high plain

altisonante high-sounding, high-flown

altivez haughtiness, arrogance

altivo haughty, arrogant, proud; lofty

alto high; tall; upper; enormous; deep; *n.* height, top floor

altura height; *pl.* heavens

alucinante fascinating; deceptive, deluding

alucinar to fascinate; to deceive, delude

aludir to allude, refer

alumbrar to light, shed light

alzar to raise (up); to rise; to revolt; to pick up; to carry off

allá there, yonder; **el más —** the beyond, life after death

allanamiento leveling, smoothing

allegar to approach, come near

ama mistress of the house; housekeeper

amabilidad amiability; likableness

amagar to threaten

amanecer to dawn; to awaken; to be in the morning; *n.* dawn

amanerado mannered; affected

amansar to tame; to domesticate; to break (a horse); to soften

amante fond, loving; darling; *m. f.* lover, sweetheart

amapola poppy

amarfilado ivoried, ivory-like

amargar to make *or* become bitter

amargo bitter

amargura bitterness

amarillear to make *or* become yellow

amarillento yellowish

amarrar to tie, bind

amatista amethyst

amazónico Amazonian

ambicionar to seek eagerly; to aspire

ambiental environmental

ambiente ambient, milieu, environment, atmosphere

ámbito surroundings
amedrentado frightened
amenaza threat
amenazador threatening
amenazar to threaten
ameno pleasant, agreeable
amigable friendly
amigo friendly, fond; *n.* friend
amistad friendship
amistoso friendly
amo boss
amontonar to heap, pile up
amor love; *pl.* amours, love affairs
amoratado livid
amorío love affair
amortecido fainting
amparar to shelter; to protect
amparo shelter; protection
ampliación enlargement
ampliar to amplify; to enlarge; to extend
amplio ample; full; broad; large
amplitud amplitude; fullness
ampulosidad pomposity; verbosity
ampuloso pompous; bombastic
anales *m. pl.* annals
analfabeto illiterate
anaranjado orange-colored
anca croup (of animal); buttock
ancianidad antiquity; old age
anciano elderly person
ancho wide, broad
anchura width, breadth; extension
anchuroso wide, extensive
andaluz Andalusian
andamio scaffold (for builders); platform
andar to walk; to move; to pass; — a las manos to fight, quarrel
andas *f. pl.* litter, bier, stretcher
andrajo rag, tatter
anecdotario collection of anecdotes
anegar to flood; to drown; to sink
ánfora amphora, two-handled Grecian jar
ángel *m.* angel; — de la guarda guardian angel
anglosajón Anglo-saxon

ángulo angle
angustia anguish
angustiado anguished, sorrowful
angustiar to cause anguish; to grieve
angustioso full of anguish
anhelante yearning; panting; gasping
anhelar to yearn, long for
anhelo yearning, longing
Aníbal *m.* Hannibal
anidar to nest; to dwell
anillar to fasten with rings
anillo ring; — nupcial wedding ring
ánima soul
animar to animate, enliven; to encourage, cheer; to give vigor to; to comfort
anímico psychic
aniquilar to annihilate, destroy
anochecer dusk, nightfall
anómalo anomalous; unusual; irregular
anonadar to annihilate, destroy
anónimo anonymous, nameless
ansia anguish; anxiety; longing
ansiar to desire anxiously, long for
ansiedad anxiety
antaño yore, long ago
ante before; in the presence of
antemano de — beforehand
anteojos *m. pl.* spectacles, eyeglasses
anterior previous
anterioridad con — previously
anticipador precursor
anticipar to anticipate; to be ahead of; to do ahead of time
anticipo anticipation; forerunner
antigüedad antiquity
antiguo old, ancient
antioqueño pertaining to the province of Antioquia, Colombia; *n.* inhabitant of Antioquia
antipatía antipathy, dislike
antologizar to publish in an anthology; to collect

antorcha torch
antropófago cannibal
anudar to tie (a knot); to make fast
anuncio announcement; omen
añadidura por — in addition
añadir to add
añejo old, aged
añoranza longing; nostalgia
añoso old, aged
apacible peaceful; gentle
apagado dim, dull; gentle; quiet
apagar to extinguish, put out
aparecer to appear
aparentar to put on the appearance of; to pretend
aparición appearance
apartado distant, remote
apartar to withdraw; to remove; to separate
aparte apart, aside; different; — de aside from
apasionado impassioned; passionate
apasionamiento passion
apear to dismount
apegar to become attached
apelar to appeal; to resort to
apellido family name
apercibir to warn; to prepare, get ready
apetecer to like, enjoy; to hunger or thirst for
apetecido longed for
apiadar to pity, take pity on
apicarado picaresque, roguish
ápice apex, summit, height
apiñar to crowd or press together
aplacar to pacify, calm
aplanar to smooth, level
aplaudir to applaud
aplauso applause; praise
aplicar to apply
aplomo aplomb; tact; poise
apoderar to seize, take possession of
apodo nickname
apólogo apologue, fable

aportación contribution
aportar to contribute; to bring
aposento room; apartment
apostar to post; to place; to bet
apóstol m. apostle
apostrofar to apostrophize, to address directly
apóstrofe directly addressing
apoteosis f. apotheosis, deification
apoyar to support; to hold up; to aid; to lean (against)
apoyo support; dependence
apresar to capture
aprestar to prepare, make ready
apresuramiento hastening
apresurar to hasten, be in a hurry
apretar to tighten; to press (down); to clench (teeth); to urge; — las manos to shake hands
aprisa fast; quickly
aprisionar to imprison
apropiar to appropriate, take possession of
aprovechamiento advantage; profit
aprovechar to take advantage of; to profit by; to use
aproximar to approximate; to approach, move near
apuesta bet, wager
apuesto spruce; elegant
apuntar to point out; to note; to aim; to sketch
apunte note, annotation; rough sketch
apurar to be in a hurry; to exhaust; to drain
apuro want; need; trouble
aquejar to afflict; to harass; to grieve
aquí here; he — here is (are)
aquietar to become quiet or calm
ara altar, altar slab
árabe Arab, Arabian
arado plow
aragonés Aragonese
araña spider; chandelier
arar to plow

arbusto bush, shrub
arcano hidden, secret; *n.* arcanum, secret, mystery
arco arch; bow; — **iris** rainbow
archivar to file; to forget
arder to burn
ardiente ardent; burning; fiery
ardor ardor; heat
ardoroso burning; fiery
arena sand; sandy ground
arenal sandy
argentado silvery
argentino silvery; Argentine, Argentinian
argolla ring
argumento plot
ario Aryan
arma arms, weapon; *pl.* arms, troops, army
armadura armor
armar to arm; to start; to prepare; to roll (cigarettes)
armario closet; wardrobe
armiño ermine
armónico harmonious
aro hoop
arpa harp
arqueado arched
arquero archer
arquetipo archetype, prototype; model
arrabal *m.* neighborhood; environs; suburb
arraigado rooted; deep-rooted
arraigar to take root; to settle, establish
arrancar to start; to extract, pull out
arranque start; fit; impulse; **punto de** — starting point
arrastrar to drag (down); to carry (away); to prompt; to move; to attract
arrear to drive (horses); to round up
arrebatado violent; rash; passionate

arrebatar to carry off, lead away; to snatch
arrebato start; paroxysm; rapture
arrebol *m.* red sky (of sunrise or sunset)
arredrar to frighten, scare
arreglar to arrange; to settle, adjust
arremango turning up
arrepentir to repent; to regret
arribar to arrive
arribo arrival
arriero muleteer; driver of pack animals
arrimar to move *or* come close
arrodillar to kneel
arrojado fearless, daring; rash
arrojar to throw, cast
arrojo fearlessness, boldness
arrollar to knock down
arrostrar to face bravely; to defy
arroyo stream
arroz *m.* rice
arruga wrinkle
arruinar to ruin, destroy
arrullador flattering; seductive
arrullar to lull
arte *m. f.* art; trade; profession
articular to articulate; to say clearly
artífice artisan, craftsman
artificioso artificial; tricky; fake
asaltar to assault; to come upon; to overtake
asaz enough; very
ascendencia ancestry; origin
ascente ascendancy; power
asegurar to assure; to insure; to fasten; to fit
asemejar to resemble, be *or* look like
asentar to place, set, establish
asentimiento assent, agreement
aseo neatness
aserrín sawdust
aserveración assertion
asesinato assassination, murder

asesino murderer
asestar to aim; to deal (a blow)
asfódelo (asfodelo) lily; daffodil
así so, thus; — como just as, as
well as
asiduo assiduous; persistent
asiento seat; site, place
asilo asylum, refuge
asimilar to assimilate; to digest
asimismo likewise; also; in like
manner
asir to grasp, seize, hold on to
asistir to assist, help; to attend
asolar to raze, devastate
asomadero place with a good view
asomar to look *or* stick out; to appear
asombrar to astonish, amaze
asombro astonishment, amazement
asombroso astonishing, amazing
asonancia assonance, vowel rhyme
asonantar to make assonant
asonante assonant, pertaining to
vowel rhyme
aspereza rough place; roughness,
unevenness
áspero rough; harsh
aspirar to aspire; to breathe, in-
hale; to smell
astral astral, starry, pertaining to
the stars
astro star, heavenly body
asumir to assume, take (on)
asunción assumption
asunto matter; business; affair
asustadizo frightened
asustar to frighten; to be frightened
atadura binding, fastening; thong;
knot
atajar to stop; to intercept
ataque attack
atar to tie; to fasten
ataúd m. coffin, casket
ataviar to dress up
Atena Athena

Atenas f. Athens
atender to attend to; to pay attention
atener to rely on
ateniense pertaining to Athens; m.
f. inhabitant of Athens
atentado crime, murder
atentar to attempt a crime
atento attentive, heedful
aterido stiff (with cold)
aterrador terrifying
aterrante terrifying
aterrar to terrify
atesorar to treasure; to hoard
atezado blackened
atizar to stir or poke (a fire); to
rouse, stir up
Atlántida Atlantis
atolondrar to confuse, rattle, per-
plex
atónito astonished, amazed
atracar to approach
atraer to attract, appeal to, charm;
to lure; to bring
atrapar to trap, catch
atrasar to be slow, delay; to be
backward
atraso slowness; backwardness
atravesar to cross, go across; to
enter; to meet; to run through,
pierce
atrayente attractive
atrever to dare
atrevido daring, bold
atrevimiento daring, boldness
atribular to lose heart; to show
fright
atronar to deafen; to stun
atropellar to knock down; to hit;
to rush
atroz atrocious; huge
aturdir to stun, bewilder
audaz audacious, bold, daring
auditorio audience; assembly
auge apogee; height
aullar to howl (a dog)

aullido animal's howl; meowing
aumentar to augment, increase
aunar to unite, join
aura gentle breeze
áureo gold, golden
aurora dawn
austriaco Austrian
autóctono autochthonous, native
autodidacto autodidactic; self-taught, self-educated
autómata *m.* automaton
autor author; — de sus días father
auxiliar to help
auxilio help, assistance
avaro miser
ave *f.* bird; — de rapiña bird of prey
avecinar to approach, get near
avenida avenue; approach
aventurar to venture
avergonzar to shame, be ashamed
averiguar to ascertain, find out
avestruz *m.* ostrich
avezar to accustom; to inure
avidez avidity, greediness, covetousness; eagerness
ávido avid; greedy
avieso crooked; perverse
avilés pertaining to Avila; *m.* inhabitant of Avila
aviso warning; police
avivar to quicken, enliven
ay *m.* moan, lament
ayudar to aid, help, assist
azada spade; hoe
azahar orange blossom
azogado trembling; silvered (as a mirror)
azor goshawk
azorar to disturb, excite; to terrify
azotar to whip; to beat
azote whip; lashing; beating
azucena white lily
azulado azure, bluish
azulino bluish
azuloso azure, blue

azuzar to incite; to set (dogs) on

B

Babilonia Babylonia; Babylon
babosear to drivel, slaver
bagaje army baggage
bahía bay
bailarina dancer
bajada descent, slope
bajar to descend, go down; to get off; to lower, dim
bajo low; under; vile, mean; short (of stature)
bala bullet, shot
balada ballad
baladro cry (of fear)
balance balancing; reckoning
balancear to balance; to rock; to swing; to waver; to lounge
balar to bleat
balazo shot, bullet wound
balbucear to stammer; to speak with hesitation
baldío idle
baldosa floor tile
balón balloon
bálsamo balsam; balm
balumba bundle of many miscellaneous things; confusion, disorder, tumult
bambolear to stagger, reel
bamboleo swinging
bambú *m.* bamboo
banca bench
banco bench; bank; pedestal
bandada flock (of birds)
bandera flag
banderín (banderón) flag
bando band; party; group
bandolero highwayman; robber
barba beard
barbaridad barbarism; outrage; nonsense
barbarie *f.* barbarity; cruelty
barbarizador barbarizing; degenerative

bárbaro barbarous, barbaric; *n.*
  barbarian
barbudo long-bearded
barca boat
barco boat
bardo bard, poet
barquichuelo little boat
barrer to sweep
barrica cask
barriga belly
barrio suburb; district
barro mud, clay, adobe
barruntar to guess, conjecture
barullo confusion, disorder
basar to base
base *f.* base; basis
bastar to suffice, be enough
bastón walking cane
bata smock; robe
batallar to battle
batallón battalion; regiment
batir to beat
bautizar to baptize; to name, call
beatitud beatitude; blessedness;
  holiness
bebé *m.* baby
bebedor drinker
bebida drink
beldad beauty
belígero belligerent, warlike
bendecir to bless
bendición blessing; benediction
bendito blessed; sainted
benedictino Benedictine
beneficio benefit; favor; kindness
bergantín brigantine, brig
berrear to bellow
bestia beast
biblioteca library
bibliotecario librarian
bicho insect; small animal
bien well; *m.* good; — . . . —
  whether . . . or, either . . . or;
  hombre de — honest man; **no (ni)**
  — as soon as; **si** — while, though;
  pl. possessions
bienestar well-being

bigote mustache
billete bill (money); ticket
biombo folding screen
bisabuelo great grandparent
bisonte buffalo; bison
bizarro gallant; splendid; brave
blancor whiteness *or* fairness (of
  skin)
blancura whiteness
blandir to brandish, flourish
blando soft; delicate; tender
blanquear to whiten, make white
blanquecino whitish
blasón blazon; heraldry; honor,
  glory
bloc *m.* — **de telegramas** telegraph
  pad
blonda ruffle; broad silk lace
blondo blond, fair
bloquear to blockade
blusa blouse; shirt
bobo foolish, silly
boca mouth; — **abajo** flat on one's
  face; — **arriba** flat on one's back
bocado bite, morsel
boceto sketch
boda wedding; **viaje de** —**s** honey-
  moon
bodegón wine cellar; cheap tavern
bofetada slap in the face
boga vogue, popularity
bogar to row
bogotano relating to Bogotá; *n.* inhabitant of Bogotá
bohemia bohemian way of life
bohemio bohemian; **vida de** —
  bohemian way of life
bola bola; ball
boleadoras *f. pl.* bolas
boleto ticket
boliche small bar, tavern
boliviano Bolivian
bolsa stock market; purse
bolsillo pocket; purse
bonaerense pertaining to Buenos
  Aires; *m. f.* inhabitant of Buenos
  Aires

bondadoso kind; good
boqueada gasp
borbollón bubbling, gushing
borbollonear to gush out
Borbón Bourbon
borbotón bubbling; *pl.* torrents
bordar to embroider
borde border, edge, rim
bordo a — aboard
borrachera drunkenness; spree
borracho drunk; *n.* drunkard
borrar to erase; to obliterate
borrasca storm
borrascoso stormy
boscaje grove; woodland scene
bosque woods; forest; grove
bosquejo sketch; outline
bota boot
botar to throw away
bote boat
botica pharmacy
botón bud; button
bóveda tomb, crypt, vault
bramar to roar, shriek, howl
bramido howl, cry of wild animals
brasa live coal
brasileño Brazilian
bravío wild, savage
bravo brave, fearless; angry; wild; excellent, fine; *n.* Indian brave
brecha breach, opening; **abrir —** to break through
bregar to struggle, fight
Bretaña Brittany
breva fig
breve brief; short; small; **en —** in a short time
brevedad brevity; conciseness
brida bridle; rein
bridón spirited steed
brillante brilliant; *n.* diamond
brillar to shine, sparkle
brillo brilliance; splendor
brincar to jump, leap
brindar to offer (a toast); to present

brindis *m.* toast, drinking to another's health
brío vigor; spirit
brisa breeze
brocatel *m.* brocade
broche brooch; pin
bronce bronze; brass; bell
brotar to bud, germinate; to issue, appear; to produce; to rush out
brujería witchcraft
brujo wizard, sorcerer
brújula compass
bruma fog, mist
brumoso foggy, misty
bruñir to burnish, polish
brusco brusk, abrupt, harsh
bruto stupid; *n.* beast, animal
bucear to dive
bucle lock (of hair), curl
buche mouthful
budista Buddhist
buey *m.* ox
bufido bellow, roar, snort
bufón jester
buhardilla attic, garret
buho owl
buitre vulture
bujía candle; candlestick
bulevar boulevard
bulto bulk; object not clearly discerned
bullicio bustle, uproar
bullicioso noisy; merry
bullir to boil; to move, stir
burbuja bubble
burgués bourgeois, middle-class
burguesía bourgeoisie, middle class
buril *m.* engraver's chisel
burla mockery; deceit
burlador mocking
burlar to mock; to ridicule; to laugh at, make fun of; to frustrate, prevent; to evade
burlón mocking, scoffing; joking
burro donkey, jackass
busca search; **en — de** in search of
buscapié *m.* key, clue

búsqueda search
busto bust (statue); torso

C

cabal complete; perfect
cabalgar to ride on horseback
cabalgata cavalcade
caballada drove of horses
caballeresco chivalric; courteous
caballero gentleman; knight
cabe near; at the side of
cabecear to nod, shake the head
cabecera head of bed
cabellera head of hair
caber to be possible; to be appropriate, pertinent; to fit, be held
cabestro halter
cabeza head; leader
cabida space, room; dar — a to make room for
cabildo city hall
cabizbajo crestfallen
cabo end; corporal; al — at last, finally; al—de at the end of, after
cabra goat
cabriola caper; prancing
cacique cacique, Indian chief
caciquismo caciquism, bossism
cachorro cub
cadalso scaffold
cadavérico cadaverous
cadena chain; bond
cadencia cadence; rhythm
cadera hip
caduco senile; decrepit
caer to fall; dejar — to drop
caída fall
caja box; coffin
cajita little box
cajón box; coffin; chest
calabaza pumpkin; squash
calaña kind, sort
calar to make open work; to pierce, perforate
calaverada escapade, reckless act
cálculo calculation
caldera boiler

calentar to heat, warm
calentura fever; heat
calidad quality; en — de with the rank of
cálido hot; warm
calificar to classify; to judge
cáliz m. calyx; chalice
calmoso calm
calofrío chill; shiver
calumnia calumny, slander
calumniar to slander
caluroso hot; enthusiastic
calvario Calvary
calzones m. pl. trousers, pants
callandito silently; softly
callar to be or keep silent; to silence, quiet
callo callous; hoof
cámara chamber; legislative body
camarada comrade, companion
cambio change; a — de in exchange for; en — on the other hand
camello camel
caminante m. f. traveler
caminar to walk; to travel; to go
camino road; way; course; trip, journey; (de) — a (hacia) en route to; abrirse — to make a way for oneself; ponerse en — to set out
camisa shirt; jacket; chemise
camorrero quarrelsome
campamento encampment, camp
campana bell
campanilleo ringing
campánula bellflower
campaña campaign; level countryside
campesino rural, country; n. peasant, farmer
campestre country, rural
campiña countryside
campo field; country; countryside; — santo cemetery
camposanto cemetery
cana white hair

canapé *m.* sofa, couch
canalla *m.* cur, despicable person
canallada base, despicable act
canario canary
canciller chancellor
canción song; — de cuna cradle-song, lullaby
candente burning
cándido candid; simple; white, snowy
candil *m.* oil lamp
candoroso candid, innocent
cansancio fatigue, weariness
cansar to tire; to bore
cantante *m. f.* singer
cantar to sing; *n.* song
cantarino singing; *n.* singer
cántico canticle; song
canto canto; song; chant
cantor singing; *n.* singer
caña sugar cane; reed
capa layer; cover; cloak; cape; level
capataz *m.* overseer, foreman
capaz capable, able
capilla chapel; death house
capital principal, leading; *f.* capital city
capote cloak; cape
capricho caprice, whim, fancy
caprichoso capricious; stubborn
captar to capture; to captivate; to attract
capullo cocoon; flower bud
cara face; appearance, mien
carabela caravel; ship
caramba gracious!, confound it!
carancho vulture; bird of prey
carbón carbon; coal; charcoal
carcajada burst of laughter, guffaw
cárcel *f.* jail; prison
carcelero jailor
carcomido worm-eaten
cárdeno livid; purple
cardo thistle
carecer to lack
careta mask
carey *m.* tortoise shell

carga load; burden
cargar to load; to carry; to set; to attack, charge
cargo charge; post, position; ha-cerse — de to take charge of
caricia caress
caridad charity
cariño affection
cariñoso affectionate, loving
caritativo charitable
carnaval *m.* carnival
carne *f.* meat; flesh; de — y hueso human; perder — to lose weight
carnicero butcher, meat carver
caro costly, expensive; dear, be-loved
carrera career; course; race; a la — quickly, swiftly
carreta wagon; cart
carril *m.* rail; track
carrillo cheek
carro carriage; cart; chariot
carroza large coach *or* carriage
carruaje carriage
cartaginés Carthaginian
cartílago cartilage
casaca dress coat
casamiento marriage
cascada cascade, waterfall
casco helmet; hoof
caserío country house; small village
casero domestic; familiar; common
casilla small house, hut; jail; slaughter house
caso case; hacer — to pay attention
casta race
castalia pertaining to Castalia
Castalia fountain of the Muses on Mount Parnassus
castañeta castanet
castaño chestnut
casticismo good style; correctness
castigar to punish; to beat
castigo punishment
castillo castle

casto chaste, pure
casualidad chance; **por —** by chance
cataclismo cataclysm, catastrophe
catadura face; appearance
catalán Catalan, Catalonian
catar to sample; to taste; to try
catarata cataract, waterfall
cátedra seat *or* chair of a professor; professorship
catedrático holder of a university chair; professor
catilinaria Cicero's oration against Catiline; vehement denunciation
cauce trench, furrow; channel; **abrir —** to clear the way
caudal *m.* fortune, wealth; abundance; volume
caudaloso wealthy; abundant; of great volume
caudillismo rule by a caudillo
caudillo caudillo, military leader (generally of irregular forces, especially in Spanish America)
causa cause; **a — de** because of
cauteloso cautious, wary; cunning
cautivo captive
cautivar to capture; to captivate, charm
cautiverio captivity
cavar to dig
caza hunt, hunting
cazador hunter
cazar to hunt
cebar to feed (a fire)
cebra zebra
ceder to cede, give in; to hand over; to yield; to slacken, abate
céfiro zephyr, wind
ceja eyebrow
cejar to hesitate; to slacken
celaje cloud formation *or* effect; swiftly moving cloud
celda cell
celebrar to celebrate; to praise
célebre celebrated, famous, renowned

celeste celestial, heavenly; sky blue
celibato celibacy; bachelor
celo zeal; *pl.* jealousy
celosía lattice; Venetian blind
celoso zealous; jealous
cena supper
cenar to have supper
cencerro cowbell
ceniciento red ash color; ashen, grey
cenit *m.* zenith
ceniza ash, cinder
censurar to censure; to blame, accuse
centauro centaur (mythological monster, half man, half horse)
centenar hundred; **a —es** by the hundreds
centinela *m. f.* sentinel, sentry
centuplicar to centuple, increase by hundreds
centuria century
ceñidor belt, sash
ceñir to gird, circle, encircle; to surround; to fasten around the waist; to hem in
ceño frown; **arrugar (fruncir) el —** to frown, knit the brow
ceñudo frowning; gruff
cera wax
cercano near, close
cercar to surround; to beseige
cerciorar to find out, ascertain; to make sure
cerco fence; wall; siege; edge; ring
cerdo pig, hog
cereal *m.* cereal; grain
cerebro brain
cerilla wax match
cerner to hover over
cerrado closed; secret; inflexible
cerro hill
certamen *m.* literary contest
certero accurate; well-aimed; skillful
certidumbre certainty
cerúleo cerulean, sky blue

cervantino pertaining to Miguel de Cervantes
cerviz *f.* cervix (nape of) neck
cesar to cease, stop; **sin —** ceaselessly
cesáreo Caesarean; imperial
césped *m.* grass
cetro scepter
ciego blind; *n.* blind person
cielo sky, heaven; **— raso** ceiling
cieno mud, mire, slime
cierzo cold north wind
cifrar to place
cigarra cicada, locust
cigüeña stork
cilicio hair shirt
cima top; summit, peak; **dar —** a to carry out, complete
cimarrón wild; *n.* wild horse, bitter maté
cinabrio cinnabar (used as a pigment)
cincel *m.* chisel
cincelar to chisel, engrave, carve
cincha cinch of a saddle
cínico cynical, satiric
cinismo cynicism
cinta sash; belt; ribbon
cinto belt
cintura waist; belt
circo circus
circundar to surround, encircle
circunstancial circumstantial; particular
cirio candle
cisne swan
cita quotation; engagement, appointment; **darse —** to make an appointment
citar to quote; to make *or* have an appointment
ciudadano urban, pertaining to the city; *n.* citizen, city inhabitant, urbanite
clamoreo prolonged clamor; knell
claras a las — clearly, openly
clarear to dawn, grow light

claridad brightness
clarín clarion, bugle
claro clear; evident; light (colored)
claroscuro chiaroscuro, light and shade
claustro cloister
cláusula clause; sentence
clava club, cudgel
clavar to nail; to pin; to fix, pierce
clave clavichord
clavel *m.* carnation; pink
clavija tuning peg
clavo nail, spike
clepsidra clepsydra, water clock
clérigo clergyman
clero clergy
clima *m.* clime, climate; atmosphere; region
cobarde cowardly; *n.* coward
cobrar to collect, gather; to get pay for; to receive, gain
cobre copper; coin
cocer to cook
cocina kitchen
cocinero cook
coche coach, carriage
cochero coachman
codicia covetousness, greed
codiciable covetable
codo elbow
cofradía brotherhood; association
cofre case, box
coger to hold, take hold of; to gather, pick
coincidir to coincide; to come together
cojear to limp
cojo lame
cola tail; **hacer —** to stand in line
colaborar to collaborate; to contribute
colar to slip in *or* through
colcha bedspread
colchón mattress
colear to wag the tail
colector (tax) collector
colegiala school girl

colegio school
colegir to infer, conclude
cólera anger, rage
colérico angry
colgar to hang
colina hill
colmar to heap, bestow liberally; to fill (to the brim)
colmo climax; height; limit; **para** — as the finishing touch, the last straw
colocación position
colocar to put, place
colombiano Colombian
coloniaje colonial period
colono colonist; settler
coloquio colloquy, conversation, talk
colorado colored; red
colorear to make red; to color
colorido coloring, color
colorista coloristic, colored
coloso colossus
columpiar to swing
collar necklace
comadre intimate friend; godmother
comba curve
combate combat, battle
combatiente combatant, fighter
combatir to combat, battle; to attack; to oppose
combativo combative, pugnacious
comendador knight commander
comerciante trading; *n.* trader, merchant, dealer
comercio commerce, trade, business
cometer to commit
cometido charge, commission
comienzo beginning
compadre friend, pal; godfather
compaginar to put in proper order
compañía (theatrical) company; **Compañía de Jesús** Jesuits
comparecer to appear (before)
compartir to share

compás *m.* time, musical beat; **al** — in time
compendiar to abridge, condense
complacencia kindness
complacer to take pleasure in; to be pleased with
complejidad complexity
complejo complex; complicated
cómplice accomplice
complot *m.* plot; intrigue
comportamiento behavior
compra purchase
comprender to understand; to comprise, include
comprimir to compress, press; to restrain
comprobar to confirm, verify; to prove
comprometer to compromise; to commit; to undertake; to involve
compromiso obligation
comunicar to communicate; to impart; to connect
concebir to conceive, plan
conceder to concede, grant; to give
concentrado centered; lively
concentrar to concentrate; to center
concertar to arrange by agreement
conciencia conscience; consciousness; conscientiousness, scruples
concierto concert; order; harmony
conciliar to conciliate; to reconcile
concitar to incite, stir up
conciudadano fellow citizen, countryman
concordar to agree, harmonize with
concorde agreeing, in harmony with
concreción concretion, formation
concretamente concretely; in brief
concretar to make concrete; to explain; to boil down
concurrente one who attends
concurrir to concur; to contribute
concha shell

conde count, earl

condenar to condemn; to damn; to sentence

condición condition; quality; disposition

cóndor condor, large vulture

conducir to lead; to take

conducta behavior

conferencia conference; meeting; lecture

confianza confidence, trust; intimacy, friendliness

confiar to confide, trust in, rely on; to entrust

confín confine, limit

confraternizar to fraternize; to be friendly with

confundir to confuse; to mix together

congoja grief, sorrow, anguish

conjeturar to conjecture

conjunto whole, entirety; ensemble; group; team; en — as a whole

conjurar to conjure; to conspire, plot

conjuro conjuration; exorcism

conllevar to aid; to tolerate, bear patiently

conmovedor moving; touching; stirring

conmover to move; to touch; to disturb

conocedor expert; judge

conocer to know; to meet; to experience

conocimiento knowledge

conque so, so that, and so

consabido aforementioned

consagrar to consecrate; to devote, dedicate

consciente conscious; aware; intentional

conseguir to get, obtain; to attain; to succeed in

consejo counsel, advice

consentir to consent, agree; to accede to; to permit, allow

conservadurismo conservativeness

conservar to conserve; to preserve; to maintain, keep

consigna countersign, watchword

consiguiente consequent; n. consequence, result; por — consequently

consonante consonant; consonantal rhyme

conspicuo conspicuous; prominent, distinguished

constancia constancy; perseverance

constar to be composed of, consist of

consuelo consolation, comfort

consulado consulate

consulta consultation; legal opinion

consumir to consume; to afflict; to destroy

consumo consumption

consuno de — jointly, together

contar to count; to include; to rate; to relate, tell; — con to count on

contemporizar to temporize; to yield

contemporizador temporizing, compliant

contender to contend, contest; to combat

contener to contain; to stop; to control, restrain

contenido content

contienda contest; conflict; strife

contiguo adjacent, adjoining

contingencia contingency; emergency; possibility

contorno contour, outline; pl. environs

contrabandista m. f. smuggler

contraer to contract; to catch (a disease); to acquire

contrapeso counterbalance

contraponer to contrast
contrapunto counterpoint, plural melody
contrariar to contradict; to oppose
contrario contrary, opposite; *n.* opponent, adversary
contrato contract
contratar to hire
conturbar to perturb, disturb, trouble
convalecer to convalesce, recover
convecino neighboring
conveniente convenient; useful; fit, opportune
convenio agreement; contract
convenir to agree
convento convent; monastery
convertir to convert; to change; to become
convictorio students' living quarters in Jesuit colleges
convincente convincing
convite invitation
convivencia act of living together
copa wineglass; cup; drink; treetop; bower
copiar to copy, imitate; to describe, depict
copioso copious; leafy
copla couplet; stanza; ballad
copo (snow)flake
coquetería coquetry, flirtation
coraje courage, bravery
corcel *m.* steed, charger
cordero lamb
cordobés Cordovan
cordoncillo ribbon
cordillera mountain range
coro choir; chorus; choir loft; **hacer —** to echo, sing in response
corola corolla (of a flower)
corolario corollary; result
corona crown; wreath; garland
coronar to crown
coronel *m.* colonel
corpulento corpulent, fleshy
correa leather strap, belt

corredor corridor; gallery; porch
corregir to correct
correlativo correlative; related
correligionario person of the same religious *or* political views
correo courier; mailman; mail; post office
correría foray, raid
correspondencia correspondence; relationship; harmony
corresponsal *m.* newspaper correspondent
corrida course; race; bullfight; **de —** fast, quickly
corrido ashamed; confused
corriente current; *f.* current
corrillo group of conversationalists
corromper to corrupt
corte cut; tailoring; form; *f.* court
cortés courteous, polite; gracious
cortesano courtly; *n.* courtier
cortesía courtesy; attention; curtsy, bow
cortina curtain; shade
cortinaje curtains; hangings
corto short; brief; scant; bashful
cosecha harvest
cosechar to harvest, reap; to pick
coser to sew
cosquillas *f. pl.* tickling; **hacer —** to tickle
cosquilleo tickling sensation
costa coast
costado side
costar to cost; to cause
costear to pay the cost of
costilla rib; *pl.* back, shoulders
costoso costly
costumbre custom; **de —** customary, usual
costumbrista portraying daily life and customs; *m. f.* genre writer
costura sewing, needlework
costurero sewing basket
cotidiano daily
cráneo skull
creacionismo Creationism (con-

temporary school of Spanish American poetry)

creador creative; *n.* creator, inventor

crear to create

crecer to grow

crecido grown; large, big

creciente growing

crecimiento growth; increase

creencia belief

crepuscular crepuscular, pertaining to twilight

crepúsculo twilight

crespo curly, kinky

crespón crape, crepe

cresta crest, summit, peak

creyente believing; *m. f.* believer

cría child

criado servant

crianza upbringing

criar to create; to raise, rear, bring up

criatura creature; infant

crimen *m.* crime

crin *f.* mane

criollo creole

cripta crypt, tomb

crisantemo chrysanthemum

crisis *f.* crisis; — **nerviosa** nervous breakdown; — **cardiaca** heart attack

crispado clenched

cristal *m.* crystal; pane (of glass); glass

cristianamente in a Christian manner (with last rites)

cristianar to christen; to baptize

crítica criticism; critique

crítico critic

crónica chronicle; news account

crudeza crudeness

crudo crude; raw; cruel

crujido crackling; clatter

crujiente crackling; creaking

crujir to crackle; to creak; to clatter; to rustle

cruz *f.* cross

cruzada crusade

cruzado crusader

cruzar to cross

cuadernillo notebook

cuaderno notebook

cuadra block; quarter of a mile

cuadrado square

cuadro picture, painting; — **de costumbres** genre writing, scene of everyday life

cuajar to coagulate; to take shape

cual which; like, as

cualidad quality

cuan (cuán) how

cuando when; — **menos** at least; **de** — **en** — from time to time; **de vez en** — from time to time

cuantioso numerous

cuanto all, everything; all that (which); as much (many) as; as; **en** — as soon as, insofar as; **en** — **a** as for, with regard to; **por** — because, inasmuch as; **unos** —**s** some few

cuartel *m.* barracks; **pedir** — to ask clemency; **dar** — to give quarter

cuarto quarter; room

cuartucho hovel; big, ugly room

cuasi almost

cubanizar to "Cubanize"

cubierta deck

cubrir to cover; to put on a hat

cuchillada knife slash; *pl.* knife fight

cuchillo knife

cuello neck; collar

cuenca deep valley

cuenta bill; **darse** — **de** to realize; **por su** — on his own; **tener en** — to take into account, remember

cuentista *m. f.* short-story writer

cuento short story, story; — **de hadas** fairy tale; — **infantil** children's story

cuerda string

cuerno horn; horn of the moon

cuero leather; pelt; hide, rawhide
cuerpo body; substance
cuervo crow, raven
cuesta slope; a —s on one's shoulders *or* back
cueva cave, den (of animals)
cuidado careful; *n.* care, attention; fear, apprehension; al — de in the care of
cuidar to take care (of); to pay attention
culebra snake
culpa blame, guilt
culpar to blame
cultivar to cultivate; to grow
cultivo cultivation; culture
culto cultured, learned; *n.* cult, worship
cumbre greatest; crowning; *n.* summit
cumplimiento fulfillment
cumplir to fulfill, carry out
cuna cradle; birth; lineage; family
cundir to spread; to increase
cuñada sister-in-law
cuñado brother-in-law; pal
cura cure; no tener — to be hopeless; *m.* priest
cursar to study
curvo curved
cúspide *f.* summit, peak
custodiar to guard
cutis *f.* skin, complexion

Ch

chacra small farm
chaleco vest, waistcoat
chambelán *m.* chamberlain, steward
chapín woman's clog with a cork sole
chapitel *m.* spire
chaqueta jacket, coat
charco pool
charlador talker; chatterbox
chasco disappointment; failure
chatedad flatness

chico little; *n.* little boy
chicuelo little boy
chicharrón bacon, crisp pork
chileno Chilean
chillar to screech, scream, shriek
china girlfriend, sweetheart
chinita girlfriend, sweetheart
chinito kid, small boy
chiquito small, tiny
chiripá *m.* blanket wrapped around waist, hips, and thighs
chirrido chirping; croaking
chisme gossip
chispa spark
chispeante sparking; sparkling
chispear to spark; to sparkle
chistar to mutter; to speak; to answer back
chivo kid, goat
chocar to shock; to collide with; to meet; to clash; to irritate
choque shock; clash
chorizo sausage
chorro spurt, jet, stream; a —s abundantly
choza shack, hut
chupar to sip; to suck
chusma rabble, mob

D

dactílico dactylic (accented syllable followed by two unaccented)
daga dagger
damasquinar to damascene; to decorate
danza dance
danzarina dancer
dañar to damage, harm, hurt
dar to give; to strike; to cause; — a to come upon, to face, give on; — a conocer to make known; — a luz to give birth, publish; — contra to hit against; —se to occur
dato fact
debate debate; altercation
deber to owe; must, ought to, should; *n.* duty

debido due; just, reasonable; — **a** due to
débil weak
debilidad weakness
debilitar to weaken
década decade; ten
decadentista decadent
decaer to decay; to weaken; to fail
decapitar to decapitate, behead
decenio decade
decepcionar to disappoint
decidido determined; devoted
décima verse form of stanzas of ten octasyllabic lines with consonantal rhyme
decir to say, tell; to indicate, show, be a sign of
declamatorio declamatory, bombastic
declinar to decline, refuse
declive decline; fall
decoro decorum; decency; honor
decreciente decreasing
dedicar to dedicate; to devote; to specialize *or* be interested in
dedo finger; — **anular** ring *or* fourth finger
defender to defend; to advocate
defensor defender
definidor defining; separating
definir to define; to determine; to establish
deforme deformed; hideous
degollar to decapitate, behead; to slit the throat
degradar to degrade, debase, revile
dejar to leave; to permit; — **de** to stop; **no** — **de** not to fail to
dejativo lazy
delación information; accusation
delantal *m.* apron
delator informer
deleitar to delight, please
deleite delight, pleasure; lust
deleitoso delightful
deletéreo deleterious; poisonous
deleznable frail, fragile

delgado thin, slender; delicate
delicia delight
delincuente delinquent, guilty; *m. f.* criminal
delinear to delineate, depict
delirante delirious
delirio delirium
delito crime; misdemeanor
demacrar to waste away
demás other; rest (of); **por lo** — furthermore, besides
demasía excess; insolence; boldness
demérito demerit; unworthiness
demonio demon, devil; *pl.* the deuce!, the devil!
demudado changed
denominar to change
densidad density; weight; complexity; confusion
denso dense; heavy; complex
denuedo daring, bravery
deparar to offer, furnish
dependiente *m. f.* clerk
deponer to depose; to remove from office; to attest to
depravar to deprave, corrupt
depurar to purify
derecho right; *n.* law, right
derivar to derive, be derived; to guide, lead; to proceed
derogar to derogate; to revoke; to remove
derramar to pour; to spill; to shed; to scatter, spread; to publish
derredor **en** — around
derretir to exhaust; to fall in love easily; to be impatient
derribar to throw *or* knock down
derrocar to overthrow
derrota defeat, overthrow
derrotar to defeat
derrotero course, route; way *or* plan of life
desabrimiento despondency; bitterness; harshness
desabrochar to unfasten; to unfold

desafiar to defy, challenge
desaforado outrageous; impudent; lawless
desagradar to displease
desagradecido ungrateful
desagravio vindication; revenge; satisfaction
desahogado comfortable
desahogar to ease, relieve, alleviate
desahogo ease; relief; respite
desahuciado despairing of hope
desairar to rebuff; to scorn, disdain; to ignore
desaire rebuff; scorn, disdain
desalentar to discourage
desaliento discouragement; depression
desaliño slovenliness; carelessness
desamparado forsaken, helpless
desamparo abandonment; lack of protection
desánime discouragement
desaparecer to disappear
desaparición disappearance
desapercibido unprepared; unguarded
desarreglado immoderate, intemperate
desarreglo disorder
desarrollar to develop; to promote
desarrollo development
desastre disaster
desatar to untie, unfasten; to loosen
desayunar to breakfast
desbandar to disband; to desert; to withdraw from others
desbordar to give free rein to; to overflow
desbruñido dulled
descalabro damage; loss
descamisar to remove the shirt from; to strip
descansar to rest
descarga discharge; volley
descargar to discharge; to give, deal (blows)

descaro impudence, effrontery
descolgar to slip down (a rope)
descollar to stand out
descomponer to decompose
descompostura disorder
desconfiar to mistrust; to suspect
desconocer to fail to recognize
desconsuelo grief
descorrer to draw (a curtain)
descoyuntar to dislocate; to disjoint
describir to describe; to sketch, outline
descuadrillar to sprain the haunches
descuartizar to quarter
descubierto uncovered; **al —** in the open
descubrimiento discovery
descubrir to discover; to disclose, reveal, bring to light
descuidar to be careless; to neglect
descuidado careless(ly)
descuido carelessness
desde from, since; **— luego** of course, immediately
desdén *m.* scorn, disdain
desdeñable to be scorned *or* disdained; contemptible
desdeñar to scorn, disdain
desdeñoso scornful, disdainful
desdicha misfortune, bad luck; **por — unfortunately
desdichado unfortunate; unhappy
desdoroso damaging; disreputable
desechar to reject; to exclude
desecho surplus; rejection
desembarco disembarkation, landing
desembocar to lead to; to flow into; to end
desempeñar to carry out; to perform; to fill (an office)
desempeño performance; fulfillment
desencantar to disenchant, disillusion

desencanto disenchantment, disillusion

desenfadado unencumbered; free (of anger); carefree

desenfrenado uncontrolled; wild

desengañar to disillusion

desengaño disillusion; disappointment

desenredar to disentangle; to unravel

desenrollar to unroll, unwind

desenterrar to dig up, unearth

desenvainar to unsheath, draw (a sword)

desenvolver to unroll, unwind; to unfold

desenvolvimiento development

desenvuelto free, easy

deseoso desirous

desesperanza despair

desesperar to despair

desfalleciente languishing

desfavorecer to disfavor; to condemn

desfilar to file; to march in review

desfile parade; marching in review

desgarrador (heart) rending

desgarrar to rend, tear

desgracia misfortune; por — unfortunately

desgraciado unfortunate person, wretch

desgranar to scatter

deshacer to destroy; to go or break to pieces

desheredado underprivileged

deshojar to pick off petals or leaves

desierto deserted, lonely; n. desert

designio design; plan

desigual unequal; uneven

desigualdad unevenness, roughness; knottiness

desistir to desist, give up

desleír to dissolve; to diffuse

desliar to untie, loosen

deslizar to slip (out); to let slip; to glide

deslucir to tarnish; to remove the brilliance

deslumbrador dazzling

deslumbrar to dazzle

desmantelar to dismantle, take apart; to abandon, forsake

desmayar to faint

desmayo fainting; discouragement

desmejorar to decline, become worse; to spoil

desmentir to give the lie to; to disprove; to contradict

desmenuzar to crumble, break into bits

desmontar to dismount

desmoronar to decay; to fall

desnucar to dislocate or break one's neck

desnudar to denude; to undress; to lay bare

desnudo nude, naked; bare; free

desolador desolating

despacio slowly

despachar to dispatch, send

despacho office; bureau

desparpajo impudence, flippancy

desparramar to spread, extend; to scatter

desparramo scattering; spilling

despavorido frightened, terrified

despecho anger; a — de despite, in spite of

despedazar to break or tear into pieces

despedida farewell

despedir to say farewell or goodby; to dismiss; to push away

despejado clear

despensa pantry

desperdicio waste

despersonalización loss of personal identity

despertar to awaken; to stir up

despiadado pitiless, unmerciful

despierto awake; lively; sharp

desplazamiento displacement; move, shift

desplegar to unfold, spread (out); to explain, elucidate

desplomar to tumble, topple; to collapse

despoblar to be uninhabited

despojar to despoil, strip of property, divest; to dispel

despojo spoils; remains

despreciar to scorn

desprecio scorn, contempt

desprender to come forth, issue; to unfasten, loosen

desprendido uninterested

desprestigiar to be in disrepute, lose reputation

desprestigio loss of prestige; disparagement

destacar to stand out, be outstanding

destartalado scantily and poorly furnished

destazador butcher, carver of slaughtered animals

destello sparkle; beam

desterrar to exile, banish

destierro exile, banishment

destinar to destine; to appoint, designate

destino destiny, fate

destitución destitution, depriving; discharge, dismissal

destituir to deprive; to discharge, dismiss

destreza dexterity, skill

destripar to disembowel, gut

destrizar to tear in strips; to break into pieces

destrozar to destroy

destruir to destroy

desunión disunion; discord

desuso disuse

desvalido helpless; unprotected

desvanecer to disappear, vanish

desvariar to be delirious; to rave

desvarío delirium

desvelar to keep or stay awake

desvelo staying awake; sleeplessness

desventaja disadvantage

desventura misfortune; misery

desventurado unfortunate; miserable

desvergüenza shamelessness; insolence

desviar to deflect, ward off; to veer, swerve

desvincular to be cut off from; to cease perpetuating

desvío deviation; coldness, indifference

detalle detail

detallista m. f. person fond of detail

detener to detain, stop; to keep back

detenido careful, thorough

deuda debt

deudo debtor

deudor indebted; n. debtor

devolver to return

devorar to devour; to swallow, gobble up

devoto devout; n. devotee

diablo devil

diablura deviltry, mischief

diadema diadem; halo

diáfano diaphanous, clear, transparent

dialectalismo dialectic form

dialectismo dialectic form

diario daily; n. daily newspaper, diary

diatriba diatribe

dibujar to draw, sketch; to outline, silhouette

dictadura dictatorship

dictar to dictate; to direct; to prompt

dicha happiness; good luck

dicho aforesaid

dichoso happy; fortunate

diente tooth

diestra right hand; support
diestro skillful
difundir to diffuse, spread
difunto defunct, dead; *n.* corpse
difuso diffuse
difusor diffusing; capable of spreading
dignar to deign, condescend
digno deserving, worthy; fit
dilatado extensive; spread out
dilatar to dilate; to expand, spread out
diligencia diligence; action; measure, means; stagecoach
dinastía dynasty
diosa goddess
diptongo diphthong
diputado deputy; representative, delegate
directriz *f.* guidance
dirigente directing, governing; *n.* leader
dirigir to direct; to lead; to manage; —se a to address, approach, head toward, go
discípulo disciple; student
disco disk, record
discreto discreet; fairly good
disculpar to excuse, pardon; to forgive
discurso discourse; speech
discutir to discuss; to argue
diseminar to disseminate, spread
disfrazar to disguise; to hide
disfrutar to enjoy; to have the benefit of
disgustar to displease
disgusto disgust; quarrel; unpleasantness
disimular to dissimulate; to disguise; to hide
disipar to dissipate, squander; to disperse, scatter
disminuir to diminish, decrease
disolución dissolution; disintegration

disparar to shoot, fire; to flee
disparatado foolish, nonsensical
dispensar to dispense, distribute, deal out; to excuse, pardon
dispersar to disperse, scatter
dispersivo dispersive, scattering
disperso dispersed, scattered
displicente peevish, ill-humored; unpleasant
disponer to dispose, arrange; to prepare
dispuesto disposed; ready; willing
disputa dispute, debate
disputar to dispute, debate, argue; to contest, question
distanciamiento becoming farther apart, placing at a distance
distanciar to place at a distance; to separate
distinguir to distinguish; to show regard for
distinto distinct, different
distraer to distract; to entertain
distraído distracted; unattentive
disturbio disturbance; outbreak
divagación digression
divagar to digress; to roam
diverso diverse, different; various; dispersed, scattered
divertir to divert, amuse, entertain
divisa motto; goal; badge, emblem
divisar to perceive at a distance, discern
divulgar to divulge; to spread
do where
doblar to bend (over); to turn; to give in, yield
doble double; *n.* toll of bells
docena dozen
dócil docile, meek
doctorar to receive the doctor's degree
doctrina doctrine; catechism; Gospel
dodecasílabo metrical line of twelve syllables

dogo bulldog
doler to pain; to grieve; to regret
doliente sorrowful; suffering
dolor pain; grief
dolorido doleful; heartsick
doloroso painful; mournful
doma taming; breaking (horses)
domar to tame; to break in (horses)
dominador dominating, controlling; *n.* dominator, ruler
dominar to dominate, control; to master
dominical dominical, Sunday
dominio dominion, control; domination
don *m.* gift; talent
donaire gracefulness
doncella maiden
dondequiera wherever; **por —** everywhere
donoso graceful; fine
doquier(a) wherever; **por —** everywhere
dorar to gild, make golden
dormido asleep; slow, dull
dormitorio bedroom
dorso back
dosis *f.* dose (of medicine)
dotado endowed with; gifted with
dotar to endow
dote *m. f.* dowry; talent; gift; endowment
dramatismo dramatic effect
dramaturgia dramaturgy, dramatic art
dramaturgo dramatist, playwright
dril *m.* drill (cloth), strong cloth
ducho skillful, expert
duda doubt
dudar to doubt; to hesitate
duelo duel; sorrow, grief; mourning
duende elf, hobgoblin; ghost
dueña duenna; maid
dueño owner; master
dulce sweet; gentle

dulzaina flageolet
dulzura sweetness; gentleness
duque duke
duradero lasting
durar to last, endure
dureza firmness, hardness; harshness
duro firm, hard; harsh, cruel; difficult

E

ebrio drunk, intoxicated
ebúrneo ivory color; white
ecléctico eclectic, composed of various sources
eco echo; repetition of words
ecuanimidad equanimity; composure
ecuatoriano Ecuadorian
ecuestre equestrian
echar to throw; to put in; **— a** to begin, start; **— a perder** to spoil, ruin
edad age; **— media** Middle Ages
edificar to edify; to build, construct
editar to publish
editorial *f.* publishing house
educativo educational
educador pertaining to education; *n.* educator, teacher
efectista sensational; theatrical
efectivo real, actual
efecto effect; **en —** in fact, actually
efectuar to carry out
eficacia efficacy, efficiency
eficaz effective, efficient
efímero ephemeral, transient, short-lived
efusión effusion; warmth
egipcio Egyptian
egoísmo egoism, selfishness
egoísta egoistic, selfish
egregio egregious, eminent
eje axis
ejecutar to execute, carry out; to execute (criminals)

ejemplar exemplary; *n.* copy (book)
ejemplo example; **por —** for example
ejercer to exercise; to exert; to hold office
ejercicio exercise; drill
ejercitar to exercise; to exert
ejército army; **— de línea** trained infantry
elaborar to elaborate; to make, produce
elección election; choice, selection
elegía elegy
elegíaco elegiac; mournful
elegir to elect; to choose, select
elevación elevation; height; ascent
elevado elevated; high
elevar to elevate, raise
eliminar to eliminate; to suppress
elogiar to eulogize, praise
elogio eulogy, praise
elogioso eulogistic, full of praise
eludir to elude, avoid, evade; to hide
embajada embassy
embajador ambassador
embalsamar to embalm; to perfume
embarazado embarrassed; pregnant
embarcar to embark, sail for
embargar to check, restrain; **— la voz** to make tongue-tied
embebecido amazed
embeber to drink; to saturate; to become enraptured
embeleso delight, ecstasy, rapture; charming thing
embellecer to embellish; to beautify
embestida attack, assault
embestir to attack
emblanquecer to whiten, bleach
embocadura mouth (of a river)
emborrachar to get drunk
emborronar to scribble

embotar to dull
embozo muffler; part of cloak held over face
embravecer to become enraged
embriagador intoxicating
embriagar to get drunk, become intoxicated
embriaguez drunkenness, intoxication; rapture
embrutecer to brutalize, become brutalized
embustero lying
emigrado emigrant, émigré
emocionar to touch, move, be moved
emotividad emotion
emotivo emotive, emotional
empañar to dim; to blur; to tarnish
empapar to soak, drench
empellón push, shove
empeñado determined
empeñar to pledge; to insist; to be bent on
empeño effort; diligence, zeal
empeñoso diligent, zealous, industrious
empequeñecer to make smaller; to belittle
empequeñecimiento diminishing; dwarfing
emperatriz *f.* empress
empero however
empinar to stand straight; to lift, raise; to tip; to drink
empleado employee
emplear to employ, hire; to use
empleo job, position; use
empobrecimiento impoverishment, poverty
empolvado dusty, covered with dust
emponzoñado poisoned
emprender to undertake; to start; **— rumbo** to head for
empresa undertaking, enterprise
empujar to push; to impel

empujón push, shove; a —es pushing
empuñar to grip, grasp
enagua petticoat; skirt
enajenar to enrapture
enaltecer to extol, praise
enamorado lover
enamorar to fall in love; to make love to; to woo
enarbolar to raise
enardecer to inflame; to excite
encabalgamiento enjambement, running a sentence from one verse into another
encabezar to head; to lead
encajar to fit (into)
encaje lace
encaminar to set out
encantar to enchant, charm; to delight
encanto charm; delight; por — by magic
encapotado dark; veiled
encarar to face, confront
encarcelamiento imprisonment
encarcelar to imprison, jail
encarecidamente earnestly
encargar to take charge of; to request; to order; to entrust
encargo charge; request; commission
encarnar to incarnate; to embody
encauzamiento channeling; guidance, direction
encauzar to guide, direct
encender to light; to inflame; to incite
encendido lighted; red
encerrar to enclose, confine; to lock, shut up; to include, contain
encinta pregnant
enclenque weak, feeble
encoger to shrink, contract, cringe; to shorten; to hesitate
encolerizar to become angry
encomendar to entrust; to commit
enconar to inflame; to provoke

encono rancor, ill-will
encontrado conflicting, opposing
encontrar to find, to meet; to oppose, be hostile to
encorvar to curve, bend
encrespar to curl; to ruffle
encrucijada crossroads, intersection
encubierto hidden, concealed
encubridor concealing; n. concealer
encumbrar to raise, elevate
endecasílabo hendecasyllable, metrical verse of eleven syllables
endecha dirge; assonantal seven-syllabled quatrain
enderezar to go, head for; to straighten up
endilgar to guide, direct
endosar to endorse; to transfer
endulzar to sweeten; to soften
endurecer to harden, inure
eneasílabo metrical line of nine syllables
enemistar to become enemies; to estrange
enérgico energetic; lively; angry
enfadar to anger
énfasis m. emphasis
enfermar to get sick
enfermizo sickly
enflaquecer to become thin, lose weight
enfoque focus
enfrenar to bridle; to restrain
enfrentamiento confrontation
enfrentar to confront, face
enfriar to chill, cool
enfurecer to become furious
engalanar to adorn, decorate
enganchar to harness
engañar to deceive; to cheat
engaño deceit; mistake
engañoso deceitful; false
engarzar to link; to set
engendrar to engender, produce, bear

engolfar to be absorbed

engrandecer to enlarge; to enhance; to ennoble, to elevate

engrandecimiento enlargement; increase

enhorabuena congratulations

enjambre swarm; crowd

enjugar to rinse; to dry

enlazar to link, connect, join; to tie, bind; to lasso

enlosado sidewalk

enlutar to be *or* dress *or* drape *or* place in mourning

enmarañado tangled

enmascarar to mask

enmienda emendation, correction; amends

enmudecer to silence, become silent

ennegrecer to darken; to blacken

ennoblecer to ennoble, glorify

enojar to make *or* become angry

enojo anger; annoyance; suffering, pain

enorgullecer to fill with pride, to make proud

enraizar to take root

enramada arbor; grove

enredadera vine

enredo entanglement, snarl

enriquecer to enrich; to become rich

enrojecido reddened

ensanchar to extend, expand; to swell

ensangrentado bloody; bloodstained

ensayar to try; to practice; to train

ensayista *m. f.* essayist

ensayo essay

enseñanza teaching; education; — **media** high school

enseñar to teach; to show

enseñorear to take possession of

ensillar to saddle

ensortijado curly, kinky

ensueño dream; daydream

entablar to start, begin

entender to understand; —**se con** to deal or get along with

entendido skillful, wise

entendimiento understanding; mind; intelligence

entenebrecer to darken

enterar to learn, find out

enternecer to touch, move (to pity)

entero entire; **por** — entirely, completely

enterrador gravedigger

enterrar to bury

entibiar to become lukewarm; to cool down; to moderate

entonar to intone; to put on airs

entonces then, at that time; **por** — at the time

entorno surroundings, environs

entrada entrance; ticket

entrado advanced

entrambos both

entraña entrail; *pl.* entrails, kindness, heart, affection

entrañable deep-felt

entrañar to contain; to carry within

entrar to enter; — **a** to begin to

entreabrir to half-open

entrecejo space between eyebrows; brow

entrega installment

entregar to hand (over); to surrender, give in

entrelazar to interlace, entwine

entretanto meanwhile

entretela innermost being; character

entretener to entertain, amuse; to while away

entrever to glimpse

entrevista interview

entristecer to sadden, grieve

entroncar to connect; to combine

entusiasmar to enthuse, be enthusiastic

envejecer to grow old

envenenar to poison

envidia envy
envidiable enviable
envidiar to envy
envidioso envious; greedy
enviudar to become a widow or widower
envolver to involve; to wrap; to surround
épico epic
epidemia epidemic; plague
epistolario epistolary, volume of letters
epíteto epithet
época epoch, period
epopeya epic poem
equilibrar to balance
equilibrio equilibrium, balance
equipaje baggage
equipar to equip
equivaler to be equivalent
equivocar to be mistaken
erguido erect; swollen with pride
erguir to raise, lift up; to stand up
erial m. uncultivated land
erigir to rise; to raise, erect; to become established
erizar to stand on end, bristle
errabundo wandering
erradicar to eradicate
errante errant, wandering
errar to wander, roam
erróneo erroneous, wrong
esbelto svelte, tall and slender
esbozar to sketch, outline
esbozo sketch, outline
escabullir to escape; to sneak away
escala scale; ladder
escalera staircase, stairs; ladder
escalón step, stair
escama scale (of fish or reptile)
escándalo scandal
escandinavo Scandinavian
escapada escape; trip
escaparate show window
escape escape; a — tendido at full gallop
escaramuza skirmish; quarrel
escarbar to scratch, scrape

escarcha frost
escarlata scarlet
escasear to be scarce
escasez scarcity
escaso scarce, scant
escena scene
escenario setting, background; stage
escenificación staging
escéptico sceptical
esclarecedor enlightening; illuminating
esclarecer to enlighten; to illuminate; to clear
esclavitud slavery
esclavo slave
escoger to choose, select
escogido chosen, select; choice
escolar student, pupil
escolta escort, guard
escollo danger, difficulty; reef; pitfall
escombro shambles, debris
esconder to hide, conceal
escondido hidden; secret
escondimiento hiding, concealment
escondrijo hiding place
escribano scribe; clerk of court
escrito written; n. writing
escuadrón squadron
escudar to shield, defend
escudo shield; — de armas coat of arms
escudriñador scrutinizing
esculpir to sculpture; to engrave
escultor sculptor
escultura sculpture
escurrir to sneak away; to escape
esencial essential; absolute; complete
esfera sphere; heaven
esfinge f. sphinx
esforzar to make an effort; to try hard
esfuerzo effort
esmaltar to enamel; to adorn
esmerar to polish; to take great care

esmero polish; great care

eso that; por — therefore; por — mismo for that very reason

espacio space

espada sword

espalda back; shoulders

espantar to frighten, scare

espanto fright, terror

espantoso frightful; dreadful

esparcir to scatter, spread

espasmo spasm

especie *f.* species, kind, sort

espectral spectral, ghostly

espectro specter, ghost, phantom

especulador speculator

espejismo mirage; illusion

espejo mirror

espenseriana Spenserian stanza consisting of eight rhyming decasyllabic verses and an alexandrine

esperanza hope

esperar to await; to expect; to hope

espeso thick, dense

espesor thickness

espesura thickness; thicket; dense woods

espetar to thrust oneself into place; to settle down

espía *m. f.* spy

espiar to spy

espiga tassel; spike

espina thorn; — dorsal spinal column

espinoso thorny

espionaje espionage

espira spiral (line)

espíritu *m.* spirit

espiritual spiritual; ghostly

esplín spleen; melancholy

esponja sponge

espontáneo spontaneous

espuela spur

espulgar to clean of insects; to delouse; to scrutinize, examine closely

espuma foam, spray

esqueleto skeleton

esquema *m.* scheme; plan; diagram

esquife skiff, small boat

esquilón large hand bell

esquina (outside) corner

esquivar to avoid, shun

esquivez aloofness; disdain; coldness; asperity

esquivo elusive; shy

estabilización stabilizing

establecer to establish; to settle oneself

establecimiento establishment

estaca stake; picket

estacada stockade

estacionar to station; to park

estadista *m.* statesman

estadounidense relating to the United States; *m. f.* inhabitant of the United States

estafa swindle

estagnar to stagnate

estampa stamp; print; sketch; illustration

estampar to stamp, print

estancar to staunch, check, stop

estancia farm, ranch; dwelling; room; stay, sojourn

estanciero farmer, rancher; owner of an *estancia*

estandarte standard; flag, banner

estanque pond, pool

estaqueada tying a person to stakes

estatua statue

estatura stature; height

estela wake (of ship); tail (of star)

estepa steppe; barren plain

estentóreo stentorian; very loud

estera mat, matting

estéril sterile, barren

estética aesthetics

esteticista aesthetic

estético aesthetic

estilización stylization

estilo style

estima esteem; consideration; distinction

estimación esteem, regard; valuation

estimar to esteem, respect; to value

estímulo stimulus

estirado stretching, pulling

estiramiento haughtiness

estirpe *f.* stock, lineage

esto this (one); **en —** thereupon, at this moment

estómago stomach

estrago ravage, ruin, havoc

estrangular to strangle

estrechar to tighten, narrow; to press; to embrace; **— la mano** to shake hands

estrechez narrowness; **— de miras** narrow outlook

estrecho narrow; austere

estrella star; **— fija** fixed star

estrellar to smash, shatter; to fail

estremecer to shake, tremble, shudder

estremecimiento shaking, trembling

estrenar to show *or* perform *or* wear *or* use for the first time; to premiere

estrépito noise; crash

estrepitoso noisy; boisterous

estribar to rest on, be based on

estribillo refrain; chorus

estribo stirrup

estridente strident; loud

estrofa stanza

estrófico strophic, pertaining to stanzas

estropear to cripple; to damage, hurt; to ruin

estructurar to construct; to organize

estruendo noisy, loud

estrujar to squeeze, press

estuche jewelry box *or* case

estudiantil pertaining to students

estudio studio; study

etapa stage; period

éter ether; sky

etéreo ethereal, heavenly

ética ethics

ético ethical; moral

eucarística Eucharistic, pertaining to the Eucharist *or* sacrament of the Lord's Supper

evadir to evade; to escape

evangelio Gospel

evasivo evasive; elusive

evidenciar to evidence, make evident; to find evidence

evitar to avoid

evocador evocative

evocar to evoke, summon

evolucionar to evolve

exactitud exactness; accuracy

exaltador exalting, praising

exámetro hexameter, verse of six metrical feet

exangüe exhausted; weak

exánime weak; lifeless

excitar to excite; to move; to stir

execración execration, curse

exención exemption

exento exempt; free

exhalar to exhale; to emit

exigencia exigency; requirement; demand

exigir to require; to demand

exiguo small, scanty

exiliar to exile, banish; to go into exile

exilio exile, banishment

eximir to exempt, excuse

éxito success

exitoso successful

éxodo exodus

exotismo exoticism

expediente expedient, measure, means

experimentar to experiment; to try, test

expirar to expire, die, come to an end

explicar to explain; to teach

explotar to exploit; to develop

exponer to expound, explain; to expose, show

expósito foundling

exprimir to squeeze, press (out)

expulsar to expel, drive out

extasiar to delight, enrapture
éxtasis *m.* ecstasy
extático ecstatic
extenuado weakened
extorsión extortion; harm
extraer to extract, remove
extranjerizante assuming foreign customs
extranjero foreign; *n.* foreigner, foreign land; **el (al)** — abroad
extrañar to surprise; to wonder at
extraño strange; foreign; *n.* stranger
extraviar to go astray; to get lost
extrovertido extrovert

F

fábrica manufacture; structure, building; factory
fabricación manufacture
fabricante manufacturer; maker
fabricar to manufacture; to make; to build
fábula fable
facción faction; *pl.* features
faceta facet, aspect
fácil easy; convenient; easily persuaded
facón large, sharp-pointed knife
factura manufacture; bill, invoice
faena task, chore, work
faja band; sash; zone
falda skirt
faldón long skirt; coat tail
falsear to falsify; to adulterate
falsedad falsity, lie
falsía falsity; treachery
falta lack; **hacer** — to lack, need
faltar to be lacking, needed
falto deficient, defective
falla deficiency, defect
fallar to be lacking; to fail; to render a verdict
fallecer to die
fallecimiento death
fallido disappointed; deceived
fama fame, reputation, renown
famélico hungry; ravenous

familiar familiar; pertaining to the family; *n.* member of the family
fanatismo fanaticism
fanatización conversion to fanaticism
fango mire, mud
fangoso muddy
fantasear to fancy; to imagine
fantasma *m.* phantom, ghost
fantasmal ghostly
fardo burden, load
faro lighthouse, beacon
farol *m.* lantern; street lamp
fase *f.* phase, aspect
fastidiar to annoy
fastidio annoyance
fastuoso pompous, ostentatious
fatal fatal; fated, destined
fatalidad fate, destiny
fatídico fateful
fatiga fatigue, weariness; hardship; anguish
fauces *f. pl.* fauces, gullet
fausto ostentation; luxury
faz *f.* face
fe *f.* faith; **a** — in truth, indeed; **hacer** — to be valid, have validity
fealdad ugliness, homeliness
febricitante feverish
febril febrile, feverish
fecundante fecundative, making fertile
fecundo fecund, fertile; rich; abundant
fecha date
fechar to date
fechoría misdeed, villainy
felino feline, catlike
feliz happy; felicitous, fortunate
femenil feminine
fenecer to finish, end; to die
fenicio Phoenician
fénico carbolic
feo ugly
fertilizante fertilizing; *n.* fertilizer
feroz ferocious, fierce
férreo iron
ferviente fervent

fervoroso fervent
festín feast, banquet
feudo fief; fee
fiar to trust
fibra fiber; strength; *pl.* deepest feelings
ficción fiction; invention; tale, story
fiebre *f.* fever
fiel faithful, loyal; true, exact, accurate
fiera wild animal
fiero wild; terrible; fierce; cruel
fierro iron
fiesta party; **día de** — holiday
figura figure; appearance
figurar to figure; to be included; to represent
fijamente firmly; assuredly
fijar to fix, determine, settle, establish
fijo fixed; established; firm, made fast
fila row; rank
filial filial; *f.* affiliate
filigrana filigree; delicate, fanciful work
filo cutting edge; blade
filtrar to filter (through)
fin *m.* end; purpose; **a** — **de** in order to; **al** — finally; **en** — in short; **a** — **es de** toward (at) the end of
finado deceased, late
finalidad finality; goal
financiero financial
fingir to feign, pretend; to simulate, copy
finisecular pertaining to the end of a century
fino fine; perfect; subtle, delicate; thin, slender; affectionate; true
firma signature
firmar to sign
firme firm; strong; staunch, unswerving
firmeza firmness; strength

físico physical; *n.* physician, physicist
fisonomía physiognomy, face, features; appearance
fistol *m.* scarf *or* tie pin
flagelo lash, scourge
flama flame; excessive ardor
flamear to flame, blaze
flamenco Flemish; flamingo
flanco flank, side
Flandes *f.* Flanders
flaquear to flag, weaken
flauta flute
fleco fringe
flecha arrow
flechar to shoot an arrow; to strike with sudden love
flete steed; light; spirited horse; load, burden
flor *f.* flower, blossom; **a** — at water level; — **de lis** fleur-de-lis, iris; **en** — in blossom; **echar** —**es** to flatter, pay compliments
floración flowering
florecer to flower, bloom; to flourish
floreciente flowering; flourishing
florecimiento flowering; flourishing
florentino Florentine
florero vase
florescencia florescence, flowering
florido flowery, full of flowers
florilegio anthology, collection of literary works
flotante floating
flotar to float
fluir to flow; to run out
foco focus, center
fogón hearth; fire; cooking place
fogoso fiery; impetuous
folio large size page
follaje foliage
folleto pamphlet
fomentar to foment, encourage
fonda inn; restaurant
fondo fund; bottom, depth; nature, essential part; background,

back part; **en el —** at heart, in substance, basically
fontana fountain, spring
forastero stranger
forjador forger; blacksmith
forjar to forge; to fabricate, make
formación formation; training
forma form; figure; *pl.* figure, build
formar to form; to call into formation; to fashion, create
fornicar to fornicate
fornido robust, stout
forrar to cover; to bind
fortaleza fortress; strength
fortín fort
fortuito fortuitous, accidental
fortuna fortune; **por —** fortunately
forzar to force, compel; to ravish, rape
forzoso forced, compulsory
fosa grave
fosco sullen; frowning
fosfórico phosphoric
fósforo phosphorus; match
foso pit, hole in the ground
frac *m.* frock coat; swallow-tailed coat; full dress
fracasar to fail
fracaso fiasco, failure
fractura fracture; breaking
frágil fragile, frail, weak; brittle
fragor clamor; crash
fraile friar; monk
franquear to open; to clear; to cross
frasco flask; bottle
frase *f.* phrase; sentence
fraude fraud
frecuentar to frequent; to repeat
frenar to bridle; to brake, restrain
freno bridle; bit; brake
frente front; *f.* forehead; face; **— a (de)** in front of, in the face of; **al — de** in front of, in charge of, at the head of; **hacer —** to confront, face

fresa strawberry
fresco fresh; cool
frescura freshness; coolness
frialdad frigidity; coolness
fronda foliage
frondoso leafy
frontera frontier, boundary
fronterizo frontier
fructuoso fruitful, profitable
fruncir to pucker (the lips); **— el ceño** to frown
frustrar to frustrate, thwart
fruto fruit; result; product
fuente *f.* spring (of water); fountain; source
fuerte strong; *n.* fort, fortress
fuerza force, strength; **a — de** by dint *or* force *or* means of; *pl.* (military) forces
fuetazo lash
fuga fugue (musical composition); flight
fugacidad fugacity; fleetingness; brevity
fugar to flee, escape
fugaz fleeting, transitory
fulgente brilliant
fúlgido bright
fulgor brilliance, splendor
fulminante fulminant; sudden
fulminar to fulminate, be wrathful
fumar to smoke
función function; performance; play
funda slip, petticoat
fundador founder
fundar to found, establish; to base
fundir to fuse, blend; to smelt, cast
fundo — de campo rural property, country place
fúnebre funeral, funereal, sad, mournful
funeral *m.* funeral; *pl.* funeral service
funerario funeral
funesto regrettable; sad; ill-fated
furia fury, rage

furibundo furious, enraged
fusil *m.* gun; rifle
fusilar to shoot; to execute

G

gacetilla small newspaper, newspaper squib; gossip
gaita — **gallega** bagpipe
gajo branch (of a tree)
gala gala; pride; glory; **de** — full dress; **hacer** — to boast of, glory in
galán gallant, courtly; *m.* gallant, lover
galano elegant; pleasing
galanura elegance; charm
galería gallery; balcony; corridor
Galia Gaul
galicismo Gallicism, French expression
galopar to gallop
galope gallop
galpón shed
gallardía fine bearing; gracefulness; elegance
gallardo gallant; brave; elegant
gallego Galician; Spaniard
gallo rooster
gama gamut
gana desire; **tener —s** to desire
ganado cattle; drove, herd
ganador winner
ganancioso winning; gaining
ganar to win; to earn; to reach
garantía guarantee
garantizar to guarantee
garbo grace; nobility; jauntiness
garganta throat
garguero gullet; windpipe
garra claw; clutch
gaza gauze
gastado worn-out; useless
gastar to wear out; to spend; to waste
gasto expense, expenditure
gata female cat; **a —s** scarcely, on all fours

gauchaje Gauchos
gauchesco pertaining to the Gaucho
gaucho pertaining to the Gaucho; *n.* Gaucho, cowboy
gavilán *m.* sparrow hawk (bird of prey); a kind of cloth
gaviota gull
gélido frigid; frosty
gemido moan, groan
gemir to moan, groan; to grieve
género genre; genus, kind, species; cloth, material; — **humano** mankind
genial inspired, brilliant, talented
genialidad genius; brilliance; temperament, disposition
genio genius; temperament; character; type; spirit; angel
gentil graceful; *m. f.* pagan
gentío crowd, multitude
germano German, Germanic
germanófilo Germanophile
germen *m.* germ; seed; source
gesta gest, tale of adventure; romance; exploit; behavior
gestación gestation; pregnancy
gesto gesture; facial expression
gigantesco gigantic
girar to revolve, turn; to do business with; to dispose of
giro turn; revolution; twist; tendency
globo globe; earth
glorieta summerhouse; bower; grove
gobernante governing; *m. f.* ruler, leader
goce enjoyment, pleasure
gola gullet; throat
golondrina swallow
goloso gluttonous; greedy
golpe blow; stroke; — **de estado** coup d'état
golpear to strike a blow; to knock
golpista *m. f.* one performing a coup d'état

gorjear to warble, trill
gorjeo warble, trill
gorra cap, beret
gorro cap
gota drop (of liquid); —s amargas bitters
gotear to drop, drip
gótico Gothic
gozar to enjoy; to possess
gozo joy, pleasure
gozoso joyful, glad
gozque cur dog
grabado engraving
grabar to engrave
gracia grace, charm; wit; divine pardon
gracioso gracious, attractive; witty; charming; funny, amusing
grado degree
grama grass
gramal m. grass, lawn
grana scarlet
granadero grenadier
granar to produce; to come to seed; to form kernels
grandeza grandeur, magnificence
grandiosidad grandeur, magnificence
grandioso grand, grandiose
granizo hail
granjear to earn
grano grain
graznido croak, caw, cackle
Grecia Greece
greco Greek
gresca brawl
grey f. flock, herd; people
griego Greek
grieta crevice, crack
grillo cricket; pl. crickets, fetters, shackles, irons
gris grey
grito cry, shout
grosería ill-breeding; ignorance
grosero ill-bred, coarse, rough; uncivil
grueso thick, fleshy; heavy

grumo candle dripping
gruñido grunt, growl
gruñir to grunt, growl
grupa rump of a horse
guacho orphan, foundling
guaraní Guaranian; m. Indian of the Guarani tribe
guardar to keep; to hold; to preserve
guarecer to take refuge or shelter
guarida den, lair
guarnecer to adorn, embellish
guatemalteco Guatemalan
guerra war; dar — to bother, annoy
guerrero war; n. warrior
guía m. f. guide, leader
guiar to guide, lead
gusano worm
gusto taste; pleasure

H

hábil skillful
habilidoso skillful
habitación room, bedroom
habitante m. f. inhabitant
habitar to inhabit, live, dwell
hábito habit, dress, garment; custom
habla speech; language
hacendado property owner
hacer to do, make; to earn; to produce; —se to become; — de to work as
hacienda farm, ranch, plantation; estate; fortune
hacinar to pile, heap
hacha ax; firebrand
hachazo blow with an ax
hada fairy
hado fate, destiny
halagador flattering; pleasant
halagar to flatter; to treat kindly; to fondle; to allure
halago flattery; tenderness; affection
halcón falcon

hálito breath
halo halo, nimbus
hamaca hammock
hambreado hungry
hambriento hungry
haragán lazy, idle; *m.* lazy man
harén *m.* harem
harpía harpy, shrew
hartar to overwhelm; to satiate
harto quite, very; full
hastiar to satiate, surfeit; to bore
hastío boredom
haz *m.* bunch, bundle
hazaña deed, feat, exploit
hebra thread
hechicero bewitching
hechizar to bewitch, charm, enchant
hechizo charm, enchantment
hecho deed; event; matter; de — actually, as a matter of fact
heder to stink
hediondo stinking; filthy
hegemonía hegemony; leadership
helar to freeze
helénico Hellenic
Heliogábalo Heliogabalus
heliotropo heliotrope
hembra female
hemistiquio hemistich, half a verse *or* line of poetry
hemóptisis *f.* hemoptysis, lung hemorrhage
henchir to fill
hender to split, cleave, go through
heptasílabo heptasyllabic, of seven syllables
heredar to inherit
heredero inheritor, heir
hereje heretic
herencia inheritance; heritage
herida wound
herir to wound; to harm; to strike; to touch
hermanar to mate; to harmonize
hermanastra stepsister
hermano fraternal, brotherly; *n.* brother

hermético hermetic; concealed
hermosura beauty
Herodes *m.* Herod
herradura horseshoe
herrero blacksmith
herúcleo Herculean
hervir to boil; to seethe; to surge
hetaira Greek courtesan *or* prostitute
hexámetro hexameter, verse of six metrical feet
hez *f.* dregs
hidalgo noble
hiel *f.* gall, bile; bitterness
hielo ice; frost; coolness
hiena hyena
hierba grass
hierro iron; iron tool *or* instrument *or* weapon
higo fig
higuera fig tree
hilar to spin (thread)
hilera row, line, file
hilo thread
hincapié *m.* hacer — en to emphasize
hincar to kneel; to fall on one's knees; to drive, thrust
hinchar to swell
hinojo knee; de —s kneeling
hiperestesia hyperaesthesia, extreme sensitivity
hiriente stinging; cutting
hirsuto hairy; bristly; rough
hirviente boiling
hispano Hispanic, Spanish
historieta short story
hito fixed; mirar de — en — to stare at, look at from head to toe
hogar home
hoguera bonfire
hoja leaf; pane (of glass); shutter; blade (of sword or knife); panel
hojarasca excessive foliage; dry leaves
hojoso leafy

Holanda Holland
holganza leisure; recreation; diversion
holgar to rest; to be idle; to take pleasure
hollar to tread on, trample
hombro shoulder; a —s on the shoulders
homenaje homage
homérico pertaining to Homer
honda sling; slingshot
hondo deep; profound; low
hondura profundity
honrado honest; honored
honrar to honor
horda horde
hormiga ant
hormiguear to swarm
horno oven; furnace
horrendo horrible, hideous, awful
horrísono of a terrifying noise
hosco dark, gloomy
hospedar to lodge; to receive into
hospitalario hospitable
hostia host; wafer
hostigar to harass; to urge on
hueco hollow; deep; *n.* hole, void
huella footprint; stamp; mark
huérfano orphan
huerta garden
huerto garden; orchard
huesa grave, tomb
hueso bone
huesoso bony
huésped *m.* host; guest
huida flight
huir to flee; to avoid, shun
humeante smoking
humedad humidity, moisture, dampness
humedecer to moisten, dampen
húmedo humid, damp, moist, wet
humilde humble, modest
humillar to humiliate; to humble; to crush
humo smoke; *pl.* airs
hundir to sink

huracán *m.* hurricane
huraño shy, unsociable
hurgar to poke, stir
husmear to smell; to peek into
huso spindle; bobbin

I

ibérico Iberian
idea idea; imagination
idear to think up, conceive, devise
idilio idyl
idiomático idiomatic; linguistic
idolatrar to idolize
ídolo idol; pastoral *or* bucolic scene
ígneo igneous, fiery
ignorado unknown; obscure
ignorar be ignorant of, not to know
ignoto unknown
igual equal; same; constant, unchangeable; (al) — que as, like
igualar to equal, match
igualdad equality; uniformity
Ilíada Iliad
ilusión illusion; hope
iluso deluded, deceived; visionary
ilustre illustrious, distinguished
imagen *f.* image; figure of speech
impacientar to become impatient
impasibilidad impassiveness, lack of emotion
impávido intrepid; calm
impedir to impede, prevent
impeler to impel; to urge; to move; to drive
imperar to rule, reign; hold sway
imperecedero imperishable
imperio empire, dominion; command
ímpetu *m.* impetus; impulse; violence
impío impious, godless
implicar to implicate; to imply
imponente imposing
imponer to impose; to command, order

importar to be important; to matter

importuno annoying; *n.* annoyance

impotente impotent; unsuccessful

imprecación imprecation, curse

impregnado impregnated, saturated, filled

impregnante impregnating, saturating, filling

imprenta printing press

imprescindible essential, indispensable

imprimir to print, imprint; to stamp; to impart

impresionar to impress; to affect, influence

impreso printed

improvisador improviser

improvisar to improvise, extemporize

improviso de — unexpectedly, suddenly

impuesto tax

impulsar to impel, drive; to prompt

impunemente without impunity

inagotable inexhaustible

inasequible unattainable

inasimilable unassimilable

inaudito unheard of; extraordinary; strange

incaico pertaining to the Incas

incansable indefatigable, untiring

incapaz incapable, unable

incendiar to set on fire

incendio fire; burning

incertidumbre uncertainty

incienso incense

incierto uncertain; wavering; unknown

incitación incitation; stimulation

inclinar to incline, bend (over), bow, stoop

ínclito illustrious, distinguished

incluir to include

incluso including

incólume unharmed; intact

incomodar to bother, disturb

inconciliable irreconcilable

inconmensurable immeasurable

inconmovible immovable, immobile

inconsulto inconsiderate

inconveniencia inconvenience; difficulty; obstacle

incorporar to incorporate; to sit up

increpar to reprimand, reprehend

incultura lack of culture

incumbir to be incumbent; to concern

incuria carelessness, negligence

incurrir to incur; to commit (an error)

indagación investigation

indiada crowd of Indians

indianista pertaining to Indians

índice index; forefinger

indicio indication, sign

indígena indigenous, native; *m. f.* Indian

indigencia indigence, poverty

indigenismo native *or* Indian expression

indigenista indigenous, native; Indian

indigestar to cause indigestion

indignar to become *or* make indignant

indigno contemptible, despicable

indio Indian

índole *f.* kind, class

indolente indolent, lazy

indolencia indolence, laziness

indomable unmanageable

inducir to induce, persuade

indultar to pardon, free

indumentaria clothing, dress, garb

inédito unpublished

inefable ineffable, indescribable

ineludible unavoidable

inerme defenseless

inerte inert, motionless

inescrutable inscrutable

infamante disgraceful; dishonorable

infame infamous; dishonest

infecundo unfertile, barren, sterile

infelice unhappy; wretched

infelicidad unhappiness

inferior inferior, lower

inferir to offer (rebuff, insult)

infierno hell

inflamar to inflame; to kindle; to burst into flames

infligir to inflict

influir to influence

influjo influence

informe report; account

infortunado unfortunate, unlucky

infrahumano infrahuman, subhuman

infrasocial pertaining to the dregs of society

infrascrito undersigned

infructuoso fruitless; unsuccessful

infundir to infuse, imbue

ingenio ingenuity; skill; cleverness; talent

ingenuo ingenuous, innocent, naive

ingerencia interference

ingrato ungrateful; disagreeable

ingresar to enter; to join

inhabilitado unable

iniciación initiation; introduction; beginning

iniciador initiator, beginner

iniciar to initiate, to begin

inigual unequal; excellent

inigualado unequaled

ininteligente unintelligent

injusto unjust

inmaculado immaculate, pure

inmediaciones *f. pl.* environs

inmediato immediate; close, adjoining

inmerecido unmerited, undeserved

inmigratorio pertaining to immigration

inmóvil immobile, immovable, motionless; firm, constant

inmundo dirty; indecent; impure

inmutable immutable, unchangeable

innato innate, inborn

innegable undeniable

innovador innovating; *n.* innovator

inolvidable unforgettable

inquietar to disquiet, worry, trouble

inquieto anxious; worried; restless

inquietud anxiety; worry, restlessness

inquina grudge; hatred

inquisitorial pertaining to the Inquisition

insensato mad; foolish; stupid

insertar to insert; to include

insigne famous, renowned

insignia insignia; pennant

insinuar to insinuate, hint; to creep into; to grow on

insondable fathomless

insoportable unbearable, intolerable

instable unstable

instalar to install; to settle, establish

instancia entreaty; request

instar to urge; to press

instaurar to restore

instituir to institute, establish

insustituible irreplaceable

intachable irreproachable

intangible intangible; untouchable

integrante integrant, component

integrar to integrate; to compose, make up

intentar to intend; to try

intento intent; attempt

intercambio interchange, exchange

interesado interested; selfish; mercenary

interino interim, acting, temporary

interlocutor interlocutor, speaker; questioner

internar to enter; to go into the interior of; to go deeply into
interponer to interpose, intercede
interposición mediation
interrogatorio interrogatory; cross-examination
intervenir to intervene; to take up; to take part in
intimar to become an intimate friend
intimidad intimacy
intimismo intimacy
intimista intimate
íntimo intimate; internal; innermost
intratable intractable; hopeless
inundar to inundate, flood
inútil useless
inutilidad uselessness
inutilizar to disable
invasor invading, encroaching; *n.* invader
invectiva invective; harsh criticism
invento invention
invertir to invest
investigación investigation; research
investir to invest, confer upon
invocar to invoke, call on
ir to go; **en lo que va de** throughout
ira ire, anger, wrath
iracundo angry, enraged
irlandés Irish
irradiar to radiate
irrealizable unrealizable, unattainable
irrecusable unimpeachable
irreemplazable irreplaceable
irreflexivo thoughtless
irrisión derision
isla island
Islandia Iceland
Islas Malvinas Falkland Islands
isleño pertaining to islands
islote small island; key

ismo "ism"
istmo isthmus

J

jabón soap
jacinto hyacinth
jactar to boast, brag
jadeante panting
jadear to pant
jalón stage; flagpole; measuring rod
jaqueca megrim, migraine; headache; melancholy
jardinero gardener
jarrón large jar, urn, vase
jaspeado speckled, spotted
jaula cage
jefe chief, boss, head
jerarquía hierarchy
jerárquico hierarchic
jerga wool saddle pad; jargon, gibberish
jesuita *m.* Jesuit; hypocrite
jesuítico Jesuitical, pertaining to the Jesuits; hypocritical
jinete horseman, rider
jinetear to ride horseback; to break in a horse
jira tour
jirón shred, tatter; bit; strip
jocundo jovial, jolly
jornada journey; working day
jornal *m.* daily wages
joya jewel, gem
joyador jeweler, maker of jewelry
joyero jeweler
júbilo joy, rejoicing
judío Jewish; *n.* Jew; — **converso** converted Jew
juego game; — **de palabras** play on words; **poner en** — to put into play, make use of
juez *m.* judge; justice; — **de paz,** justice of the peace, sheriff; — **de la campaña** sheriff
jugada play; move

jugador gambler
juglar minstrel
jugo juice; liquid, sap
jugoso juicy
juicio judgment; wisdom; prudence
juncal *m.* growth of rushes *or* reeds
junco rush, reed
juntar to join; to amass, lay up
junto near, close; together; — **con** together with; **por** — all told, wholesale
juramento oath, act of swearing
jurar to take an oath; to swear
jurisprudencia jurisprudence, law
justo just; correct; proper; **al año** — in just a year
juvenil juvenile, youthful
juventud youth
juzgar to judge

K

kafkiano pertaining to Franz Kafka

L

labio lip
labor *f.* labor, work; embroidery
labrar to carve; to make, build; to bring about
lacio straight (hair)
lácteo milky
ladera side, slope
lado side; **al** — **de** by the side of, alongside; **de su** — on his side; **por otro** — on the other hand
ladrar to bark
ladrido barking
ladrón thief
lago lake
lágrima tear
lagrimear to shed tears
laico laic, lay, secular
lamentar to lament, mourn; to regret, be sorry

lamer to lick; to lap
lámina metal sheet
lámpara lamp; light
lampo flash of light
lancero lancer
lancha launch, boat
languidecer to languish
languidez languor
lanza lance, spear
lanzar to hurl, cast, throw; to put forth
lanzaso thrust with a lance
lapso lapse of time; period
largar to leave, "get going"; to release, set free, let go
largo long; *n.* length; **a lo** — **de** throughout, in the course of; — **a** lengthwise
lascivo lascivious, lewd
lastima pity
lastimar to hurt, to bruise
lastimero pitiful, sad
latente latent, hidden, dormant
latigazo lash; whipping
latido (heart) throb, beat
látigo whip
latinidad Latinity; the Latin tongue
latir to throb, beat
latón saber, cutlass
laúd *m.* lute
laurel *m.* laurel; honor
lauro laurel; honor, glory
lavandera laundress, washwoman
laya kind; **de la** — such
lazar to lasso
lazo lasso, lariat; bond; snare, trap
lealtad loyalty, fidelity
lebrel *m.* greyhound
lector reader
lectura reading
lecho bed; couch
legado legacy, heritage
légamo silt, slime
legar to bequeath
legumbre *f.* vegetable

lejanía remote place
lejano far (away)
lejos far; **a lo —** far away, in the distance
lema *m.* motto, slogan
lengua language; tongue; **mala —** evil tongue, gossip
lenguaje language
lentitud slowness
lento slow
leña firewood
leño log; timber
lerdo slow, dull
letal lethal, mortal
letanía litany
letra letter; draft, bill of exchange; *pl.* literature
letrado lettered, learned, educated; *n.* lawyer, advocate
levantamiento uprising, insurrection
leve light; slight, trifling
levedad lightness
levita frock coat
léxico pertaining to vocabulary; *n.* lexicon, dictionary
ley *f.* law; *pl.* law, jurisprudence
leyenda legend; long poem concerning a legend
liar to tie, bind
libélula dragonfly
libertario anarchistic; *n.* anarchist
libertino libertine, rake
librar to liberate, free
libre free; unrestrained; clear, open; innocent
librea livery, uniform
licencia permission
licenciar to discharge; to give a furlough
licencioso licentious, dissolute
lid *f.* contest; fight
líder leader
lidia battle; bullfight
Lidia Lydia
lidiar to battle
lienzo canvas

ligadura ligature, ligament, bone extremity
ligar to tie, bind; to join
ligereza lightness; swiftness; agility
ligera **a la —** quickly; briefly, superficially
ligero light, slight; swift; superficial, unimportant; fickle
limar to file, polish
limeño pertaining to Lima; *n.* inhabitant of Lima
límite limit; boundary
limosna alms
limosnero beggar
limpieza cleanliness
limpio clean; **en —** clear(ly); **sacar en —** to deduce, make a clear copy of
linaje lineage; class
lindo pretty; lovely; fine; perfect
línea line
linfa water
lino linen
linterna lantern, lamp
liquidar to liquidate; to finish
lira lyre; lyric poetry
lírica lyric poetry
lírico lyric; *n.* lyric poet
lirio lily
lirismo lyricism, poetic quality
liso smooth; flat
lisonjear to flatter; to please
listo clever; quick; ready
literato literary person; writer
litigio litigation; dispute, argument
litografiar to lithograph, print
litoral *m.* littoral, coast, shore
liviano fickle; lewd
lívido livid, pale
loable laudable, praiseworthy
loba she-wolf
lobo wolf
lóbrego dark, gloomy
lobreguez darkness, gloominess
loco crazy, mad, insane; wonderful; huge; plentiful

locomotora locomotive, train
locución locution; phrase; expression
locura folly; madness
lodo mud, slime
logrado successful
lograr to succeed in, manage to; to achieve; to obtain
logro attainment
loma long, long hill
lomo loin; back (of an animal)
lona canvas
losa gravestone; grave; tomb slab *or* cover
loto lotus
lozanía luxuriance; freshness; vigor; lustiness
lozano luxuriant; fresh
lucero bright star; Venus
luciente shining
luciérnaga firefly
lucir to shine; to appear; to show off, display
lucha struggle; fight
luchar to struggle, fight
luego then; later; — que as soon as
lugar place, site; — común commonplace; **en primer** — in the first place; **tener** — to take place
lúgubre lugubrious, sad, gloomy
lujo luxury; **de** — de luxe, luxurious, elegant
lujoso luxurious, elegant, magnificent
lumbre light; fire
luminar luminary, heavenly body
luna moon; mirror
lunático lunatic, crazy, mad
lunar mole
lunario calendar
lustre polish
luto mourning; crape, mourning draperies
luz *f.* light; luster; **ver la** — to be born; *pl.* (**luces**) learning, enlightenment

Ll

llaga sore; sorrow
llagar to make sore, wound, injure
llama llama; flame; blaze
llamamiento calling; appeal, convocation
llamar to call, summon; **to be named**
llamarada flame, blaze
llamativo showy, attracting attention
llanero plainsman
llano even, level; *n.* plain
llanto sobbing, weeping
llanura plain
llave *f.* key; faucet, spigot; **echar** — to lock
llegada arrival
llegar to arrive; to approach; — a to arrive, become, come to, go so far as to; — a ser to become
llenar to fill
lleno full, filled with; **de** — fully, completely
llevar to carry; to take; to lead; — a cabo to accomplish, carry through
llorar to sob, weep
llovizna drizzle, sprinkling

M

maceta flowerpot
madera wood; timber
madero log, trunk (of tree)
madrigal *m.* madrigal; lyric poem
madrina godmother
madrugada dawn; early rising
madurar to mature; to think out
maduro mature
maestra teacher, schoolmistress; — de escuela schoolteacher
maestría mastery; skill
maestro master; teacher; — de escuela schoolteacher, skilled artisan
magia magic, necromancy
magisterio teaching profession

magistral magisterial; masterly
magistratura magistracy
mago magical; *n.* magician, wizard;
pl. Magi, Wise Men of the East
maharachía legendary Indian tribe
maitines *m. pl.* matins, morning
prayer
maíz *m.* maize, corn; — **frito** popcorn
maizal *m.* cornfield
majada flock (of sheep)
mal bad; *m.* evil; illness; — **de
siglo** mal de siècle, ennui, boredom
malagueño pertaining to Malaga;
n. inhabitant of Malaga
malaventurado unfortunate, illfated
maldecir to damn, curse
maldición curse; oath
maldito damned, accursed; defamed
malestar malaise, discomfort; uneasiness
maleza underbrush
malgastar to waste, squander
malicia malice; evil
maliciar to suspect; to ruin
malicioso malicious; sly
malignidad malignity, perversity
maligno perverse
malograr to waste; to miss; to fail;
to have an untimely end
malón Indian raid *or* attack
malsano unhealthy
maltratar to mistreat, abuse
mamar to suckle, nurse
mamón suckling, nursing
mampara screen
manada herd, drove; flock
manantial *m.* spring (of water)
mancebo youth, young man
mancillar to stain, spot
mancha stain, spot
manchar to stain, spot
mandarina Mandarin *or* Chinese
lady

mandar to send; to command
mandato mandate; term of office
mandil *m.* apron
mando power; command
manea hobble (for horses)
manear to hobble (horses)
manejar to manage; to get along;
to wield; to govern
manejo handling; manner, way;
trick; intrigue
manglar mangrove swamp *or* plantation
manga sleeve
mango handle
manía mania, madness; whim
maniatar to manacle, handcuff
manido stale, worn-out
manifiesto manifest; *n.* manifesto;
poner de — to make clear, to
show plainly
maniobra maneuver; operation
manojo handful; bundle; fagot
mansión abode, dwelling; stay
manso gentle, mild
manta large shawl
mantel *m.* tablecloth
manto mantle; cloak
mantón shawl; mantilla
manumisión manumission, freeing
maña cunning; habit, custom
Maquiavelo Machiavelli
máquina machine
maquinal mechanical; unconscious
maraña jungle; tangle
maravilla marvel, wonder
marcar to mark; to note, observe;
to brand
marco frame
marcha march; progress; course;
poner en — to start
marchar to march; to go; to walk
marchitar to wither, fade
marchito withered, faded
marfil *m.* ivory
margarita daisy; pearl
margen *m. f.* margin, border, edge;

occasion; **abrir** — to give an opportunity
marginal marginal; *m.* marginal character (on the fringe of society)
marina navy
marinero sailor
marino marine, sea; *n.* sailor
mariposa butterfly
mármol *m.* marble
marmóreo marmoreal, marbled
martillar to hammer
martillo hammer
martirio martyrdom; torture
martirologio martyrology, history of martyrs
mas but
más more, most; **a** — besides; **no** — just, only; **por** — **que** however much, no matter how, in spite of the fact that; *n.* **los** — the majority
masa mass(es)
mascar to chew
máscara mask; masquerade
mástil *m.* mast (of ship)
mastín mastiff, large dog
matadero slaughterhouse
matanza slaughter; butchery
materia material; subject; physical (non-spiritual) matters
material *m.* material; matter; copy
matiz *m.* hue, shade; nuance
matización blending, shading
matizar to blend, shade
matorral *m.* thicket; underbrush
matrero shrewd, cunning; fast
matrimonio matrimony, marriage; married couple
matriz first, principal, chief
matutino morning
máxima maxim, saying
mayor major; greater, greatest; bigger, biggest; older, oldest; *n.* major; *pl.* ancestors, forefathers
mayoría majority
mazorquero member of Rosas' secret police

mecer to rock; to swing
medallón medallion
media hose, stocking; **a** —**s** by halves, on shares
mediado half-full; **a** —**s de** about the middle of
mediano medium; mediocre
medianoche *f.* midnight
mediante by means of, through
mediar to be between
medida step; measure; **a** — **que** in proportion to, as, while
medio half; partial; *n.* (surrounding) medium, middle, method, means, environment; **en** — **de** in the middle of, amidst
mediodía *m.* noon; south
medir to measure; to judge
medroso timid, fearful; dreadful, terrible
mejilla cheek
mejora improvement
mejorar to improve, get *or* make better
melena long, loose hair, mane
melificar to make honey
mellizo twin
membrudo muscular; strong, robust
memoria memory; memoir; account
mendigo beggar
menear to shake; to wag
meneo wiggling
menester job, occupation; **ser** — to be necessary
menguado scant; miserly
menos less, least; **por lo** — at least; **a** — **que** unless; **tener a** — to scorn
menospreciar to scorn; to despise
menosprecio scorn, contempt
mensaje message
mensajero messenger
mensualidad monthly allowance
mente *f.* mind
mentir to lie

mentira lie; **parece —** it seems incredible *or* impossible

mentís *m.* lie; denial

menudo small, little; *n.* coin; **a —** often

merced *f.* mercy; grace, honor; **a — de** by virtue of; **— a** thanks to

merecer to merit, deserve

mérito merit; value, worth; virtue

mermar to decrease, reduce; to consume

mesa table; **— de escritorio** writing table, desk

mester genre; **— de gauchería** Gaucho poetry (literature)

mestizaje crossing of races (especially Indian and white)

mestizo half-breed, product of Indian and white

meta goal

metáfora metaphor, figure of speech

meter to put, place; to take up a profession

metátesis *f.* metathesis, change in position of letters or syllables

métrica metrics; metrical composition

métrico metric

metro meter (unit of length)

metrópoli *f.* metropolis, mother country

mezcla mixture

mezclar to mix; to take part

miasma *m.* miasma, noxious swamp vapors

miedo fear

miel *f.* honey

miembro member; limb (of the body)

mientes *f. pl.* thoughts, ideas; **venir a las —** to occur, to come to one's mind

milagro miracle

milagroso miraculous

milenario millenary, thousand

milicia militia; warfare, battle

millar thousand; a great number

mimar to spoil, pamper

mímico imitative

mina mine

minar to mine; to ruin, destroy

minero mining; miner

minoría minority

minoritario pertaining to the minority

minucioso minute; meticulous

minué *m.* minuet

minúsculo tiny

minúscula small *or* lower-case letter

mira purpose, intention; view

mirada glance, look; gaze

mirador spectator; observatory; bay window

miramiento consideration; attention

miríada myriad; large number

misa Mass

misántropo misanthrope, hater of mankind

mísero miserable, wretched; unhappy

misógino misogynous; *n.* misogynist, woman hater

mística mysticism; study of the contemplative life

místico mystic

mitad half

mítico mythical

mitigar to mitigate, alleviate

mito myth

mitología mythology

mitológico mythological

mocetón strapping youth, lad

mocito youngster, lad

mocoso inexperienced youth

moda mode, fashion

modales *m. pl.* manners

modalidad manner, way, method; kind

modelar to model; to mold; to form

moderador moderating

módico modest

modo way; — de ser nature, character; de — que so (that)

modular to modulate; to tune

módulo modulus, standard, norm

Moisés *m.* Moses

mojar to wet, moisten

molde mold, pattern

moldear to mold

moldura molding

molestar to molest, bother

molesto annoying; uncomfortable

momento moment; importance; al — immediately

mona female monkey

moneda money; coin, change

monja nun

monje monk

mono monkey

monomanía monomania (mental derangement restricted to one idea)

monorrimo monorhyme

monstruo monster; monstrosity

montaña mountain; forest

montar to mount; to ride (horseback); to set

montaraz wild

monte mount, mountain; woods, forest

montón pile; mass, multitude

montura saddle trappings; harness

mora Moorish woman

morada residence, abode

moral moral; *f.* morals, morality

moraleja moral; lesson; maxim

morar to reside; to inhabit, dwell

morboso morbid

morder to bite

mordiscón big bite

moreno brown; dark; *n.* brunette, Negro

morfina morphine

morfinómano morphine addict

moribundo moribund, dying, near death

morir to die; to kill

morisco Moorish; *n.* Moor

moro Moorish; *n.* Moor, dappled horse

morocha pretty dark-skinned girl

morro headland; bluff

mortaja shroud

mortal mortal; fatal; at the point of death

mortecino dying; extinguishing

mortificar to mortify, humiliate

mortuorio mortuary, pertaining to the dead

mosca fly

mote motto; emblem

motín mutiny; insurrection

motivo motive, reason; motif, theme; con — de because of, on the occasion of

móvil *m.* motive, incentive

moza girl

mozo boy, lad, youth; buen — handsome

muchedumbre multitude, crowd; mob

mucho much, many; por — que however much, no matter how much

mudanza change; fickleness

mudar to change; to move

mudo mute; silent

mueble piece of furniture; *pl.* furniture

muelle soft; *n.* pier, wharf

muerte *f.* death; murder; de — fatally

muestra sample; model; sign, indication

mugriento dirty, filthy

mulata mulatto woman

mulo mule

mundano mundane, worldly

mundial worldwide, global, universal

mundonovismo "New Worldism"

municipio municipality

muñeca doll

muñón stump of an amputated limb
murciélago bat
murmullo murmur, whisper
muro wall
musa Muse; *pl.* the Muses; fine arts
museo museum
muslo thigh
mustio withered; sad

N

Nabucodonosor Nebuchadnezzar
nácar mother-of-pearl
nacarado of mother-of-pearl
naciente growing; *n.* East, Orient
naipe playing card
nalga rump, buttock
nana lullaby
napolitano Neapolitan; Italian
naranjo orange tree
nardo tuberose
nariz *f.* nose; nostril
narrador narrator; story-teller
narrar to narrate, tell
natal native
nativo native, indigenous; innate, inborn
natural natural; native; *m. f.* native
naturaleza nature; character
naufragar to be shipwrecked
naufragio shipwreck
náufrago shipwrecked; *n.* shipwrecked person
nave *f.* ship, vessel
navegante *m. f.* navigator
navío ship
neblina mist, fog
nebulosa nebula
nebuloso nebulous, misty
necesitado poor person
necio fool
negar to deny; to refuse
negociar to negotiate; to trade, deal
negocio business; commerce

negrear to blacken, become black
negror blackness
negrura blackness
nelumbio lotus
nervio nerve; vigor; energy
nervioso nervous; vigorous; spirited
nevado snowy; white
nicaragüense Nicaraguan
nido nest
niebla mist, fog, haze
nieto grandchild
nimbo nimbus, halo
nimio small, negligible
ninfa nymph
niñez childhood; infancy
nipón Nipponese, Japanese
nivel *m.* level
níveo snowy
noción notion; idea; element
nocturno nocturnal, night; *n.* nocturne
nodriza (wet) nurse
nómada nomadic; *m. f.* nomad
nombradía renown, fame
nombramiento appointment
nombrar to name; to appoint
nombre name; noun
nomenclatura nomenclature; catalogue
nórdico Nordic, Norse
norma norm; rule; standard
normando Norman
noroeste northwest
norte north; rule; guide; direction
novedad newness; recent occurrence; novelty
novelista *m. f.* novelist
novia sweetheart; bride
novicia novice
novio sweetheart; bridegroom; suitor; fiancé
nube *f.* cloud
nublar to cloud, becloud
nubloso nebulous, cloudy
nuca nap (of neck)
núcleo nucleus; core

nudo (ñudo) knot; union; bond; **al —** uselessly, in vain

nuevo new; another; **de —** again

nulidad nullity; insignificance

numen m. inspiration; deity

nutrido copious, abundant

O

obedecer to obey

obispo bishop

objeto object; aim, purpose

obligado person legally obligated

obligar to oblige, compel, force; to obligate

obra work; **— maestra** masterpiece

obrar to work; to operate; to proceed

obrero pertaining to labor; n. laborer, workman

obscuro obscure; dark

obsequiar to make a gift of

obsequio gift

obstante no — notwithstanding; however; nevertheless

obstinar to be obstinate or headstrong; to insist

ocaso decline; end; death; sunset

ocio leisure; idleness

octava eight-line stanza

octosílabo octosyllabic; n. verse of eight syllables

ocultar to hide

oculto hidden

ocupar to occupy, become occupied; to hold (a job); to devote

oda ode

odiar to hate

odio hatred

Odisea Odyssey

ofender to offend, insult, anger

oficio occupation, trade; (religious) service

oficiosamente officiously

ofrecer to offer

ofuscar to dazzle; to confuse

oído ear

oidor judge

ojera circle under the eye

ola wave

óleo oil; **al —** in oil paint

oler to smell, sniff

olfato sense of smell

olímpico Olympian, pertaining to Olympia or Olympus; godlike

Olimpo Mount Olympus

oliva olive (tree, branch, fruit)

olor odor

oloroso fragrant; smelling of

olvido oblivion; forgetfulness

olla pot, kettle; stew

ombú m. South American tree

onda wave; ripple

ondear to undulate; to swing

Ondina Undine

ondulante undulating, waving

onomatopéyico onomatopoeic, pertaining to formation of words in imitation of natural sounds

onza ounce; doubloon (Spanish gold coin)

opalino opalescent

opinar to judge, be of the opinion

opio opium

oponer to oppose; to object to; to resist

oportuno opportune, timely

oportunidad opportunity; opportuneness

oprimir to oppress; to press

oprobio opprobium, infamy, disgrace

oprobioso opprobrious, infamous, disgraceful

opuesto opposed; contrary; opposite

opulento opulent, wealthy

opúsculo opuscule, short work

ora now; **— ... —** now ... then, now . . . now, whether . . . whether

oración oration; prayer; sentence

orar to pray

oratoria oratory, elegant speaking

oratorio oratory, chapel

orbe orb, sphere; the earth
orden *m.* order; category
ordenar to put in order, arrange, organize
ordeñar to milk
oreja ear
orfandad orphanage
órgano (hand) organ; medium, means
orgía orgy; revelry
orgullo pride
orgulloso proud
oriental oriental, west, western
orilla shore, bank; edge
orla trimming; edge
orlar to trim, decorate
ornar to adorn
ornato adornment, embellishment
orto rise of sun *or* star
osado daring, bold, audacious
osamenta bones; skeleton
osar to dare
oscilar to oscillate, waver
ósculo kiss
oscuras a — in the dark
oscurecer to darken; to discredit
oscuro obscure; dark; gloomy
oso bear
ostensible ostensible, visible, manifest
ostentación ostentation, show; hacer — to show off
ostentar to show off; to exhibit
Otelo Othello
otoñal autumnal, fall
otorgar to confer
ovalado oval shaped
oveja sheep
ovillo skein; ball of yarn
oyente listener, hearer, auditor

P

pabellón national colors, flag
pacato quiet, mild
pacer to pasture, graze
paciencia patience
paciente patient

pactar to agree
pacto pact, agreement
padecer to suffer
padrino godfather
paga pay, payment, wages
pagano pagan, heathen
página page
pago payment; home place; district, region
país *m.* country
paisaje landscape
paisajista *m. f.* landscape painter
paisajístico pertaining to landscape
paisano compatriot, countryman
paja straw; grass
pajarera bird cage
pajarillo small bird
pájaro bird
paje page
pajonal *m.* plain covered with tall grass
paladín champion; brave knight
palenque arena; paling, fence
palidecer to (turn) pale
palidez pallor, paleness
pálido pale
palma palm (tree, leaf, of hand); emblem of martyrdom
palo stick, pole; blow with a stick; dar —s to beat, attack
paloma dove
palpar to feel, touch
palpitar to palpitate, throb, beat
paludismo malaria
pampa pampa(s), extensive plain
pampeano pampean, pertaining to the pampas
pampero pampean, pertaining to the pampas
pamplina nonsense
pan *m.* bread; wafer
panadería bakery
pandilla gang, band
panoplia panoply, collection of arms displayed on a wall
pantalón pants, trousers
pantano swamp, marsh

pantanoso swampy, marshy
panteísmo pantheism
panteísta pantheistic; *m. f.* pantheist
pantera panther
pantorrilla calf of leg
panza belly
paño cloth; draping
pañuelo handkerchief
Papa *m.* Pope
papel *m.* paper; role
papelito slip of paper; statement
paquete package; bundle of papers
par equal, on a par; *n.* pair; a — equally, at the same time; de — en — wide open; sin — unequaled
parábola parable
paradigma *m.* paradigm; example
parado standing
paradoja paradox, contradiction
paraíso paradise, heaven
paraje place, spot
parar to stop; to end up
parco scanty, scarce, sparing
pardo dark; brown; cloudy
parecer to seem, appear; —se to look like, resemble; al — apparently; *n.* appearance, opinion
pared *f.* wall
pareja pair; partner
parejo even, smooth
parentesco relationship
paria pariah, outcast
pariente relative
parir to give birth
parisiense Parisian
parisino Parisian
parlanchín chattering, talkative
parlar to speak, talk
parnasianismo French school of Parnassian poets
parnasiano pertaining to Parnassian poets
Parnaso Parnassus; anthology, collection of poems; el — Mount Parnassus

parodia parody; travesty
párpado eyelid
parrón vine
parroquia parish; village church
parte *f.* part; **dar** — to inform, notify; de — de on the side of; en gran — to a great extent; por — de on the part of
partícula particle
particular particular; private; individual; peculiar; *n.* private individual
partida game; gang, group; behavior; turn; squad, posse; trial race
partidario partisan; supporter
partido (political) party; match; district; advantage, profit
partir to depart, leave; to start; to reckon with; to split, divide, share; to crush; a — de starting from, beginning with
parto parturition, childbirth; creation; product
pasaje passage
pasajero passing, transient; *n.* passenger
pasaporte passport
pasar to pass; to happen, occur; *n.* livelihood; — a ser to become; — de to exceed, go beyond; — por to be taken as, overlook
pasatiempo pastime
pascua Church holiday; Easter; *pl.* Christmas season
pasear to walk; to promenade
pasional passional, pertaining to the passions
pasión passion; emotion
pasionaria passion flower
pasmar to astound; to numb
paso passing; step; al — in passing, while, whereas; apretar el — to hasten one's steps; de — on the way, in passing
pastar to pasture, graze
pastel *m.* pastry

pasto pasture; grass
pastor pastor, clergyman; shepherd
pastora shepherdess
pastoral pastoral, rural; *f.* pastoral, idyl, episcopal letter
pastoril pastoral
pastoreo pertaining to shepherds *or* sheep
pata paw; foot *or* leg (of animals)
patada kick
patear to kick
patente patent, obvious, evident
patíbulo scaffold, gallows
patria native country, fatherland
patricio patrician
patrimonio patrimony, inheritance
patrio native
patrocinar to sponsor
patrón patron; boss; master
patrulla patrol
paulatino slow
pausado quiet; slow
pauta model; standard
pavimento pavement
pavor fright, terror
pavoroso frightful, awful
pavura fear, terror
payada Gaucho ballad *or* song
payador Gaucho minstrel *or* troubadour
peana altar step
pebetero perfume censer
pecadillo pecadillo, slight sin
pecado sin; — **venial** venial sin, slight offense against divine law
pecador sinner
pecar to sin
pechera shirt front
pecho chest, breast; bosom; **tomar a —s** to have the heart *or* courage
pedante pedantic; *n.* pedant, prig
pedazo piece, bit, fragment
pedestal *m.* pedestal; base; support
pedregal *m.* stony ground
pedrería precious stone
pegar to hit, beat; to stick, fasten; to give; to let out (a cry)
peinar to comb

peine comb
peineta comb
pelaje hide
peldaño step (of stairs)
pelea fight
pelear to fight
peligro danger
peligroso dangerous
pelo hair; **gente de medio —** shabby, genteel people, low middle class
peluquero barber; hairdresser
pellizcar to pinch
pena pain; sorrow, grief; penalty; — **de muerte** death penalty, capital punishment
penar to suffer; to grieve, mourn; to be tormented in Hell
pendenciero quarrelsome
pender to hang, suspend
penetrar to penetrate; to break into; to comprehend
penoso painful; arduous; unpleasant
pensador thinker
pensativo pensive, thoughtful
penumbra penumbra, shaded region
percance misfortune
percibir to perceive
perder to lose; to spoil; to ruin; **echar a —** to spoil, ruin
pérdida loss
perdido lost; loose
perdición perdition; destruction
perdiz *m.* partridge
perdurable perpetual; lasting
perdurar to last long; to endure
perecer to perish; to suffer; to desire
peregrinar to travel; to roam
peregrino foreign; traveling; migratory; roaming; *n.* pilgrim
perenne perennial; perpetual
pereza laziness
perezoso lazy
perfidia perfidy; treachery
pérfido perfidious; treacherous

perfil *m.* profile; outline
periódico periodic; *n.* periodical, newspaper
periodismo journalism
periodista *m. f.* journalist
periodístico journalistic
período period, epoch; sentence; clause; phrase
peripecia peripeteia, change of circumstances; episodes, incidents
perjudicar to harm, damage, impair
perjurar to commit perjury
perla pearl
permanecer to remain, stay
peronista pertaining to Juan Perón
perrillo small dog; — **faldero** lapdog
persecución persecution; pursuit
perseguidor persecutor; pursuer
perseguir to persecute; to pursue
perseverante persevering; persistent
pérsico Persian
persignarse to cross oneself
personaje personage; character
pertenecer to belong
perturbar to perturb, disturb, upset
peruano Peruvian
pervivencia survival
pervivir to survive
pesado heavy; awkward; slow
pesadumbre grief, sorrow
pesar to weigh; to cause sorrow; *n.* grief, sorrow; **a** — **de** in spite of
pescador fisherman
pescar to fish
pescuezo neck
pesebre trough
peso peso, monetary unit; weight
pestaña eyelash
pestilente pestilent, foul
pestillo door latch, bolt
pez *m.* fish
pezquiza inquiry, investigation
piadoso merciful
piar to peep, chirp

pica pike, lance
picacho peak, summit
picaporte latch key
picante piquant; biting; racy
picar to bite, sting; to annoy, irritate
picardía malice; deceit
picaresco picaresque; roguish
pícaro picaresque, roguish; *n.* rogue, rascal
pico bill, beak
picotazo peck, blow with the beak
picotear to peck, strike with the beak
pichón squab, young pigeon
pie foot; **dar** — to give occasion
piedad pity, mercy; piety
piedra stone; — **infernal** caustic, nitrate of silver
piel *f.* skin; hide; pelt
pierna leg
pieza piece (of literature); play; room
pilar pillar, column
píldora pill
pillaje pillage, plunder
pincel *m.* brush
pinchar to prick
pingo light, spirited horse
pino pine (tree)
pintar to paint
pintoresco picturesque
pintura painting
piña pineapple
pipa tobacco pipe
pira pyre, funeral pile
piruetear to pirouette
pisada step, footstep
pisar to step or trample on
piso floor
pistolera holster
pizca mite, speck, bit
placer to please; *n.* pleasure
placidez placidity, tranquility, serenity
plácido placid, calm, quiet
plaga plague, scourge; affliction, calamity

plagiar to plagiarize, copy
plancha plate; tablet
plano plane
planta plant; sole of the foot; foot
plantador planter; colonist
plantar to plant, to erect, set up; to arrange; to stop; to strike
plantear to state *or* tackle *or* raise (a problem, question)
plañidero plaintive, mournful
plata silver; money
plateado silverplated
platear to silver; to coat
platicar to chat, talk, discuss
plato plate, dish
Platón Plato
playa beach, shore, coast
plaza plaza, square; market place
plazo (extension of) time; a — on credit, in installments
plebeyo plebian, vulgar, common
plegar to fold
plegaria prayer
plenilunar pertaining to the full moon
plenilunio full moon
plenitud plenitude, fullness, abundance; **dar la** — to reach the height of one's powers
pleno full; complete; **en** — in the middle of
pliego sealed envelope of official documents
pliegue fold, crease
plomo lead; bullet; **caer a** — to fall flat
pluma plume, feather; pen
plumaje plumage
población population; settlement; village
poblado thick; crowded
poblar to populate; to fill
pobretón poor man
pobreza poverty; sterility
poción potion; drink
poco little; *pl.* few; — **a** — little by little, gradually

poder to be able; *n.* power, hands, tenure
poderoso powerful
poema *m.* poem; — **de encargo** poem in honor of a special occasion
poesía poetry; poem
poetisa poetess
poetizar to poetize; to render poetical
polarizar to polarize; to concentrate on
polémica polemics
polemista *m. f.* polemist; debater
polimetría variety of meters in a single poem
política politics; policy
político political; *n.* politician
poltrona armchair, easy chair
polvo dust; powder
pollo chicken; sly fellow
pompa pomp, ostentation; splendor
pomposo pompous; magnificent
pómulo cheek bone
poncho poncho, cloak consisting of a blanket with a slit for the head
ponderar to ponder, weigh
poner to put, place; to impose; to enforce; — **cara** to make a facial expression; — **en escena** to stage; — **el sol** to set (sun); —**se** to become; —**se a** to begin
poniente west
pontífice pontiff, pontifex
popa poop, stern
populacho populace; rabble, mob
popularista popular, made popular and common
porcelana porcelain; chinaware
porcentaje percentage
porfía stubbornness; insistence; **a** — insistently, in competition
porfiado stubborn
pormenor particular; detail
porquería filth; worthless thing

porra club
porrón jug
portada portal; entrance
portar to behave, act
porte behavior, conduct
porteño pertaining to Buenos Aires and its port; *n.* inhabitant of Buenos Aires
portezuela carriage door
pórtico portico, colonnade
porvenir future
pos en — de after, behind; in pursuit of
posada inn; lodging, dwelling
posar to alight, perch; to rest
poseedor owner
poseer to possess, own
posibilitar to make possible
positivismo positivism; materialism; utilitarianism
postergar to ignore *or* disregard (the right of seniority)
posterior posterior, later, subsequent
postguerra postwar period
postillón postilion, postboy
postración prostration; dejection
postrar to prostrate, humble
postre dessert; a la — at last
postrer(o) last
postrimero last
postulado postulate; prerequisite
postulante *m. f.* petitioner, solicitor
postular to postulate; to seek
póstumo posthumous
postura posture; position; stand; attitude
potencia power; faculty, capacity; strong nation
potentado potentate, sovereign
potente potent; powerful, mighty
potro colt, foal
práctica practice, exercise; learning a profession
pradera meadow
prado meadow; field
precavido cautious

precepto precept, rule; *pl.* the Commandments
precio price; poner a — la cabeza to set a price on one's head
preciosismo preciosity, excessive refinement
preciosista precious, excessively refined
precioso precious; valuable; beautiful
precipicio precipice; ruin
precipitado hasty; abrupt
precipitar to precipitate; to hasten
precisar to compel, oblige; to need, be necessary; to set, fix
precisión precision; necessity
preciso precise, exact; ser — to be necessary
preclaro illustrious, famous
precolombino pre-Columbian
preconcebir to preconceive
precoz precocious
predicación preaching; sermon
predicar to preach
predilecto favorite
predominar to predominate; prevail, stand out
predominio predominance; superiority
prefijo prefix
preguntón inquisitive person
preludiar to play a prelude
premiar to reward
premio prize, reward
premura haste; urgency
prenda sweetheart; darling; wife; piece, part; piece of jewelry; ornament; article of clothing; *pl.* endowments, talents
prendar to charm, captivate; to fall in love
prendedor pin, brooch
prender to seize, catch, take; to turn on (a light); to imprison; to pin, attach, fasten; — fuego to set afire
prensa press

preñado pregnant; full

preocupación preoccupation; worry

preocupar to preoccupy; to worry

preparativo preparative; *n.* preparation

presa prey; spoils, booty

presagiar to presage, forebode, foretell

presagio omen

presbítero priest

presciencia prescience, foreknowledge, foresight

prescindir to set aside; to ignore; to omit

presencial present

presenciar to witness

presente present; *n.* present, gift

presentimiento presentiment, premonition

presentir to have a presentiment; to foresee

presidio penitentiary; fortress; garrison; prisoners; hard labor

presidir to preside (over)

preso imprisoned, caught

préstamo loan

prestar to loan, lend; — atención to pay attention

prestigio prestige; good name; spell, fascination

presto quickly; soon

presunto presumed; assumed

presuroso quick, hasty

pretender to claim; to purport; to try; to seek

pretendiente suitor

pretensión pretention; presumption; effort

pretextar to use as a pretext; to affirm; to assure

prevalecer to prevail

prevaler to prevail

prevención prevention; precaution

prevenir to prevent; to avoid; to prepare, make ready; to foresee; to warn, caution

previo previous

primerizo beginning

primicia first fruits; first production; beginnings

primitivo primitive; original

primo cousin

primogénito oldest son

primordial primordial; primary

primoroso fine; elegant; beautiful

príncipe prince

principiar to begin

principio principle; beginning; motive; en — in principle, essentially; en un (al) — at the beginning; a —s at the beginning of

prisa haste

privar to deprive

probar to prove; to try, test

proceder to proceed; to arise; to come from

procedimiento procedure, method

proceso lawsuit; trial

procurar to procure; to try (for)

prodigar to lavish

prodigio prodigy; marvel

prodigioso prodigious

pródigo prodigal

proeza prowess, feat

profano profane, secular, worldly

profeta *m.* prophet

prófugo fugitive

profundización deepening

profundizar to deepen; to go into deeply; to penetrate

progenitor ancestor, forefather

programar to program, schedule

programático programmatic, pertaining to a plan or doctrine

proletario proletarian, pertaining to the working classes

prolijo prolix, tedious; impertinent

promesa promise

Prometeo Prometheus

prometer to promise; to be betrothed

pronombre pronoun

pronto soon; fast; de — suddenly

propagar to propagate; to spread

propender to tend, be inclined

propenso inclined, disposed

propicio propitious, favorably or graciously disposed; helpful

propiedad property; — literaria copyright

propietario landowner

propio proper; typical; own; same; self

proponer to propose; to plan

proporcionar to provide, supply

propósito purpose, aim; a — de apropos of, in connection with; fuera de — irrelevant, out of place

propuesta proposal

propugnar to advocate

prosa prose

prosaico prosaic, dull, tedious

prosaísmo prosaism; quality of being prosaic or dull

prosapia ancestry, lineage

proscripción proscription, banishment, exile

proscrito proscribed, exiled; n. exile

proseguir to continue, carry on

próspero prosperous

prosista m. f. prose writer

proteger to protect

proteico protean, changeable, variable

Proteo Proteus

protuberante protuberant, bulging

provecho profit, benefit, advantage

proveeduría storehouse for provisions; purveyor's office

proveer to provide, furnish

proveniente coming; originating; arising

provenir to originate; to arise; to come

provento product; revenue

provinciano provincial; from the country

provocar to provoke; to prompt; to promote; to tempt, arouse desire

próximo next; near, close

prueba proof; test; trial; poner a — to put to the test, to try

pseudónimo pseudonym, pen name

púdico chaste; modest

pueblerino inhabitant of a small town

puente m. f. bridge

pueril puerile, childish

puerto port

puesta setting; — del sol sunset

puesto post, position, job; — avanzado outpost; — que since, because

pugna fight, struggle

pugnar to fight, struggle

pujanza vigor, might

pujar to push

pulido polished; pretty

pulimento polish

pulmón lung

pulpería grocery, store; bar

punta point; end

puntapié m. kick

puntazo stab, jab

punto point; aim; — de vista point of view; a — de on the point of, about; al — immediately

puntuar to punctuate

punzante pricking, sharp

punzó scarlet

puñal m. dagger

puñalada stab (with a dagger)

puño fist; hand

pupila pupil (of eye)

pureza purity

purificador purifying

púrpura purple

purpúreo purple

Q

quebrantar to break

quebranto breaking; loss

quedar to stay, remain; to be; to be left

quehacer task, work, chore
queja complaint; lament
quejar to complain; to lament
quejido complaint; moan
quejoso complaining; plaintive
quejumbre grumble; growl
quemar to burn
quemazón fire, conflagration
querella quarrel; complaint
querer to want; to love; to try; **con ... se quiera** no matter how
querida beloved; mistress
querido beloved, dear
querube cherub
queso cheese
quicio pivot
quichua (quechua) Quechuan; *m. f.* Quechua
quieto quiet, still
quietud quiet, quietude, stillness; peace
quijotesco quixotic, pertaining to Don Quixote
quimera chimera; fancy; dream; quarrel
quimérico chimerical; imagined
quincenal fortnightly, semi-monthly
quinta villa; country house; draft, induction
quintilla poetry form of stanzas of five octasyllabic verses in consonantal rhyme
quitar to remove, take away *or* off
quitasol *m.* parasol
quizá(s) perhaps, maybe

R

rabia rage, fury
racimo cluster, bunch
radical radical, extreme; original; primitive
radicar to be rooted
radioso radiant
ráfaga gust (of wind)
raigón large root
raíz *f.* root

rama branch, bough
ramaje foliage; branches
ramo bouquet (of flowers)
rana frog
rancio rancid, stale
rancho ranch; hut
rango rank, position
rapaz predatory; *m.* young boy
raptar to kidnap, abduct
rapto rapture, ecstasy; fit
raro rare; excellent, choice; queer, strange
rascar to scratch
rasgar to tear, rip
rasgo trait, characteristic; stroke, flourish
raso satin; **al — in** the open air
rastrero trailing; abject; low
rastro trail, track; trace, vestige
rato while; time; **a —s** from time to time, occasionally
ratón rat, mouse
ratonera rattrap
raudal *m.* abundance; torrent
raudo rapid, swift
rayar to appear; to arise; to excel; to draw a line; to border on, be close to
rayo ray; beam; flash
raza race
razón *f.* reason; fairness; right
real real; royal, noble; splendid; *m.* silver coin
realización realization, fulfillment
realizar to realize, fulfill, carry out
reanimar to reanimate, revive
reaproximación return
rebajar to reduce, lower
rebelar to rebel, revolt
rebelde rebellious
rebeldía rebelliousness
rebenque riding whip
rebosar to overflow
rebuscado recherché; unusual; affected
recado message; saddle trappings; **— de escribir** writing materials

recaer to fall back
recalcar to emphasize
recamar to embroider with raised work
recelar to fear
recelo fear; suspicion
receptáculo receptacle
receta recipe; prescription
recibir to receive; to graduate
reciente recent, new, late
recinto enclosure; area
recio strong; loud; severe; rigorous
recitado recitative, musical recitation
reclamar to reclaim, demand; to recall
reclamo reclamation; call; decoy bird
recluta m. recruit
reclutamiento recruitment, conscription
recobrar to recover, regain
recodo spot, nook; bend, twist
recoger to collect, gather together; to pick up; to withdraw, retire; to take shelter
recompensar to recompense; to compensate; to reward
recomponer to recompose, reconstruct
reconcentrar to concentrate
recóndito recondite; hidden
reconocer to recognize; to acknowledge; to inspect, examine closely
reconvención reproach
reconvenir to reproach
recordar to recall; to remember
recorrer to cross, traverse; to go over or through or along
recostar to recline, lean back
recrear to create again
recrudecer to increase
rectitud rectitude, straightness; accuracy
recto straight; just
rectoral rectorial, pertaining to a rector or rectory

recuerdo recollection, remembrance, memory
recular to fall back, give way
recuperar to recuperate, recover, regain
recurrir to resort to; to apply to
recurso recourse; device; pl. resources, means, funds
rechazar to reject, turn down; to conceal
rechinar to gnash (the teeth)
red f. net, seine; network
redacción editing; writing
redactar to edit; to write
redención redemption; salvation
redil m. sheepfold
redimir to redeem; to pay off; to rescue
redondo round; free, independent
reducir to reduce; to convert into; to persuade
reeditar to reprint
reelaboración reworking
reelegir to elect again
reembolsar to reimburse, refund; to pay
reemplazar to replace, substitute
referir to tell; —se a to refer to
refinado refined; nice; distinguished
reflejar to reflect; to consider
reflejo reflection
refrán m. proverb, saying
refregar to rub
refrenar to check, curb, restrain
refugiar to take refuge
refugio refuge, shelter
refulgente refulgent, radiant, bright
regalado gifted, talented; suave, smooth
regalar to give (a gift); to feast
regalo gift, present; — nupcial wedding present
regar to sprinkle, water
regato stream, creek; pool
regazo lap

régimen *m.* regimen; régime; treatment
regio regal, royal
regla rule; ruler
regocijar to rejoice, be joyful; to gladden
regocijo rejoicing, joy
regreso return; **de —** back, returned
rehuir to refuse; to reject; to avoid
rehusar to refuse; to reject
reina queen
reinante reigning
reinar to reign
reino reign; kingdom
reír to laugh; **—se de** to laugh at, make fun of
reiterar to reiterate, repeat
reivindicar to revive; to regain possession of; to call back
reja grating; gate
rejuvenecer to rejuvenate
relación relation; account
relajación idleness; diversion; mitigation of a penalty
relajar to relax; to loosen
relámpago lightning (flash)
relampagueante flashing
relativista relativistic, believing in the relativity of knowledge
relato story; report
relieve standing out from surface; *n.* relief, raised work; height; **poner de —** to bring out, emphasize
religioso religious; *n.* monk
relinchar to neigh; to cry
relincho neigh; cry
reliquia relic; remains
reloj *m.* clock; watch
reluciente shining
relucir to shine, glisten
relumbrar to shine
rellenar to refill; to fill up
remansar to stop flowing; to become quiet
remate end, finish; **por —** finally

remedar to copy, imitate
remedio remedy; medicine; alternative
rememorar to recall
remolino whirlpool; whirl, swirl
remontar to go back to; to rise up
remordimiento remorse
remoto remote, faraway, distant
remover to remove, move (away)
remozar to rejuvenate, make young
renacentista Renaissant, Renaissance
renacer to be reborn; to grow again
renacimiento Renaissance; rebirth
rencor rancor, animosity, grudge
rendir to render, pay homage; to return; to surrender; to overwhelm, overcome
renegado renegade; wicked person
renegar to deny; to disown; to blaspheme, curse
renombre renown, fame
renovación renovation; renewal
renovador renewing, reviving; reforming; *n.* renovator, reformer
renovar to renovate, renew
renta income
renunciar to renounce; to resign; to refuse
reñido hard-fought
reo criminal; offender
reparar to repair; to stop
repartición distribution; division
repartir to distribute; to divide; to share
repente de — suddenly
repentino sudden
repetir to repeat
repicar to tap
repleto replete; very full
repoblación — forestal reforestation
reponer to reply, answer
reposar to repose, rest
reposo repose, rest
reprender to reprehend, reproach

reprensión reprehension, reproach

reprimir to repress; to check, stop

reproche reproach

repuesto recovered

requerir to require; to summon; to urge; to make love to, woo

resabio unpleasant aftertaste; bad habit

resaltar to stand out, be evident

resbalar to slip, slide

rescatar to rescue; to redeem; to recover

rescoldo embers, hot ashes

reseco very dry

reseda mignonette

resentido resentful

reseña review

resolver to resolve; to solve

resollar to breathe hard; to pant

resonancia resonance; repercussion; notoriety

resonante resounding

resonar to resound; to echo

resoplar loud breathing; snort

resorte spring; balance; resources, means

respaldar to support, back

respetar to respect

respiración respiration, breathing

respirar to breathe

resplandecer to shine

resplandor splendor; light; brilliance

responder to respond, reply, answer

respuesta reply, answer

restallante crackling; striking

restallar to crack; to strike

restar to remain, be left

restaurador restorer

restaurar to restore

resto rest, remainder; *pl.* mortal remains

restregar to rub

restringido restricted

resucitar to resuscitate, resurrect, revive

resuelto resolute, determined; daring

resulta result; **de —s de** as a result of

resultado result

resultar to result; to turn out; to prove to be

resumir to sum up; to include, contain

resurgir to reappear; to arise again

retar to challenge; to dare; to blame

retemblar to tremble, shake

retener to retain, hold, keep

retina retina of the eye

retintín tinkling; jingle

retirar to retire, withdraw; to repel

retiro retirement; retreat; refuge

retobo packing, wrapping

retorcer to twist, writhe

retórico rhetorical, pertaining to elegant language

retornar to return

retorno return

retozar to frolic, romp

retraído reserved; solitary; shy

retraimiento retirement; reserve; shyness

retratar to portray; to depict

retrato portrait; picture; description

retroceder to retreat, recede, draw *or* go back; to back down

retumbar to resound

reunir to gather (together), meet; to collect; to unite

revalorización revaluation; revalidation

revalorizar to revalue, reassess

revelar to reveal; to disclose

reventar to break, burst

reverberante reflecting; shining

reverberar to reflect; to shine

revés *m.* reverse; setback; **al — de** in the opposite way; **al — que** contrary to

revestir to dress; to cloak; to cover

revista review; journal, magazine; **pasar —** to review, examine

revivir to revive; to relive

revolar to flutter, fly about, hover

revolcar to roll over; to knock down

revolotear to fly around, hover

revolver to revolve; to turn against *or* around *or* over; to stir

revuelo second flight; flying around

revuelta revolt, revolution; disturbance

revuelto restless; upset

rezagado late; behind the times

rezar to pray

rezo prayer; devotions

rezongar to grumble, growl

rezumar to ooze, exude

riachuelo rivulet, small stream

ribera bank, shore

rico rich; abundant; delicious; exquisite

riego watering; chrism of baptism

riel *m.* rail; ingot

rielar to glisten, shine, twinkle

rienda rein; **poner —** to rein in, stop

riente smiling, laughing

riflero rifleman

rígido rigid, inflexible, strict

rigor rigor, harshness

riguroso rigorous, harsh, severe

rima rhyme; lyric poem

rimador rhymer, versifier, poet

rimar to rhyme

rincón (inside) corner; dwelling

riña fight; **— de gallos** cockfight

rioplatense pertaining to the River Plate; Argentinian

riqueza wealth, riches; richness

risa laugh, laughter

risueño smiling; pleasing

ritmar to make rhythmic

ritmo rhythm

rito rite, ritual, ceremony

rizado curly; rippled

rizo curly, curled; *n.* curl, ringlet

robar to rob, steal

roble oak

robo robbery, theft

robustez robustness; hardiness

roca rock; cliff

roce rubbing; contact

rocío dew

rodar to roll (down); to rotate

rodear to surround

rodilla knee; **de —s** kneeling

roer to gnaw

rogar to beg, plead

rollizo plump, stocky

rollo roll; anything rolled up

romance romance; ballad

romancero ballad singer; collection of ballads

romper to break, tear

roncar to snore; to roar; to cry

ronco raucous, hoarse

ronda night patrol; round by a night watch

rondar to patrol

ropa clothing, clothes

ropaje clothes

roqueño rocky

rosado rose-colored, rosy

rosal *m.* rosebush

roseta rosette

rosista pertaining to Juan Manuel Rosas

rostro face; **hacer —** a to face

roto broken, torn

rotundidad rotundity; fullness; sonority

rozar to rub against

rubicundo pink-cheeked

rubio blond; golden

rubor blush

rudo rough, crude, harsh; stupid

rueca distaff (for spinning)

rueda wheel

ruego request; plea

rugido roar

rugir to roar

ruido noise

ruin mean, base, vile

ruina   ruin; *pl.* ruins, debris
ruiseñor   nightingale
rumbo   course, direction; (con) —
a (de) in the direction of, sailing
for
rumor   rumor; rumble, roar; noise
rumoroso   rumbling
ruso   Russian
rústico   rustic, peasant
rutilante   shining, sparkling
rutina   routine; habit, custom

S

sabana   savanna, grassy plain
sábana   (bed) sheet; cloth
sabandija   bug, insect, vermin
saber   to know; *n.* knowledge,
learning
sabiduría   wisdom
sabio   wise, learned; *n.* wise person
sable   saber, cutlass
sabor   taste, flavor
saborear   to flavor, relish; to enjoy
sabroso   delicious; delightful; pleasant
sacar   to take (out); — a luz to
publish, bring to light
sacerdocio   priesthood
sacerdotal   sacerdotal, priestly
sacerdote   priest
saciar   to satiate; to satisfy
saciedad   satiety, satiation
saco   sack
sacro   sacred
sacudimiento   shaking
sacudir   to shake; to throw off; to
jolt
sagaz   sagacious, farsighted
sagrado   sacred, holy
sajón   Saxon
sal   *f.* salt
salario   salary, wages
saliente   prominent
salino   saline, salty
salir   to leave, depart; — bien to
be successful

salitre   saltpeter
salmo   psalm
salmodia   psalmody; monotonous
song
salobre   salty
salón   drawing room; ballroom
salpicar   to sprinkle; to spatter
saltar   to jump, leap; to bounce;
to project
salteador   highwayman, robber
salto   jump, leap; a —s jumping,
leaping, springing
salud   *f.* health
saludar   to salute; to greet; to hail;
to bow
saludo   salute; greeting; bow
salutación   salutation, greeting;
salute
salvador   saving
salvaje   savage; wild; *n.* Indian
salvajismo   savagery
salvar   to save
salvo   except
Samotracia   Samothrace
sanar   to cure; to recover
sandalia   sandal
sándalo   sandlewood
sangrar   to bleed
sangre   *f.* blood
sangriento   bloody; bloodstained
sanguinario   sanguinary, bloody;
cruel
sano   sane; healthy
santiagués   pertaining to Santiago
(Galicia)
santiaguino   pertaining to Santiago
(Chile)
santidad   sanctity
santiguar   to cross oneself
santo   saintly, holy; *n.* saint
saña   rage, fury
sapiente   wise
sarraceno   Saracen, Moor(ish)
satélite   satellite
sátira   satire
satírico   satirical
sátiro   satyr

saturar to saturate; to fill

sauce willow tree

sayón executioner; judge; brutish person

sazón *f.* season; **a la —** then, at that time

secar to dry

seco dry

seda silk

sede *f.* headquarters

sediente thirsty; dry (land)

sediento thirsty; dry (land)

sedoso silky

seductor seductive, tempting; *n.* seducer, corrupter

segar to cut off

seguida **en —** immediately

seguidilla poetry form of stanzas of seven verses of five and seven syllables with assonantal rhyme; Spanish song and dance

seguir to follow; to continue; to pursue; to take (a course in school)

seguridad certainty

selva jungle; forest

sellar to seal; to close

sello seal; stamp

semanario weekly

semblante countenance; look, appearance

semblanza biographical sketch

sembrar to sow; to spread

semejante similar

semejar to resemble, be like

semilla seed

senado senate

sencillo simple

senda path

sendero path

sendos one for each, each

senil senile

seno bosom, breast

sensible sensible; sensitive; appreciable

sensibilidad sensibility; sensitiveness, sensitivity

sentar to seat; to set (up), establish; to fit; to suit; to please, be agreeable; to agree

sentencia maxim, axiom, saying

sentido sensitive; experienced; *n.* sense (perception), one of the five senses; feeling; meaning

sentimiento sentiment, feeling

sentir to feel; to regret; to hear; *n.* feeling, opinion

seña sigh; gesture; *pl.* address

señal *f.* sign; mark; remains, vestige

señalar to show, indicate, point out

señoril lordly

sepultar to bury

sepultura sepulcher, grave

sequedad dryness; drought; gruffness

sequía drought

ser to be; **a no —** (**que**) except, unless; *n.* being

seráfico seraphic, angelic

serafín seraph, angel

serie *f.* series

serio serious, grave; **a lo** (**en**) — seriously

serpentear to squirm, wiggle; to wind

servidor servant; **— de Vd.** your servant, at your service

servidumbre staff of servants *or* attendants

servil servile, humble; base

servir to serve; **—se de** to make use of

sesgar to slant; to cut on the bias

seso brain

sibila sibyl, prophetess

sibilino sibylline, prophetic

siboneísta relating to Cuba

siboney Cuban; *m.* Cuban poem

siempre always; **— que** whenever

sien *f.* temple, side of forehead

sierpe *f.* serpent, snake

sierra sierra, mountain range; saw

siervo servant

sigilo concealment; secret

siglo century; — **de Oro** Golden Age

significado significance; importance, meaning

significante meaningful

significar to signify; to mean; to make known

signo sign; fate; — **de interrogación** question mark

siguiente following

sílaba syllable

silábico syllabic

silbar to whistle; to hiss

silbido whistle; hiss

silvestre wild

silla chair; saddle

sillón armchair, easy chair

simbolismo symbolism; French school of Symbolist poets

simbolista symbolist

símbolo symbol

simiente *f.* seed

simpatía sympathy; liking; friendliness

simpatizante sympathetic

simpleza nonsense; silliness

sinestesia synesthesia, concombitant sensation

siniestra left hand

siniestro sinister; depraved; perverse

sinsabor unpleasantness; anxiety

sintáctico syntactic, pertaining to syntax *or* grammar

sintaxis *f.* syntax, grammar

síntesis *f.* synthesis

sintético synthetic; united

síntoma *m.* symptom

sinuosidad sinuosity; intricacy

siquiera even; at least; **ni** — not even

sitio siege; place, site

situar to situate, place

so below, under

soba beating

soberano royal; superb; *n.* sovereign

soberbia magnificence; arrogance, haughtiness

soberbio superb, magnificent; arrogant, haughty; lofty, high

sobra surplus, excess; **de** — more than enough

sobrar to have more than enough; to be left over

sobreponer to put over; to be above; to master

sobresalir to excel, stand out

sobresaltar to be startled; to frighten

sobresalto sudden fear *or* surprise

sobrevenir to happen; to follow

sobrevivencia survival

sobrevivir to survive, outlive

sobrina niece

sobrino nephew

sobrio sober

socarrón cunning, crafty

socorro succor, help, assistance

sociabilidad formation of social groups

sofocación suffocation; choking

sofocar to suffocate; to choke

sol *m.* sun; sunrise; sunset

solapado sneaky, cunning

solar lot, plot of ground

solariego ancestral

solas *f. pl.* **a** — alone, in private

soledad loneliness; lonely place

soler to be accustomed to

solicitar to solicit; to ask for; to attract

solicito solicitous; careful; affectionate

solicitud solicitude; petition; request

solidez solidity, firmness, strength

sólido solid, firm; sound

soltar to untie, unfasten; to loosen, let loose; to set free

soltero unmarried

solterón old bachelor

sollozante sobbing
sollozar to sob
sollozo sob
sombra shadow; shade; darkness; ghost
sombrear to shade
sombrío somber; overcast; shaded; dark
someter to submit; to subject
son *m.* sound; **en — de** in the manner of, concerning
sonar to sound; to ring
sondar to sound; to fathom; to probe
soneto sonnet
sonido sound
sonoro sonorous; loud
sonreír to smile
sonriente smiling
sonrisa smile
sonrojo blush, blushing
soñador dreamy; *n.* dreamer
soñar to dream; **— con** to dream of
soplar to blow
soplido blowing
soplo blowing; gust, puff; breath
soplón tattletale, squealer, informer
sopor stupor; sleepiness
soportar to support; to endure
sorber to sip; to suck
sordo deaf; silent; quiet; dull; indifferent
sórdido sordid
sorprendente surprising; unusual
sorprender to surprise; to discover
sorpresa surprise; **de —** by surprise
sosegado calm, peaceful
sosegar to appease, calm, quiet
sospecha suspicion
sospechar to suspect
sostén *m.* support
sostener to support, to sustain; to maintain; to hold
sotana cassock
soto grove; thicket

suave suave, smooth, soft; delicate; gentle
subido high-priced
subir to rise, go up, climb; to enter
subitáneo sudden, unexpected
súbito suddenly; **de —** suddenly, unexpectedly
sublevar to revolt, rise in rebellion
subrayar to underline, underscore; to emphasize
subscribir to subscribe; to endorse
substraer to remove
substrato substratum
subvenir to meet, defray (expenses)
suceder to happen; to follow
suceso happening, event; success
sucumbir to succumb; to die
sudar to sweat, perspire
sudario shroud
sudor sweat, perspiration
sudoroso sweating, perspiring
suegro father-in-law
sueldo salary
suelo ground; earth; floor
suelto light; swift; loose
sueño sleep; dream
suerte *f.* luck, good luck; chance; fate, lot; condition; kind, sort; **de — que** so (that)
Suetonio Suetonius
sufrimiento suffering
sufrir to suffer; to undergo
sugerencia suggestion
sugerir to suggest
suizo Swiss
sujetar to fasten; to hold
suma sum; addition; summary; amount, total
sumar to add
sumergir to submerge, submerse, plunge
suministrar to supply, furnish, provide
sumir to sink
sumo high; great; supreme
suntuario sumptuary; sumptuous; extravagant

suntuoso sumptuous

superar to surpass, excel

súplica supplication, entreaty; request

suplicar to implore

suplicio execution (death penalty); torture; grief, anguish

suplir to supply; to substitute for; to supplement

suponer to suppose, assume; to entail; to imply

suprimir to suppress

supuesto supposed, assumed; supposition, hypothesis, assumption; por — of course

surcar to furrow; to cut or move through; to move along

surco furrow; rut

surgir to come forth, emerge; appear; to arise

suscitar to arouse, stir up

suspender to suspend; to stop

suspenso in suspense; astonished

suspirar to sigh; to long for

suspiro sigh; breath

sustentar to sustain, support

sustento sustenance; food

sustituir to substitute; to replace

susto fright, scare

susurrador whispering

susurro whisper, murmur

sutil subtle, delicate; keen, acute

sutileza subtlety, delicacy; skill

T

tabla board; stageboard; pl. stage

tablado stage, platform

tabor military troop

taciturno taciturn, reserved; melancholy

tacón heel (of shoe)

taconear to tap noisily with the heels

taconeo noise made with the heels when walking or dancing

tachonar to adorn with trimmings

tahur gambling; n. gambler, card sharp

tajada slice

tal such; so; — como such as, as; — cual so-so, such as it is; — parece apparently; — vez perhaps

tálamo bridal bed

talla height, stature

talle waist, hips; figure

taller studio; factory

tallo stem, stalk

tamaño so big; n. size

tambor drummer; drum

tanda group

tanteo trial; test

tanto so much, many; — . . . como as much . . . as, both . . . and; en — in the meantime; en — que while; por lo — therefore

tañido sound; ring

tapar to cover; to wrap oneself up; to close up or off

tapete table cover; — verde gambling table

tapia mud (adobe) wall

tapiz m. tapestry

tara (inherited) defect

tardanza delay

tardar to delay, be late; a más — at the latest

tarde late; f. afternoon; de — en — from time to time, now and then

tardo tardy; slow, dull

tarea task, work; concern; class assignment

tarjeta (postal) card

tártaro Tartar, Tatar, pertaining to central Asia

tascar to champ; — el freno to champ the bridle, bite the bit

teatral theatrical

teatro theater; drama; stage

teclado keyboard

tecnicismo technical terminology

techo roof; ceiling

techumbre roof; ceiling; cover

tedio boredom, ennui
tejer to weave, interweave
tejido weaving; fabric
tela cloth
telar loom
telón theater curtain
tema *m.* theme, subject
temática themes
temático thematic
temblor tremor; trembling
tembloroso trembling
temer to fear
temerario reckless, rash
temeridad recklessness, rashness
temeroso timorous, timid; frightful, fearful
temible terrible, dreadful
temor fear
tempestad storm
templar to tune (guitar, musical instrument); to warm
temple disposition; frame of mind
templo temple, church
tenaz tenacious, stubborn; firm
tender to tend, have a tendency; to spread, stretch (out)
tenebroso tenebrous, dark, shadowy
tener to have; — a menos to scorn; — en cuenta to take into account; — lugar to take place; — por to believe, consider; — razón to be right
teniente lieutenant
tentación temptation
tentador tempting; *n.* tempter, devil
tentar to tempt; to attempt, try; to touch
tentativa attempt
tenue tenuous; delicate; thin
teñir to dye, stain
teocrático Theocratic, pertaining to government by men passing as God's representatives
teoría theory
teórico theorist
tercerola short carbine

terceto tercet, three successive rhymed verses
terciar to intercede; to mediate; to place diagonally; to fill
terciopelo velvet
terco stubborn
término term; end, goal
terneza tenderness; affection; endearment
ternezuelo very tender
ternura tenderness; fondness
terremoto earthquake
terreno worldly; *n.* terrain, land, ground
terrestre terrestrial, earthly
terso polished; smooth
tertulia tertulia, social gathering, party
tesón tenacity; firmness
tesoro treasure; treasury
testa head; front
testamento testament; will
testarudo stubborn, obstinate
testigo witness
tétrico sad; dark; gloomy
texto text (book)
tez *f.* complexion
tibio tepid, warm
tienda shop, small store; tent
tiento strip of rawhide; a — gropingly
tierno tender; sensitive; young
tifón typhoon
tigre tiger; jaguar
tijera scissors; (sheep) shears
timbalero kettledrummer
timbre timbre, tone
timidez timidity
tiniebla darkness
tino skill; skill in discovering by touch; insight
tinta tint, hue; ink
tinte tint, hue, color
tintura tincture; tint; color
tipo type, class; fellow, guy
tirador marksman
tiranía tyranny

tirano tyrant
tirar to throw, fling; to stretch
tiritar to shiver, quiver
tiro shot; thrust
tirón jerk, tug, pull
tísico consumptive
tisú *m.* gold *or* silver tissue *or* cloth
titán *m.* Titan; titan
titular to entitle
título title; titled person
tizón firebrand, piece of burning wood
tocador boudoir, dressing room
tocar to touch; to touch on; to be one's turn; to fall to one's share; to play (music); to ring (bells); to knock
todo all; every, each; *n.* everything; **del —** completely, entirely; **sobre —** above all, especially
toldería Indian camp
toldo tent; awning; tarpaulin
toma taking; **— de conciencia** new contact
tomar to take; to eat; to drink
tomo tome, volume
tonada song; melody
tono tone
tontería foolishness, nonsense; stupidity
tonto foolish, silly; stupid; *n.* fool
toque touch
tórax *m.* thorax
torbellino whirlwind; rush
torcer to twist, turn, bend; to wring
torcido twisted, crooked; mistaken
tordo thrush
tormenta storm, tempest; hurricane
tormento torment; torture
tormentoso turbulent; stormy
tornar to turn (into); to become; to return
tornasol *m.* iridescence; sunflower
tornear to turn (around)

torno turn; **en — (a)** around
toro bull
torpe slow; dull; stupid
torpeza slowness; dullness; lewdness, baseness
torre *f.* tower
torreón fortified tower
tórrido torrid, hot
tórtola turtledove; grey color
tortuga tortoise, turtle
tortura torture; grief
torturador torturing; torturous
torvo fierce; grim, stern
tosco coarse, rough
tostar to toast; to tan
trabajado overworked
trabajador hardworking, industrious; *n.* worker
trabajosamente laboriously; painfully
trabar to join; to grasp, seize; **— amistad** to become friends
traducción translation
traductor translator
traer to bring; to wear
tragar to swallow
trago drink, swig, snort
traicionar to betray
traidor traitorous, treacherous; *n.* traitor
traje suit; costume; apparel
trama plot
tramar to plot
trampa trap, snare; deceit, trick
trance danger; crisis
transcendente transcendental, far-reaching
transcurrir to transpire
transitar to travel
transparentar to be transparent; to show through
tranvía *m.* streetcar
trapo rag, piece of cloth; **a todo —** with all one's might
trasfundir to transfuse; to attract
trasladar to transfer; to move
traslado transfer; copy, imitation

trasmudar to change
traspasar to pass over, go beyond; to pierce
trasunto copy; likeness
tratado treaty; treatise
tratamiento treatment
tratar to try; — de to try to, deal with, treat of; —se de to deal with, be a question *or* matter of
trato treatment; deal, pact
través *m.* traverse; a — de through
travesía crossing (water), passage; desert, badlands
travesura prank; mischief
travieso mischievous; restless; cute
trazar to trace; to design; to draw; to outline
trazo trace; trait; outline; line, stroke; tract of land
trébol *m.* clover
tregua rest, respite
trémulo tremulous, quivering
trenza braid of hair
trenzar to braid, plait
trepar to climb
tribu *f.* tribe
tribulación tribulation, trouble, affliction
tribunal *m.* tribunal; court of law *or* justice
tributar to pay, render
trifulca row, squabble, fight
trigo wheat
trigueña brunette *or* dark-skinned girl
trineo sleigh
trino twill
tripa gut, intestine
triscar to romp, frolic, gambol
tristeza sadness
triturar to crush
trocar to change, exchange
trofeo trophy
trompa trumpet
trompeta trumpet, bugle
tronar to thunder
tronco trunk; log

tronido thunder
trono throne
tropa troops, soldiers; drove, herd; fleet
tropel *m.* tumult; throng
tropezar to run across, happen to find; to stumble, trip
troquel *m.* die (for coining)
trotar to trot
trote trot; al — trotting, at a trot
trotón trotting horse
trova ballad; verse
trovador troubadour, minstrel
Troya Troy
troyano Trojan
trozo piece, bit, fragment; selection
truculencia truculence; cruelty
truculento truculent; cruel; fierce
trueno thunder
truncar to cut; to mutilate; to leave unfinished
tul *m.* tulle, fine net
tumba tomb, grave
tumbo tumble, fall
túmulo tomb
túnica tunic; robe
turba mob, crowd
turbación disturbance; confusion
turbar to disturb, upset; to become confused
turbio turbid; muddy; disturbed
tusar to cut, shear
tutela tutelage; guardianship; care

U

ubérrimo very fertile *or* abundant
ufanar to boast; to take pride
ufano proud; gay
último last; recent; por — finally
ultraísmo Ultraism (contemporary school of Hispanic poetry)
ultrajar to outrage; to offend
ultraje outrage; insult
umbral *m.* threshold
umbría shady place
umbrío shady

umbroso shady
unción unction; anointment
uncir to yoke
único unique, unmatched; sole, only
unir to unite; to join
Unitario Unitarian; *n.* member of Argentina's Unitarian party
uña nail of finger *or* toe
urgir to be urgent
urna urn; glass case
uruguayo Uruguayan
usar to use; to wear
uso use; custom; practice
usura usury, money lending
utopia Utopia
utópico Utopian

V

vaca cow
vacilación vacillation, hesitation; reeling, staggering
vacilante vacillating, hesitating, irresolute; unstable
vacilar to vacillate, hesitate
vacío empty; *n.* emptiness
vadear to ford; to wade through
vado ford (in river)
vagabundo vagabond; vagrant
vagar to wander, roam
vagaroso wandering; flitting
vagido cry of a newborn child
vago vague
vaivén *m.* fluctuation; unsteadiness
valer to be worth; to cause, produce; — la pena to be worth the trouble; —se de to make use of
valeroso valiant, brave, courageous
validez validity
valido valued; accepted
valioso valuable; noteworthy
valor valor, bravery; value, worth
valorar (valorizar) to value; to appraise
vanidad vanity; shallowness; inanity

vanidoso vain; conceited
vano vain; en — in vain
vapor vapor, steam, mist; steamer, boat
vaquero cowherd; cowboy
vara wand; twig; stick; measurement of about 2.8′; railroad tie
variar to vary
vario various; varied; changing
varón man, male
varonil virile, manly; vigorous
vasallaje vassalage; subjection
vasco Basque
vascongado Basque
vaso vase; glass; vessel
vastedad vastness, immensity
vasto vast; huge
vecindad vicinity; neighborhood
vecino close, near; *n.* neighbor
vejez old age
vela sail; candle
velada wake; vigil
velar to hold a wake over; to watch
velo veil; curtain
veloz swift
vellón fleece; wool
velludo shaggy, fuzzy; hairy
vena vein; poetic inspiration
venal easily bribed
vencedor conqueror
vencer to conquer
veneciano Venetian
veneno poison
venero source
venezolano Venezuelan
venganza vengeance, revenge
vengar to take revenge, avenge
vengativo revengeful, vindictive
venta sale
ventaja advantage; profit
ventajoso advantageous
ventura happiness; luck, fortune, chance; a la — at random, by chance
venturoso lucky, fortunate
verbo verb; word
verdadero true; real

verdor verdure, greenness
verdugo hangman, executioner
vergonzante needy
vergüenza shame
verificar to verify; to carry out
verja iron grating, grill
verosímil probable, likely, true to life
versar — **sobre** to treat of, deal with
verso line (of poetry); verse; poetry; — **libre (blanco)** free *or* blank verse
verter to pour; to cast; to empty
vertiente *f.* slope; flowing
vértigo vertigo, dizziness; fit of insanity
vespertino evening
vestal *f.* vestal virgin
veste *f.* garments, clothes
vestido dress; clothing
vestidura vestment, clothing
vestigio vestige, trace; *pl.* remains
vestir to dress; to wear
veta vein
vez *f.* time; **a la** — at the same time; **a su** — in turn; **en** — **de** instead of; **cada** — **más** more and more; *pl.* (**veces**) **a** — sometimes; **repetidas** — repeatedly
vía road, route; **cuaderna** — stanzas of four single-rhymed alexandrines; **en** — **de** in the process of
viajero traveling; *n.* traveler, passenger
víbora viper, snake
vibrar to vibrate; to trill, roll
vicio vice
vicioso vicious; given to vice
vidriera show case *or* window; glass, pane
vidrio glass, crystal
viento wind
vientre belly, stomach; womb
vigente in force; effective
vigilar to guard
vil vile, base

vilipendiar to vilify, revile, scorn
villa town
villanela villanelle, lyric form, chiefly French, with fixed repetition of verses
villorrio hamlet, village
vincular to tie, bind
vínculo tie, bond
viña vineyard
violáceo violet-colored
violoncelo cello
Virgilio Virgil
virilidad virility; manhood
virreinal viceregal
virreinato viceroyalty
virrey *m.* viceroy
viruela pock; smallpox
viscoso viscous, sticky
vislumbrar to glimpse
víspera eve
vista sight; view
visto seen; — **que** since
vistoso showy, loud
vitorear to cheer, acclaim
viuda widow
viudo widower
viva long live!; *n.* cheer, shout
vivaz vigorous; active; keen
viveza liveliness, briskness
vívido vivid, bright
viviente living
vivificante vivifying, life-giving
vivo alive, live; lively; vivid; intense
vizconde viscount
vocablo word, term
vocecilla small voice
vocerío clamor, shouting
vociferar to vociferate, shout
volador flying; swift
volar to fly
volcán *m.* volcano
volcar to upset, turn over
voltear to roll *or* turn over
voluble voluble; fickle
voluntad will
voluntarioso willful, self-willed

volver to return; to turn; — . . . a to . . . again; —se to become
voraz voracious; greedy; fierce
vórtice vortex; whirlpool; whirlwind
votar to vote
voto vote; vow
voz *f.* voice; expression; word; **en — alta** aloud
vuelo flight; soaring
vuelta turn, revolution; return; **dar —** to turn; **dar la —** to go via, take a walk; **de —** on returning, back
vulgar vulgar, coarse, common; in general use
vulgo common people, populace

Y

ya now; already; soon; — . . . — now (sometimes) . . . now (sometimes)
yacer to lie; to be located
yanqui Yankee
yegua mare
yelmo helmet
yerba herb; grass; weed

yermo desert, wasteland
yerro error, mistake; slip
yerto stiff, rigid; motionless
yesca tinder
yeso plaster
yodo iodine
yugo yoke
yunta pair; yoke of draft animals

Z

zafiedad uncouthness
zafiro sapphire
zagala shepherdess; maiden
zahorí *m.* diviner, clairvoyant
zalamero flattering; obsequious
zambo zambo, sambo, half-breed of Indian and Negro
zarpar to sail
zarza bramble
zarzal *m.* brambles; thicket
zona zone, area, region
zonzo stupid; silly
zorro fox
zozobra worry; anguish
zozobrar to worry
zumbar to buzz, hum
zurcir to darn, mend